"十二五"职业教育国家规划教材
经全国职业教育教材审定委员会审定

汽车材料

Qiche　　　Cailiao

（第二版）

周燕　主编
罗小青　副主编

人民交通出版社
China Communications Press

内 容 提 要

本书是"十二五"职业教育国家规划教材之一。本书分为四篇：第一篇为汽车制造用金属材料，包括金属材料的性能、黑色金属材料、汽车轻量化材料、汽车用轴承合金；第二篇为汽车制造用非金属材料，包括玻璃及橡胶制品、摩擦材料、汽车用陶瓷材料、工程塑料、复合材料；第三篇为汽车运行材料，包括车用燃料的正确选用、汽车润滑剂的正确选用、汽车工作液的正确选用、汽车轮胎的正确选用；第四篇为汽车美容装饰材料，包括汽车养护用品材料、汽车涂装涂料、汽车用密封材料和黏合剂。

本书可供有关专业技术人员、汽车维修技师和汽车维修工参考。

图书在版编目(CIP)数据

汽车材料／周燕主编．—2版．—北京：人民交通出版社，2014.8
ISBN 978-7-114-11377-2

Ⅰ.①汽… Ⅱ.①周… Ⅲ.①汽车–工程材料–高等职业教育–教材 Ⅳ.①U465

中国版本图书馆CIP数据核字(2014)第074735号

"十二五"职业教育国家规划教材

书　　名：	汽车材料（第二版）
著 作 者：	周　燕
责任编辑：	时　旭
出版发行：	人民交通出版社股份有限公司
地　　址：	(100011) 北京市朝阳区安定门外外馆斜街3号
网　　址：	http://www.ccpress.com.cn
销售电话：	(010) 59757973
总 经 销：	人民交通出版社股份有限公司发行部
经　　销：	各地新华书店
印　　刷：	北京市密东印刷有限公司
开　　本：	787×1092　1/16
印　　张：	18
插　　页：	2
字　　数：	410千
版　　次：	2009年10月　第1版 2014年8月　第2版
印　　次：	2016年4月　第3次印刷　总第7次印刷
书　　号：	ISBN 978-7-114-11377-2
定　　价：	40.00元

(有印刷、装订质量问题的图书由本社负责调换)

第二版前言

根据教育部《关于"十二五"职业教育国家规划教材选题立项的函》（教职成司函[2013]184号）的通知精神，人民交通出版社出版的教材《汽车材料》符合"十二五"职业教育国家规划教材选题立项要求。

2013年10月，人民交通出版社组织十几所院校的汽车专业教师代表，在青岛召开了"十二五"职业教育国家规划教材汽车类专业立项教材修订会议。会议根据《教育部关于"十二五"职业教育教材建设的若干意见》（教职成[2012]9号）文件精神，经过认真研究讨论，吸收了教材使用院校教师的意见和建议，确定了立项教材的修订方案。

本书是在第一版的基础上，在会议确定的修订方案指导下完成的。教材的内容修订主要体现在以下几个方面：本次修订删除了第一版中纯金属的结构及结晶、石油的化学组成与炼制，加强了汽车轻量化材料、汽车复合材料内容，增加了现代轿车轻量化材料技术的应用及节能环保、蜂窝夹层材料、车身高强度钢板材料、汽车安全车身结构材料选用、汽车用特种铸铁材料，更新了汽车运行材料的标准，加强了汽车运行材料正确选用指导等内容，并及时反映汽车的新材料、新技术和新成果，及时更新了书中一些过时的国家标准。教材内容上努力把握准确性和实用性，着重培养学生的基本能力和理论基础。

本教材的修订工作，具体分工如下：全书分四篇，共十六章。其中绪论、第一篇、第二篇、第四篇由南京交通职业技术学院周燕编写；第三篇由广西交通职业技术学院罗小青编写，南京交通职业技术学院陈勇参编绪论及第三章内容。

限于编者水平，书中难免有疏漏和错误之处，恳请广大读者提出宝贵建议，以便进一步修改和完善。

编 者
2014年1月

第一版前言

汽车材料是汽车运用与维修专业的一门专业技术基础课,是学好后续专业课程的基础。通过本课程的学习,学生对汽车上所采用的各种材料将有一个较全面的、概括性的了解,并能初步掌握常用汽车材料的性能和具备合理选材及应用的基本能力。

根据教育部有关汽车紧缺人才培养基地建立及汽车示范性专业建设的要求,本书以近年来机械基础系列课程体系改革的研究与实践成果为基础,以加强实践、培养学生的技术应用能力为出发点,紧跟社会进步和技术的发展,力求保持职业教育的鲜明特色,以汽车应用材料的性能和运用为主题,优化课程内容,并及时反映汽车新材料、新技术和新成果,调整教材内容,优化整合理论知识,加强实用知识和生产实例,使本教材切实可行地应用于汽车专业教学之中。

本教材特点主要体现在以下几个方面:

1. 结合汽车应用型紧缺人才的培养要求,调整优化原汽车材料课程内容;
2. 根据汽车新技术、新材料、新结构的发展,将相关内容更换、补充于各章节中;
3. 根据汽车专业知识结构特点,在金属、非金属部分注重增加新型汽车材料的部分内容,以满足汽车制造与维修技术高等技能型人才的知识结构要求。

本书介绍了汽车工程材料的性能及选材原则、汽车常用金属材料组织结构、材料的强化技术和实际应用、现代汽车应用的其他工程材料、高分子材料、陶瓷材料、复合材料、功能材料等的特性和应用实例,以及常用汽车运行材料如汽车燃油、汽车润滑材料、汽车工作液和汽车美容材料的特性和运用实例等。

全书共有十七章。其中,绪论、第一篇、第四篇由南京交通职业技术学院周燕编写;第二篇由广西大学梁洁编写;第三篇由广西交通职业技术学院罗小青编写。由周燕任主编并负责全书统稿。在本书的编写过程中,我们参考了大量资料和文献,在此,对原作者一并表示深切的谢意。

由于水平有限,书中难免有缺点甚至错误,欢迎读者批评指正。

编 者
2009 年 6 月

目 录

绪论 ………………………………………………………………………………………… 1

第一篇　汽车制造用金属材料

第一章　金属材料的性能 …………………………………………………………… 7
第一节　材料的静态力学性能 ……………………………………………………… 8
第二节　材料的动态力学性能 ……………………………………………………… 12
第三节　材料的工艺性能 …………………………………………………………… 16
复习思考题 …………………………………………………………………………… 19

第二章　黑色金属材料 ……………………………………………………………… 20
第一节　金属的结构与结晶 ………………………………………………………… 20
第二节　黑色金属材料的组织结构及性能 ………………………………………… 32
第三节　钢的热处理强化及表面改性 ……………………………………………… 45
第四节　钢的合金化 ………………………………………………………………… 60
第五节　汽车用钢 …………………………………………………………………… 63
第六节　铸铁 ………………………………………………………………………… 95
复习思考题 …………………………………………………………………………… 107

第三章　汽车轻量化材料 …………………………………………………………… 115
第一节　铝合金及在汽车上的应用 ………………………………………………… 115
第二节　铜合金及在汽车上的应用 ………………………………………………… 124
第三节　镁合金及在汽车上的应用 ………………………………………………… 128
第四节　蜂窝夹层材料 ……………………………………………………………… 132
复习思考题 …………………………………………………………………………… 134

第四章　汽车用轴承合金 ·· 136

第一节　轴承材料的基本特性 ··· 136
第二节　轴承材料的成分及性能 ·· 136
第三节　汽车发动机用轴承材料 ·· 138
复习思考题 ·· 142

第二篇　汽车制造用非金属材料

第五章　玻璃及橡胶制品 ·· 143

第一节　玻璃的分类 ·· 143
第二节　汽车用玻璃 ·· 145
第三节　橡胶特性及常用橡胶 ··· 148
第四节　汽车橡胶制品 ··· 151
复习思考题 ·· 154

第六章　摩擦材料 ·· 156

第一节　摩擦材料的性能 ·· 156
第二节　汽车摩擦材料的组成及应用 ·· 156
复习思考题 ·· 158

第七章　汽车用陶瓷材料 ·· 159

第一节　陶瓷的分类及性能 ·· 159
第二节　陶瓷在汽车上的应用 ··· 160
复习思考题 ·· 163

第八章　工程塑料 ·· 164

第一节　工程塑料的分类及性能 ·· 164
第二节　工程塑料在汽车上的应用 ··· 165
复习思考题 ·· 170

第九章　复合材料 ·· 171

第一节　复合材料的种类及性能 ·· 171
第二节　金属基复合材料在汽车上的应用 ······································ 176

  第三节 树脂基复合材料在汽车上的应用 ································ 179
  复习思考题 ··· 183

第三篇 汽车运行材料

第十章 车用燃料的正确选用 ·· 184
  第一节 车用汽油的使用性能及评定指标 ································ 184
  第二节 车用汽油的标准与牌号 ·· 188
  第三节 车用汽油的选择与使用 ·· 189
  第四节 车用柴油的使用性能及评定指标 ································ 191
  第五节 车用柴油的标准与牌号 ·· 195
  第六节 车用柴油的选择和使用 ·· 195
  第七节 汽车新能源 ··· 197
  复习思考题 ··· 200

第十一章 汽车润滑剂的正确选用 ·· 201
  第一节 汽车发动机润滑油 ·· 201
  第二节 车辆齿轮油 ··· 214
  第三节 液力传动油 ··· 218
  第四节 汽车润滑脂 ··· 220
  复习思考题 ··· 225

第十二章 汽车工作液的正确选用 ·· 227
  第一节 汽车制动液 ··· 227
  第二节 汽车发动机冷却液 ·· 228
  第三节 汽车减振器油 ·· 230
  第四节 汽车空调制冷剂 ·· 231
  复习思考题 ··· 232

第十三章 汽车轮胎的正确选用 ··· 233
  第一节 轮胎的类型与结构特点 ·· 233
  第二节 轮胎规格 ··· 235
  第三节 轮胎的合理使用 ·· 239
  复习思考题 ··· 246

第四篇 汽车美容养护材料

第十四章 汽车养护用品材料·············247
第一节 汽车清洁用品材料·············247
第二节 汽车漆面护理材料·············249
第三节 汽车专业保护用品材料···········252
复习思考题·····················257

第十五章 汽车涂装涂料···············258
第一节 汽车涂料的性能要求及分类········258
第二节 汽车涂装涂料的特性············260
复习思考题·····················267

第十六章 汽车用密封材料和黏合剂·········268
第一节 汽车用密封材料和黏合剂概述·······268
第二节 密封材料和黏合剂的种类·········270
第三节 汽车发动机密封材料············274
复习思考题·····················276

参考文献························277

绪 论

材料是人类生产和生活的物质基础,人类社会发展的历史表明,人类社会的发展伴随着材料的不断发明和发展。生产技术的进步和生活水平的提高与新材料的应用息息相关。每一种新材料的出现和应用,都使社会生产和生活发生重大的变化,并有力地推动着人类文明的进步。因此,历史学家常以石器时代、铜器时代、铁器时代来划分历史发展的各个阶段,而现在人类已跨进人工合成材料的新时代。在现代工业社会,材料、能源、信息被称为现代技术的三大支柱,而能源和信息的发展,在一定程度上又依赖于材料的进步。

汽车是现代科技发展的产物,也是世界各国的主要交通运输工具之一。全世界每年生产5000万辆汽车,需要的原材料数量大、品种多。据统计,钢材的25%、橡胶的50%以上,用于汽车生产。材料是汽车的基础。一辆汽车由上万个零部件组装而成,而上万个零部件又是由上千种不同的材料、几千种不同的规格品种加工制造出来的。钢铁、铜及铜合金、铝及铝合金等金属材料以及橡胶、工程塑料、木材等车用非金属材料都是汽车的主要材料。这些材料经过铸造、锻造、焊接、热处理和金属切削等各种加工方法,可制造成为零部件和总成,以满足汽车的综合性能要求。汽车行驶其动力来源于各类燃料(汽油、柴油)的燃烧。汽车在道路上行驶,各个总成和零部件之间必然发生相对运动,为减少零部件之间相对运动产生的摩擦、磨损及功率消耗,延长使用时间和保证汽车综合性能不下降,必须加入各种润滑材料。

随着公路建设的发展,交通管理条件的改善,汽车性能的提高,汽车平均行驶速度增大,高速行驶则越来越多。汽车不单自身处在高速运动状态下,而且汽车的各种运动零部件更处于高速运动之中。这就对汽车的各种零部件提出了各种严苛的要求。汽车的性能、寿命、安全性、舒适性等,与采用的材料息息相关。只有采用高性能、高水平的材料,配以先进的设计和生产技术,才能生产出高性能、高水平的汽车。汽车要降低使用费用,必须提高可靠性、减轻自身质量,降低燃料消耗。而采用高强度合金材料、轻金属材料、工程塑料等,是实践证明的有效途径。目前,随着大量新型材料,如高分子材料,各种复合材料,陶瓷材料迅速发展及在汽车上的应用,使汽车的性能进一步强化,寿命进一步提高。各种涂复材料、黏结剂、减振隔声阻热材料等在汽车上的广泛应用,使汽车噪声大幅度下降,乘坐舒适性获得极大改善。各种涂料的发展和在汽车上的使用,使汽车、特别是轿车,变得越来越艳丽夺目,成为人们须臾不离的伴侣。各种催化转化、吸附材料的发展及在汽车上的应用,使汽车排污降低,进一步改善了人们的生活环境,为现代汽车的发展提供了必要的条件。

汽车运行材料及其使用技术是汽车材料学科的重要组成部分。汽车运行材料是指汽车运行过程中所消耗的燃料、润滑剂、工作液和轮胎等材料,这些材料大多是石油产品。据统计,全世界石油产品的46%为汽车所消耗。一个具有100辆汽车的运输单位,平均每年消耗燃料油1000t以上,润滑油20t以上,润滑脂2t多,仅油料一项就占运输成本的25%左右;轮胎的消耗量也相当可观,以致世界上生产的橡胶(天然橡胶和合成橡胶)80%用来制造轮胎,轮胎费用约占运输成本的5%以上。汽车自问世以来,在给人类造福的同时,也大量消耗地球上宝贵的资源,其排放物和废弃物还给环境带来危害,人类为此付出了巨大的代价。据预测,到2020年和2060年,全世界汽车保有量将先后达到12亿辆和25亿辆,汽车运行材料的消耗量也将分别增加2倍和4倍。如何合理使用如此大量的运行材料,不仅与汽车运输的经济效益有关,而且关系到资源利用和环境保护,从而影响社会效益和环境效益。了解汽车运行材料的性能、品种、牌号和规格,掌握其使用技术和管理知识,对于提高车辆装备素质,保证安全生产,降低运输成本,提高汽车运输的经济效益、社会效益和环境效益有着重要的意义。

汽车的轻量化指在保证汽车的强度和安全性能的前提下,尽可能地降低汽车的整备质量,从而提高汽车的动力性,减少燃料消耗,降低排气污染。实验证明,若汽车整备质量降低10%,燃油效率可提高6%~8%;汽车整备质量每减少100kg,则每百公里油耗可降低0.3~0.6L。

汽车轻量化的主要途径有汽车主流规格车型持续优化;在规格主参数尺寸保留的前提下,提升整车结构强度,降低耗材用量。以车身材料为例,车身要求高强度、高精度、高抗撞性,其质量占汽车总质量的20%~25%。目前,钢材仍是批量生产的净车身的主要材料,其他材料如铝、镁合金材料所占比重将会越来越大。轻质材料的使用,可以明显降低车重。这样不仅可以压缩汽车的制造成本,而且可以大大降低汽车使用成本。

一、新材料技术在汽车中应用

新材料技术在汽车中的作用主要体现在:实现汽车的轻量化、改善汽车的安全性能以及改善舒适性。为了实现汽车轻量化必须集成利用多种新材料和相关应用技术。目前,汽车中应用的主要新材料包括高强度钢、镁铝合金以及工程塑料、陶瓷等非金属材料。其中,高强材料主要用于降低钢板厚度,保证汽车结构和安全性能;低密度材料主要用于非结构件替换以减轻汽车质量。为提高汽车的舒适性,生产商开始采用纳米复合材料、抗菌高分子材料等。汽车新材料在整车结构中几乎涉及每一个零部件和总成,如发动机、底盘、车身、传动制动系统等方面。

高强钢 是轻量化的关键材料,它的大量使用既实现了整车轻量化,又保证了汽车的安全性和可靠性,因此高强钢使用面广且量大。

铝合金 是近年来在汽车上大量应用的理想的轻质材料,主要有板材、挤压材、铸铝及锻铝,在车身结构、空间框架、外覆盖件和车轮等处均有大量应用。

镁合金 其体积质量仅为$1.74kg/m^3$,是比铝更轻且轻量化效果更明显的材料,最初仅用于壳体类、汽缸盖、罩盖和转向盘骨架等件,现在已经扩展到座椅骨架、仪表板骨架和支架类零件。

塑料及纤维复合材料 在汽车上应用塑料制作的零件已多达数百个。在重型载货汽车上,塑料和复合材料的应用已超过150kg。

金属基复合材料 是20世纪60年代发展的新材料,80年代之后进展很快。汽车工业应用的MMC主要是纤维增强及颗粒增强铝基复合材料,应用于发动机与制动系统零部件。应用于发动机的零部件有缸套、活塞、连杆、活塞销、摇臂和气门挺柱;应用于制动系统的零部件有制动盘和制动毂。

泡沫金属材料 是一种结构内部含有大量孔隙的、功能与结构一体化的新型材料。泡沫金属材料具有质量轻、高比强、高比刚度、高强韧、高能量吸收等优良力学性能，以及减振、散热、吸声、电磁屏蔽、渗透性优等特殊性质，是一种性能优异的多功能工程材料。泡沫金属材料在高能耗装备（汽车、高速列车、航空航天器、轮船等）的广泛应用，不仅会大幅度降低对常规能源的需求，同时也可减少环境污染。目前，关于泡沫金属的研究主要集中在材料制备工艺和性能表征两方面。

金属基复合材料 具有几种成分材料的综合性能。通过将非金属纤维、颗粒或晶须加入金属基体中，并使其均匀分布，使材料基体物理性能得到强化和改善。该材料制造工艺和设备简单，可以用较低的成本铸造各种零件。以前，金属基复合材料主要应用于发动机活塞、汽缸体、轴承和滑动体等，随着金属基复合材料的发展，在高性能汽车上的应用不断取得成功。如汽车制动盘，在使用了性能更好的铝基复合材料后，质量比过去通常使用的铸铁件减轻50%以上，并能缩短制动距离。

陶瓷材料 具有耐高温、耐腐蚀及特殊的导电与介电性能。陶瓷材料在汽车部件上的应用可使运行特征得到改善并减轻汽车质量。目前，在汽车发动机上使用陶瓷部件成为各个汽车生产商主要的研究方向之一。因其导热性很低，燃烧室不与外部环境发生热交换，使用陶瓷可制造绝热发动机。这种发动机的优点是质量轻，无需润滑和冷却液，从而提高热效率和输出功率，达到节能减排的目的。铅钛和铅锆压电陶瓷可应用于爆震传感器；另外，在一条压电陶瓷块的一端外均匀地融入适量纳米级的纤维金属电极，即可使其电功率输出值增加10倍。

二、车身轻量化材料的应用与发展

汽车的轻量化起源于赛车运动。除了大量运用钢管制造底盘外，赛车上还采用很多钢板冲压而成的轻质框架结构，从而使整车质量减轻了25%。另外，许多沉重的悬架用铸件也改用锻件和冲压件。第二次世界大战之后，因为原材料紧缺，大众公司率先采取了许多轻量化措施，并设计出了铝合金发动机汽缸和铝合金离合器壳体应用在甲壳虫车，如图0-1所示。

直到20世纪70年代中期能源危机发生之前，世界上大部分民用汽车生产厂商仍然很不重视汽车轻量化，以致生产出来的轿车虽然舒服，但是却非常笨重。1.5～2t的轿车在那时不占少数，而当时的大多数人还错误地认为汽车质量越大越安全。自从发生了能源危机后，不断上升的燃油和材料价格才迫使生产商们不得不去想方设法降低汽车质量。

20世纪80年代以来，发达国家的汽车制造厂商争相加快汽车轻量化的步伐，以适应市场和社会提出的多样化需求。各种性能优异的轻质材料使世界汽车轻量化成果显著。以美国为例，1970年轿车平均自身质量为1585kg，1980年为1375kg，1990年为1312kg，1995年降为1270kg。其中，中型轿车20世纪80年代初平均自身质量为1520kg，至20世纪90年代初降为1475kg，降幅为3%；20世纪90年代末，又进一步降至1230kg，下降幅度高达16.6%。美国中型轿车中长期轻量化目标是将轿车自身质量减至1000kg以下。

克莱斯勒公司1997年推出了一款CCV复合材料概念车（图0-2），为5座设计，配有风冷、顶置阀门、0.8L的双缸发动机，采用一种几乎全塑的车身外壳。该车的车身材料含有玻璃增强纤维，用来加强车身的刚度和硬度，还含有稳定剂、冲击延展剂、颜色添加剂等。车辆的全装备总质量设计仅为545kg，每百公里油耗为4.5L。与此同时，欧洲也掀起了开发和生产节能型

"3L轿车"的热潮,有些车型已投入批量生产和实际使用。这些车除省油外,另一个突出的特点就是自身质量很轻,也可称为"超轻汽车"。

图 0-1 大众甲壳虫车图

图 0-2 克莱斯勒 CCV 复合材料概念车

奥迪汽车公司1999年在法兰克福汽车展上,推出了全铝空间框架车身(ASF)的奥迪 A2(图 0-3),这是世界上第一种大批量生产的全铝车身轿车。该车自身质量为895kg,较同形式、同样大小车的通常质量约轻 150kg,平均油耗接近 3L/100km。奥迪 A2 也是世界上第一款 4 门结构的"3L 车"(大众的 Lupo 为 3 门结构)。同年年底,菲亚特公司展示了其最新研制开发的节能型(图 0-4)轿车,取代了已生产多年的菲亚特 Seicento 轿车。该 4 座节能型轿车广泛应用轻质材料,装用涡轮增压直喷式柴油机和自动变速器,自身质量只有 750kg,平均油耗为 2.9L/100km,每辆车制造成本不超过 1 万瑞士法郎。

图 0-3 奥迪 A2 轿车

图 0-4 菲亚特 Ecobasic "3L 轿车"

丰田汽车公司于 2001 年推出了一款 4 座轻量小型概念车 ES3(图 0-5),它将保护地球环境作为重点课题,力求展现与新世纪相适应的汽车形象,不仅集结了清洁排放及循环利用等各种环保技术,而且还通过彻底的轻量化,使自身质量降为 700kg,创造出了百公里耗油 2.7L 的超低燃耗纪录。ES3 车身框架采用了耐腐蚀、高强度铝合金和树脂材料,通过对各部位的形状以及结构的精心设计,在必要部分适当使用冲压和铸造材料,尽量减少零件的焊接点和接合点,并在确保车身刚性和强度的同时,达到减轻自身质量的目的。其次,ES3 车的保险杠、前后挡泥板的侧板、后风窗玻璃、散热器支架、后地板以及油箱等均采用树脂材料制成。除此之外,前

图 0-5 丰田 ES3 轿车

排座椅靠背采用以镁合金为框架的网状结构,悬架系统和制动系统的许多零部件也都采用了轻量化的结构,并且前轮制动采用了铝合金和铸铁的混合材质制动片,后轮制动采用了铝制缸体和 MMC 材料的制动鼓等。

2004 年 3 月问世的新一代捷豹 XJ8 轿车(图 0-6)是另一部采用全铝合金车身的大型豪华轿车,其车身刚度比旧款传统钢制车身提高了 60%,但自身质量却减少了 40%。精心设计的车身结构,不同部位采用了不同的铝合金材料,整个车身有 3200 处使用了来自飞机制造领域的铆接、焊接技术,以及总长度超过 120m 的环氧黏合连接。除铝合金外,XJ8 部分支撑件还使用了质量更轻但拥有同样强度的镁合金,这一点比铝合金更进了一步。次年,法拉利 612-Scaglietti 轿车(图 0-7)上市,这是一辆完全融合法拉利超级性能以及优良乘坐舒适性的 12 缸豪华跑车。新车尺寸尽管有所加大,但因为采用了全铝车体结构,质量也比上一代轻了 60kg,整体车身设计更加时尚,更具动感。

图 0-6　捷豹 XJ8 轿车　　　　　　　　图 0-7　法拉利 612-Scaglietti 轿车

从 20 世纪 80 年代以来,由于不断推广使用各种性能优异的轻质材料,世界汽车轻量化成果显著。尤其是 20 世纪 90 年代以后,该趋势更加明显。在 1988~1998 年期间,美国典型家庭用车主要材料构成中,高强度钢的比例稳步攀升,塑料的比例也呈上升态势。随着塑料产业的出现及其生产工艺的改善,汽车用塑料件的比例也在不断增加,而全塑料车身的出现也显示出塑料在未来汽车工业中的巨大潜力。除了塑料以外,铝合金、镁合金、高强度钢、钛合金等轻质材料也越来越多地应用于汽车。与此相反,铸铁比例则持续下降。

三、课程学习目的、方法及要求

汽车材料课程是汽车运用与维修专业、汽车定损与评估、汽车整形专业的一门重要技术基础课。

学习目的:使学生获得有关汽车材料的基本理论和基础知识,学习掌握汽车常用金属与非金属材料和汽车运行材料的性能、分类、品种、牌号和主要规格及其如何合理选择、正确使用,以及热处理的基础知识和相关技能,达到增强学习能力,提高职业技能,为将来应用汽车材料和学习有关课程奠定必要的基础。本课程的主要内容有汽车常用金属材料与非金属材料的基础知识,包括它们的分类、性能、牌号及应用,正确选择材料的方法,也概括地讨论了汽车钣金专业学生必须了解的一些工艺问题,尤其是热处理知识。

学习方法:在内容上既要注意理解基本概念和基本原理,又要注意掌握工艺特点,逐步熟悉常用技术名词、符号和材料牌号。在学习中不仅要认真学习系统的理论知识,而且要重视实验等实践性教学环节。实践是培养学生观察、分析、动手能力,获得一定的实验技能的重要教学环节。为此,学生必须认真阅读实验课内容,在教师和实验员指导下动手做好实验报告。课后要求学生认真完成教师布置的练习题。练习题侧重于基本理论和综合运用;有一些是生产中的实际问题,它是为了培养将所学的知识灵活运用、提高、分析问题、解决问题能力。

通过上述内容的学习,应达到下述基本的要求。

1. 基础知识要求

(1)掌握汽车用金属材料的基本概念,常用金属材料的牌号、性能及在汽车上的应用状况及发展趋势;

(2)了解常用金属材料的结构、性能、应用之间的一般关系;

(3)基本掌握热处理的原理、分类、各种热处理方法以及在汽车上的应用;

(4)掌握汽车用非金属材料的分类、使用特性及在汽车上的应用状况及发展趋势;

(5)掌握汽车运行材料的分类、品种、牌号、主要规格及使用性能。

2. 能力目标要求

(1)能识别常用金属材料牌号;

(2)初步具备分析非金属材料特性及应用状况的能力;

(3)具备正确选择、使用运行材料的能力;

(4)了解在用润滑油的质量并能进行监测试验。

本课程具有较强的理论性和应用性,学习中应注重分析、理解与运用,并注意前后知识的衔接与综合应用;为了提高分析问题、解决问题的能力,除理论学习外,还要注意密切联系生产实际,重视实验环节,认真完成作业;学习本课程之前,学生应具有必要的生产实践的感性认识和专业基础知识,故本课程应安排在金工教学实习和物理、化学、材料力学、金属工艺学等课程后进行;本课程设计的知识面较广,内容较丰富,在教学中应多采用直观教学、电化教学和启发式教学,并培养学生的自学能力,以增加课堂的信息量和学时的利用率,并应在后继课程和生产实习、课程设计、毕业设计等教学环节中反复练习,巩固提高。可以说,汽车的发展是以材料和材料加工工艺的发展为基础的,两者的发展必然是同步的,而层出不穷的新材料和新工艺也为现代汽车的更新提供了必要的条件。汽车工业的发展与"汽车材料"这门课程之间的关系尤为密切,汽车维修人员修读汽车材料课程,为掌握汽车材料及相关加工工艺知识打下了坚实的基础。

第一篇　汽车制造用金属材料

第一章　金属材料的性能

学习目标

1. 了解金属材料的性能、分类方法；
2. 掌握金属材料力学性能指标的概念、符号、物理意义；
3. 理解各种性能指标的实验原理。

金属材料的性能是用来表征材料在给定外界条件下的行为参量。当外界条件发生变化时，同一种材料的某些性能也随之变化。

金属材料的性能直接关系到汽车的制造、维修使用寿命和加工成本，是汽车零部件合理、正确地使用和拟订加工工艺方案的重要依据。金属材料的性能包括使用性能和工艺性能。

使用性能：指金属材料在使用过程中所表现出来的性能，包括力学性能、物理性能（电导性、热导性等）、化学性能（耐蚀性、抗氧化性等）。

工艺性能：指金属材料在各种加工过程中所表现出来的性能，包括铸造性能、锻造性能、焊接性能、热处理性能和切削加工性能等。

金属在加工和使用过程中都要承受不同形式的外力作用，当外力达到或超过某一限度时，材料就会发生变形，以致断裂。材料在外力作用下所表现的一些性能（如强度、硬度、塑性、韧度等），称为材料的力学性能。材料的力学性能，不仅是设计零（构）件、选择材料的重要依据，而且也是验收、鉴定材料性能的重要论据之一。根据零件所承受的外力（或称载荷）不同，载荷分为静载荷、冲击载荷、交变载荷。

静载荷：指大小不变或变动很慢的载荷。

冲击载荷：指突然增加的载荷，例如锤子锤击钉子时的载荷。

交变载荷：指大小、方向或大小和方向均随时间发生周期性变化的载荷，又称变动载荷。

第一节 材料的静态力学性能

一、强度

强度是指金属材料在静载荷的作用下,抵抗永久变形和破坏的能力。抵抗能力越大,强度越高;反之,则越低。根据载荷作用的形式和性质特点,载荷可分为:抗拉强度(σ_b)、抗压强度(σ_{bc})、抗弯强度(σ_{bb})、抗剪强度(τ_b)、抗扭强度(τ_t)等几种。图1-1为载荷作用的形式。

金属材料在受到不同类型的载荷作用时表现出来的强度性能也是不相同的。实际应用中最为广泛的是抗拉强度。抗拉强度与其他强度有一定的关系,根据抗拉强度就可以近似地预测其他强度指标。测量金属材料强度指标最普遍、最简单的方法是拉伸试验法。

按《金属材料室温拉伸试验方法》(GB 228—2002)制作拉伸试样,如图1-2所示,将一截面为圆形的低碳钢拉伸试样在拉伸试验机上缓慢地拉伸,使试样承受轴向拉力 F,试样沿轴向伸长,直至试样断裂,并测得应力—应变曲线,如图1-3所示。图中,σ 为应力,ε 为应变。

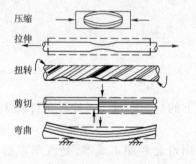

图1-1 载荷作用的形式

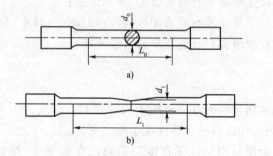

图1-2 普通低碳钢的圆形拉伸试样
a)拉伸前;b)拉伸后

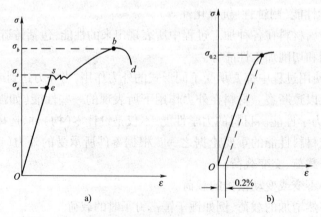

图1-3 低碳钢和铸铁的 σ-ε 曲线
a)低碳钢;b)铸铁

$$\sigma = \frac{F}{A_0} \quad (\text{MPa})$$

$$\varepsilon = \frac{\Delta L}{L_0} = \frac{L - L_0}{L_0} \times 100\%$$

式中：F——所加载荷，N；

A_0——试样原始截面积，mm^2；

L_0——试样的原始标距长度，mm；

L——试样变形后的标距长度，mm；

ΔL——伸长量，mm。

图1-3中明显地表现出下面几个变形阶段。

Oe：弹性变形阶段。试样的变形量与外加载荷成正比，载荷卸掉后，试样恢复到原来的尺寸。

es：屈服阶段。此时不仅有弹性变形，还发生了塑性变形。即载荷卸掉后，一部分形变恢复，还有一部分形变不能恢复，形变不能恢复的变形称为塑性变形。

sb：强化阶段。为使试样继续变形，载荷必须不断增加，随着塑性变形增大，材料变形抗力也逐渐增加。

bd：缩颈阶段。当载荷达到最大值时，试样的直径发生局部收缩，称为"缩颈"。此时变形所需的载荷逐渐降低。

d点：试样发生断裂。金属材料的强度指标根据其变形特点分下列几个。

1. 弹性极限 σ_e

表示材料保持弹性变形，不产生永久变形的最大应力，是弹性零件的设计依据。设计车用弹性零件（如弹簧）时必须考虑弹性极限。

$$\sigma_e = \frac{F_e}{A_0}$$

式中：F_e——试样在不产生塑性变形时的最大载荷，N；

A_0——试样的原始横截面积，mm^2。

2. 屈服极限（屈服强度）σ_s

表示金属开始发生明显塑性变形的抗力。有些材料（如铸铁）没有明显的屈服现象，如图1-3b）所示，则用条件屈服极限来表示，即产生0.2%残余应变时的应力值 $\sigma_{0.2}$。

$$\sigma_{0.2} = \frac{F_s}{A_0}$$

式中：F_s——试样发生屈服变形时的载荷，N；

A_0——试样原始横截面积，mm^2。

3. 强度极限（抗拉强度）σ_b

表示金属受拉时所能承受的最大应力。

$$\sigma_b = \frac{F_b}{A_0}$$

式中：σ_b——强度极限，MPa；

F_b——试样在断裂前所承受的最大载荷,N;

A_0——试样的原始横截面积,mm^2。

由应力—应变曲线可知,抗拉强度 σ_b 表征材料在拉伸条件下所能承受最大载荷的应力值,它是设计和选材的主要依据之一,是工程技术上的主要强度指标。

σ_s、$\sigma_{0.2}$ 及 σ_b 是机械零件和构件设计和选材的主要依据。

二、塑性

金属材料在外力作用下,发生不能恢复原状的变形(产生永久变形),称为塑性变形。产生塑性变形而不断裂的性能称为塑性。塑性大小用延伸率 δ 和断面收缩率 ψ 表示。

1. 延伸率

在拉伸试验中,试样拉断后,标距的伸长与原始标距的百分比称为延伸率,用符号 δ 表示。

$$\delta = \frac{\Delta L}{L_0} = \frac{L_1 - L_0}{L_0} \times 100\%$$

式中:L_1——试样拉断后的标距,mm;

L_0——试样的原始标距,mm;

ΔL——最大伸长量,mm。

同一材料的试样长短不同,测得的延伸率略有不同。长试样($L_0 = 10d_0$,d_0 为试样原始横截面积)和短试样($L_0 = 5d_0$)测得的延伸率分别记作 δ_{10}(常简写成 δ)和 δ_5。

2. 断面收缩率

试样拉断后,缩颈处截面积的最大缩减量与原横断面积的百分比称为断面收缩率,用符号 ψ 表示。

$$\psi = \frac{\Delta S}{S_0} = \frac{S_0 - S_1}{S_0} \times 100\%$$

式中:S_1——试样拉断后缩颈处最小横截面积,mm^2;

S_0——试样的原始横断面积,mm^2;

ΔS——试样缩颈处截面积的最大缩减量,mm^2。

金属材料的延伸率(δ)和断面收缩率(ψ)数值越大,表示材料的塑性越好。塑性好的金属可以发生大量塑性变形而不破坏,便于通过各种压力加工获得复杂形状的零件。铜、铝、铁的塑性很好。如工业纯铁的 δ 可达 50%,ψ 可达 80%,可以拉成细丝,轧成薄板,进行深冲成型。铸铁塑性很差,δ 和 ψ 几乎为零,不能进行塑性变形加工。塑性好的材料,在受力过大时,由于首先产生塑性变形而不致发生突然断裂,因此比较安全。

三、硬度

硬度是指材料抵抗局部变形,特别是塑性变形、压痕或划痕的能力。它反映金属材料抵抗比它更硬物体压入其表面的能力。

在金属材料的力学性能中,硬度是应用最广泛的指标之一。对于各种切削刀具、量具和要求耐磨的零件,硬度是衡量其质量和使用寿命的依据。

测定硬度的方法很多,主要有压入法、刻画法、回跳法等。在机械制造中主要采用压入法。压入法测试的硬度有:布氏硬度(HB)、洛氏硬度(HR)和维氏硬度(HV)等,即用一定的压力将压头压入材料表层,然后根据压力的大小、压痕面积或深度确定其硬度值的大小。

1. 布氏硬度

图1-4为布氏硬度测试原理图。用一定直径的球体(钢球或硬质合金球)在一定载荷作用下压入试样表面,保持一定时间后卸除载荷,测量其压痕直径,计算硬度值。布氏硬度值用球面压痕单位表面积上所承受的平均压力来表示,用符号HBS(当用钢球压头时)或HBW(当用硬质合金球时)来表示。

$$HBS(HBW) = 0.102 \frac{2F}{\pi D(D - \sqrt{D^2 - d^2})}$$

式中:F——载荷,N;
　　　D——球体直径,mm;
　　　d——压痕平均直径,mm。

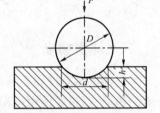

图1-4　布氏硬度试验原理图

实际测量时,根据压痕直径与布氏硬度对照表查得硬度值。布氏硬度记为200HBS10/1000/30,表示用直径为10mm的钢球,在9800N(1000kgf)的载荷下保持30s时,测得布氏硬度值为200。如果钢球直径为10mm,载荷为29400N,保持10s,硬度值为200,可简单表示为200HBS。布氏硬度主要用于各种退火状态下的钢材、铸铁、有色金属等,也用于调质处理的机械零件。

2. 洛氏硬度

图1-5为洛氏硬度测试原理图。将金刚石压头(或钢球压头),在先后施加两个载荷(预载荷P_0和总载荷)的作用下压入金属表面。总载荷F为预载荷F_0和主载荷F_1之和。卸去主载荷F_1后,测量其残余压入深度h来计算洛氏硬度值。残余压入深度h越大,表示材料硬度越低,实际测量时硬度可直接从洛氏硬度计表盘上读得。根据压头的种类和总载荷的大小,洛氏硬度常用的表示方式有HRA、HRB、HRC三种(表1-1)。如洛氏硬度记为62HRC,表示用金刚石圆锥压头,总载荷为1470N测得的洛氏硬度值。

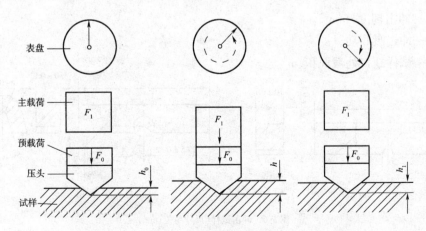

图1-5　洛氏硬度测试原理图

常用的三种洛氏硬度的试验条件及应用范围　　　　　　　　　表1-1

硬度符号	压头类型	总试验力 F(kN)	硬度值有效范围	应用举例
HRA	120°金刚石圆锥体	0.5884	70~85HRA	硬质合金,表面淬硬层,渗碳层
HRB	φ1.588mm 钢球	0.9807	25~100HRB	有色金属,退火、正火钢等
HRC	120°金刚石圆锥体	1.4711	20~67HRC	淬火钢,调质钢等

洛氏硬度试验压痕小,直接读数,操作方便,可测低硬度、高硬度材料,应用最广泛,用于试验各种钢铁原材料、有色金属、经淬火后工件、表面热处理工件及硬质合金等。

第二节　材料的动态力学性能

一、冲击韧度

许多机械零件和工具在工作中,往往要受到冲击载荷的作用,如活塞销、锤杆、冲模和锻模等。因此,材料在使用过程中除要求足够的强度和塑性外,还要求有足够的韧度。所谓韧度,是指材料在塑性变形和断裂过程中吸收能量的能力。韧度好的材料在使用过程中不至于产生突然的脆性断裂,从而保证零件的安全性。常用一次摆锤冲击弯曲试验(夏比冲击试验)来测定材料韧度。

1. 摆锤式一次冲击弯曲试验

将具有规定形状和尺寸的试样放在冲击试验机的支座上,使之处于简支梁的状态,然后使处于一定高度的摆锤自由落下,将试样冲断。冲击试验的实质是通过能量转换过程,测定试样在冲击载荷的作用下折断时所吸收的功 A_k,冲击试样形状和尺寸如图1-6所示。在冲击试验机上(图1-7),测得试样冲击吸收功,用符号 A_k 表示。A_k 即为表征材料冲击韧度的指标,称为冲击吸收功,单位为 J。用冲击吸收功除以试样缺口处截面积 S_0,即得到材料的冲击韧度 a_k。

$$a_k = \frac{A_k}{S_0}$$

式中:a_k——冲击韧度,J/m^2;
　　　A_k——冲击吸收功,J;
　　　S_0——试样缺口处截面积,m^2。

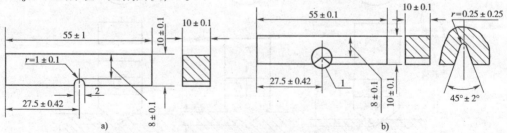

图1-6　冲击试样(尺寸单位:mm)
a) U形缺口冲击试样; b) V形缺口冲试样

A_k 值越大,或 a_k 值越大,则材料的韧度越好。使用不同类型的试样(U 形缺口或 V 形缺口)进行试验时,其冲击吸收功应分别标为 A_{kU} 或 A_{kV},冲击韧度则标为 a_{kU} 或 a_{kV}。韧度与材料组织有密切关系。

2. 小能量多次冲击

前述的冲击韧度 a_k 是大能量一次冲断试样测得的性能。但在零部件实际工作时,则很少受到这样大能量的冲击破坏。实际情况是零部件承受小能量冲击后经重复冲击才导致材料内部微裂纹的产生和扩展而断裂。采用一次性摆锤冲击试验来衡量材料的抗冲击能力是不合理的,而应进行小能量多次冲击试验,以测得材料对多次冲击的抗力,如图1-8所示。

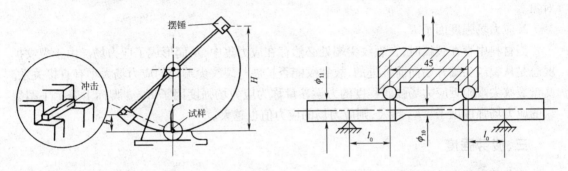

图1-7 冲击试验　　　　　　图1-8 小能量多次冲击试验原理示意图

有研究资料表明,金属材料受到大能量的冲击载荷作用时,其冲击抗力主要决定于冲击韧度 a_k;如果金属材料受到的是多次小能量冲击载荷的作用时,其冲击抗力则决定于材料的强度。

二、断裂韧度

机械零件(或构件)的传统强度设计都是用材料的屈服强度 $\sigma_{0.2}$ 确定其许用应力,即:

$$\sigma < [\sigma] = \frac{\sigma_{0.2}}{n}$$

式中: σ ——工作应力;
　　　$[\sigma]$ ——许用应力;
　　　n ——安全系数。

一般认为,零件(或构件)在许用应力下工作是安全可靠的,既不会发生塑性变形,更不会发生断裂。但实际情况却并不总是如此,有些高强度钢制造的零件(或构件)和中、低强度钢制造的大型件,往往在工作应力远低于屈服强度时就发生脆性断裂。这种在屈服强度以下的脆性断裂称为低应力脆断。高压容器的爆炸和桥梁、船舶、大型轧辊、发电机转子的突然折断等事故,往往都属于低应力脆断。

大量断裂事例分析表明,低应力脆断是由材料中宏观裂纹扩展引起的。这种宏观裂纹在实际材料中往往是不可避免的,它可能是材料在冶炼和加工过程中产生的,也可能是零件在使用过程中产生的。因此,裂纹是否易于扩展,就成为材料是否易于断裂的重要指标。在断裂力学基础上建立起来的材料抵抗裂纹扩展的性能,称为断裂韧度。断裂韧度可以对零件允许的工作应力和裂纹尺寸进行定量计算,故在安全设计中具有重要意义。

1. 裂纹扩展的基本形式

当外力作用于含有裂纹的材料时,根据应力与裂纹扩展面的取向不同,裂纹扩展可分为:张开型(Ⅰ型)、滑开型(Ⅱ型)和撕开型(Ⅲ型)三种基本形式,如图1-9所示。

在实践中,三种裂纹扩展形式中以张开型(Ⅰ型)最危险,最容易引起脆性断裂。因此,本节随后对断裂韧度的讨论,就是以这种形式作为对象。

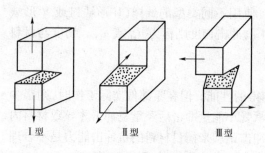

图1-9 裂纹扩展的基本形式

2. 应力场强度因子 $K_Ⅰ$

当材料中存在裂纹时,在裂纹尖端处必然存在应力集中,从而形成了应力场。由于裂纹扩展总是从裂纹尖端开始向前推进的,故裂纹能否扩展与裂纹尖端处的应力场大小有直接关系。衡量裂纹尖端附近应力场强弱程度的力学参量称为应力场强度因子 $K_Ⅰ$。脚标Ⅰ表示Ⅰ型裂纹的应力场强度因子。$K_Ⅰ$ 越大,则应力场的应力值也越大。

三、疲劳强度

疲劳破坏是机械零件失效的主要原因之一。据统计,在机械零件断裂中,有80%以上是由于疲劳引起的。例如,发动机轴承的装配和预紧,以及螺栓在工作中的承载,使其应力状态处于变化的压应力下同时发生拉伸应力,这种交变应力的长期作用,当达到材料的疲劳极限时,就发生断裂损坏。由于疲劳破坏前没有明显的变形而突然断裂,所以,疲劳破坏经常造成重大事故。

疲劳破坏不同于静强度破坏。静强度破坏是整体断裂,而疲劳破坏往往首先在零件表面,有时也可能在零件内部某一局部区域产生裂纹,继之裂纹扩展直至断裂。尽管疲劳载荷有各种不同的类型,但疲劳破坏有共同的特点,即:引起疲劳断裂的应力很低,常常低于材料的屈服强度;疲劳断裂时并没有明显的宏观塑性变形,断裂前没有预兆,而是突然地破坏;疲劳破坏的宏观断口可明显地分成疲劳裂纹的策源地及扩展区(光滑部分)和最后断裂区(毛糙部分),如图1-10所示。

许多汽车零部件,如曲轴、齿轮、弹簧等工作时承受的载荷无论大小、方向、速度都呈周期性的变化,即在交变载荷条件下工作。我们发现,受交变载荷作用的零部件发生破坏时的应力,远低于该材料的屈服强度。这种因零件受交变载荷长时间作用而造成的突然破坏,称为疲劳破坏。据统计,机械结构件、零部件大多数失效都属于疲劳破坏造成的。

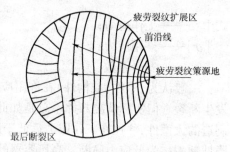

图1-10 疲劳断裂宏观断口示意图

研究了解金属材料的疲劳是重要的。零件因疲劳而突然失效不能工作对汽车来说是很危险的,如汽车的板弹簧或前轴发生疲劳而突然断裂,就会造成车毁人亡的重大交通事故。所以在设计这种受力条件工作的零部件,选用材料时必须考虑其材料抵抗疲劳破坏的抗力大小。

零部件产生疲劳破坏的因素:①金属材料的疲劳断裂起源于材料的表面或内部存在缺陷(如

原有裂纹、软点、脱碳、夹杂、刀痕、夹角等);②材料工作时这些缺陷处的应力产生应力集中而导致局部应力超过了材料的屈服强度,造成局部变形而引发微裂纹的产生,随着工作应力循环次数的增加而导致微裂纹的扩展逐步扩大,使有效工作面积减小,最终出现突然的断裂。

1. 金属疲劳概念

轴、齿轮、轴承、叶片、弹簧等零件,在工作过程中各点的应力随时间做周期性的变化,这种随时间做周期性变化的应力称为交变应力(也称循环应力)。在交变应力作用下,虽然零件所承受的应力低于材料的屈服点,但经过较长时间的工作而产生裂纹或突然发生完全断裂的过程称为金属的疲劳。金属材料所承受的交变载荷大小与遭受破坏前的交变载荷循环次数有关,即交变载荷越大,破坏前的载荷循环次数就越少,反之则越多。金属材料在无数次重复交变载荷作用下不被破坏的最大应力称为疲劳强度(疲劳极限)。

材料承受的交变应力(σ)与材料断裂前承受交变应力的循环次数(N)之间的关系可用疲劳曲线来表示,如图1-11a)所示,对称循环交变应力如图1-11b)所示,疲劳强度用σ_{-1}表示。实际上,金属材料不可能做无限次交变载荷试验。对于黑色金属,一般规定应力循环10^7周次而不断裂的最大应力称为疲劳极限。有色金属、不锈钢取10^8周次。

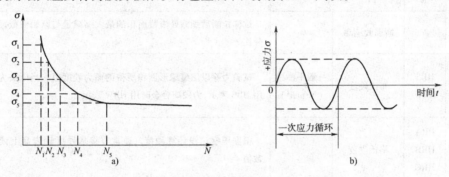

图1-11 疲劳曲线和对称循环交变应力图
a) 疲劳曲线; b) 对称循环交变应力

2. 提高疲劳极限的途径

金属的疲劳极限受到很多因素的影响。由于疲劳断裂通常是从零件最薄弱的部位或缺陷所造成的应力集中处发生,因此疲劳失效对许多因素很敏感,如工作条件、表面状态、材质、残余内应力、循环应力特性、环境介质、温度、零件表面状态、内部组织缺陷等,都会导致疲劳裂纹的产生或加速裂纹的发展而降低疲劳寿命。提高零件的疲劳性抗力,防止疲劳断裂事故发生的途径有:

(1) 在进行设计时尽量避免尖角、缺口和截面突变,以免应力集中及由此引起疲劳裂纹;降低零件表面粗糙度值,提高表面加工质量,尽量减少能成为疲劳源的表面缺陷(氧化、脆碳、裂纹、夹杂和刀痕、划伤等)和各表面损伤等。

(2) 采用各种表面强化处理,如化学热处理、表面淬火、喷丸、滚压等以形成表面残余压力,提高疲劳抗力。

(3) 改善零部件的结构形状、工作条件、表面加工质量、材料的材质以及内部组织的各类缺陷和残余应力等,同时采用表面淬火、喷丸处理等表面强化方法能显著地提高金属材料的疲劳极限。

常用力学性能指标见表1-2。

常用力学性能指标及其含义　　　　　　表1-2

力学性能	符号	名称	单位	说明
强度	σ_s	屈服点（屈服极限）	MPa（N/mm^2）	金属试样呈现屈服现象时所对应的应力，表示材料抵抗微量塑性变形的能力
	$\sigma_{0.2}$	屈服强度（残余伸长应力）	MPa（N/mm^2）	金属试样卸除载荷后标距部分残余伸长达到原始标距0.2%时的应力值，用符号$\sigma_{0.2}$表示。它代表材料抵抗微量塑性变形的能力
	σ_b	抗拉强度（强度极限）	MPa（N/mm^2）	金属试样拉断前所能承受的最大应力。塑性材料表示抵抗大量均匀塑性变形的能力；脆性材料表示抵抗断裂的能力
塑性	δ δ_5 δ_{10}	断后伸长率（延伸率）	%	试样拉断后标距的伸长量与原始标距的百分比。δ_5、δ_{10}分别表示短试样和长试样测得的断后伸长率
	ψ	断面收缩率	%	试样拉断后颈缩处横截面积的最大缩减量与原始横截面积的百分比
硬度	HBS HBW	布氏硬度	一般不标注（N/mm^2）	试验力除以压痕球形面积所得的商为硬度值。当压头为钢球时用HBS表示，为硬质合金时用HBW表示
	HRA HRB HRC	洛氏硬度		根据压痕深浅计算硬度。通常直接从硬度计表盘上读出硬度数值
冲击韧度	a_k	冲击韧度	J/cm^2	摆锤冲断金属试样所作的冲击吸收功除以试样缺口底部横截面积所得的商
抗疲劳性	σ_{-1}	疲劳强度（疲劳极限）	MPa（N/mm^2）	钢铁试样在重复或交变应力作用下，经受10^{7}循环次数而不断裂的最大应力

第三节　材料的工艺性能

材料的工艺性能：是指材料在工艺过程中所具有的和表现出来的性能。

材料工艺性能对于保证汽车产品质量、降低成本、提高生产效率起着十分重要的作用，是汽车的设计、制造、修理及选择汽车零件材料必须认真考虑的一个因素。

按照工艺方法，金属材料的工艺性能主要有：铸造性能、锻造性能、焊接性能、切削加工性能和热处理工艺性能等。

一、铸造性能

金属材料铸造成形获得优良铸件的能力称为铸造性能，用流动性、收缩和偏析来衡量。金属材料可以通过铸造制成各种零件,如汽车上的曲轴、凸轮轴、汽缸体、汽缸套等均是铸造而成的。

1. 流动性

熔融金属的流动能力称为流动性。流动性好的金属容易充满铸型,从而获得外形完整、尺寸精确、轮廓清晰的铸件。

2. 收缩

铸件在凝固和冷却过程中,其体积和尺寸减少的现象称为收缩。铸件收缩不仅影响尺寸,还会使铸件产生缩孔、疏松、内应力、变形和开裂等缺陷。故铸造用金属材料的收缩率越小越好。

3. 偏析

金属凝固后,铸锭或铸件化学成分和组织的不均匀现象称为偏析。偏析大会使铸件各部分的力学性能有很大的差异,降低了铸件的质量。

二、锻造性能

金属材料用锻压加工方法成形的适应能力称锻造性。锻造性能主要取决于金属材料的塑性和变形抗力。塑性越好,变形抗力越小,金属的锻造性能越好。铜合金和铝合金在室温状态下就有良好的锻造性能。碳钢在加热状态下锻造性能较好。其中低碳钢最好,中碳钢次之,高碳钢较差。低合金钢的锻造性能接近于中碳钢,高合金钢的较差。铸铁锻造性能差,不能锻造。

三、焊接性能

金属材料对焊接加工的适应性称为焊接性。也就是在一定的焊接工艺条件下,获得优质焊接接头的难易程度。在汽车工业中,焊接的主要对象是钢材。碳质量分数是焊接性好坏的主要因素。低碳钢和碳质量分数低于0.18%的合金钢有较好的焊接性能,焊接时不需采取特殊的工艺措施就能获得良好的焊接接头。碳质量分数大于0.45%的碳钢和碳质量分数大于0.35%的合金钢的焊接性能较差。碳质量分数和合金元素质量分数越高,焊接性能越差。近焊缝区易产生淬硬组织和冷裂缝。铜合金和铝合金的焊接性能都较差。高碳钢、灰铸铁的焊接性很差,不宜作为焊接件。

四、压力加工性

压力加工是使材料产生塑性变形的加工方法。变形量小可用冷加工,变形量大要用热加工。在冷或热状态的压力作用下,材料产生塑性变形的能力称为压力加工性能。压力加工材料既要有足够的塑性变形能力,又不能产生不允许的塑性裂纹。压力加工性能包括要有必需的固态活动性,较低的对模具壁的摩擦阻力,强的抵抗氧化起皮及热裂能力,低的冷作硬化及皱折、开裂倾向等。

低碳钢的压力加工性能比中碳钢、高碳钢好,低碳钢比低合金钢好,各种铸铁属于脆性材料,不能承受压力加工。

金属的压力加工性能,常用金属的塑性和变形抗力来综合衡量。塑性越大,则变形抗力越小,其压力加工性能越好。金属材料的塑性,由金属材料的伸长率 δ 截面收缩率 ψ 和冲击韧度 a_k 等指标衡量,δ、ψ、A_k 值越大,其塑性也越大。

金属材料的冷加工性能一般还用冷弯试验衡量,如图 1-12 所示。冷弯试验是把材料试样按一定的弯芯直径冷弯 180°,观察材料承受弯曲变形的能力和材料示出的缺陷。冷弯性能的好坏,也能反映材料塑性的高低。汽车壳体是用冲压的方法制成的,用于冲压的金属材料必须具有较好的冲压成形性。检验金属材料冲压成形性的方法称为杯突试验。它是用规定的钠球或球形冲头,顶压夹紧在压模内的试样,直至产生第一个裂纹为止,这时的压入深度称为杯突深度。杯突深度不小于规定时,就认为试验合格。材料能承受的杯突深度越大,则冲压成形性越好。用于冲压的金属材料必须具有较好的冲压成形性。

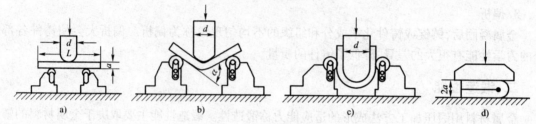

图 1-12 冷弯性能示意图
a)预压;b)V 形成形;c)U 形成形;d)折叠
L-试样长度;α-弯曲角度;d-弯心直径;a-试样厚度

五、切削加工性能

切削加工性能是指金属材料被机床刀具切削加工的难易程度。金属材料机加工的难易,视具体加工要求和加工条件而定。影响切削加工性的因素很多,主要有材料的化学成分、组织、硬度、韧度、导热性和形变硬化等。金属材料具有适当的硬度(170~230HBS)和足够的脆性时切削性良好。改变钢的化学成分(如加入少量铅、磷等元素)和进行适当的热处理(如低碳钢进行退火,高碳钢进行球化退火)可提高钢的切削加工性能。一般来说,若刀具耐用度高、许用切削速度较高,加工表面质量易于保证,或断屑问题易于解决,则这种材料容易机加工。此时金属材料的硬度和韧度要适中。硬度过大、过小或韧度过大,则机加工性能不好,合适的硬度是 140~250HBS。

六、热处理工艺性能

金属材料适应各种热处理工艺的性能称为热处理性能。衡量金属材料热处理工艺性能指标包括导热系数、淬硬性、淬透性、淬火变形、开裂趋势、表面氧化及脱碳趋势、过热及过烧的敏感趋势、晶粒长大趋势、回火脆性等。钢的热处理工艺性能主要考虑其淬透性,即钢接受淬火的能力。含 Mn、Cr、Ni 等合金元素的合金钢淬透性比较好,碳钢的淬透性较差。

本章小结

1. 材料的性能是指材料的使用性能和工艺性。
2. 材料的使用性能又包括力学性能和物理化学性能。对于汽车材料应重点了解力学性能。材料的力学性能包括材料的静态力学性能和动态力学性能。

3. 材料的力学性能指标 σ_s、$\sigma_{0.2}$、σ_b、σ_{-1}、δ、a_k、HBS、HRC 是汽车零件设计、制造、使用的重要依据。

4. 布氏硬度和洛氏硬度的测试原理、应用场合、材料的工艺性包括铸造性能、锻造性能、焊接性能、压力加工性、切削加工性、热处理工艺性。

复习思考题

一、名词解释
σ_b、$\sigma_{0.2}$、σ_{-1}、a_k、δ_5、HBS、HRC。

二、填空题
1. 材料常用的塑性指标有_____和_____两种。
2. 检验淬火钢成品件的硬度一般用_____硬度,而布氏硬度适用于测定_____的硬度。
3. 材料的工艺性能是指_____性,_____性,_____性,_____性,_____性,_____性。
4. 表征材料抵抗冲击载荷能力的性能指标是_____,其单位是_____。

三、判断题(正确的打"√",错误的打"×")
1. 所有的金属材料均有明显的屈服现象。（　　）
2. 同种材料不同尺寸试样所测得的延伸率相同。（　　）
3. σ_s 是机械零件的设计依据,如果使用 σ_b 代替,则应选择较大的安全系数。（　　）

第二章 黑色金属材料

学习目标

1. 掌握晶体结构的基础知识;
2. 了解金属的实际晶体结构与晶体缺陷;
3. 掌握纯金属的结晶过程,掌握影响晶粒大小的因素、金属的同素异构转变概念;
4. 了解金属铸造锭的组织与结构;
5. 掌握合金和相的基本概念、合金中相的基本结构;
6. 了解二元合金相图构成。
7. 掌握碳钢、合金钢、铸铁的有关基本概念、分类、牌号、性能及用途;
8. 掌握黑色金属在汽车零件上的应用状况;
9. 了解铁碳合金的成分、组织及性能之间的关系;
10. 了解合金元素在钢中的作用;
11. 了解粉末冶金材料的特点和主要用途。

第一节 金属的结构与结晶

材料的性能取决于材料的化学成分和其内部的组织结构。几乎所有的金属、大部分陶瓷以及一些聚合物在其凝固时都要发生结晶。结晶是指原子本身沿着三维空间有规格的周期性重复排列成有序结构,这种结构称为晶体,如图 2-1 所示。但某些常用材料,如玻璃、绝大多数塑料、天然金刚石、松香、沥青等,其内部原子无规则地堆垛在一起,或视为三维方向的无序状态,这种结构为非晶体。

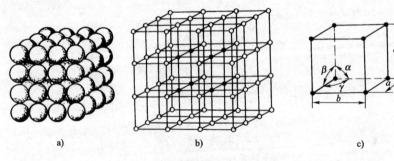

图 2-1 原子堆积图形、晶格、晶胞示意图
a)原子堆积模型;b)晶格;c)晶胞

由于金属由金属键结合,其内部的金属离子在空间有规则地排列,因此,固态金属均是晶体。晶体具有固定熔点、规则的几何外形和各向异性的特性;非金属没有固定熔点,且各向同性。由于金属材料的原子排列不同,不同的金属材料具有不同的性能;对于同一种金属材料,如果进行不同的处理,其内部的原子排列发生变化,则会表现出不同的性能。

因此,为了合理地选用材料,充分发挥材料的潜力,必须了解金属材料的内部结构,掌握影响金属材料结构性能的各种因素。

一、纯金属的晶体结构及结晶

纯金属是指仅含有一种金属元素的金属材料。汽车中的各种导电体、传热器等,大多由纯铜、纯铝制成,主要是由于这些纯金属具有优良的导电性和导热性。工业上的纯金属不是绝对纯的,由于制备和加工方法的不同,纯度有所差别,如工业和日常所说的高纯铝是指含 Al 达 99.98%,纯金是指含 Au 达 99.99%。因此一般所说的纯金属是指没有特意加入其他的元素的金属。

(一)晶体结构的基本知识

1. 晶格、晶胞和晶格常数

1)晶格

组成金属的原子都在它自己的固定位置上做热振动,要表达这种状态下原子的排列和规律性是比较困难的。为了简化,可以把原子看作静止不动的刚性小球,把金属晶体中原子排列状态抽象地看作是这些刚性小球按某一几何规律的排列和堆积,如图 2-1a)所示,并用一些假想的几何线条将晶体中各原子中心连接起来,便构成一个空间格架。这种抽象的、用于描述原子在晶体中排列形式的几何空间格架,称为晶格,晶格中直线的交点称为结点,如图 2-2b)所示。

2)晶胞

晶体中原子排列具有周期性的特点。为便于研究,从晶格中选取一个能够完全反映晶格特征的最小几何单元来分析晶体中原子排列的规律性,这个最小的几何单元称为晶胞,如图 2-1c)所示。整个晶格就是由许多大小、形状和位向相同的晶胞在空间重复堆积而形成的。这种晶格图能够表达晶体原子排列的规律性,体现整个晶格的特性。因此,金属晶体中原子排列周期性就是晶胞在三维空间中排列和堆积的结果。

3)晶格常数

晶胞的大小用晶胞各棱边长度 a、b、c 和棱边夹角 α、β、γ 来表示。其中 a、b、c 称为晶格常数,其单位是纳米($1nm = 10^{-9}m$),金属的晶格常数一般为 1~7nm。当 $a = b = c$、$\alpha = \beta = \gamma = 90°$ 时,这种晶胞称为简单立方晶胞。由简单立方晶胞组成的晶格称为简单立方晶格,如图2-1c)所示。

2. 常见典型金属晶体晶胞结构类型

人们利用 X 射线衍射分析技术研究测定了金属的晶体结构,发现除了少数金属具有复杂晶体结构以外,绝大多数金属都属于体心立方、面心立方和密排六方三种典型结构。

1)体心立方

如图 2-2a)所示,体心立方晶格中,金属原子分布在立方晶胞的八个角上和体的中心,如金属 Mo、Cu、Cr、W、V 和 α-Fe 都具有体心立方晶格。

2) 面心立方

如图2-2b)所示,面心立方晶格中,金属原子分布在立方晶胞的八个角上和六个面的中心,如金属 Al、Cu、Ni、Pb 和 γ-Fe 都具有面心立方晶格。

3) 密排六方

如图2-2c)所示,密排六方晶格中,金属原子分布在六方晶胞的十二个角上和上下底面的中心以及两底面之间的三个均匀分布的间隙内,如金属 Zn、Mg 和 Be 都具有面心立方晶格。

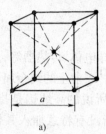
a)

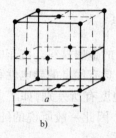
b)

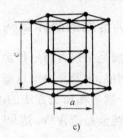
c)

图2-2 金属的三种典型晶胞示意图
a)体心立方;b)面心立方;c)密排立方

3. 晶体的各向异性

由于晶体内部原子的有规则排列,使晶体内部不同位向原子排列密度不同,原子之间的结合力也不同,因此在不同的方向表现出不同的性能。这种现象就是晶体的"各向异性"特点。据测定,体心立方晶格的 α-Fe 单晶体,不同位向的力学性能相差1倍以上。因此,在选用晶体时,必须注意这种各向异性的特点。

实际使用的金属,虽然结构上是晶体结构,但是并不表现出各向异性的特征。因为晶体各向异性特征在理想晶体(单晶体)时可充分体现,而实际金属的晶体结构往往存在各种缺陷,同时大都并非单晶体组织,而是多晶体组织(许多位向不同的小单晶体晶粒集合组织),因而不同位向的性能差异互相综合抵消,掩盖了晶体的"各向异性"。

(二) 金属的实际晶体结构与晶体缺陷

1. 多晶体结构

实际使用的金属材料,绝大部分并非理想的单晶体,而是由许多小晶体(晶粒)组成的多晶体。这些晶粒在相同条件下具有相同的晶格排列规则,即晶格结构相同,但彼此晶格位向不同。只有采用专门的方法,才能获得晶格位向完全一致的晶体,即单晶体。实际金属是由许多小晶体组成,通常把这种小晶体称为晶粒。在一个晶粒中晶格的位向基本上是一致的,不同晶粒的晶格位向则不同,如图2-3a)所示,正因为实际金属是由位向各异的多晶体所组成的,所以整个多晶体就不显示出各向异性,这种现象称为各向同性。实际金属的多晶体结构对金属的性能有很大的影响。

晶粒与晶粒的交界区称为晶界,晶界的厚度为2~3个原子厚度,晶界上原子的排列为不同取向晶粒之间的过渡状态,因而排列较不规则。

2. 晶体缺陷

在实际晶体中,由于原子的热振动、杂质原子的掺入,以及其他外界因素的影响,原子排列并非完整无缺,而是存在着各种各样的、偏离规则排列的不完整区域。金属晶体内部的原子排列,并不像理想晶体那样完整和严守"规则",因此使原子的规则排列遭到破坏,存在着局部和区域的晶体缺陷。通常称这些不完整区域为晶体缺陷。

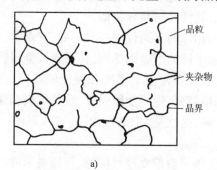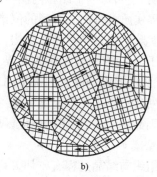

图 2-3 晶体结构

a）工业纯铁的显微组织；b）各晶粒位向示意图

实际晶体缺陷对金属材料的性能有很大影响。根据晶体缺陷的几何特征，晶体缺陷分为点缺陷、线缺陷和面缺陷三类。

1）点缺陷

主要指由于晶格中出现晶格空位和存在间隙原子，使晶格不能保持正常排列状态引起的缺陷。这种晶体内部空间尺寸很小的缺陷，常见的有"晶格空位"和"间隙原子"，如图 2-4a）所示。在晶格空位和间隙原子附近，原子间距和相互作用力发生变化，形成"晶格畸变"，内部产生应力，从而使金属密度发生变化，电阻率增大，强度和硬度增高，塑性、韧度降低，形成强化效应。因此，晶格畸变也是金属材料的一种强化手段。

2）线缺陷

指晶体内部某一平面上沿一方向呈线状分布的缺陷，常见的线缺陷是刃型位错，如图 2-4b）所示。在位错线附近区域晶格畸变，位错的存在极大地影响金属的力学性能，同样使强度、硬度提高，塑性、韧度下降，对金属的塑性变形、强度、相变、扩散、疲劳、腐蚀等性能均有重要的影响。

3）面缺陷

指晶体内部呈面状分布的缺陷，常见的有晶界和亚晶界，如图 2-4c）所示。晶界是不同位向晶粒间的过渡区，由于晶界上的原子排列偏移理想的晶体结构，故晶界有较高的能量，晶界上的原子活性大，易被腐蚀，在加热时晶界也首先被熔化。同时，晶界也是位错和低熔点夹杂物聚集的地方，对金属的塑性变形起阻碍作用。

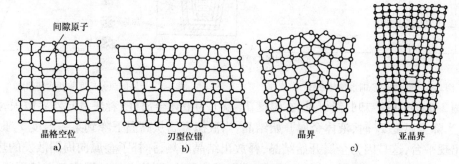

图 2-4 晶体缺陷

a）点缺陷；b）线缺陷；c）面缺陷

实验证明,金属每一个晶粒内晶格的位向也并非完全一致,这些位向相差得很小,形成亚晶界。亚晶界实质上是由一系列的位错所构成,其特性与晶界相似。

金属的实际结构多为多晶体结构,多晶体内相邻的不同位向晶粒之间,存在着过渡的不规则排列的原子层,这种过渡层称晶界。晶界原子层的不规则排列,使晶界处能量较晶粒内部要高,因此晶界的性能与晶粒内部不同。例如:晶界在常温下强度和硬度较高,而在高温下则较低;晶界易腐蚀,原子扩散速度快等。这种晶格畸变,造成金属强度、硬度增高而塑性变形困难。晶粒细则晶界增多,金属的强度、硬度也较高,这就是"细晶强化"的基本原理。

(三)纯金属的结晶

金属的组织与结晶过程有密切关系,因为金属一般都要经过熔炼、浇铸成形或浇铸成铸锭然后再经冷热加工成形。这样结晶形成的组织,直接影响金属内部的组织与性能。

1. 结晶的概念

金属由液态转变为固态,是原子由不规则的排列转变到有规则的排列,形成晶体的过程,称为金属的结晶。

通常,把金属从液态转变为固体晶体的过程称为一次结晶,液态金属结晶后的得到的组织称为铸态组织。而把金属从一种固体晶态转变为另一种固体晶态的过程称为二次结晶或重结晶。

实际的液态金属要在理论结晶温度 T_0 以下的某一温度 T_n 才开始结晶,实际结晶温度 T_n 低于 T_0 的现象称为过冷,T_n 与 T_0 之差称为过冷度 ΔT,如图2-5所示,$\Delta T = T_0 - T_n$。过冷度不是恒定值,其大小取决于液体金属的冷却速度、金属的性质和纯度。同一液体金属,冷却速度越大,过冷度也越大。实验证明,晶体总是在过冷的情况下结晶的,因此过冷是金属结晶的必要条件。

金属在结晶过程中,其结晶温度可以用热分析法测定。先在坩埚内加热熔化金属,然后缓慢冷却,坩埚中预置的热电偶记录熔融金属的温度随时间变化的数据,并将其绘成如图2-6所示的冷却曲线。

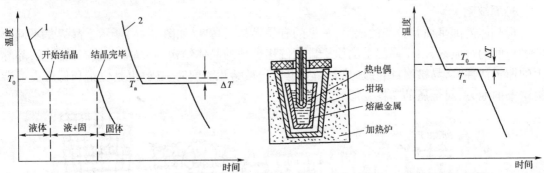

图2-5 纯金属结晶时的冷却曲线　　　　图2-6 金属的热分析实验和冷却曲线

由图2-6所示的冷却曲线可见,在温度 T_0 以上为液体金属,随着热量向外界散失,温度不断下降,当降至温度 T_0 时,液体金属开始结晶,当液态金属从高温下降到某一温度 T_n 时,冷却曲线上出现平台,这是因为金属开始结晶,释放出结晶潜热,弥补了金属向周围散发的热量,使其温度保持不变。当液态金属结晶完毕后,没有潜热释放,固体金属的温度又继续下降直至室温。冷却曲线平台对应的温度(实际结晶温度)与理论结晶温度之差就是过冷度 ΔT。

2. 纯金属的结晶过程

液态金属结晶时,总是先在液态金属中形成一些非常微小的晶体(称为晶核),然后这些晶核不断长大,同时,液态中继续形成新的晶核并不断长大,直至液态金属都结晶为固态。所以,金属结晶就是晶核不断形成和不断长大的过程。液态纯金属形成晶核和晶核长大的过程如图2-7表示。晶核形成有如下两种方式。

液态金属　　　形成晶核　　　晶核长大　　　部分结晶　　　完全结晶

图2-7　金属结晶过程示意图

(1) 均质形核。依靠液态金属本身在过冷条件下形成晶核(又称自发晶核)。

(2) 异质形核。金属原子依附于固态杂质微粒的表面形成晶核(又称非自发晶核)。

实际生产中,异质形核和均质形核同时存在,但异质形核更为重要,往往起到优先和主导的作用。所以,实际金属凝固结晶的过冷度 ΔT 都不会超过20℃。

晶核一旦生成便开始长大,但长大的方式受许多因素制约,其中最主要因素的是温度,通常在散热速度最快的方向上晶核的成长最快。

在晶核长大初期,由于原子排列的特性,晶体外形比较规则;随着晶体的长大,棱角处的散热速度比较快,因此优先生长,如图2-8所示,先形成树干状的空间骨架,称为一次晶轴;然后分支生长出枝芽,发展为枝干,这是二次晶轴;随着结晶进行,形成三次晶轴、四次晶轴等,如此不断伸长、长粗和分支,直至金属液体全部消失。结晶过程中,一般有许多晶核同时长大,相互接触生长,最后就形成了许多晶粒组成的多晶体。如果结晶分支之间没有充分的液体金属补充,就会留下空隙,可以明显观察到树枝状晶体形态。

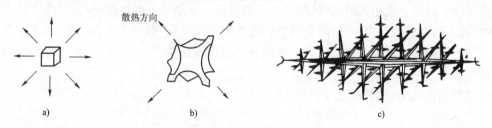

图2-8　晶体生长示意图

a) 散热方向；b) 晶轴形成；c) 晶枝成形

通常用形核速度 N(晶核数/mm³·s,每秒在每立方毫米内形成的晶核数)和晶核长大速度 G(mm/min,单位时间内晶体生长的线速度)两个参数来描述结晶速度的快慢。而 N 和 G 的值取决于过冷度 ΔT,如图2-9所示。显然,由于形成的晶核越多,生成的晶粒就越细,所以可以通过控制过冷度来调整晶粒的大小。

(四) 金属铸锭的组织与结构

1. 铸锭的组织与结构

铸件是熔融金属浇注入模具经冷却凝固而得,铸锭可以看作形状简单的大铸件。铸锭(或者铸件)的内部宏观组织由三个各具特征的晶区组成,如图2-10所示。

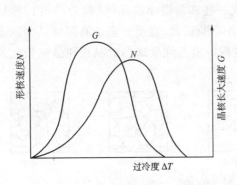
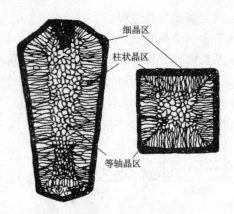

图 2-9 形核速度 N 和晶核长大速度 G 与过冷度 ΔT 的关系

图 2-10 铸锭组织示意图

1) 细晶区

铸锭金属的表层为一层很薄的、细小的等轴细晶粒区。这是因为金属液浇注入锭模时，锭模温度低，传热快，表层金属液受到激冷，在较大的过冷度下形成大量晶核，同时锭模壁及其杂质有异质形核作用。

2) 柱状晶区

紧接着细晶区的就是柱状晶区，它是一层粗大的、垂直于模壁的柱状晶粒。铸件形成细晶区时，锭模温度升高导致过冷度降低，形核速度 N 减小，但是对晶核长大速度 G 的影响不大，晶粒优先长大的方向与散热最快方向（通常是向外并垂直于模壁的方向）的反方向一致，结果由外向内长成柱状晶。

3) 等轴晶区

铸锭的中心是一个粗大的、随机取向的等轴晶区。结晶进入到锭模中心，过冷已大大减小，剩余液体的形核数量很少；同时金属液的温度趋于均匀化，散热失去方向性，因此主要由柱状晶上被冲下的多次晶轴的碎块或者一些固态杂质微粒作为晶核，在各个方向均匀长大成为粗大的等轴晶。

2. 镇静钢锭和沸腾钢锭的组织和缺陷

1) 镇静钢

镇静钢是在炼钢时使用 Mn、Al、Si 脱氧的钢，含氧量低，凝固时没有一氧化碳析出（也就没有沸腾现象），因此得名。镇静钢的宏观组织是由上述的细晶区、柱状晶区、等轴晶区组成。此外，镇静钢还有缩孔、疏松、气泡、成分偏析等缺陷。

2) 沸腾钢

沸腾钢是在炼钢时仅使用 Mn 脱氧的钢，含氧量高，钢液凝固时碳和氧反应生成大量一氧化碳析出，钢液出现沸腾现象，因此得名。沸腾钢的成本较低，成材率高，冲压性能好。但是沸腾钢的疏松、气泡、成分偏析等缺陷比镇静钢严重，力学性能也不如镇静钢。

3) 缩孔

金属结晶时，先结晶区域的体积收缩能够得到金属液的补充，后凝固结晶的部分得不到补充就会形成缩孔，在最后结晶凝固部位的缩孔称为集中缩孔，处于铸锭的上部由于缩孔周围杂质多,在轧制时要切除,否则缩孔在热加工中会沿变形方向伸长破坏钢的连续性。

4) 疏松

处于早期结晶包围的金属液体在凝固结晶时得不到母液的补充,便会形成微小和分散的缩孔,这称为分散缩孔或疏松,它降低钢材的力学性能,但大多数疏松在锻造或轧制时可以焊合。

5) 偏析

早期结晶部位与后期结晶部位的化学成分不同造成宏观区域性成分不均匀,称为成分偏析或者区域偏析、宏观偏析。成分偏析使金属零部件经过热处理后各个部位的组织和强度不均匀,对钢件的性能有很大的影响。

6) 气泡

金属液体凝固时,来不及逸出的气体保留在金属固体中,形成气泡。钢锭内部的大多数气泡在轧制中被焊合;钢锭表面的皮下气泡在轧制中常常造成细微裂纹,影响质量。

3. 细晶粒强化与变质处理

1) 细晶强化

一般来说,晶粒越细小,金属的力学性能(如强度、韧度、塑性)都越好,见表2-1。因此晶粒细化是提高金属力学性能的重要手段之一。工程上控制铸件晶粒的尺寸是提高铸件质量的重要措施。

不同晶粒大小纯铁的力学性能 表2-1

晶粒直径(μm)	强度极限 σ_b (MPa)	延伸率 δ (%)
70	184	30.6
25	216	39.5
1.6	270	50.7

增加金属过冷度 ΔT 可以细化晶粒。近年来由于超高速急冷技术($10^5 \sim 10^{11}$ K/s)的发展,已经获得了具有优良力学和物理化学特性的超细化晶粒合金。

2) 变质处理强化

对于体积较大或者形状复杂的金属件,难以获得较大的过冷度 ΔT,生产中常采用变质处理获得细化晶粒的铸件。

(1) 变质处理。是在液态金属中添加变质剂来细化晶粒。某些元素或它们的化合物符合作为非自发晶核的条件,把它作为变质剂,加入到液态金属中可以显著增加晶核数目,例如钢水中加入 Ti、V、Al、Nb 等细化晶粒。另一类元素和化合物能附着在晶体的结晶端,阻碍晶粒的长大,例如铝硅合金中添加钠盐降低硅的成长速度,也可以达到合金细化目的。

(2) 振动。金属结晶时,如对液态金属附加机械振动、超声波振动、电磁振动,可使枝晶尖端破碎而增加新的结晶核心,从而提高形核率,使晶粒细化。

(五) 金属的同素异构转变

许多金属在固态下只有一种晶体结构,如铝、铜、银等。金属在固态时,无论温度高低,均为面心立方晶格。钨、钼、钒等金属则为体心立方晶格。这些金属结晶时具有图2-6所示的冷却曲线。但有些金属在固态下,存在两种或两种以上的晶格形式,如铁、钴、钛等。这类金属在冷却或加热过程中,其晶格形式会发生变化。金属在固态下随温度的改变,由一种晶格转变为另一种晶格的现象,称为同素异构转变。图2-11所示为纯铁在结晶时的冷却曲线。

液态纯铁在1538℃进行结晶,得到具有体心立方晶格的δ-Fe。δ-Fe继续冷却到1394℃时发生同素异构转变,成为面心立方晶格的γ-Fe。γ-Fe再冷却到912℃时又发生一次同素异构转变,成为体心立方晶格的α-Fe。

$$\underset{（体心立方晶格）}{\delta\text{-Fe}} \xrightarrow{1394℃} \underset{（面心立方晶格）}{\gamma\text{-Fe}} \xrightarrow{912℃} \underset{（体心立方晶格）}{\alpha\text{-Fe}}$$

以不同晶体结构存在的同一种金属的晶体称为该金属的同素异晶体。上式中的δ-Fe、γ-Fe、α-Fe均是纯铁的同素异晶体。

金属的同素异构转变与液态金属的结晶过程相似,故称为二次结晶或重结晶。在发生同素异构转变时,金属也有过冷现象,也会放出潜热,并具有固定的转变温度。新同素异体的形成,也包括形核和长大两个过程。同素异构转变是在固态下进行的,因此转变需要较大的过冷度。由于晶格的变化导致金属的体积发生变化,转变时会产生较大的内应力。例如γ-Fe转变为α-Fe时,铁的体积会膨胀约1%。它可引起钢淬火时产生应力,严重时会导致工件变形和开裂。但适当提高冷却速度,可以细化同素异构转变后的晶粒,从而提高金属的力学性能。

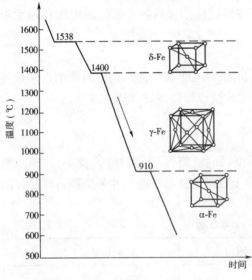

图2-11　纯铁的冷却曲线及同素异构转变

二、合金的结构及相图

由于纯金属的强度、耐磨性等力学性能都比较差,不适宜制作对力学性能要求较高的各种汽车零件。因此,汽车金属材料中,应用最广泛的是合金,这是由于合金的强度、硬度、耐磨性等比纯金属高许多,某些合金还具有特殊的电、磁、耐热、耐蚀等理化性能。

(一)合金和相的基本概念

1. 合金

合金是指由两种或两种以上的金属,或金属元素与非金属元素,经熔炼、烧结或其他方法组合而成,并具有金属特征的物质。

组成合金中独立的、最基本的单元称为组元。组元可以是金属、非金属或稳定的化合物。由两个组元组成的合金称为二元合金,例如汽车上应用最普遍的铁碳合金,就是由铁、碳两种组元组成的二元合金。根据组元数的多少,可分为二元合金、三元合金等。由一系列相同组元组成的不同成分的合金称为合金系。

2. 相

相是指合金系统中具有相同化学成分、相同晶体结构和相同物理或化学性能并与该系统其余部分以界面分开的部分。

液态物质称为液相,固态物质称为固相。合金在固态下可以形成均匀的单相合金,也可能是由几种不同相组成的多相合金。用金相观察方法,在金属及合金内部看到的组成相的大小、方向、形状、分布及相间结合状态称为组织。只有一种相组成的组织为单相组织;由两种或两种以上相组成的组织为多相组织。对合金而言,其结构及影响性能的因素更为复杂。下面以合金中的基本相为重点介绍合金的结构。

(二) 合金中相的基本结构

合金的基本相结构可分为固溶体和金属化合物两大类。

1. 固溶体

合金在固态下由组元间相互溶解而形成的相称为固溶体,即在某一组元的晶格中包含其他组元的原子,被保留晶格的组元称为溶剂,其他组元为溶质。

根据溶质原子在溶剂晶格中占据的位置,可将固溶体分为置换固溶体和间隙固溶体。

1) 置换固溶体

由溶质原子代替一部分溶剂原子而占据溶剂晶格中某些结点位置而形成的固溶体,称为置换固溶体,如图2-12a)所示。

形成置换固溶体时,溶质原子在溶剂晶格中的最高含量(溶解度)主要取决于两者的晶格类型、原子直径差及它们在元素周期表中的位置。晶格类型相同,原子直径差越小,在元素周期表中的位置越靠近,则溶解度越大,甚至可以任何比例溶解而形成无限固溶体。反之,若不能满足上述条件,溶质在溶剂中的溶解度是有限的,这种固溶体称为有限固溶体。

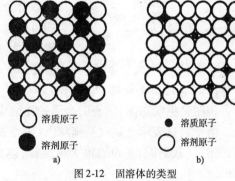

图2-12 固溶体的类型
a) 置换固溶体;b) 间隙固溶体

2) 间隙固溶体

由溶质原子嵌入溶剂晶格中各结点间的空隙中而形成的固溶体,称为间隙固溶体,如图2-12b)所示。由于溶剂晶格的空隙有一定限度,故间隙固溶体的溶解度都是有限的。

3) 固溶体的晶格畸变及其对性能的影响

在固溶体中,由于溶质原子的溶入,导致晶格畸变,置换固溶体在溶质原子直径较大时形成正畸变(晶格常数增加),原子较小时形成负畸变(晶格常数减小);间隙固溶体的晶格都形成正畸变;并且溶质的原子浓度越高晶格畸变越大,如图2-13所示。溶质原子与溶剂原子的直径差越大,溶入的溶质原子越多,晶格畸变就越严重。晶格畸变增加了位错运动的阻力,金属的滑移变形比较困难,使晶体变形的抗力增大,材料的强度、硬度提高,塑性和韧度略有下降,

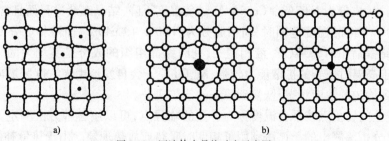

图2-13 固溶体中晶格畸变示意图
a) 间隙固溶体晶格畸变;b) 置换固溶体晶格畸变

使合金的强度和硬度随着溶质原子浓度的增加而提高,晶格畸变在工程上被称之为固溶强化。

固溶强化是金属的一种重要强化方式,综合力学性能要求较高(即强度、韧度、塑性之间具有良好配合)的结构合金材料几乎都是采用固溶体作为基本相的。

2. 金属化合物

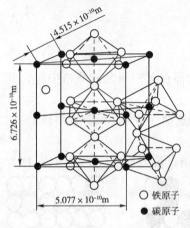

图 2-14 Fe_3C 的晶体结构

金属与金属或金属与类金属、非金属之间形成的具有金属特性的化合物相。金属化合物是很多金属材料中一种基本组成相,如钢中的渗碳体(Fe_3C),黄铜中的 β($CuZn$)相。

金属化合物一般都能用化学式表示其组成,具有复杂的晶体结构,Fe_3C 的晶体结构如图 2-14 所示。它们一般熔点较高,硬而脆,当合金中出现金属化合物时,通常能够提高合金的强度、硬度和耐磨性,但会降低塑性和韧度。仅由一种固溶体组成的合金,由于强度不高,其应用受到限制。所以,多数合金都是由固溶体和少量的化合物组成的混合物。人们可以通过调整固溶体的溶解度和分布于其中的化合物的形状、大小、数量和分布来调整合金的性能,以满足不同的需要。

(三)二元合金相图

相图又称状态图,它表明金属的相结构或状态随温度、压力及成分的改变而发生变化的情况。由于它只表示金属在平衡状态(即是极缓慢加热或冷却条件)下的相结构,所以也称平衡图。相图(状态图)是以温度为纵坐标,以成分为横坐标,表明不同成分合金结晶过程的简明图形。

通过相图可以了解各种成分的合金在不同温度下的组织状态、结晶和相变过程,相的存在区域及相的成分等。但是必须注意,在非平衡状态时(即较快地加热或冷却),相图中的特性点或线是要发生偏离的。

1. 二元合金相图的建立

为了便于理解,首先讨论纯铜在小坩埚内的结晶情况(图 2-15)。

当液态纯铜在平衡状态下缓慢冷却时于 1084℃ 结晶,随着时间的延长,此结晶过程在恒温下完成。但是,固溶合金的结晶情况与纯金属不同。

以图 2-16 所示的 Cu50% + Ni50% 合金为例,它是在一个温度范围内结晶,并伴同液体和固体金属的成分变化。当液态合金冷却到 1348℃ 时,液相成分仍然是 Cu50% + Ni50%,但开始形成固相晶核(成分为 Ni67% + Cu33%),随着温度下降,结晶继续进行而且常为枝晶长大,当冷却到大约 1/2 结晶温度范围时,固相成分为 Ni60% + Cu40%,而液相成分变为 Ni43% + Cu57%;完全结晶后(1315℃ 以下)液相消失,此时结晶组织的成分是不均匀的。在随后的冷却过程中,由于高温时原子的扩散能力较强,Ni、Cu 原子会自发地由高浓度区域向低浓度区域扩散,最终达到均匀的浓度状态,恢复到原来的均匀成分。

冷却曲线上的转折点或平台温度称为合金的临界点,可以用各种方法测定。上述两条冷却曲线是用热分析法测出的。该法利用了相变时吸热或放热现象。由于热量补偿反映在冷却曲线上出现了转折点。

现在以 Cu-Ni 合金来说明相图如何建立：
(1)配制图 2-17 所列的不同成分合金。
(2)用热分析法分别作出每种成分的合金系冷却曲线(图 2-17a)。
(3)以横坐标(图 2-17b)表示合金成分，纵坐标表示温度，将测量的合金相变临界点分别标在坐标图上相应的合金成分线上。

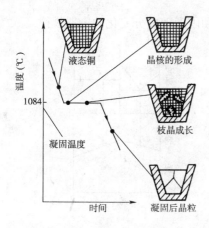
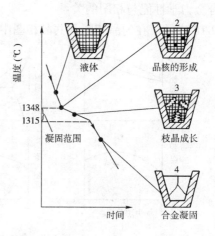

图 2-15　纯铜在小坩埚内结晶时的冷却曲线

图 2-16　Cu50% + Ni50% 合金在小坩埚内结晶的冷却曲线
1-成分 $W_{Cu} = 50\%$，$W_{Ni} = 50\%$；2-固相成分 $W_{Cu} = 33\%$、$W_{Ni} = 67\%$；3-固相成分 $W_{Cu} = 40\%$、$W_{Ni} = 60\%$；4-全凝固

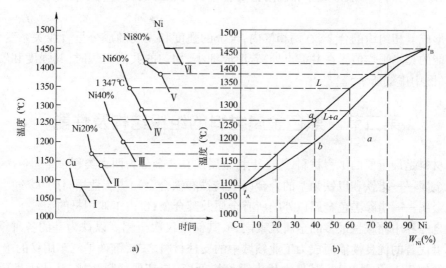

图 2-17　铜—镍合金相图的建立
a)不同成分合金的冷却曲线；b)Cu-Ni 状态图

(4)将各点连成光滑曲线，再根据热分析结果，填上相区，即得此二元合金相图。图中 $t_A a t_B$ 称为液相线，表示结晶开始；$t_A b t_B$ 称为固相线，表示结晶结束。曲线上的液相线即结晶开始温度，又称上临界点；固相线(结晶终了温度)又称下临界点。通过金相和 X 射线衍射法分析得知，合金在生成固溶体的结晶过程都是在一个温度范围。

2. 合金性能与相图的关系

合金的性能取决于合金的成分和组织，合金的某些工艺性能（如铸造性能）还与合金的结晶特点有关。而相图既可表明合金成分与组织间的关系，又可表明合金的结晶特点。因此，合金相图与合金性能之间存在一定的联系。了解相图与性能的联系规律，就可以利用相图大致判断出不同成分合金的性能特点，并作为选用和配制合金、制订工艺的依据。

3. 合金力学性能与相图的关系

图 2-18 表示了在匀晶相图和共晶相图中合金强度和硬度随成分变化的一般规律。

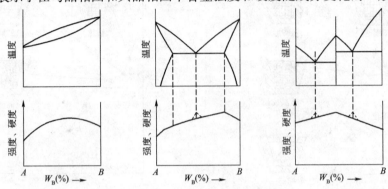

图 2-18　合金力学性能与相图的关系

当合金形成单相固溶体时，其强度和硬度随成分呈曲线变化，合金性能与组元性质及溶质元素的溶入量有关。当溶剂和溶质一定时，溶质的溶入量越多，固态合金晶格畸变越大，则合金的强度、硬度越高。一般形成单相固溶体的合金具有较好的综合力学性能，但达到的强度、硬度有限。

对于形成复相组织的合金，在两相区内，合金的强度和硬度随成分呈直线关系变化，大致是两相性能的算术平均值。在共晶点处，若形成细小、均匀的共晶组织时，其强度和硬度可达到最高值（图中虚线所示）。

第二节　黑色金属材料的组织结构及性能

金属材料是最重要的工程材料，工业上将金属及其合金分为两大类型：

黑色金属——指铁和以铁为基的合金（钢、铸铁和铁合金）；占工业用材的 95%。

有色金属——指除黑色金属以外的所有金属及其合金；仅占工业用材的 5%。

铁是自然界中储藏量最多的金属元素之一，其储量仅次于铝。以铁为基的各种钢铁材料由于其不可代替的优良性能而成为工业领域中的支柱材料之一，钢铁是汽车用材的主体，大约占汽车用材的 3/4（质量比）。其最大优点是价格低廉，与其他材料相比，其比强度（强度/密度）高。

碳钢和铸铁是现代汽车工业生产中使用最广泛的金属材料，它是主要由铁和碳两种元素组成的合金。钢铁的成分不同，则组织和性能不相同，因而它们在实际工程上的应用也不一样。下面将根据铁碳相图及对典型铁碳合金结晶过程的分析，来研究铁碳合金成分、组织、性能之间的关系。

一、铁碳合金相图

铁碳合金相图是研究钢和铸铁的基础,对于钢铁材料的应用以及热加工和热处理工艺的制订也具有重要的指导意义。铁和碳可以形成一系列化合物,如 Fe_3C、Fe_2C、FeC 等,因此整个 Fe-C 相图包括 Fe-Fe_3C、Fe_3C-Fe_2C、Fe_2C-FeC、FeC-C 等几个部分,如图 2-19 所示。

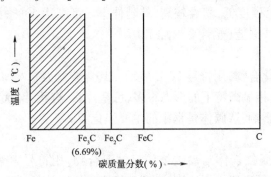

图 2-19 Fe-C 合金的各种化合物

Fe_3C 的碳质量分数为 6.69%。碳质量分数超过 6.69% 的铁碳合金脆性很大,没有使用价值,有实用意义并被深入研究的只是 Fe-Fe_3C 部分(图 2-19 中的影线部分),通常将其称为 Fe-Fe_3C 相图(图 2-20),此时相图的组元为 Fe 和 Fe_3C。

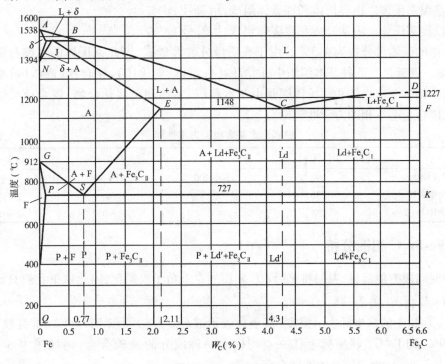

图 2-20 Fe-Fe_3C 相图

二、铁碳合金的基本组织及性能

铁碳合金中的碳既可与铁作用形成化合物,亦可溶入铁中形成固溶体。由化合物与固溶体还可形成机械混合物。

1. 固溶体

(1) 铁素体(F)。碳溶入体心立方晶格的α-Fe中所形成的间隙固溶体称为铁素体,用符号F表示。其在金相显微镜下呈不规则的多边形晶粒。铁素体强度、硬度低,塑性、韧度好。

(2) 奥氏体(A)。碳溶入体心立方晶格的γ-Fe中所形成的间隙固溶体称为奥氏体,用符号A表示。奥氏体强度、硬度低,塑性较高,其延伸率δ可高达50%,故生产中常常把钢加热到奥氏体状态进行轧制或锻造(塑性变形加工)。

2. 渗碳体

渗碳体是一种铁碳化合物,用符号Fe_3C表示。其含碳量为6.69%,硬度很高,塑性、韧度很差,δ≈0。渗碳体在金相显微镜下的形态很多,可呈片状、粒状、网状和板条状。它的形状和分布对钢的性能有很大影响,渗碳体是钢中的主要强化相。

3. 机械混合物

珠光体(P):珠光体是铁素体与渗碳体的机械混合物,用符号P表示。其平均含碳量为0.77%。珠光体的强度、硬度比铁素体高,而塑性韧度比铁素体低。珠光体在金相显微镜下的组织为铁素体和渗碳体层片状相间排列,看上去有类似珍珠的光泽而得名。

4. 莱氏体(Le)

莱氏体分为:

(1) 高温莱氏体。由奥氏体和渗碳体组成,用符号Ld表示。

(2) 低温莱氏体。由珠光体和渗碳体组成,用符号Ld'表示。

莱氏体的碳质量分数为4.3%。由于碳质量分数含量高,因此莱氏体的性能与渗碳体相似,硬而脆。铁碳合金五种基本组织中,固溶体(铁素体、奥氏体)、化合物(渗碳体)都是组成合金的基本相。而珠光体和莱氏体则是由基本相(固溶体和金属化合物)混合而成的机械混合物。铁碳合金基本相的力学性能见表2-2。

铁碳合金基本相的力学性能　　　　　表2-2

基 本 相	σ_b(MPa)	HB	δ(%)	a_k(J/m^2)
奥氏体 A	392	160~200	40~50	—
铁素体 F	230	80	50	2×10^6
渗碳体 Fe_3C	30	800	≈0	≈0

三、$Fe-Fe_3C$相图分析

为研究问题方便起见,我们将$Fe-Fe_3C$相图的左上角予以简化,因此这里我们只研究简化了的$Fe-Fe_3C$相图(图2-21)。

$Fe-Fe_3C$相图的纵坐标表示温度,横坐标表示成分。左端原点$W_C=0\%$,即纯铁;右端点$W_C=6.69\%$,即Fe_3C。横坐标上任一点均代表一种成分的铁碳合金,例如图中S点,表示$W_C=0.77\%$($W_{Fe}=99.23\%$)的铁碳合金。

1. $Fe-Fe_3C$相图中的特性点

表2-3为简化后的$Fe-Fe_3C$相图中各特性点的温度、成分和含义。各代表符号属通用,一般不可随意改变。

简化的 Fe-Fe₃C 相图的特性点　　　　　　　　　　　　　　表 2-3

特 性 点	$t(℃)$	$W_C(\%)$	含　义
A	1 538	0	纯铁的熔点
C	1 148	4.3	共晶点，$L_C \xrightleftharpoons{1148℃} Ld(A_E + F_3C)$
D	~1227	6.69	渗碳体的熔点
E	1148	2.11	碳在 γ-Fe 中的最大溶解度
G	912	0	纯铁的同素异晶转变点，α-Fe $\xrightleftharpoons{912℃}$ γ-Fe
P	727	0.0218	碳在 α-Fe 铁中的最大溶解度
S	727	0.77	共析点，$A_S \xrightleftharpoons{727℃} P(F_P + Fe_3C)$
Q	600	0.006	碳在 α-Fe 铁中的溶解度

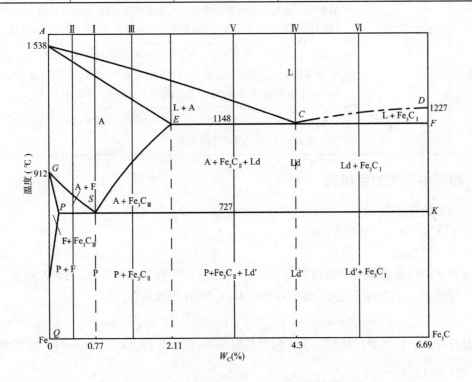

图 2-21　简化了的 Fe-Fe₃C 相图

2. Fe-Fe₃C 相图中的特性线

Fe-Fe₃C 相图的特性线是不同成分合金具有相同意义相变点的连接线。简化的 Fe-Fe₃C 相图中各特性线的符号、名称及含义见表 2-4。

Fe-Fe₃C 相图中一次、二次、三次渗碳体的含碳量、晶体结构和性能均相同，没有本质区别，只是来源、分布、形态不同，因而对铁碳合金性能的影响有所不同。

简化的 Fe-Fe₃C 相图特性线　　　　　　表 2-4

特性线	名　称	含　　义
ACD 线	液相线	任何成分的铁碳合金在此线以上处于液态（L），液态合金缓冷至 AC 线时，开始结晶出奥氏体（A）；缓冷至 CD 线时，液体中开始结晶出渗碳体，称此渗碳体为一次渗碳体（Fe₃C₁）
AECF 线	固相线	任何成分的铁碳合金缓冷至此温度线时全部结晶为固相，加热到此温度线，合金开始熔化
ECF 水平线	共晶线	凡 $W_C > 2.11\%$ 的铁碳合金，缓冷至该线（1148℃）时，均发生共晶转变，生成莱氏体（Ld）
PSK 水平线	共析线（又称 A_1 线）	凡 $W_C > 0.0218\%$ 的铁碳合金，缓冷至该线（727℃）时，均发生共析转变，生成珠光体（P）
ES 线	A_{cm} 线	碳在 γ-Fe 中的溶解度曲线。在 1148℃时，$W_C = 2.11\%$（E 点），随着温度降低，溶碳量减少，727℃时，$W_C = 0.77\%$（S 点）。它也是 $W_C > 0.77\%$ 的铁碳合金，由高温缓冷时，从奥氏体中析出渗碳体的开始温度线，此渗碳体称为二次渗碳体（Fe₃C_Ⅱ）。另外，它还是缓慢加热时，二次渗碳体溶入奥氏体的终了温度线
PQ 线		碳在 α-Fe 中的溶解度曲线。在 727℃时，$W_C = 0.0218\%$（P 点），随着温度降低，溶碳量减少，至 600℃时，$W_C = 0.006\%$（Q 点）。因此，由 727℃缓冷时，铁素体中多余的碳将以渗碳体形式析出，此渗碳体称为三次渗碳体（Fe₃C_Ⅲ）
GS 线	A_3 线	$W_C < 0.77\%$ 的铁碳合金，缓冷时，由奥氏体中析出铁素体的开始线；也是缓慢加热时，铁素体转变为奥氏体终了线

四、相图中重要的点和线

1. 相图中的重要点

图中 C、S、E 为三个最重要的点。

1）C 点为共晶点

合金在平衡结晶过程中冷却到 1148℃时，C 点成分的 L 发生共晶反应，生成 E 点成分的 A 和 Fe₃C。共晶反应在恒温下进行，反应过程中 L、A、Fe₃C 三相共存，反应式为：

$$L_C \xrightleftharpoons{1148℃} A_E + Fe_3C \quad 即 \quad L_{4.3} \xrightleftharpoons{1148℃} A_{2.11} + Fe_3C$$

共晶反应的产物是奥氏体与渗碳体的共晶混合物，称莱氏体，以符号 Le 表示，因而共晶反应式可表达为：$L_{4.3} \xrightleftharpoons{1148℃} Le_{4.3}$

莱氏体中的渗碳体称共晶渗碳体。在显微镜下莱氏体的形态是：块状或粒状 A（室温时转变成珠光体）分布在渗碳体基体上。

2）S 点为共析点

合金在平衡结晶过程中冷却到 727℃时，S 点成分的 A 发生共析反应，生成 P 点成分的 F 和 Fe₃C。共析反应在恒温下进行，反应过程中 A、F、Fe₃C 三相共存，反应式为：

$$A_S \xrightleftharpoons{727℃} F_P + Fe_3C \quad 即 \quad A_{0.77} \xrightleftharpoons{727℃} F_{0.0218} + Fe_3C$$

共析反应的产物是铁素体与渗碳体的共析混合物,称珠光体,以符号 P 表示,因而共析反应可简单表示为:

$$A_{0.77} \xrightleftharpoons{727℃} P_{0.77}$$

珠光体中的渗碳体称共析渗碳体。在显微镜下珠光体的形态呈层片状。在放大倍数很高时,可清楚地看到相间分布的渗碳体片(窄条)与铁素体片(宽条)。

珠光体的强度较高,塑性、韧度和硬度介于渗碳体和铁素体之间,其力学性能如下:

(1) 抗拉强度(σ_b):770MPa;
(2) 延伸率(δ):20% ~ 35%;
(3) 冲击韧度(a_k):$3 \times 10^5 \sim 4 \times 10^5 \text{J/m}^2$;
(4) 硬度:180HB。

3) E 为钢和铁的分界点

凡碳质量分数在 0.0218% ~ 2.11% 的铁碳合金称为钢;凡碳质量分数在 2.11% ~ 6.69% 的铁碳合金称为铸铁。

2. 相图中的重要线

ACD 为液相线;$AECF$ 为固相线。

水平线 ECF 为共晶反应线:碳质量分数在 2.11% ~ 6.69% 的铁碳合金,在平衡结晶过程中均发生共晶反应。

水平线 PSK 为共析反应线:碳质量分数为 0.0218% ~ 6.69% 的铁碳合金,在平衡结晶过程中均发生共析反应。PSK 线又称 A_1 线。

相图中的 GS 线是合金冷却时自 A 中开始析出 F 的临界温度线,通常称为 A_3 线。

ES 线是碳在 A 中的固溶线:通常称为 A_{cm} 线。由于在 1148℃ 时 A 中溶碳量最大,碳质量分数可达 2.11%,而在 727℃ 时仅为 0.77%,因此碳质量分数大于 0.77% 的铁碳合金自 1148℃ 冷至 727℃ 的过程中,将从 A 中析出 Fe_3C。析出的渗碳体称为二次渗碳体(Fe_3C_{II})。A_{cm} 线亦为从 A 中开始析出 Fe_3C_{II} 的临界温度线。

PQ 线是碳在 F 中的固溶线:在 727℃ 时 F 中溶碳量最大,碳质量分数可达 0.0218%,室温时仅为 0.0008%,因此碳质量分数大于 0.0008% 的铁碳合金自 727℃ 冷至室温的过程中,将从 F 中析出 Fe_3C。析出的渗碳体称为三次渗碳体(Fe_3C_{III})。PQ 线亦为从 F 中开始析出 Fe_3C_{III} 的临界温度线。Fe_3C_{III} 数量极少,往往予以忽略。

五、典型铁碳合金的平衡结晶过程

根据 $Fe\text{-}Fe_3C$ 相图,铁碳合金可分为三类。

(1) 工业纯铁:$W_C \leq 0.0218\%$。

(2) 钢:$0.0218\% < W_C \leq 2.11\%$
- 亚共析钢　　　$0.0218\% < W_C < 0.77\%$
- 共析钢　　　　$W_C = 0.77\%$
- 过共析钢　　　$0.77\% < W_C \leq 2.11\%$

(3) 白口铸铁:$2.11\% < W_C < 6.69\%$
- 亚共晶白口铸铁　　$2.11\% < W_C < 4.3\%$
- 共晶白口铸铁　　　$W_C = 4.3\%$
- 过共晶白口铸铁　　$4.3\% < W_C < 6.69\%$

下面分别对图 2-22 中几种典型铁碳合金的结晶过程进行分析。

1. 共析钢结晶过程分析

图 2-22 中合金 I 为 $W_C=0.77\%$ 的共析钢。合金 I 在 1 点温度以上全部为液相(L),当缓慢冷却至与 AC 线相交的 1 点温度时,开始从液相中结晶出奥氏体(A),奥氏体的量随温度下降而增多,其成分沿 AE 线变化,剩余液相逐渐减少,其成分沿 AC 线变化。冷至 2 点温度时,液相全部结晶为与原合金成分相同的奥氏体。2~3 点(即 S 点)温度范围内为单一奥氏体。冷至 3 点(727℃)时,发生共析转变,从奥氏体中同时析出成分为 P 点的铁素体和成分为 K 点的渗碳体,构成交替重叠的层片状两相组织,称为珠光体,用符号 P 表示,其共析转变式为 $A_S \xrightleftharpoons{727℃} CP(F_P + Fe_3C_K)$。

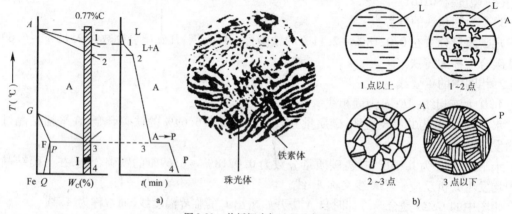

图 2-22 共析钢冷却过程示意图

这种在一定温度下,由一定成分的固相同时析出两种一定成分的固相转变,称为共析转变。共析转变在恒温下进行,该温度称为共析温度;发生共析转变的成分称为共析成分,共析成分是一定的;共析转变后的组织称为共析组织或共析体。共析转变后的铁素体和渗碳体又称共析铁素体和共析渗碳体。由于在固态下原子扩散较困难,故共析组织均匀、细密。

在 3 点以下继续缓冷时,铁素体成分沿 PQ 线变化,将有少量三次渗碳体(Fe_3C_{III})从铁素体中析出,并与共析渗碳体混在一起,不易分辨,而且在钢中影响不大,故可忽略不计。共析钢冷却过程如图 2-22 所示,其室温组织为珠光体。珠光体显微组织一般为层片状,当放大倍数较低时,只能看到白色基体的铁素体和黑色条状的渗碳体;放大倍数较高时,清楚可见。

2. 亚共析钢冷却过程分析

图 2-23 中合金 II 为 $W_C=0.45\%$ 的亚共析钢。合金 II 在 3 点以上的冷却过程与合金 I 在 3 点以上相似。当合金冷至与 GS 线相交的 3 点时,开始从奥氏体中析出铁素体。随温度降低,铁素体量不断增多,其成分沿 GP 线变化,而奥氏体量逐渐减少,其成分沿 GS 线向共析成分接近,3~4 点间组织为奥氏体和铁素体。温度缓冷至 4 点时,剩余奥氏体的含碳量达到共析成分($W_C=0.77\%$),发生共析转变形成珠光体。温度继续下降,由铁素体中析出极少量的三次渗碳体,可忽略不计。故其室温组织为铁素体和珠光体,其冷却过程如图 2-23 所示。

所有亚共析钢的冷却过程均相似,其室温组织都是由铁素体和珠光体组成。所不同的是随含碳量的增加,珠光体量增多,铁素体量减少。图2-23中白色部分为铁素体,黑色部分为珠光体。

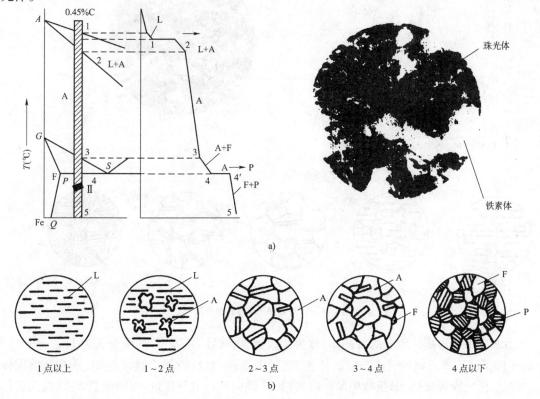

图2-23 亚共析钢冷却过程示意图

3. 过共析钢冷却过程分析

图2-24中合金Ⅲ为$w_C=1.2\%$的过共析钢。合金Ⅲ在3点以上的冷却过程与合金Ⅰ在3点以上相似。当合金冷至与 ES 线相交的3点时,奥氏体中含碳量达到饱和,碳以二次渗碳体(Fe_3C_{II})的形式析出,呈网状沿奥氏体晶界分布。继续冷却,二次渗碳体量不断增多,奥氏体量不断减少,剩余奥氏体的成分沿 ES 线变化。当冷却到与 PSK 线相交的4点时,剩余奥氏体中含碳量达到共析成分($w_C=0.77\%$),故奥氏体发生共析转变,形成珠光体。继续冷却,组织基本不变。其室温组织为珠光体和网状二次渗碳体。冷却过程如图2-24所示。

所有过共析钢的室温组织都是由珠光体和网状二次渗碳体组成的。不同的是随含碳量的增加,网状二次渗碳体量增多,珠光体量减少。过共析钢的显微组织如图2-24a)中呈片状黑白相间的组织为珠光体,白色网状组织为二次渗碳体。

4. 共晶白口铸铁冷却过程分析

图2-25中合金Ⅳ为$w_C=4.3\%$的共晶白口铸铁。合金Ⅳ在1点(即 C 点)温度以上为液相。缓冷至1点温度(1148℃)时,发生共晶转变,即从一定成分的液相中同时结晶出成分为 E 点的奥氏体和成分为 F 点的渗碳体。共晶转变后的奥氏体和渗碳体又称共晶奥氏体和共晶渗碳体。

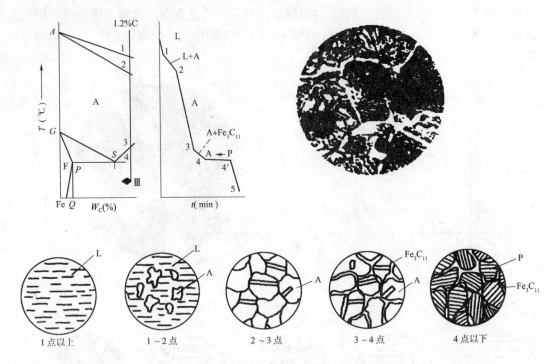

图2-24 过共析钢冷却过程示意图

由奥氏体和渗碳体组成的共晶体,称为莱氏体,用符号 Ld 表示,其转变式为 $L_C \underset{}{\overset{1148℃}{\rightleftharpoons}} Ld$ ($A_E+Fe_3C_F$)。莱氏体的性能与渗碳体相似,硬度很高,塑性极差。继续冷却,从共晶奥氏体中不断析出二次渗碳体,奥氏体中的含碳量沿 ES 线向共析成分接近,当缓冷至2点时,奥氏体的含碳量达到共析成分,发生共析转变,形成珠光体,二次渗碳体保留至室温。因此,共晶白口铸铁的室温组织是由珠光体和渗碳体(二次渗碳体和共晶渗碳体)组成的两相组织,即变态莱氏体(Ld′)。共晶白口铸铁的冷却过程其显微组织如图2-25所示。图中黑色部分为珠光体,白色基体为渗碳体(其中共晶渗碳体与二次渗碳体混在一起,无法分辨)。

5. 亚共晶白口铸铁冷却过程

图2-26中合金Ⅴ为 $W_C=3.0\%$ 的亚共晶白口铸铁。合金Ⅴ在1点温度以上为液相。缓冷至与 AC 线相交的1点温度时,从液相中开始结晶出奥氏体,随温度降低,奥氏体量不断增多,其成分沿 AE 线变化,而液相逐渐减少,其成分沿 AC 线变化。冷却至与 ECF 线相交的2点(1148℃)时,剩余液相成分达到共晶成分($W_C=4.3\%$),发生共晶转变,形成莱氏体。在2~3点之间冷却时,奥氏体的成分沿 ES 线变化,并不断析出二次渗碳体,冷至与 PSK 线相交的3点温度时,奥氏体达到共析成分,发生共析转变,形成珠光体。其室温组织为珠光体+二次渗碳体+变态莱氏体,即 P + Fe_3C + Le′。亚共晶白口铸铁的冷却过程的显微组织如图2-26所示,图中黑色块状或树枝状为珠光体,黑白相间的基体为变态莱氏体,二次渗碳体与共晶渗碳体混在一起,无法分辨。

所有亚共晶白口铸铁的室温组织均由珠光体+二次渗碳体中变态莱氏体组成。不同的是随含碳量增加,组织中变态莱氏体量增多,其他量相对减少。

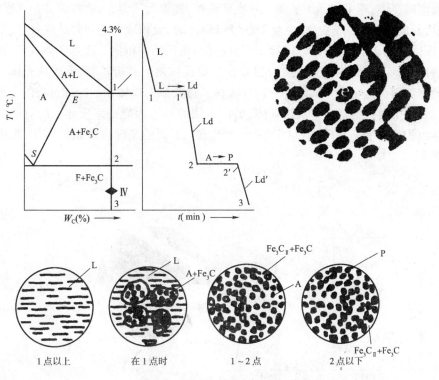

图 2-25 共晶白口铸铁冷却过程示意图

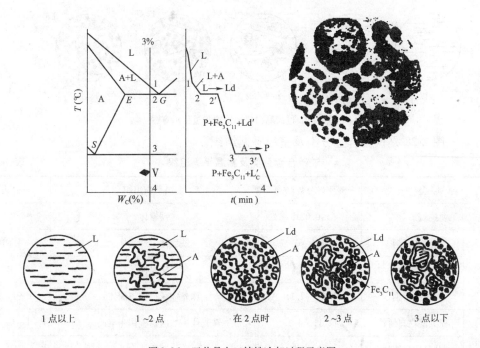

图 2-26 亚共晶白口铸铁冷却过程示意图

6. 过共晶白口铸铁冷却过程

图 2-27 中合金 Ⅵ 为 $w_C = 5.0\%$ 的过共晶白口铸铁。合金 Ⅵ 在 1 点温度以上为液相。缓

冷至1点温度时,从液相中结晶出板条状一次渗碳体,随温度降低,一次渗碳体量不断增多,液相不断减少,其成分沿 DC 线变化,冷至2点(1148℃)时,液相成分达到共晶成分,发生共晶转变,形成莱氏体。在2~3点温度之间冷却时,同样由奥氏体中析出二次渗碳体,但二次渗碳体在组织中难以辨认。继续冷却到3点(727℃)时,奥氏体发生共析转变,形成珠光体。过共晶白口铸铁的室温组织为变态莱氏体和一次渗碳体。过共晶白口铸铁的冷却过程的显微组织如图2-27所示,图中白色条状为一次渗碳体,黑白相间的基体为变态莱氏体。所有过共晶白口铸铁的室温组织均由变态莱氏体和一次渗碳体组成。不同的是随含碳量的增加,组织中一次渗碳体量增多。

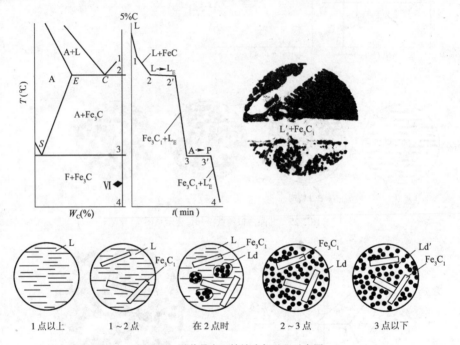

图2-27 过共晶白口铸铁冷却过程示意图

表2-5、图2-28是铁碳合金分类及室温平衡组织。

铁碳合金分类及室温平衡组织　　　　　　　　　　　　表2-5

种　类		碳质量分数(%)	室温平衡组织	符号表示
工业纯铁		≤0.0218	铁素体	F
碳钢	亚共析钢	0.0218~0.77	铁素体+珠光体	F+P
	共析钢	0.77	珠光体	P
	过共析钢	0.77~2.11	珠光体+二次渗碳体	$P+Fe_3C_{II}$
白口铸铁（生铁）	亚共晶白口铸铁	2.11~4.3	珠光体+二次渗碳体+莱氏体	$P+Fe_3C_{II}+Ld'$
	共晶白口铸铁	4.3~6.69	莱氏体	Ld'
	过共晶白口铸铁	≥6.69	莱氏体+一次渗碳体	$Ld'+Fe_3C_I$

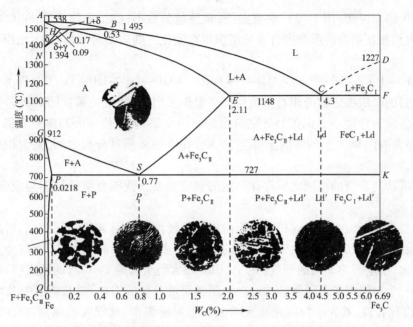

图 2-28 标注组织的 Fe-Fe$_3$C 相图

六、铁碳合金的成分—组织—性能关系

按照铁碳相图,铁碳合金在室温下的组织皆由 F 和 Fe$_3$C 两相组成,两相的相对质量分数由杠杆定律确定。随碳质量分数的增加,F 的量逐渐变少,由 100% 按直线关系变至 0%（W_C = 6.69%）时,Fe$_3$C 的量则逐渐增多,相应的由 0% 按直线关系变至 100%,如图 2-29c)所示。

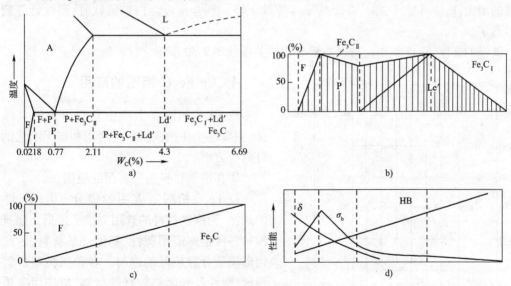

图 2-29 铁碳合金的成分—组织—性能的对应关系

a)碳质量分数增加与组织变化示意图;b)碳质量分数变化与组织组成物变化示意图;c)F 与 Fe$_3$C 质量分数变化示意图;d)碳质量分数变化与性能关系示意图

根据分析结果可知(图2-29),在室温下,碳质量分数不同时,不仅F和Fe_3C的相对质量变化,而且两相相互组合的形态即合金的组织也在变化。随碳质量分数增大,组织按下列顺序变化:

$$F \to F+P \to P \to P+Fe_3C_{II} \to P+Fe_3C_{II}+Ld' \to Ld' \to Ld'+Fe_1C \to Fe_3C$$

各个区间的组织组成物的相对质量用杠杆定律求出,其数量关系如图2-29b)中相应垂直高度所示。碳质量分数小于0.0218%的合金的组织全部为F;$W_C=0.77$%时全部为P,$W_C=4.3$%时全部为Ld',$W_C=6.69$%时全部为Fe_3C。在上述碳质量分数之间,则为相应组织组成物的混合物。

相图的形状与合金的性能之间存在一定的对应关系。铁碳合金的性能与成分的关系,如图2-29d)所示。

硬度主要决定于组织中组成相或组织组成物的硬度和相对数量,而受它们形态的影响相对较小,随碳质量分数的增加,由于硬度高的Fe_3C增多,硬度低的F减少,所以合金的硬度呈直线关系增大,由全部为F时的硬度(约80HBS)增大到全部为Fe_3C时的硬度(约800HBS)。

强度是一个对组织形态很敏感的性能。随碳质量分数的增加,亚共析钢中P增多而F减少。P的强度比较高,其大小与细密程度有关。组织越细密,则强度值越高。F的强度较低。所以亚共析钢的强度随碳质量分数的增大而增大。但当碳质量分数超过共析成分之后,由于强度很低的Fe_3C_{II}沿晶界出现,合金强度的增高变慢,到W_C约为0.9%时,Fe_3C_{II}沿晶界形成完整的网,强度迅速降低,随着碳质量分数的进一步增加,强度不断下降,到$W_C=2.11$%后,合金中出现Ld'时,强度已降到很低的值。再增加碳质量分数时,由于合金基体都为脆性很高的Fe_3C,强度变化不大且值很低,趋于Fe_3C的强度(20~30MPa)。

铁碳合金中Fe_3C是极脆的相,没有塑性。合金的塑性变形全部由F提供。所以随碳质量分数的增大,F量不断减少时,合金的塑性连续下降。到合金成为白口铸铁时,塑性就降到近于零值了。

碳钢的硬度、强度和塑性与碳质量分数的关系如图2-30所示。

七、Fe-Fe_3C相图的应用

Fe-Fe_3C相图在生产中具有很大的实际意义,主要应用在钢铁材料的选用和加工工艺的制订两个方面。

1. 在钢铁材料选用方面的应用

Fe-Fe_3C相图所表明的成分—组织—性能的规律,为钢铁材料的选用提供了依据。建筑结构和各种型钢需用塑性、韧度好的材料,因此选用碳质量分数较低的钢材。各种机械零件需要强度、塑性及韧度都较好的材料,应选用碳质量分数适中的中碳钢。各种工具要用硬度高和耐磨性好的材料,则选碳质量分数高的钢种。纯铁的强度低,不宜用做结构材料,但由于其磁导率

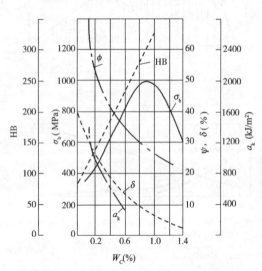

图2-30 碳钢的力学性能与碳质量分数的关系(正火)

高,矫顽力低,可做软磁材料使用,如做电磁铁的铁芯等。白口铸铁硬度高、脆性大,不能切削加工,也不能锻造,但其耐磨性好,铸造性能优良,适用于作要求耐磨、不受冲击、形状复杂的铸件,例如拔丝模、冷轧辊、货车轮、犁铧、球磨机的磨球等。

2. 在铸造工艺方面的应用

根据 Fe-Fe$_3$C 相图可以确定合金的浇注温度。浇注温度一般在液相线以上 50~100℃。从相图上可看出,纯铁和共晶白口铸铁的铸造性能最好,它们的凝固温度区间最小,因而流动性好,分散缩孔少,可以获得致密的铸件,所以铸铁件成分在生产上总是选在共晶成分附近。在铸钢生产中,碳质量分数规定在 0.15%~0.6%,因为这个范围内钢的结晶温度区间较小,铸造性能较好。

3. 在热锻、热轧工艺方面的应用

钢处于奥氏体状态时强度较低,塑性较好,因此锻造或轧制件选在单相奥氏体区内进行。一般始锻、始轧温度控制在固相线以下 100~200℃ 范围内,温度高时,钢的变形抗力小,节约能源,设备要求的吨位低,但温度不能过高,防止钢材严重烧损或发生晶界熔化(过烧)。终锻、终轧温度不能过低,以免钢材因塑性差而发生锻裂或轧裂。亚共析钢热加工终止温度多控制在 GS 线以上一点,避免变形时出现大量铁素体,形成带状组织而使韧度降低。过共析钢变形终止温度应控制在 PSK 线以上一点,以便把呈网状析出的二次渗碳体打碎。终止温度不能太高,否则再结晶后奥氏体晶粒粗大,使热加工后的组织也粗大。一般始锻温度为 1150~1250℃,终锻温度为 750~850℃。

4. 在热处理工艺方面的应用

Fe-Fe$_3$C 相图对于制订热处理工艺有着特别重要的意义。一些热处理工艺如退火、正火、淬火的加热温度都是依据 Fe-Fe$_3$C 相图确定的。这将在热处理一节中详细阐述。

第三节　钢的热处理强化及表面改性

钢的强化及表面改性技术是钢材研究与应用领域最为活跃的课题之一。它不仅可用来提高材料的力学性能,充分发挥材料的性能潜力,而且还可获得一些特殊要求的性能或功能,满足特殊条件下工作零件的使用要求。

一、钢的热处理基本概念及分类

钢的热处理是将钢在固态下,通过加热保温和冷却的方法来改变钢的内部组织,以获得预期性能的一种工艺。钢的热处理在机械和汽车制造业中占有十分重要的地位。钢经适当的热处理后,可以提高使用性能,改善工艺性能,达到充分发挥材料潜力、提高产品质量、延长使用寿命等目的。因此,热处理是强化钢材的重要方法之一。机械、交通、能源以及航空航天等工业部门的大多数零部件和一些工程构件,都需要通过热处理来提高产品质量和性能。如现代机床工业中有 60%~70% 的零件,汽车、拖拉机工业中有 70%~80% 的零件,而滚动轴承和各种工具、模具几乎 100% 的地要经过热处理。

按《金属热处理工艺分类及代号》(GB 12603—2005)的规定,根据加热和冷却方法的不同,常用的热处理分类如下:

$$\text{热处理}\begin{cases}\text{整体热处理:退火、正火、淬火、回火等}\\\text{表面热处理:表面淬火}\\\text{化学热处理:渗碳、碳氮共渗、渗氮等}\end{cases}$$

根据热处理在零件加工过程中的工序位置及作用不同,热处理还可分为预备热处理和最终热处理。

热处理的方法虽然很多,但任何一种热处理都是由加热、保温和冷却三个阶段组成的,因此可以用"温度—时间"曲线图表示,如图 2-31 所示。

二、钢的热处理原理

1. 钢在加热和冷却时内部组织的转变

钢的热处理原理主要是利用钢在加热和冷却时内部组织发生转变的基本规律来确定加热温度、保温时间和冷却介质等有关参数,以达到改善材料性能的目的。

由 Fe-Fe$_3$C 相图可知,碳钢在缓慢加热和冷却的过程中,经过 *PSK* 线、*GS* 线和 *ES* 线时都要发生组织转变。因此,我们分别把 *PSK* 线、*GS* 线和 *ES* 线称为组织转变的临界点,分别记为 A_1 线、A_3 线和 A_{cm} 线。A_1、A_3 和 A_{cm} 线上的点都是新相与旧相自由能相等的平衡温度点。在实际转变过程中,由于加热和冷却速度较快,转变温度会偏离平衡临界点。加热和冷却速度越大,偏离平衡点越远。为方便起见,通常将实际加热转变点和实际冷却转变点分别加注下角标 c 和 r,即 A_{c_1}、A_{c_3}、$A_{c_{cm}}$ 和 A_{r_1}、A_{r_3}、$A_{r_{cm}}$ 如图 2-32 所示。

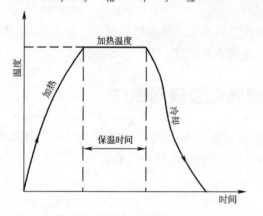

图 2-31 热处理的基本工艺曲线

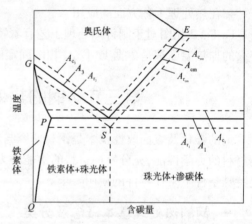

图 2-32 加热和冷却时 Fe-Fe$_3$C 相图上临界点位置

1)钢在加热时的组织转变

碳钢的室温组织基本上由铁素体和渗碳体两个相组成,只有在奥氏体状态才能通过不同冷却方式使钢转变为不同组织,获得所需性能。所以,热处理时须将钢加热到一定温度,使其组织全部或部分转变为奥氏体。现以共析碳钢为例讨论钢的奥氏体化过程。

(1) 奥氏体的形成。钢加热到 A_{c_1} 点以上时,会发生珠光体向奥氏体的转变;加热到 A_{c_3} 点或 $A_{c_{cm}}$ 点以上时,便全部转变为奥氏体,热处理加热最主要的目的就是为了得到奥氏体,因此这种加热转变过程称为钢的奥氏体化。

共析钢在室温下的组织为单一的珠光体,加热到 A_{c_1} 点以上时,由于铁原子的晶格改和渗碳体逐步溶解而形成奥氏体,随后在保温过程中,通过碳原子的扩散使奥氏体成分均匀化,最后得到单相均匀的奥氏体,如图 2-33 所示。亚共析钢和过共析钢的室温组织除了珠光体外,还有先共析铁素体和先共析二次渗碳体,因此,亚共析钢和过共析钢奥氏体化过程,首先是珠光体转变为奥氏体,然后先共析相向奥氏体转变或溶解,最后得到单相的奥氏体组织。可见,亚共析钢和过共析钢都必须加热到 A_{c_3} 或 $A_{c_{cm}}$ 以上才能全部完成奥氏体化,得到单相的奥氏组织,这种加热称为完全奥氏体化加热。如果加热温度在 A_{c_1} 和 $A_{c_3}(A_{c_{cm}})$ 之间,除了奥氏体外,还有一部分未转变的先共析相,这种加热称为不完全奥氏体化加热。

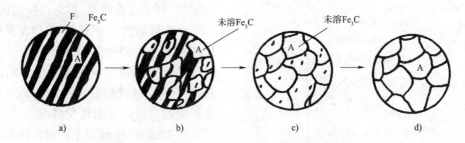

图 2-33　共析碳钢的奥氏体形成过程示意图
a) A 形核 ; b) A 长大 ; c) 残余 Fe_3C 溶解 ; d) A 均匀化

(2) 奥氏体晶粒的长大及其控制。奥氏体晶粒的大小对随后冷却时的转变及转变产物的性能有重要的影响。奥氏体晶粒越小,冷却转变产物的组织越细,其屈服强度、冲击韧度越高。所以在淬火加热时,总是希望得到细小的奥氏体晶粒。奥氏体晶粒的大小是评定加热质量的指标之一。

严格控制奥氏体的晶粒度是热处理生产中的一个重要环节。凡是晶粒度超过规定时就成为加热缺陷,称为过热,必须进行返修。重要的刃具淬火时都要对奥氏体晶粒度进行金相评级,以保证淬火后有足够的强度和韧度。

在实际生产中,常从加热温度、保温时间和加热速度几个方面来控制奥氏体的晶粒大小。加热温度越高,保温时间越长,奥氏体晶粒越大;反之,加热温度越低,时间越短,晶粒就越小。在加热温度相同时,加热速度越快,保温时间越短,奥氏体晶粒越小。因而,在实际生产中,常利用快速加热、短时保温来获得细小的奥氏体晶粒。如表面淬火就是典型的一例。

2) 钢在冷却时的转变

冷却过程是钢热处理的关键工序,其冷却转变温度决定了冷却后的组织和性能。实际生产中采用的冷却方式主要有连续冷却(如炉冷、空冷、水冷等)和等温冷却(如等温淬火)。

钢在铸造、锻压、焊接以后,也都要经过由高温到室温的冷却过程。它虽然不作为一个热处理工序,但实质也是一个冷却转变过程,也应正确加以控制;否则,也会形成某种组织缺陷。所以,钢在冷却时的转变规律,不仅是制订热处理工艺的基本依据,也是制订热加工后的冷却工艺的理论依据。

热处理有两种冷却方式:一种是等温冷却,即将钢由加热温度迅速冷却到临界点 A_{r_1} 以下的既定温度,保温一定时间,进行恒温转变,然后再冷却到室温(图 2-34 中曲线 2)。另一种是连续冷却,即将钢由加热温度连续冷却

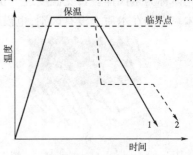

图 2-34　热处理的不同冷却方式

到室温,在临界点以下进行连续转变(图2-34曲线1)。

为了研究奥氏体的冷却转变规律,通常采用两种方法:一种是在不同的过冷度下进行等温冷却测定奥氏体的转变过程,绘出奥氏体等温转变曲线;另一种是在不同的冷却速度下进行连续冷却测定奥氏体的转变过程,绘出奥氏体连续冷却转变曲线。

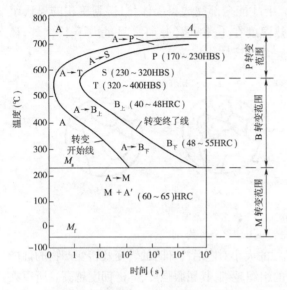

图2-35 共析碳钢奥氏体等温转变曲线

(1)奥氏体的等温冷却转变。奥氏体在临界点以上为稳定相,能够长期存在而不发生转变,一旦冷却到临界点以下就变成不稳定相,处于过冷状态,称为过冷奥氏体。

在不同的过冷度下,反映过冷奥氏体转变产物量与时间的关系曲线称为过冷奥氏体等温转变的动力学曲线。由于曲线的形状像字母C,故又称C曲线。图2-35所示为共析碳钢奥氏体等温转变曲线。

图2-35中A_1线以上是奥氏体存在的稳定区域。第一条曲线为奥氏体转变开始线,第二条曲线为奥氏体转变终止线。在终止线的右侧为转变产物区,在转变开始线和转变终止线之间为过冷奥氏体和转变产物共存区。可以看出,在C曲线的"鼻尖"(大约550℃)附近的孕育期最短,过冷奥氏体的稳定性最小。在"鼻尖"之上,随着温度降低,孕育期变短,转变速度增加;在"鼻尖"之下,随着温度降低孕育期变长,转变速度减缓。图2-35的C曲线还有M_s和M_f两条水平线,分别是过冷奥氏体发生低温转变,形成马氏体的开始温度和终了温度。A_1线以下M_s线以上、奥氏体转变开始线以左为过冷奥氏体区。

(2)C曲线有三个转变区,分别如下。

①珠光体转变区(高温转变区)。A_1到"鼻尖"(550℃)温度区域内,转变产物是珠光体。此时,因为转变温度高,奥氏体中的碳原子可以充分扩散形成渗碳体,同时奥氏体将转变为铁素体,因此形成铁素体和渗碳体的机械混合物——珠光体(图2-36),渗碳体以层状分布在铁素体基体上,转变温度不同,铁素体与渗碳体片层厚薄不同。在A_1~650℃形成片层较厚的铁素体和渗碳体混合物——珠光体。随着转变温度降低,在650~600℃转变获得片层较薄的珠光体称为索氏体。转变温度进一步降低,在600~550°转变得到片层更薄的珠光体称为屈氏体。它们在本质上没有区别,也没有严格界限,只是形态不同而已,珠光体较粗,索氏体较细,

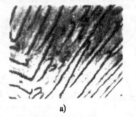 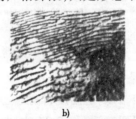 

a)   b)   c)

图2-36 共析钢过冷奥氏体高温转变组织
a)珠光体 3800X;b)索氏体 3800X;c)屈氏体 3800X

屈氏体最细;珠光体组织中的片间距越小,相界面越多,塑性变形抗力越大,强度和硬度越高;同时由于渗碳体变薄,使得塑性和韧度也有所改善。

②贝氏体转变区(中温转变区)。"鼻尖"(550℃)~M_s温度区域内,转变产物是贝氏体。此时,因为转变温度低,碳原子来不及充分扩散,奥氏体转变形成碳过饱和的铁素体和细小碳化物的混合物——贝氏体。转变温度不同时,贝氏体的形态也有差别。通常将350~550℃区间形成的称为上贝氏体,它的组织特点是渗碳体分布于条状铁素体之间,显微镜下的整体形貌呈羽毛状,所以又称羽毛状贝氏体(图2-37)。350~230℃(M_s)区间内形成的称为下贝氏体,它的组织特点是渗碳体以细小颗粒分布于针状铁素体的内部,显微镜下的整体形貌呈针状组织(图2-38)。上贝氏体的强度和韧度等力学性能都较差;下贝氏体的铁素体针状细小,没有方向性,位错密度大,碳化物分布均匀,因此具有较好的综合力学性能,所以热处理中常常用等温淬火方法得到下贝氏体。

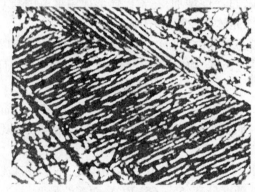
图2-37 上贝氏体形态

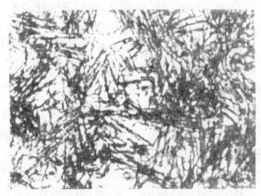
图2-38 下贝氏体形态

③马氏体转变区(低温转变区)。低于M_s(230℃)的温度区域,转变产物是马氏体。此时,因为转变温度非常低,碳原子和铁原子都不能进行扩散,仅仅发生晶格改变,是非扩散型转变,奥氏体转变形成碳在α-Fe中的过饱和间隙固溶体——马氏体。事实上,马氏体的转变不是在恒温条件下发生的,而是在M_s~M_f之间的一个温度范围内连续冷却完成的,必须在不断降温条件下转变才能够继续进行,中断冷却,转变立即停止。根据钢中的含碳量不同,马氏体可分为高碳马氏体和低碳马氏体(图2-39)。高碳马氏体主要是在高碳钢和高碳合金钢中,显微形貌呈针状(或者竹叶状),故又称针状马氏体;低碳马氏体主要是在低碳钢和低碳合金钢中,显微形貌呈板条状,故又称板条马氏体。一般当含碳量小于0.6%时生成板条马氏体,含碳量大于1%时生成针状马氏体,含碳量在0.6%~1%生成两类马氏体的混合物。低碳马氏体的强度高,硬度不高,塑性和韧度较好,应用广泛;高碳马氏体的硬度高,塑性和韧度很差。

(3)过冷奥氏体的连续冷却转变。在实际生产中,过冷奥氏体的转变大多是在连续冷却过程中进行的。钢在连续冷却过程中,只要过冷度与等温转变相对应,则所得到的组织与性能也是相对应的。因此,生产上常常采用C曲线来分析钢在连续冷却条件下的组织。

结合图2-35来分析图2-40中曲线。

曲线①是共析钢加热后在炉内冷却,冷却缓慢,过冷度很小,转变开始和终了的温度都比较高,当冷却曲线与转变终了曲线相交,珠光体的形成即告结束,最终组织为珠光体,硬度最低(180HBS),塑性最好。

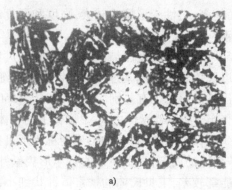 

图 2-39 高碳马氏体和低碳马氏体
a)板条状马氏体(低碳);b)针状马氏体(高碳)

曲线②为在空气中冷却,冷却速度比在炉中快,过冷度增加,在索氏体形成温度范围与 C 曲线相割,奥氏体最终转变产物为索氏体,硬度比珠光体高(25～35HRC),塑性较好。

曲线③是在强制流动的空气中冷却,比在一般的空气中冷却快,过冷度比曲线②大,所以冷却曲线相交于托氏体形成温度范围,最终组织是托氏体,硬度较索氏体高(35～45HRC),而塑性较其差。

曲线④是在油中冷却,比风冷更快,以致冷却曲线只有一部分转变为托氏体,而剩下的部分奥氏体冷却到 M_s～M_f 范围内,转变为马氏体。所以最终组织是托氏体+马氏体,其硬度比托氏体高(45～55HRC),但塑性比其低。

曲线⑥表示在水中冷却,因为冷却速度很快,冷却曲线不与转变开始线相交,不形成珠光体组织,直接过冷到 M_s～M_f 范围转变为马氏体,其硬度最高(55～65HRC),而塑性最低。

由上可知,奥氏体连续冷却时的转变产物及其性能,决定于冷却速度。随着冷却速度增大,过冷度增大,转变温度降低,形成的珠光体弥散度增大,因而硬度增高。当冷却速度增大到一定值后,奥氏体转变为马氏体,硬度剧增。

从图 2-41 可以看出,要获得马氏体,奥氏体的冷却速度必须大于 V_k(与 C 曲线鼻尖相切),称 V_k 为临界冷却速度。当 $V>V_k$ 时,获得的钢的组织是马氏体,不出现托氏体。临界冷却速度在热处理实际操作中有重要意义。临界冷却速度小,钢的淬火能力就大。

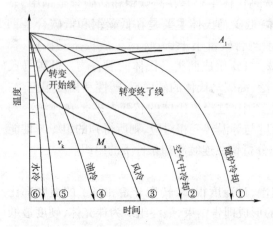 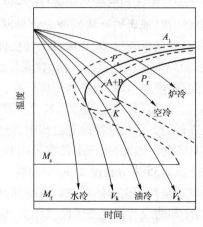

图 2-40 共析钢的连续冷却速度对其组织与性能的影响　　图 2-41 共析钢的连续冷却转变曲线(虚线是 C 曲线)

临界冷却速度的大小,决定于钢的 C 曲线与纵坐标之间的距离。凡是使 C 曲线右移的因素(如加入合金元素),都会减小临界冷却速度。临界冷却速度小的钢,较慢的冷却速度也可得到马氏体,因而可以避免由于冷得太快而造成太大的内应力,从而减少零件的变形与开裂。

用等温 C 曲线来估计连续冷却时的转变过程,虽然在生产上能够使用,但结果很不准确。随着现代实验技术的发展,已能精确地测量很多钢的连续冷却转变曲线(又称"CCT"曲线),直接用来解决连续冷却的转变问题。

最简单的是共析钢的连续冷却转变曲线,如图 2-41 所示。P_s 线表示珠光体开始形成,即 A→P 转变开始线;P_f 线表示珠光体全部形成,即 A→P 转变终了线;K 线表示珠光体形成终止,即 A→P 终止线,冷却曲线碰到 K 线,过冷奥氏体就不再发生珠光体转变,而是保留到 M_s 点以下转变为马氏体。因此,在连续冷却曲线中也称 V_k 为上临界冷却速度,它是获得全部马氏体组织的最小冷却速度;同等温 C 曲线一样,V_k 越小,钢件在淬火时越容易得到马氏体组织,即钢的淬火能力越大。V_k' 称为下临界冷却速度,是得到全部珠光体组织的最大冷却速度;V_k' 越小,则退火所需要的时间越长。

结合图 2-40、图 2-41 中可以看出,水冷获得的是马氏体;油冷获得的是马氏体 + 托氏体,空冷获得的是索氏体,而炉冷获得的是珠光体。

三、钢的热处理工艺对组织和性能的影响

根据钢在加热和冷却过程中组织和性能的变化规律,常规热处理工艺可以分为退火、正火、淬火和回火等。

1. 退火

退火是将钢加热到临界点 A_{c_1} 以上或者在临界点以下某一既定温度保温一定时间,然后缓慢冷却(一般是随炉冷却)的一种热处理工艺。依据不同的热处理目的和要求,退火分为完全退火、等温退火、球化退火、扩散退火和去应力退火等。

完全退火是将钢加热到 A_{c_3} 以上 30℃ 左右,保温一定时间后随炉(或埋入石灰、砂中)缓慢冷却,目的是通过完全重结晶,获得细化晶粒,并降低硬度,改善切削性能和消除内应力。主要用于中碳以上的亚共析成分碳钢和合金钢的铸件、锻件及热轧型材。完全退火花费的时间很长。

等温退火是将钢加热到 A_{c_3} 以上的温度,保温一定时间后,很快冷却到珠光体区的某一温度,保持等温使奥氏体转变为珠光体,随后缓慢冷却。等温退火的目的与完全退火相同,但其转变容易控制,退火时间也明显缩短。

球化退火是将钢加热到 A_{c_1} 以上 30℃ 左右,保温一定时间后随炉缓慢冷却到 600℃ 出炉空冷,使二次渗碳体和珠光体中的渗碳体球状化,目的是降低钢的硬度,改善切削性能,并为以后的淬火作准备。对于网状渗碳体严重的过共析钢,球化退火之前要采用正火消除网状渗碳体。球化退火主要用于共析成分和过共析成分的碳钢及合金钢,如工具钢和滚珠轴承钢等。

去应力退火(低温退火)是将钢缓慢加热到 500~650℃(低于 A_{c_1}),保温一定时间,然后随炉冷却。钢在去应力退火中不发生组织变化,只发生应力松弛,部分弹性变形转变为塑性变形使内应力消除,目的是防止工件在使用或加工时发生变形、开裂。退火温度越高,应力消除越充分,主要用于消除铸造、锻造、焊接、冷加工和机加工等冷热加工在工件中造成的残留内应

力,如图 2-42 所示。

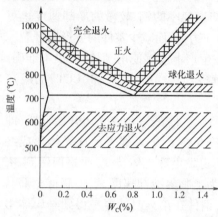

图 2-42 碳钢各种退火、正火加热范围

2. 正火

正火是将钢加热到 A_{c_3} 以上 30~50℃(亚共析钢)或者 $A_{c_{cm}}$ 以上 30~50℃(过共析钢),保温一定时间后在空气中冷却,得到索氏体组织。其与退火的最大区别在于正火的冷却速度快,生产周期短,操作简便,强度和硬度稍有提高,因此,应用中可以根据实际情况考虑用正火代替退火。

正火的目的:

(1)作为预备热处理,使组织粗大的铸件和锻件达到组织均匀、细化,为淬火和调质作准备。

(2)作为最终热处理,提高钢的强度、韧度和硬度,对于力学性能要求不高的普通结构钢件,可在正火状态使用。

(3)低碳钢退火后塑性和韧度太高,切削时难断屑,表面粗糙度值高。正火可以获得适当硬度,改善低碳钢和低碳合金钢的切削性能。

3. 淬火

淬火是将钢加热到 A_{c_3} 以上 30~50℃(亚共析钢)或者 A_{c_1} 以上 30~50℃(共析钢、过共析钢),保温一定时间,然后快速冷却(油冷或水冷),使奥氏体转变为马氏体的热处理工艺。淬火的目的是获得马氏体组织,以提高钢的强度和硬度。

1)淬火时的组织转变

淬火的关键就是要获得马氏体。亚共析钢的铁素体和渗碳体在 A_{c_3} 以上温度全部转变为细小的奥氏体,淬火时快速冷却转变为细小的马氏体组织;共析钢和过共析钢在 A_{c_1} 以上温度转变为细小奥氏体与渗碳体混合物,淬火后得到细小的马氏体加渗碳体,硬度高、耐磨性好。

2)淬火工艺及影响因素

(1)淬火温度。亚共析钢仅仅加热在 A_{c_3} 以下温度时,淬火组织中会残留少量铁素体,致使淬火钢的硬度降低。过共析钢加热在 A_{c_1} 以上,目的是保留少量二次渗碳体,提高硬度和耐磨性并降低马氏体的脆性,如图 2-43 所示。此外,淬火温度过高会造成马氏体组织粗大,增大淬火应力和变形、开裂倾向,导致力学性能下降。

(2)保温时间。保温的目的是使钢件热透,获得细小均匀的奥氏体。保温时间主要根据钢的成分、工件大小和形状、加热炉类型和加热介质确定。生产中可以通过实验或者根据相关手册的经验公式估算。

3)淬火冷却介质

理想冷却介质的冷却能力是既能获得马氏体,又不使钢件造成大的内应力。如图 2-44 在 650℃以上时,在保证不生成非马氏体组织的前提下,冷却速度应当尽可能缓慢,以减少内应力;在 650~450℃范围应当快速冷却,避免 C 曲线的"鼻尖",防止奥氏体中途转变为非马氏体;在 300~200℃范围,要求缓慢冷却,以减少内应力。常用的淬火冷却介质有油、水和盐水。油在 300~200℃范围的冷却能力小,可以减少钢件的变形;但在 650~550℃的冷却能力也小,不利于淬硬,通常作为合金钢的淬火冷却介质。水在 650~550℃和 300~200℃范围的冷却能力都较大,因此容易造成钢件过大的内应力,导致开裂和变形。生产中水冷主要用于形状简单、截面积较大的钢件淬火。为了改善水冷介质,在水中添加了盐、碱和多种高聚物,见表2-6。

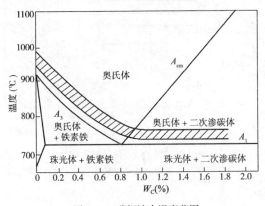

图2-43 碳钢淬火温度范围

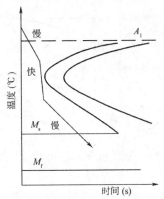

图2-44 理想冷却介质

淬火冷却介质比较　　　　　　　　表2-6

冷却介质	冷却能力(℃/s)		冷却介质	冷却能力(℃/s)	
	650~550℃	300~200℃		650~550℃	300~200℃
水(18℃)	600	270	10% Na_2CO_3(18℃)	800	270
水(25℃)	500	270	肥皂水	30	200
水(50℃)	100	270	机油	150	30
10% NaCl(18℃)	1100	300	植物油	200	35

4)钢的淬透性及影响因素

钢的淬透性指在淬火时获得淬硬层的能力。淬硬层通常是指钢件表面到半马氏体层(马氏体占50%)之间的区域。不同钢的淬硬层深度不同。淬透性与淬硬性的含义是不同的,淬硬性指钢淬火后能够达到的最高硬度,主要取决于马氏体的含碳量。

选用同一种钢材制备大小不同截面的钢件,在同一种条件下淬火。如图2-45a)所示,水平虚线表示临界冷却速度。因为钢件表面的冷却速度快(大于临界冷却速度),可以完全淬火转变为马氏体;心部冷却速度慢(小于临界冷却速度),如图2-45b)所示,大截面钢件的中心往往难以获得马氏体组织,而是转变形成了索氏体和屈氏体等组织。因此,淬透性对钢的力学性能影响很大,如果选用的钢淬透性较高,钢件的全部截面都能够淬成马氏体,通过回火可获得一致的力学性能,如图2-46a)所示;反之,如果钢的淬透性较低,钢件心部不能获得马氏体,则回火后的表面和心部在力学性能上存在较大差异,如图2-46b)所示,可能导致工件在使用中发生开裂、损坏。因此,钢的淬透性是机械零部件选材和制订热处理工艺的重要依据。

观察钢的C曲线可知,"鼻尖"离纵坐标越远,淬火的临界冷却速度越小,淬透性越好。

5)影响钢淬透性的因素

合金元素:除钴以外的大多数合金元素都使C曲线右移,因此可以降低临界冷却速度,提高淬透性。

含碳量:亚共析钢的淬透性随含碳量增加而增大;过共析钢淬透性随含碳量增加而下降。

加热温度:奥氏体化温度越高,奥氏体晶粒越粗大、成分越均匀,因此减少了珠光体的形核率,可以降低钢的临界冷却速度,增加淬透性。

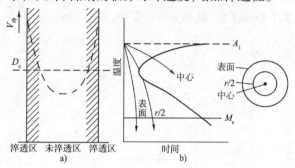

图 2-45 钢淬火沿截面的不同冷却速度示意图

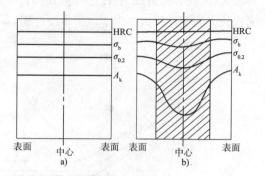

图 2-46 淬透性不同的钢调质后力学性能沿截面的分布
a)淬透的钢高温回火；b)未淬透的钢高温回火

4. 回火

回火是将钢加热到 A_{c_1} 以下的某一温度,保温一定时间,然后冷却至室温,改善组织并消除内应力的热处理工艺。

钢淬火得到的是脆性马氏体组织,并存在内应力,容易产生开裂和变形;另外,淬火马氏体和其中残余的奥氏体在室温下都是不稳定组织,趋向于分解回到铁素体和碳化物的稳定状态,从而导致工件的尺寸和性能发生变化。因此淬火钢不能直接应用,必须通过回火处理,达到工况要求的强度、硬度、塑性和韧度。

1) 回火后的组织和性能

淬火钢回火时的组织变化包括：碳化物的析出和聚集,马氏体的分解,铁素体的恢复和再结晶,残余奥氏体的转变等,大体分为四个阶段完成。回火后的组织有以下三类。

(1) 回火马氏体。100~300℃回火得到回火马氏体,它是低饱和度的 α 固溶体和细小的 ε 碳化物的混合物。其硬度与淬火马氏体相近。

(2) 回火屈氏体。350~500℃回火得到回火屈氏体,它是 α 固溶体与大量弥散分布的细小渗碳体的混合物。其硬度稍低于马氏体,但硬度也较高,并具有一定的韧度和塑性。

(3) 回火索氏体。500~650℃回火得到回火索氏体,它是再结晶的铁素体和颗粒状渗碳体的混合物。其硬度和强度低于回火屈氏体,但塑性和韧度较高。

2) 回火的种类和应用

(1) 低温回火(150~250℃)。低温回火得到回火马氏体组织,目的是部分降低淬火钢中的残余应力和脆性,保持淬火钢的高硬度(通常为 58~64HRC)和耐磨性。主要用于处理高碳钢或者高碳合金钢制作的工具和模具、滚动轴承、渗碳和表面淬火零部件。

(2) 中温回火(350~500℃)。中温回火得到回火屈氏体组织,钢的特性是既具有高的韧度,同时又有高的弹性和屈服强度,主要用于各种弹簧处理。

(3) 高温回火(500~650℃)。高温回火得到回火索氏体,使钢具有强度、塑性和韧度都良好的综合力学性能。习惯上把淬火加高温回火的热处理称为调质处理,它广泛应用于机器设备的重要零部件,尤其是受到交变载荷的部件,例如轴类、连杆、螺栓、齿轮等。

应当注意,几乎所有的钢在 250~350℃作回火热处理时都要出现低温回火脆性,由于这种脆性不能消除,故又称为不可逆回火脆性,所以一般情况下均不在该温度范围作回火处理。

四、钢的表面处理强化

汽车中的一些零部件在运动、摩擦、冲刷、腐蚀、高温等条件下工作,因此要求表面具有高的硬度、耐磨性或耐腐蚀、耐热性等,而心部要求有足够的强度和韧度,此时仅仅从材料入手是难以解决的,工程上常常对钢铁采用表面处理强化。表面处理强化的方法见表2-7。

表面处理强化的方法 表2-7

分 类		处理方法和品种
表面合金化	表面热处理	渗碳、渗硼、渗氮、感应加热淬火、火焰淬火
	堆焊	等离子堆焊、二氧化碳保护堆焊、埋弧堆焊
	激光熔覆	大功率激光熔覆
	热渗镀	液渗、气渗、等离子渗、固渗
表面覆层	热喷涂	火焰喷涂、电弧喷涂、等离子喷涂、爆炸喷涂、超声速喷涂
	电镀	电镀、化学镀、复合镀、电刷镀、纯金属、合金、非晶体
	转化膜	磷化、阳极氧化、钝化、化学氧化、溶胶—凝胶
	气相沉积	CVD、PVD、溅射、离子镀、蒸镀
	热浸镀	铝、锌、锌铝合金、锌—稀土合金、镉
	衬里	搪瓷、橡胶、玻璃钢、特种金属
	涂装	普通涂料、特种涂料、静电喷涂、普通喷涂、流化涂装
表面组织转化	高能束处理	激光相变硬化、电子束、电火花、离子注入
	形变强化	喷丸、滚压、机械镀
	表面热处理	高频淬火、火焰淬火、激光淬火

表面热处理是仅仅加热冷却钢的表面,使心部和表面具有不同的组织和相应的性能,而不改变钢的成分的热处理工艺。

1. 表面淬火

表面淬火就是将钢件表面快速加热到淬火温度,使表面转变为奥氏体,在热量尚未传到心部时,随即快速冷却淬火,在表面得到马氏体组织的一种局部淬火方法。表面淬火根据加热方式不同有多种方法,常用的是感应加热淬火和火焰加热淬火。

1)电感应加热表面淬火

如图 2-47 所示在感应线圈中通入交流电,它的周围就会产生交变磁场,如果将钢件置入该磁场内,钢件中就会产生与线圈频率相同、方向相反的感应电流,并且由于电阻作用产生大量热量使钢件加热,随之立即喷水或乳化液,使钢件冷却而达到表面淬火的目的。另外,由于交流电的"集肤效应",钢件中心的电流趋近于零,表面的电流密度最大,因此表面的温

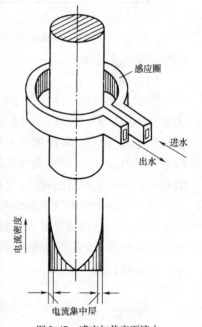

图 2-47 感应加热表面淬火

度在很短时间内(几秒或几十秒)被加热到淬火温度。

电流透入钢件表面的深度 δ 随着交流电频率 f 的升高而减少,对于碳钢有如下关系:$\delta(\mathrm{mm}) = 500/f^{-1/2}$,所以,通过选择交流电频率可以得到不同的淬硬层深度。

高频淬火(100~1000kHz)。常用频率为 200~300kHz,淬硬层深度为 0.2~2mm,适用于中小零件。

中频淬火(0.5~100kHz)。常用频率为 2.5~8kHz,淬硬层深度为 2~8mm,适用于大中型零部件。

工频淬火(50Hz)。淬硬层深度为 10~15mm,适用于大型部件。

感应加热淬火的加热速度快,容易控制及自动化,生产效率和质量高,淬火组织细小、硬度高、耐疲劳和冲击,因此在工业上得到广泛应用;但是它的设备复杂、成本高。

2) 火焰加热表面淬火

用乙炔—氧或者煤气—氧等火焰(约 3000℃)加热钢件,使钢件表面快速加热到淬火温度,随即再用水或乳化液喷射冷却。火焰表面淬火的淬硬层深度一般为 2~6cm,调整火焰烧嘴的移动速度、烧嘴与钢件之间的距离以及烧嘴与冷却喷水管的距离,都可以改变和控制淬硬层深度,如图 2-48 所示。火焰加热淬火的设备简单、成本低,但是生产效率低,加热不均匀,质量不易稳定。

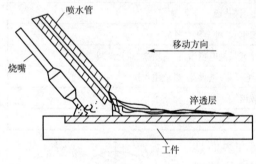

图 2-48 火焰加热表面淬火示意图

2. 化学热处理强化

化学热处理是将钢件置入特殊介质中加热保温,使特殊介质中的一种或几种元素渗入钢件表面,改变其成分和组织,从而改变钢件表面性能的热处理工艺。它可以提高钢件的耐蚀性、耐磨性、抗氧化性、耐热性和抗疲劳性。化学热处理按照渗入的元素可分为渗碳、渗氮、碳氮共渗以及渗铝、渗铬、渗硼、渗硫和多元共渗等,常用的化学处理方法如下。

1) 渗碳

渗碳是使碳原子渗入钢件表面,使低碳钢(含碳量为 0.15%~0.30%)的表层获得高的含碳量(含碳量为 0.85%~1.0%),再经过淬火和低温回火处理,表面获得细小的回火马氏体加碳化物组织,渗碳层深度通常为 0.5~2mm,可以达到通常要求的硬度 58~64HRC。从而使钢件表面具有高硬度、抗疲劳性和耐磨性,心部仍然保持足够的韧度和强度。主要用于经受严重磨损和较大冲击载荷的零件,例如汽车齿轮、凸轮轴、活塞销等。

常用渗碳方法有气体渗碳和固体渗碳,近年还发展了离子渗碳。

气体渗碳是将钢件置入密封的炉膛内,加热到 900~950℃,向炉内滴入碳氢化合物如煤油、甲苯、甲醇(或者直接通入含碳气体如煤气、液化气)等,高温裂解为 CO、CH_4,通过如下反应产生出活性碳原子[C]:

$$2CO \Longrightarrow CO_2 + [C]$$
$$CH_4 \Longrightarrow 2H_2 + [C]$$

活性碳原子渗入钢件表面被吸收、溶解并扩散,形成 0.5~2mm 厚的渗碳层。

固体渗碳是将钢件置入填满渗碳剂的渗碳箱内,加盖密封后,加热到900~950℃保温的一种渗碳工艺。渗碳剂主要由木炭和催渗剂($BaCO_3$或Na_2CO_3)组成,反应产生活性碳原子[C]渗入钢件表面,形成渗碳层。

离子渗碳是将钢件置入真空加热器中,加热到900℃,导入丙烷气体,施加直流电压,产生辉光放电,使碳离子轰击钢件表面,将钢件表面加热并被表面吸收,然后向内部扩散的一种渗碳工艺。离子渗碳不会使晶界硬化,同时表面渗碳量容易控制,多次循环处理可以形成复合硬化层。

2) 氮化

氮化是使氮原子渗入钢件,使钢件表层获得富氮层的一种渗碳工艺。氮化用钢通常是合金钢,氮溶入铁素体和奥氏体中,与铁形成Fe_4N(γ相)和Fe_3N(ε相)。氮化性能优于渗碳,氮化后的硬度高达1000~1200HV,并且在600℃左右保持不下降,具有很高的耐磨性和热硬性;氮化后的钢件表面形成压应力,可明显提高抗疲劳性;氮化表面的ε相具有耐蚀性,在水、蒸气和碱中长期保持光亮。氮化后一般不再进行热处理。

常用的方法是气体氮化,在密封的加热炉内放入钢件,升温到500~600℃,通氨(也可以预先放入尿素,分解为氨),高温下分解出活性氮原子[N]:

$$2NH_3 = 3H_2 + [N]$$

钢件吸收活性氮原子,渗入内部形成富氮硬化层。

3) 碳氮共渗及多元共渗

碳氮共渗就是同时向钢件表面渗入碳原子和氮原子,兼具渗碳和渗氮的特点,目的是提高钢件的硬度、耐磨性和抗疲劳性。

高温碳氮共渗在800~900℃进行,同时通入渗氮和渗碳气体,形成碳氮共渗层,但以渗碳为主。碳氮共渗层组织与渗碳层类似,但硬度、耐磨性、耐蚀性和抗疲劳性等性能都优于渗碳层。

低温碳氮共渗在500~600℃进行,同时通入渗氮和渗碳气体,形成碳氮共渗层,但以渗氮为主,又称为软氮化。其碳氮共渗层组织与氮化类似,但抗疲劳性优于渗碳和高温碳氮共渗;硬度低于氮化但仍然有耐磨性,并具有减摩作用。

4) 渗铬

将钢件埋入填满了渗铬剂的密封箱内,加热后保温进行渗铬。渗铬剂主要由金属铬粉和SiO_2(或Al_3O_2)添加氯化铵组成,反应产生活性[Cr]渗入钢件晶体、形成渗铬层。

渗铬层具有较好的耐蚀性和优良的抗氧化性,硬度和耐磨性也相当好。渗铬层可以代替不锈钢和耐热钢,用于机械零件和工具制造。

5) 渗硼

渗硼方法有固体渗硼、气体渗硼、盐浴渗硼等。渗硼剂主要由碳化硼、硼砂、硼铁和少量氧化铝及氯化物组成,处理温度在950~1000℃。

渗硼层具有十分优秀的耐磨性、耐腐蚀磨损和泥浆磨损的能力,渗硼层的耐磨性明显优于上述渗氮、渗碳和碳氮共渗层。渗硼层还有较好的耐酸性、耐盐水和氢氧化钠能力。但是,渗硼层不耐大气和水的腐蚀。渗硼主要用于泥浆泵零部件、热作模具和工夹具、各种兼具耐磨和耐蚀的用品。

常用热处理工艺见表2-8。

常用热处理工艺   表 2-8

名　称		目　的	工艺曲线	组织	性能变化	应用范围
退火	去应力退火（低温退火）	消除铸、锻、焊、冷压件及机加工件中的残余应力，提高尺寸稳定性，防止变形开裂	50~60℃，缓冷至200℃，空冷	组织不发生变化	与退火处理前的性能基本相同	铸、锻、焊、冷压件及机加工件等
	再结晶退火	消除加工硬化及内应力，提高塑性	T_L，$T_{再}$，空冷	变形晶粒变为细小的等轴晶粒	强度、硬度降低，塑性提高	冷塑性变形加工的各种制品
	完全退火	消除铸、锻、焊件组织缺陷，细化晶粒，均匀组织；降低硬度，提高塑性，便于切削加工；消除内应力	$A_{c3}+(20\sim50)℃$，A_{e3}，A_{e1}	F + P	强度、硬度低（与正火相比）	亚共析钢的铸、锻、焊接件等
	等温退火	准确控制转变的过冷度，保证工件内外组织和性能均匀，大大缩短工艺周期，提高生产率	$A_{c1}+(20\sim30)℃$，A_{e3}，$A_{c1}+(20\sim30)℃$，A_{e1}，$A_{e1}-(10\sim20)℃$	同完全退火或球化退火	同完全退火或球化退火	同完全退火或球化退火
	球化退火	降低硬度，改善切削加工性；为淬火做好组织准备	$A_{c1}+(20\sim30)℃$，A_{cm}，$A_1-(10\sim20)℃$	P球状（P球 + FeC₁球）即球化体	硬度低于P片，切削加工性良好	共析、过共析碳钢及合金钢的锻、轧件等
	扩散退火（均匀化退火）	改善或消除枝晶偏析，使成分均匀化	$T_m-(100\sim200)℃$，缓冷，A_{e3}，A_{e1}，空冷	粗大组织（组织严重过热）	铸件晶粒粗大，组织严重过热，力学性能差，必再进行完全退火或正火	合金钢铸锭及大型铸钢件或铸件
正火（常化）		细化晶粒，清除缺陷，使组织正常化；用于低碳钢，提高强度，改善切削加工性能；用于中碳钢，代替调质，为高频淬火做组织准备；对高碳钢，消除网状K，便于球化退火	A_{c3}（A_{cm}）$+(30\sim50)℃$，(A_{cm})，A_{c1}，M_s，空冷	P类组织：亚：F+S 过：S+FeC_II 共：S	比退火的强度、硬度高些	低、中碳钢的预备热处理；性能要求不高的零件的最终热处理；消除过共析钢中的网状碳化物

续上表

	名　称	目　的	工艺曲线	组织	性能变化	应用范围
淬火	单液淬火	提高硬度和耐磨性,配以回火使零件得到所需性能(获得M组织)		M(低中碳钢) M+A_r(中高碳钢) M+A_r+$K_{粒}$(高碳钢)	获得马氏体,以提高钢的高硬度、高强度、高耐磨性	用于简单形状的碳钢和合金钢零件
	双液淬火	提高硬度和耐磨性,配以回火使零件得到所需性能(获得M组织)亦减小内应力变形				主要用于高碳工具钢制的易变形开裂工具(即形状复杂的碳钢件)
	分级淬火	减少淬火应力,防止变形开裂,得到高硬度M				主要用于尺寸较小,形状复杂的碳钢件及合金钢的工件(小尺寸零件)
	等温淬火	为获得B_F,提高强度、硬度、韧性和耐磨性,同时减少内应力、变形,防止开裂		B_F	较高硬度、强韧性和耐磨性,即综合力学性能好	用于形状复杂,尺寸小,要求较高硬度和强度、韧性的零件(中高碳钢)
回火	低温回火	降低淬火应力,提高韧性,保持高硬度、强度和耐磨性,疲劳抗力大	100~250℃ 空冷	$M_{回}$ 或 $M_{回}$ + A_r + $Fe_3C_{II粒}$	高硬度、强度、耐磨性及疲劳抗力大	多用于刃具、量具、冷作模具、滚动轴承、精密偶件、渗碳件、表面淬火件等
	中温回火	保证σ_e和σ_s及一定韧性,σ_s/σ_b高,弹性好,消除内应力	350~500℃ 空冷	$T_{回}$	较高的弹性,屈服强度和适当的韧性	各类弹性零件、热锻模等
	高温回火	得到回火索氏体组织,获得良好的综合力学性能		$S_{回}$	综合力学性能良好。还可为表面淬火,氮化等做好组织准备	多用于各类重要结构件如轴类、连杆、齿轮、螺栓、连接件或精密零件的预备处理

续上表

名称		目的	工艺曲线	组织	性能变化	应用范围
感应加热表层淬火		表层强化,使强而耐磨,高的疲劳强度;心部仍可保留高的综合力学性能	用不同频率的感应电流,使工件快速加热到淬火温度,随即进行冷却淬火(油或水),然后低温回火(<200℃)	表层:隐晶回火马氏体;心部:S$_回$或F+P	表面强而耐磨、高的疲劳强度、心部有足够的塑性、韧性或好的综合力学性能	最适宜于中碳(0.3%~0.6%)的优质碳钢及合金钢制作,如齿轮、轴类零件
化学热处理	渗碳	增加钢件表层的含碳量		由表及里:FeC_{II}+P→P→P+F−F+P(心部原始组织)	渗碳后配以淬、回火,其表层高硬度强度、耐磨性及高的疲劳强度,心部强而韧	W_C=0.10%~0.25%的碳素钢及合金钢制件,如汽车、拖拉机中变速器齿轮等
	渗碳后淬火+低温回火	得到表层高硬度、高耐磨性及高表面强度,心部强而韧		表层:M$_回$+A$_r$+Fe$_3$C(0.5~2mm)心部:F+P(或M$_回$+F)		
	氮化	通过提高表层氮浓度,使钢具有极高表面硬度、耐磨性、抗咬合性、疲劳强度、耐蚀性、低的缺口敏感性		由表及里:氮化物层→扩散层→基体	极高的表面硬度、耐磨性及抗咬合性、疲劳强度、耐蚀性、低的缺口敏感性	要求高耐磨性面变形量小的精密件,主要用于含V、Ti、Al、Mo、W等元素的合金钢

第四节　钢的合金化

　　碳钢是基本工业用钢,约占钢铁总产量的80%。但是碳钢的性能有许多不足,特别是淬透性低,强度和屈强比低,回火稳定性差;在抗高压,耐腐蚀,耐高、低温和耐磨方面也较差;随着汽车工业的不断发展和汽车性能的不断提高,对制造汽车零件的金属材料也有了更高的要求。碳素钢已不能完全满足其需要,所以,迫切需要改善钢铁的组织和性能。在碳钢中特意添加了合金元素,制备合金钢。合金化是改善金属使用和加工性能最根本的方法。

　　合金化的基本原则:强化铁素体,细化晶粒,提高淬透性、回火抗力和耐蚀性,防止高温回火脆性和改善加工性能。

　　所谓合金钢,就是在碳钢的基础上,为了获得某种特定的性能,有目的地加入一种或多种元素的钢。加入的元素称为合金元素。常用的合金元素有:铬(Cr)、锰(Mn)、镍(Ni)、硅(Si)、铝(Al)、硼(B)、钨(W)、钼(Mo)、钒(V)、钛(Ti)、钴(Co)及稀土元素(RE)等。

一、合金元素在钢中的存在形式和作用

合金元素添加后主要与铁和碳发生反应。其中：Si、Ni、Cu、Al、Co 等合金元素称为非碳化物元素，在钢中它们不能与碳形成化合物，主要固溶于铁素体之中；Ti、Zr、Mo、Mn 等称为碳化物元素，它们部分固溶于铁素体中，部分与碳化合成为碳化物。另外，在高合金钢中还可能形成金属间化合物。

1. 合金元素与碳的作用

按照合金元素形成碳化物的能力由大到小排列为：Ti、Zr、Nb、V、W、Mo、Cr、Mn、Fe。其中，强碳化物形成元素 Ti、Zr、Nb、V 都形成特殊碳化物，其碳化物不同于一般渗碳体。中等碳化物形成元素 W、Mo、Cr 含量较低时与铁形成合金渗碳体，含量较高时可形成新的合金碳化物。弱碳化物形成元素 Mn、Fe 少部分溶于渗碳体中，大部分溶于铁素体或奥氏体。

合金渗碳体是部分铁原子被碳化物元素置换后的渗碳体，例如 $(Fe,Cr)_3C$、$(Fe,W)_3C$，它们的稳定性和硬度略高于渗碳体，可以提高钢的耐磨性。合金碳化物 Mn_3C、Cr_7C_3、$Cr_{23}C_6$、Fe_3Mo_3C 和特殊碳化物 VC、TiC、NbC 等具有高的稳定性、熔点和硬度，加热时很难溶于奥氏体，对钢的力学性能和加工工艺都有很大影响，是合金钢的重要强化相。

上述的渗碳体、合金渗碳体、合金碳化物、特殊碳化物，其稳定性和硬度依次增高。

2. 合金元素与铁的作用

几乎所有合金元素都可以与铁作用形成合金铁素体或合金奥氏体。除了 C、N、B 与铁形成间隙固溶体外，其他合金元素均与铁形成置换固溶体。合金元素都可以在不同程度上提高固溶体的强度和硬度，并降低冲击韧度，其中，Si 和 Mn 对铁素体固溶强化效果最为显著，镍还可以减少钢的冷脆性并增加塑性和韧度，如图 2-49 所示。

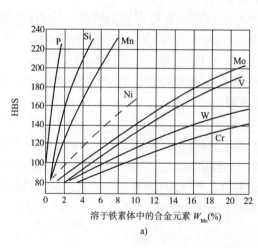
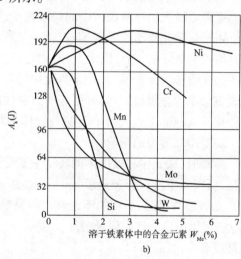

图 2-49 合金元素对铁素体力学性能的影响
a) 对硬度影响；b) 对韧性影响

二、合金元素对钢性能的影响

铬（Cr）：是一种常用的合金元素，含碳量低的钢加入铬能提高强度和硬度。它是不锈钢

和耐热钢的主要成分,若和 Mn、Mo、Si 等元素配合,更能显示出它的特性。

镍(Ni):含镍在6%以下时能使钢具有高强度和高韧度。含镍8%~11%与铬配合可组成铬镍不锈钢;含镍超过20%可成为耐热钢。

锰(Mn):在碳素钢中含量为0.5%~0.8%,普通低合金钢中含量为1%~2%。合金结构钢中含锰量在2%以下时,就能使钢的强度显著提高,而且有一定的韧度。当含锰量在11%~14%时便成为高锰耐磨钢。

硅(Si):已成为我国合金钢中的重要元素之一。在合金结构钢中的含量一般不超过1.4%,否则钢的脆性会显著增加。硅能提高钢的强度、硬度、疲劳强度、耐蚀性和抗氧化性。当含硅量在2.5%~4.4%时,是很好的软磁材料,可制变压器或电动机线圈的铁芯。

钨(W):能提高钢的强度及耐磨性,使钢具有良好的热硬性。

钒(V):能使钢的强度和韧度同时提高,并提高钢的耐磨性和回火稳定性。

铝(Al):能提高钢的抗氧化性能,与氮形成化合物,提高钢的硬度和耐热性。

钛(Ti):能提高钢的强度、硬度和耐磨性,对塑性影响较小。

稀土元素(RE):合金钢中加入的稀土元素有镧(Ld)、铈(Ce)、镨(Pr)等稀土混合物。稀土元素对冶炼和铸造有良好的作用,还能提高钢的塑性和韧度,改善钢的特殊性能(耐热、耐蚀、抗氧化等)。

三、合金元素对加热和冷却转变的影响

1. 对加热转变的影响

由于奥氏体的形成过程都与碳的扩散有关,因此,碳化物形成元素(特别是强碳化物形成元素)与碳有较大的亲和力,必然阻滞碳的扩散,大大减缓奥氏体的形成。反之,非碳化物形成元素可以增大碳在奥氏体中的扩散速度,加快奥氏体的形成。

由于强碳化物形成元素 Ti、Zr、Nb、V 等形成具有高熔点和高稳定性的特殊碳化物,A_1 形成高熔点的 AlN、Al_2O_3 微质点,因此它们都显著阻止晶粒长大,对合金钢起到细化晶粒作用;中等碳化物形成元素 W、Mo、Cr 具有中等阻止晶粒长大的作用,所以,合金钢热处理可以获得比碳钢细小的显微组织,具有更好的力学性能;而非碳化物元素 Co、Si、Ni、Cu 对阻止晶粒长大的作用不大;Mn、P 以及 B 有促进奥氏体晶粒长大的倾向。

2. 对冷却转变的影响

冷却时,珠光体和贝氏体的转变主要受到碳扩散速度的控制,加之合金元素的扩散速度也较慢,所以几乎所有合金元素(Co 除外)都不同程度地延缓其转变,增大过冷奥氏体的稳定性,使 C 曲线右移,提高了钢的淬透性。但是除 Co、Si 和 Al 之外,大多数合金元素会降低 M_s 和 M_f 点,使钢中残余奥氏体量增加,从而降低了钢的硬度和抗疲劳性、耐磨性。解决的方法是冷处理或者多次回火。

3. 提高回火稳定性

合金元素溶入马氏体和奥氏体中,在回火过程中推迟了马氏体分解和残余奥氏体的转变;提高了铁素体的再结晶温度;同时,合金钢中的碳化物在较高回火温度时仍能保持均匀弥散分布的细小颗粒,这些都提高了钢的回火稳定性。即在同一温度下回火,合金钢的硬度和强度高于碳钢,或者说在保证相同强度条件下,合金钢可以在更高的温度回火,消除应力,从而使塑性

和韧度更好。

四、合金元素对钢加工性能的影响

(1)铸造性。合金元素(如 Cr、Mo、V、Ti)形成了许多高熔点碳化物或氧化物微粒(如 Al),增大了液态钢的黏度,降低了流动性,恶化了铸造性能。

(2)焊接性。焊接性能最好的是低碳钢。添加合金元素提高了淬透性,即增加了脆性组织马氏体的形成。因此,随着合金元素含量增加,焊接性能下降。合金钢中含有少量 Ti 和 V 可以改善焊接性能。

(3)热处理性。合金钢的淬透性提高,回火稳定性增加,减少了变形及开裂倾向,使热处理操作容易。

(4)锻造性。合金元素溶入固溶体或形成碳化物,提高了热变形抗力,降低了热塑性和导热性,容易锻裂。因此,合金钢的锻造性能明显低于碳钢。

(5)冷加工性。合金元素溶入固溶体或形成碳化物,提高合金钢的冷加工硬化倾向,使之变得硬、脆、易裂。

(6)切削性。由于合金钢中的碳化物比较耐磨,耐热钢具有高温硬度,奥氏体不锈钢有加工硬化,所以一般合金钢的切削性能不如碳钢。

第五节 汽车用钢

钢铁作为汽车生产中使用最重要的材料,在汽车行业起着至关重要的作用。据统计,汽车钢材品种规格多达 500 余种,且都有较高的质量要求,主要包括钢板、优质钢、型钢、带钢、钢管、金属制品等。其中,板材是汽车最主要的材料,制造一辆乘用车需要薄钢板 600 ~ 800kg,占全部用钢的 50% 以上,其次是优质钢(包括碳素结构钢、合金结构钢、特殊性钢等,其中齿轮用钢最多)占 30%、带钢占 6.5%、型钢占 6%、钢管占 3%、金属制品及其他占 4.5%。

铁是自然界中储藏量最多的金属元素之一,其储量仅次于铝。以铁为基的各种钢铁材料由于其不可替代的优良性能而成为工业领域中的支柱材料之一,并极大地推动了机械化、电气化工业的进程。全球汽车工业的发展趋势是减重节能。因此,为了实现汽车轻量化,各汽车制造厂家都扩大了铝、镁合金和塑料的应用。尽管如此,钢铁材料目前仍是汽车工业用材的主体,它们占汽车用材总量的 65% ~ 70%。钢铁材料在可预见的未来仍将占据工程材料领域的主导地位。

一、钢的分类及性能

碳钢又称碳素钢,通常指碳的质量分数小于 2.11% 的铁碳合金。实际使用的碳钢,其碳质量分数一般不超过 1.4%。因其冶炼方便,加工容易,价格便宜,性能可以满足一般工程使用要求,所以是制造各种机器、工程结构和量具、刀具等最主要的材料。

1. 钢中常存元素对钢性能的影响

在实际生产中使用的碳钢不单纯是铁碳合金,还包含有一些杂质元素,其中常规元素主要

有硅、锰、硫、磷四种,它们对碳钢的性能有一定的影响。

1)锰(Mn)

碳钢中锰的质量分数一般在 0.25%~0.8%。锰大部分溶于铁素体中,形成置换固溶体,因此具有固溶强化作用;锰与硫结合可形成高熔点(1620℃)的 MnS,从而消除硫的有害作用;锰还能增加珠光体的相对含量,并细化珠光体,从而提高钢的强度。但当锰的质量分数较小时,对钢的性能影响不明显。

2)硅(Si)

在碳钢中,硅的质量分数一般小于 0.4%。硅能溶于铁素体,也具有强化作用,但同时能降低钢的韧度和塑性。当硅的质量分数较小时,对钢的性能影响也不明显。

3)硫(S)

硫在钢中常以 FeS 的形式存在,而 FeS 与 Fe 形成熔点较低(985℃)的共晶体,分布在晶粒的晶界上,当钢加热到 1000~1200℃进行热加工时,FeS 共晶体已经熔化,这将造成钢材在热加工过程中开裂,使钢材变得极脆,这种现象称为热脆性。

硫对钢的焊接有不良影响,会导致焊缝的热裂现象;在焊接过程中,硫易于氧化而形成 SO_2 气体,使焊缝中产生气孔。对于铸钢件,硫的质量分数高时,也会出现热裂现象。因此必须严格控制钢中硫的质量分数。

4)磷(P)

室温下,钢中的磷全部溶于铁素体中,能使钢的强度、硬度增加,但也使其在室温特别是低温时的塑性和韧度大大下降,这种现象称为冷脆性。同时,磷在合金的结晶过程中容易产生偏析,使合金局部磷的质量分数较高,造成冷脆。

磷的冷脆性有时也可以利用。例如,在钢中适当提高磷的质量分数,可改善其切削加工性能;在炮弹钢中加入较多的磷,可使炮弹爆炸时的碎片增多,提高杀伤力。

2. 碳钢的分类

碳钢的分类方法很多,常用的分类方法有如下几种。

1)按碳的质量分数分类

(1)低碳钢——碳的质量分数 $w_C \leq 0.25\%$ 的钢;

(2)中碳钢——碳的质量分数为 $0.25\% < w_C < 0.60\%$;

(3)高碳钢——碳的质量分数 $w_C > 0.60\%$。

2)按材质(主要根据硫、磷质量分数)分类

(1)普通钢——$w_S < 0.055\%$,$w_P < 0.045\%$;

(2)优质钢——$w_S < 0.040\%$,$w_P < 0.040\%$;

(3)高级优质钢——$w_S < 0.030\%$,$w_P < 0.035\%$;

(4)特级优质钢——$w_S < 0.025\%$,$w_P < 0.030\%$。

3)按用途分类

(1)碳素结构钢——用于制造各种机器零件和工程结构件,多为低碳钢和中碳钢;

(2)碳素工具钢——用于制造各种刀具、量具和模具,多为高碳钢。

4)冶炼方法分类

平炉钢、转炉钢和电炉钢;

5) 按炼钢的脱氧程度分类

沸腾钢、镇静钢和半镇静钢。

二、碳钢的编号、性能和用途

1. 碳素结构钢

根据《碳素结构钢》(GB/T 700—2006),普通碳素结构钢的化学成分及力学性能见表2-9。这类钢主要保证力学性能,故其牌号体现其力学性能。

普通碳素结构钢的化学成分及力学性能(摘自 GB/T 700—2006)　　　表2-9

牌号	等级	化学成分(%)不大于					力学性能									
							σ_s(MPa)						δ_5(%)			
							钢材厚度(直径)(mm)					σ_b(MPa)	钢材厚度(直径)(mm)			
		C	Mn	Si	S	P	≤16	>16~40	>40~60	>60~100	>100~150	>150~200		≤40	>40~60	>60~100	>100~150	>150~200
Q195	—	0.12	0.50	0.30	0.040	0.035	195	185	—	—	—	—	315~430	33	—	—	—	—
Q215	A	0.15	1.20	0.35	0.050	0.045	215	205	195	185	175	165	335~450	31	30	29	27	26
	B				0.045													
Q235	A	0.22	1.40	0.35	0.050	0.045	235	225	215	215	195	185	370~500	26	25	24	22	21
	B	0.20			0.045													
	C	0.17			0.040	0.040												
	D	0.17			0.035	0.035												
Q275	A	0.24	1.50	0.35	0.050	0.045	275	265	255	245	225	215	410~540	22	21	20	18	17
	B	0.21			0.045	0.045												
	C	0.22			0.040	0.040												
	D	0.20			0.035	0.035												

注:Q235A、B级沸腾钢锰质量分数上限为0.60%。

牌号:用 Q + 数字表示,其中"Q"为屈服点"屈"字的汉语拼音字首,数字表示屈服强度的数值。例如,Q275 表示屈服强度为275MPa。

若牌号后面标注字母 A、B、C、D,则表示钢材质量等级不同,即硫、磷质量分数不同。其中A 级钢硫、磷质量分数最高,D 级钢硫、磷质量分数最低,即 A、B、C、D 表示钢材质量依次提高。若在牌号后面标注字母"F"则为沸腾钢,标注"b"为半镇静钢,不标注"F"或"b"者为镇静钢。例如 Q235—A·F 表示屈服强度为 235MPa 的 A 级沸腾钢。Q235—C 表示屈服强度为235MPa 的 C 级镇静钢。

2. 优质碳素结构钢

交货状态的优质碳素结构钢必须保证钢的化学成分和力学性能。优质碳素钢中所含的有害杂质元素(硫、磷元素等)和非金属夹杂物较少,力学性能和钢材的表面质量较好,其组织也较均匀。此类钢主要应用于经过热处理且技术性能要求较高的零件制造。根据化学成分不同,优质碳素结构钢又分为普通含锰量钢和较高含锰量钢两类。普通碳素结构钢在汽车上的应用见表2-10。

普通碳素结构钢在汽车上的应用　　　　表2-10

牌　号	零　件　名　称
Q235—A	百叶窗联动杠杆、传动轴中间轴承支架等
	发动机前后支架、后视镜支杆、油底壳加强板等
Q235—AF	机油滤清器凸缘、固定发电机用连接板、前钢板弹簧夹箍、后视镜支架等
Q235—B	三、四、五挡同步器锥盘、差速器螺栓锁片等
	车轮轮辐、轮辋、驻车制动操纵杆棘爪与齿板等
Q235—B.F	放水龙头手柄夹持架、消声器、后支架、百叶窗叶片等

1) 普通含锰量的优质碳素结构钢

所谓普通含锰量(质量分数W_{Mn}),对于碳的质量分数$W_C<0.25\%$的碳素结构钢,$W_{Mn}=0.35\%\sim0.65\%$;对于$W_C\geqslant0.25\%$的碳素结构钢,$W_{Mn}=0.50\%\sim0.80\%$。这类钢的编号用两位数字表示,这两位数字代表钢中的平均W_C,以0.01%为单位。例如,45表示平均$W_C=0.45\%$的普通含锰量的优质碳素结构钢。

2) 较高含锰量的优质碳素结构钢

所谓较高含锰量W_{Mn},即是指对于$W_C=0.15\%\sim0.60\%$的碳素结构钢,$W_{Mn}=0.70\%\sim1.00\%$;对于$W_C>0.60\%$的碳素结构钢,$W_{Mn}=0.90\%\sim1.00\%$。这类钢的编号是在表示含碳量的两位数字后面附以Mn,例如,45Mn表示平均$W_C=0.45\%$的较高含锰量的优质碳素结构钢。优质碳素结构钢的化学成分、力学性能见表2-11。

由表2-11可知,08F、08、10等钢的含碳量较低、塑性好,被广泛地应用于制造冷冲压成形的构件,如汽车驾驶室外壳、油底壳、油箱等(图2-50)。

图2-50　低碳优质碳素钢油底壳

15、20等几类钢塑性好,有良好的冷冲压性能和焊接性能,因而用于制作冷冲压构件和需经过热处理(如渗碳、氮化)而尺寸较小但需承受一定载荷的零件,如变速叉等。

被称为调质钢的30、35、40、45等钢,经过调质处理后,具有良好的综合力学性能,而被广泛地应用在曲轴、齿轮、凸轮轴、从动轴等零件的制造。

60、65、65Mn等属于碳素弹簧钢,这几类钢经过热处理后,用来制造技术要求具有较高韧度和强度的弹性零件或耐磨零件。

优质碳素结构钢在汽车上的应用见表2-12。

根据碳质量分数、热处理和用途的不同,优质碳素结构钢还可分为以下三类。

(1) 渗碳钢。碳的质量分数为0.15%～0.25%,常用的为20钢。渗碳钢属低碳钢,其强度较低,但塑性、韧度较好,切削加工性能和焊接性能优良。可直接用来制造各种受力不大,但要求较高韧度的零件以及焊接件和冷冲件,如拉杆、吊钩扳手、轴套等。但通常多进行表面渗碳(故名渗碳钢)、淬火和低温回火处理,以获得表面硬度高、耐磨,且心部韧度好的"表硬里韧"的性能,适用于要求承受一定的冲击载荷和有摩擦、磨损的机器零件,如凸轮、滑块和活塞销等。

优质碳素结构钢的化学成分、力学性能　　　　　表2-11

牌号	化学成分					力学性能					HB	
	C	Si	Mn	P	S	σ_b [MPa (kgf/mm²)]	σ_s [MPa (kgf/mm²)]	δ_5 (%)	ψ (%)	$A_k(a_k)$ [J(kgf·m/cm²)]	未热处理	退火钢
				不大于		不小于					不大于	
08F	0.05~0.11	≤0.03	0.25~0.50	0.035	0.035	295(30)	175(18)	35	60		131	
10F	0.07~0.14	≤0.07	0.25~0.50	0.035	0.035	315(32)	185(19)	33	55		137	
15F	0.12~0.19	≤0.07	0.25~0.50	0.035	0.035	355(36)	205(21)	29	55		143	
08	0.05~0.12	0.17~0.37	0.35~0.65	0.035	0.035	325(33)	195(20)	33	60		131	
10	0.07~0.14	0.17~0.37	0.35~0.65	0.035	0.035	335(34)	205(21)	31	55		137	
15	0.12~0.19	0.17~0.37	0.35~0.65	0.035	0.035	375(38)	225(23)	27	55		143	
20	0.17~0.24	0.17~0.37	0.35~0.65	0.035	0.035	410(42)	245(25)	25	55		156	
25	0.22~0.30	0.17~0.37	0.50~0.80	0.035	0.035	450(46)	275(28)	23	50	71(9)	170	
30	0.27~0.35	0.17~0.37	0.50~0.80	0.035	0.035	490(50)	295(30)	21	50	63(8)	179	
35	0.32~0.40	0.17~0.37	0.50~0.80	0.035	0.035	530(54)	315(32)	20	45	55(7)	197	
40	0.37~0.45	0.17~0.37	0.50~0.80	0.035	0.035	570(53)	335(34)	19	45	47(6)	217	187
45	0.42~0.50	0.17~0.37	0.50~0.80	0.035	0.035	600(61)	355(36)	16	40	39(5)	229	197
50	0.47~0.55	0.17~0.37	0.50~0.80	0.035	0.035	630(64)	375(38)	14	40	31(4)	247	207
60	0.57~0.65	0.17~0.37	0.50~0.80	0.035	0.035	675(69)	400(42)	12	35		255	X9
65	0.62~0.70	0.17~0.37	0.50~0.80	0.035	0.035	695(71)	410(43)	10	30		255	229
70	0.67~0.75	0.17~0.37	0.50~0.80	0.035	0.035	715(73)	420(43)	9	30		269	229

优质碳素结构钢在汽车上的应用　　　　　表2-12

牌号	零件名称
15	轮胎螺母、螺栓等
	发动机气门帽、离合器调整螺栓、曲轴箱调整螺栓、消声器前托架型螺栓、曲轴箱通风阀体、气门弹簧座及旋转套
35	曲轴正时齿轮、半轴螺栓锥型套、前后轴头螺母、车轮螺栓等、机油泵轮、连杆螺母、汽缸盖定位销、拖曳钩螺母、发动机推杆、驻车制动蹄片、臂拉杆等
45	气门推杆、同步器锁销、变速杆、凸轮轴、曲轴、变速叉轴等
	飞轮齿环、拖曳钩、转向节主销、离合器踏板轴及分离叉等
50	离合器从动盘等
65Mn	气门弹簧、转向纵拉杆弹簧、摇臂轴复位弹簧、拖曳钩弹簧、空气压缩机排气阀波形弹簧垫圈、风扇离合器阀片等

（2）调质钢。碳的质量分数为0.25%~0.50%，属于中碳钢，常用的牌号为45、35等。调质钢多需进行调质处理，即进行淬火和高温回火处理，来获得良好的综合力学性能（强度、塑性、韧度的良好配合），用于制作较重要的机器零件，如凸轮轴、曲轴、连杆、齿轮等；调质钢也

可经表面淬火和低温回火处理,以获得较高的表面硬度和耐磨性,用于制作要求耐磨,但冲击载荷不大的零件,如车床主轴箱齿轮等。对于一些大尺寸和(或)要求较低的零件;通常只进行正火处理,以简化热处理工艺。

(3)弹簧钢。碳质量分数为0.55%~0.9%,通常多进行淬火和中温回火,以获得高的弹性极限。主要用于制造弹簧等各种弹性元件以及易磨损的零件。

3. 碳素工具钢

工具钢是用来制造各种刃具、量具和模具的材料。它应满足刀具在硬度、耐磨性、强度和韧度等方面的要求。例如,在金属切削过程中,随温度的升高,机床刀具不仅要求在常温时具有高的硬度,而且要求在高温时仍保持切削所需硬度的性能,即热硬性。

碳素工具钢是指$W_C = 0.7\% \sim 1.3\%$的高碳钢。牌号用"T"表示钢的种类,后面的数字表示含碳的平均质量分数,用千分之几表示。常用的碳素工具钢有T8、T10、T10A、T12A(A表示高级优质钢)等。由于碳素工具钢的热硬性较差,热处理变形较大,仅适用于制造不太精密的模具、木工工具和金属切削的低速手用刀具(锉刀、锯条、手用丝锥)等。

4. 碳素铸钢

随着新技术新、工艺的不断发展,使铸钢件的质量和性能有了很大提高,均达到和接近锻造件的水平,并且铸钢能制造形状复杂的零件,而锻造件则无法做到,所以汽车上许多零件是用铸钢铸造而成的。

铸钢是将熔化的钢水直接浇注到铸型中去,冷却后即获得零件毛坯(或零件)的一种钢材。铸钢的碳的质量分数一般在0.15%~0.6%,铸钢的浇注温度较高,因此在铸态时晶粒粗大,使用前应进行热处理以改善性能。

铸钢的牌号由"ZG"和两组数字组成,其中"ZG"为铸钢的代号,代号后面的两组数字分别表示屈服强度σ_s(MPa)和抗拉强度σ_b(MPa)。例如:ZG270—500表示屈服强度为270MPa,抗拉强度为500MPa的铸钢。

ZG200—400具有良好的塑性、韧度和焊接性,适用于受力不大、要求有一定韧度的各种机械零件,如机座、变速器壳等;ZG270—500的强度较高,韧度较好,各项工艺性能均较好,用途广泛,常用作轧钢机机架、轴承座、连杆、缸体等;ZG340—640具有高的强度、硬度和耐磨性,焊接性较差,常用于制造齿轮类零件。

铸钢在汽车上的应用实例:ZG270—500——机油管凸缘,化油器,操作杆活接头等;ZG310—570——CA1092的进排气歧管压板,前减振器下支架,二挡、四挡、五挡变速叉,起动爪等。

常用铸钢在汽车上的应用见表2-13。

碳素铸钢在汽车上的应用　　　　表2-13

牌　号	零　件　名　称
ZG35	机油管凸缘,化油器,操纵杆活接头
ZG45	进排气歧管压板,风扇过渡凸缘,前减振器下支架,空气压缩机排气阀导向座,备胎升降器轮齿等 二、四、五挡变速叉,起动爪等
ZG55	齿轮、棘轮等耐磨零件

三、合金钢的分类与牌号

1. 合金钢的分类

(1) 按用途分

① 合金结构钢：用来制造各种机器零件及工程结构。
② 合金工具钢：用来制造各种重要的工具和量具、刃具等。
③ 特殊性能钢：用来制造有特殊性能要求的结构件和机器零件等。

(2) 按合金元素的含量分

① 低合金钢：合金元素总含量小于5%；
② 中合金钢：合金元素的总含量为5%~10%；
③ 高合金钢：合金元素的总含量>10%。

(3) 按用途分：可分为合金结构钢、合金工具钢和特殊性能钢三类。

2. 合金钢的编号

按国家标准规定，合金钢的牌号采用"数字+合金元素符号+数字"的方法来表示。

1) 合金结构钢

牌号的前两位数字表示钢中碳的平均质量分数，以万分数计。合金元素符号后的数字表示该元素的平均质量分数，若合金元素的质量分数小于1.5%，一般不标出。

例如：55Si2Mn，表示碳的平均质量分数为0.55%，硅的平均质量分数为2%，锰的平均质量分数小于1.5%的合金结构钢。

2) 合金工具钢

牌号的前一位数字表示钢中碳的平均质量分数，以千分数计，若碳的平均质量分数超过1%时，一般不标出。合金元素质量分数的表示方法同合金结构钢。

例如：9SiCr，表示碳的平均质量分数为0.9%，硅和铬的平均质量分数均小于1.5%的合金工具钢。

3) 滚动轴承钢的表示方法

与合金工具钢相同，滚动轴承钢因其碳的平均质量分数一般都大于或等于1.0%，故一般不标出。要注意的是，铬元素后面的数字是表示含铬量的千分之几，并在牌号前冠以"G"或"滚"字。

例如：GCr15SiMn，"G"表示滚动轴承钢，铬的平均质量分数为1.5%，硅和锰的平均质量分数均小于1.5%。

4) 特殊性能钢

牌号表示法与合金工具钢相同，只是当碳的平均质量分数小于0.1%时，用"0"表示，碳的平均质量分数小于或等于0.03%时，用"00"表示。

例如：0Cr13，表示碳的平均质量分数小于0.1%，铬的平均质量分数均为13%的不锈钢。

3. 合金结构钢

合金结构钢是在优质或高级优质碳素结构钢的基础上加入适量合金元素的钢。它主要用于制造各种重要的机器零件和受力工程结构，要求它有较高的力学性能和较好的加工工艺性能。合金结构钢按用途分类如下：

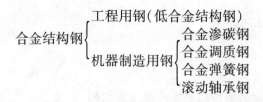

1)低合金结构钢

低合金结构钢中碳质分数在0.1%~0.25%,所加入的合金元素不大于3%。低合金结构钢的成分特点为低碳、低合金,所加入的合金元素主要有锰、钒、钛等。低合金结构钢的强度比普通碳素钢高30%~50%,故又称之为低合金高强度钢。这类钢具有良好的塑性、韧度、焊接性及较好的耐磨性和耐蚀性。主要用于制造工程结构如汽车大梁、船舶、车辆、压力容器和建筑结构桥梁及各种焊接构件。一般在热轧空冷状态下使用。常用的牌号有16Mn、09MnV、15MnTi等。低合金结构钢牌号及应用举例见表2-14。

低合金结构钢的牌号及应用举例 表2-14

牌 号	应 用 举 例	牌 号	应 用 举 例
09MnRE	散热器固定架底板,风扇叶片,横梁	16MnRE	车架纵横梁,蓄电池固定框后板,汽油箱托架
16Mn	纵梁前加强板,横梁,角撑,保险杠	10Ti	车架前横梁,中横梁前保险杠,角撑等

2)合金渗碳钢

合金渗碳钢中碳质分数在0.1%~0.25%,合金渗碳钢是在渗碳钢的基础上,加入一定量的合金元素而形成的。其中铬、镍、锰、硼等合金元素能提高淬透性,并有强化铁素体的作用;使零件在热处理后能大幅度地提高其心部的强度和韧度,从而提高零件抵抗冲击载荷的能力,加入钒、钛主要是细化晶粒,提高力学性能。钨、钼、钒、钛等元素可避免高温渗碳时奥氏体晶粒的粗化,使工件在渗碳后可直接淬火,还能在材料表面形成合金碳化物弥散质点,提高耐磨性。合金渗碳钢零件的最终组织为:表层由高碳回火马氏体和合金碳化物组成,心部为低碳回火马氏体组织。与碳钢渗碳件相比,具有工艺性能好、使用性能高的特点。

在汽车上有许多零件都工作在高速、重负荷、剧烈摩擦和强烈冲击的条件下。如传动系的齿轮、万向节十字轴及活塞销和气门挺杆等,这类零件一般都用合金渗碳钢制造。渗碳钢种类很多,在汽车上用量也很大,以15Cr、20Cr、18CrMnTi、20MnTiB及20CrMnTi使用得最为广泛。近几年,含硼的渗碳钢(20Mn2B、20MnVB)在汽车中也被广泛采用,并用来代替20CrMnTi以节约贵重合金元素铬。

常用的合金渗碳钢在汽车上的应用见表2-15。

合金渗碳钢在汽车上的应用 表2-15

牌 号	零 件 名 称
15Cr	活塞销、气门弹簧座
15Cr	活塞销、气门挺杆及调整螺栓
20CrMnTi	二、三挡活动齿套、四、五挡滑动齿套、一挡及倒挡齿轮,变速器中间轴
20CrMnTi	变速器齿轮及第一轴和中间轴,半轴齿轮、万向节和差速器十字轴
20MnVB	传动轴十字轴,转向万向节十字轴,后桥减速器齿轮、差速器十字轴
15MnVB	钢板弹簧中心螺栓
15MnVB	变速器一轴、二轴、中间轴,中间轴常啮合齿轮,二、三挡滑动齿套,二、三、四、五挡齿轮

3）合金调质钢

　　合金调质钢中碳质分数在 0.25%～0.50%，合金调质钢是在调质钢中加入一定量的合金元素而形成的。钢中锰、硅、铬、镍、硼等合金元素的主要作用是提高淬透性，并能强化铁素体；钨、钼、钒、钛等合金元素具有细化晶粒、提高回火稳定性的作用；钨和钼还具有防止回火脆性的作用。合金元素改善了钢的热处理工艺性能,并具有强韧化作用,从而保证了合金调质钢零件具有高而均匀的综合力学性能。

　　合金调质钢主要用来制造承受较大载荷的零件,如汽车上的半轴、连杆、万向节叉及变速器二轴等。由于这些零件都是承受较重的冲击载荷,不仅要求有很高的强度,还要求有很好的塑性和韧度,即要求有较好的综合力学性能。采用合金调质钢经适当的调质处理来满足其使用要求。合金调质钢的加工工艺一般是锻造后进行一次正火,粗加工后进行调质处理。若零件表面要求有耐磨性,调质后再进行一次表面淬火即可。

　　常用的合金调质钢的牌号、性能及用途见表2-16。合金调质钢在汽车上的应用见表2-17。

常用的合金调质钢的牌号、性能及用途（摘自 GB/T 3077—1999）　　表2-16

牌号	σ_s(MPa)	σ_b(MPa)	δ_f(%)	ψ(%)	a_k(J/cm^2)	用途举例
45Mn2	600	800	10	40	60	轴、蜗杆、连杆等
40Cr	550	850	10	40	60	重要调质件,如主轴、曲轴、齿轮、连杆等
35CrMn	850	1100	10	45	70	中速、重载的大断面齿轮及轴、发电机转子等
30CrMnSi	900	1100	10	45	70	高压鼓风机叶片、联轴器、飞机零件等
38CrMoAlA	1100	1200	10	45	80	氮化件,如镗杆、蜗杆、高压阀门等
40CrNiMoA	850	1200	10	45	100	受冲击载荷的高强度件,如锻压机的偏心轴、压力机曲轴等

合金调质钢在汽车上的应用　　表2-17

牌号	零件名称
40Cr	发动机支架固定螺栓、差速器壳螺栓、减振器销
	水泵轴、连杆、连杆盖、汽缸盖螺栓
40MnB	半轴、水泵轴、传动轴花键、万向节叉、转向节、汽缸盖螺栓、连杆螺栓
	变速器二轴、转向节、转向臂、半轴
45Mn2	进气门、半轴套管、钢板弹簧U形螺栓
	半轴套管、板弹簧U形螺栓
50Mn2	离合器从动盘、减振盘

4）合金弹簧钢

合金弹簧钢的碳质分数比合金调质钢的高，一般在 0.46%～0.70%。在弹簧钢中加入合金元素即形成了合金弹簧钢。加入锰、硅、铬等合金元素的主要目的是使零件获得高的弹性，提高钢的淬透性，同时能强化铁素体；硅还能显著提高钢的弹性极限和屈强比，是合金弹簧钢的常用元素之一；但硅将使钢在加热时表面脱碳倾向增加，而锰会增大钢的过热倾向。钨、钼、钒等合金元素可使晶粒细化，并能提高回火稳定性，还能减少硅、锰带来的脱碳和过热倾向。典型的弹簧钢有 60Si2Mn、50CrVA 等。

弹簧是在动载荷作用下工作，要求它有较高的疲劳强度和抗拉强度，良好的工艺性和足够的韧度与塑性。在特殊环境下使用的弹簧（如气门弹簧、摇臂轴定位弹簧等）还需有一定的耐热性和耐蚀性。

弹簧是汽车的重要构件，应用于汽车的各个部位，具有能量储存、自动控制、缓冲平衡、固定复位、安全减振等作用。通常一辆汽车上装有 50～60 种、100 多件弹簧，用于悬架、发动机、离合器、制动器等重要部位。典型的弹簧件有：悬架弹簧如板簧、扭杆弹簧和螺旋弹簧，座椅弹簧，膜片弹簧等。合金弹簧钢在汽车上的应用见表 2-18。

合金弹簧钢在汽车上的应用 表 2-18

牌　号	零　件　名　称
55SiMnVB	钢板弹簧
55Si2Mn	钢板弹簧
65Mn	气门弹簧、制动器复位弹簧
65Mn	气门弹簧、摇臂轴定位弹簧、离合器压紧弹簧
60Si2Mn	牵引钩弹簧
60Si2Mn	钢板弹簧

5）滚动轴承钢

滚动轴承钢是用来制造滚动轴承的滚动体和内外圈的专用钢。滚动轴承在交变应力作用下工作，各部分之间强烈摩擦，还受到润滑剂的化学侵蚀。因此，滚动轴承钢必须具有高的硬度和耐磨性，高的弹性极限和接触疲劳强度，足够的韧度和抗蚀性。

轴承钢的碳质分数较高，在 0.95%～1.15% 范围内，并加入了 0.4%～1.65% 的 Cr 元素。中、小型轴承多采用 GCr15（或 ZGCr15）制造，其平均碳的质量分数达 1.0%，铬的质量分数为 1.5%。较大型轴承则采用 GCr15SiMn（或 ZGCr15SiMn），加入 Si、Mn 的作用是进一步提高钢的淬透性。牌号中的"G"是滚动轴承钢的代号，"ZG"为铸造滚动轴承钢。

滚动轴承钢也可作为工具钢用以制造刃具（丝锥、板牙、铰刀等）及量具等，也用于制造工作性能与轴承相类似的耐磨零件，如柴油机上的喷油泵柱塞、喷油嘴的针阀等。常用滚动轴承钢的牌号、性能及用途见表 2-19。

4. 合金工具钢

合金工具钢是在碳素工具钢的基础上加入少量合金元素（Si、Mn、Cr、W、V 等）制成的。由于合金元素的加入，提高了材料的热硬性，改善了热处理性能。合金工具钢常用来制造各种量具、模具或切削刀具等。

常用滚动轴承钢的牌号、性能及用途(热处理后)(摘自 GB/T 18254—2002)　　表 2-19

牌　号	硬度（HRC）	用　途　举　例
GCr6	62~64	φ<10mm 的滚动体
GCr9	62~64	φ<20mm 的滚动体
GCr9SiMn	62~64	壁厚<12mm,外径<250mm 的套圈;直径 25~50mm 的钢球;直径<22mm 的滚子
GCr15	62~66	
GCr15SiMn	>62	壁厚>14mm,外径>250mm 的套圈;直径 20~50mm 的钢球;直径>22mm 的滚子

　　合金工具钢按主要用途可分为三种:合金刃具钢、合金模具钢和合金量具钢。各类合金工具钢没有严格的使用界限,可以交叉使用。

　　机床切削加工刀具常用高速钢制造。高速钢是一种含钨、铬、钒等合金元素较多的合金工具钢。它有很高的热硬性,当切削温度高达 550℃ 左右时,硬度仍无明显下降。高速度钢具备足够的强度和韧度,可以承受较大的冲击和振动。此外,高速钢还具有良好的热处理性能和刃磨性能。常用的高速钢牌号有 W18Cr4V 和 W6Mo5Cr4V2 等。

　　常用低合金刃具钢和高速钢的牌号、热处理方法、性能及用途见表 2-20 及表 2-21。

常用低合金刃具钢的牌号、热处理、性能及用途(摘自 GB/T 1299—2000)　　表 2-20

牌号	淬火（℃）	回火（℃）	回火后硬度（HRC）	用　途　举　例
Cr12	950~1000 油	200~450	58~64	尺寸较大的钻头、铰刀等
9SiCr	860~880 油	180~200	60~62	薄刃刀具,如板牙、螺钉旋具等
9Mn2V	780~820 油	150~200	60~62	磨床主轴、车床丝杠、螺钉旋具、板牙、量规、冷作模具等
CrWMn	820~840 油	140~160	62~65	微变形钢、长铰刀、拉刀、丝杠、精密量具等
CrW5	800~850 油	160~180	64~65	低速切削硬金属刀具,如铣刀、车刀、刨刀等

　　合金模具钢分冷作模具钢和热作模具钢,如冷冲压、冷挤压、冷镦粗模具等。

　　常用的冷作模具钢有 Cr12、9Mn2V、CrWMn 等。其碳质量分数一般为 0.8%~1.7%。热作模具钢用来制造热锻模具和压力铸造(简称压铸)模具。

　　常用的热锻模具材料有 5CrNiMo、5CrMnMo 及 4CrW2Si 等。其碳质量分数一般为 0.45%~0.60%。压铸模具是使液态金属在其型腔内加高压成型的一种模具,如汽油泵和化油器的壳体及现代汽车上的万向球节等都是在压铸模中成型的。最常用的压铸模具钢是 3Cr2W8V,它的碳质量分数为 0.30%~0.40%,用它制造的模具可压铸铝合金、锌合金以及黑色金属等。

常用高速钢的牌号、热处理、性能及用途　　　　　　　表 2-21

种类	牌号	热处理(℃)			回火硬度（HRC）	用途举例
		退火	淬火	回火		
铬系	W18Cr4V	860~880	1260~1300	550~570	63~66	一般高速切削刀具,如车刀、铣刀、刨刀、钻头等
铬系	W12Cr4V4Mo	840~860	1240~1270	550~570	63	形状简单,只需很少磨削的刀具
铬钼系	W6Mo5Cr4V2	840~860	1220~1240	550~570	63~66	耐磨性与韧度很好配合的高速刀具,如扭制钻头
铬钼系	W6Mo5Cr4V3	840~885	1200~1240	550~570	<65	形状复杂的刀具,如拉刀、铣刀
超硬	W18Cr4VCo10	870~900	1200~1260	540~590	64~66	切削硬金属的刀具
超硬	W6Mo5Cr4V2Al	850~870	1220~1250	550~570	67~69	切削硬金属的刀具

5.特殊性能钢

特殊性能钢是指具有特殊物理性能和化学性能的钢,这类钢很多,这里主要介绍不锈钢、耐热钢和耐磨钢。

1)不锈钢

不锈钢具有抵抗空气、水、酸、碱类溶液或其他介质腐蚀作用的能力。常用的不锈钢有铬不锈钢和铬镍不锈钢两类。

铬不锈钢的平均含铬量为13%。含铬量越高,钢的耐腐蚀性就越好。铬在钢中最主要的作用是提高钢的耐蚀性。含碳量一般为0.08%~0.40%。常用的铬不锈钢主要有1Cr13、2Cr13、3Cr13、4Cr13等。含碳量较低的1Cr12、2Cr13适用于制造在大气、海水、蒸气等介质中工作的零件。3Cr13、4Cr13经淬火、低温回火后硬度可达50HRC左右,用于制造弹簧、轴承、医疗器械及在弱酸腐蚀条件下工作并有较高强度的零件。

铬镍不锈钢的含铬量在18%左右,并含9%~10%的镍,含碳量低甚至极微。钢中的铬镍主要作用是提高阳极电极电位,增加耐腐蚀性,常见的铬镍不锈钢有1Cr18Ni9、2Cr18Ni9等。这类钢经热处理后能获得良好的耐蚀性和可焊性,较好的冷变形加工性和低温韧度,用于制造在各种腐蚀性介质中使用的酸槽、管道、储藏及运输酸类用的容器等。

2)耐热钢

耐热钢是指在高温下不易发生氧化并具有较高强度的钢,用于制造在高温条件下工作的零件,如内燃机气阀等。

耐热钢分抗氧化钢和热强钢两类,常用的抗氧化耐热钢有3Cr18Mn12Si2N、2Cr20Mn9Ni2Si2N,它们有较好的铸造性,用来制造铸件。

(1)抗氧化钢。

抗氧化钢中加入的合金元素主要有铬、硅、铝等,这些元素与氧的亲和力大,首先被氧化,形成一层致密而牢固的高熔点氧化膜（Cr_2O_3、SiO_2、Al_2O_3），将钢与外界的高温氧化性气体隔绝，从而保证了钢不被氧化。

应用较多的抗氧化钢有 2Cr20Mn9Ni2N 和 3Cr18Mn12Si2N，这类钢不仅抗氧化，而且铸、锻、焊性能较好。因碳量增多会降低抗氧化性，所以抗氧化钢一般为低碳成分。

常用抗氧化钢的牌号、化学成分及用途见表 2-22。

常用抗氧化钢的牌号、化学成分及用途　　　表 2-22

牌号	化学成分（%）						用途举例
	C	Mn	Si	Ni	Cr	其他	
1Cr13Si3	≤0.12	≤0.70	2.30~2.80	≤0.60	12.50~14.50	—	制造各种承受应力不大的炉用构件，如喷嘴、退火炉罩、托架、吊挂等
1Cr13SiA1	0.10~0.20	≤0.70	1.00~1.50	≤0.60	12.00~14.00	Al 1.00~1.80	
3Cr18Ni25Si2	0.30~0.40	≤1.50	1.50~2.50	23.00~26.00	17.00~20.00	—	制造各种热处理炉内构件
3Cr18Mn12Si2N	0.20~0.30	10.50~12.50	1.40~2.20	—	17.00~19.00	N 0.22~0.33	制造渗碳炉构件、加热炉传送带、料盘等
2Cr20Mn9Ni2Si2N	0.17~0.26	8.50~11.00	1.80~2.70	2.00~3.00	18.00~21.00	N 0.20~0.30	用途同上，还可制造盐浴坩埚、加热炉管道等

（2）热强钢。

热强钢在高温下不仅有良好的抗氧化性，还有较高的强度，用于制造锅炉零件、汽轮机叶片及发动机气门等。如 4Cr9Si2、4Cr10Si2Mo 和 5Cr21Mn9Ni4N 用于制造发动机排气门，可在 600℃以下工作。而 4Cr14Ni14W2Mo 是应用最多的耐热钢，常用于制造工作温度大于或等于 650℃的内燃机排气门。

常用的热强钢的牌号、热处理、使用温度及用途见表 2-23。

汽车上用耐热钢制造的零部件有发动机的进排气门、涡流室镶块、涡轮增压器转子、排气净化装置等。国产汽车的气门用钢主要有：4Cr10Si2Mo（夏利）、45Cr9Si3（桑塔纳、标致）、8Cr20Si2Ni 等。

不锈钢在汽车上的应用：
①汽车排气系统用不锈钢；
②汽车燃油箱用不锈钢；
③汽车车架用不锈钢；
④汽车不锈钢零部件；
⑤汽车装饰用不锈钢。

常用热强钢的牌号、热处理、使用温度及用途（摘自 GB/T 1221—1992）　　表 2-23

类别	牌号	热处理		最高使用温度(℃)		用途举例
		淬火(℃)	回火(℃)	抗氧化性	热强性	
珠光体钢	15CrMo	930~960（正火）	680~730	350~600		锅炉、管道
	12CrMoV	980~1020（正火）	720~760			
马氏体钢	1Cr13	1000~1050 水、油	700~790 油、水、空	750	500	内燃机气阀
	1Cr12WMoV	1000 油	680~700 空、油	750	580	
	4Cr10Si2Mo	1000~1100 油、空	700~800 空	850	650	
奥氏体钢	4Cr14Ni14W2Mo	1170~1200 固溶处理	750 时效	850	750	汽轮机叶片、过热器

四、典型汽车零件的选材及热处理

(一)汽车齿轮的选材及热处理

1. 齿轮的性能要求

根据工作条件及失效形式的分析，可以对齿轮材料提出如下性能要求：

(1)高的弯曲疲劳强度；

(2)高的接触疲劳强度和耐磨性；

(3)较高的强度和冲击韧度。

此外，还要求有较好的热处理工艺性能，例如热处理变形小，或变形有一定规律等。

2. 汽车齿轮零件的选材及热处理

对齿轮材料主要性能要求是：具有高疲劳强度，尤其是弯曲疲劳强度和接触疲劳强度。齿心应有足够的冲击韧度，以防止轮齿受冲击过载时断裂。从以上两方面考虑，选用低、中碳钢或其合金钢。它们经表面强化处理后，表面有高的强度和硬度，心部有好的韧度，能满足使用要求。此外，这类钢的工艺性能好，经济上也较合理，所以是比较理想的材料。

汽车齿轮主要分装在变速器和差速器中。在变速器中，通过它改变发动机、曲轴和主轴齿轮的传动比；在差速器中，通过齿轮增加转矩，并调节左右轮的转速。全部发动机的动力均通过齿轮传给车轴，推动汽车运行。所以，汽车齿轮受力较大，受冲击频繁，其耐磨性、疲劳强度、心部强度以及冲击韧度等，均要求比机床齿轮高。采用调质钢高频淬火不能保证要求，所以，要用低碳钢进行渗碳处理来作重要齿轮。我国应用最多的是 20Cr 或 20CrMnTi 合金渗碳钢，并经渗碳、淬火和低温回火。渗碳后表面碳含量大大提高，保证淬火后得到高硬度，提高耐磨性和接触疲劳抗力。由于合金元素可提高淬透性，淬火、回火后可使心部获得较高的强度和足够的冲击韧度。为了进一步提高齿轮的耐用性，渗碳、淬火、回火后，还可采用喷丸处理，以增大表层压应力，有利于提高疲劳强度，并清除氧化皮。

渗碳齿轮的工艺路线为：下料→锻造→正火→切削加工→渗碳、淬火及低温回火→喷丸→磨削加工。

表 2-24 为汽车、拖拉机齿轮常用钢种及热处理方法。

汽车、拖拉机齿轮常用钢种及热处理方法　　表 2-24

序号	齿轮类型	常用钢种	热处理 主要工序	热处理 技术条件
1	汽车变速器和分动器齿轮	20CrMnTi,20CrMo 等	渗碳	层深:m_n[①] <3 时,0.6~1.0mm; 3<m_s<5 时,0.9~1.3mm; m_n>5 时,1.1~1.5mm 齿面硬度:58~64HRC 心部硬度:m_n≤5 时,32~45HRC; m_n>5 时,29~45HRC
		40Cr	(浅层)碳氮共渗	层深:>0.2mm 表面硬度:51~61HRC
2	汽车驱动桥主动及从动柱齿轮	20CrMnTi,20CrMo	渗碳	渗层深度按图样要求,硬度要求同序号 1 中渗碳工序
	汽车驱动桥主动及从动锥齿轮	20CrMnTi,20CrMnMo	渗碳	层深:m_s[②] <5 时,0.9~1.3mm; 5<m_n<8 时,1.0~1.4mm; m_s>8 时,1.2~1.6mm 齿面硬度:58~64HRC 心部硬度:m_n≤8 时,32~45HRC; m_s>8 时,29~45HRC
3	汽车驱动桥差速器行星及半轴齿轮	20CrMnTi,20CrMo,20CrMnMo	渗碳	同序号 1 中渗碳工序
4	汽车发动机凸轮轴齿轮	HT150,HT200		170~229HB
5	汽车曲轴正时齿轮	35,40,45,40Cr	正火	149~179HB
			调质	207~241HB
6	汽车起动机齿轮	15Cr,20Cr,20CrMo,15CrMnMo,20CrMnTi	渗碳	层深:0.7~1.1mm 表面硬度:58~63HRC 心部硬度:33~43HRC
7	汽车里程表齿轮	20,A2	(浅层)碳氮共渗	层深:0.2~0.35mm
8	拖拉机传动齿轮,动力传动装置中的圆柱齿轮,锥齿轮及轴齿轮	20Cr,20CrMo,20CrMnMo,20CrMnTi,30CrMnTi	渗碳	层深:>模数的 0.18 倍,但 <2.1mm; 各种齿轮渗层深度的上下限 <0.5mm,硬度要求同序号 1、2
		40Cr,45Cr	(浅层)碳氮共渗	同序号 1
9	拖拉机曲轴正时齿轮,凸轮轴齿轮,喷油泵驱动齿轮	45	正火	156~217HB
			调质	217~255HB
		HT150		170~229HB
10	汽车拖拉机油泵齿轮	40,45	调质	28~35HRC

注:① m_n 为法向模数;
　② m_s 为端面模数。

(二)汽车轴类零件选材

轴是汽车上最重要的零件之一。一切回转运动的零件(如齿轮、凸轮等)都装在轴上,所以轴主要起传递运动和转矩的作用。图2-51所示为差速器机构传动轴,图2-52所示为发动机曲轴飞轮组。

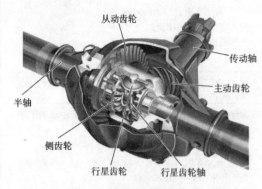

图2-51 差速器机构传动轴

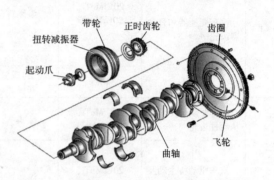

图2-52 发动机曲轴飞轮组

1. 轴类零件的工作条件

(1)轴类零件工作时主要受交变弯曲和扭转应力的复合作用。
(2)轴与轴上零件的相对运动使其相互间存在摩擦和磨损。
(3)轴在高速运转过程中产生的振动使轴承承受冲击载荷。
(4)大部分轴常承受一定的过载载荷。

2. 轴类零件的失效方式

由于轴类零件的受力情况及工作条件较复杂,所以其失效方式也是多样的。轴类零件的一般失效方式有长期交变载荷下的疲劳断裂(包括扭转疲劳和弯曲疲劳断裂),大载荷或冲击载荷作用引起的过量变形甚至断裂,与其他零件相对运动时产生的表面过度磨损等。

3. 轴类零件的性能要求

根据轴类材料的工作条件和失效方式,对其有以下性能要求:
(1)良好的综合力学性能,足够的强度、塑性和一定的韧度,以防止过载断裂、冲击断裂。
(2)高的疲劳强度,对应力集中敏感性低,以防疲劳断裂。
(3)足够的淬透性,热处理后表面要有高硬度、高耐磨性,以防磨损失效。
(4)良好的切削加工性能,价格便宜。

4. 轴类零件材料的选材及热处理

轴类零件选材时除主要考虑强度外,同时也要考虑材料的冲击韧度和表面耐磨性。为了兼顾强度和韧度,同时考虑疲劳抗力,轴一般用经锻造或轧制的低、中碳钢或合金钢制造。

由于碳钢比合金钢便宜,并且有一定的综合力学性能,对应力集中敏感性较小,所以一般轴类零件使用较多。常用的优质碳素结构钢有35、40、45、50钢等,其中45钢最常用。

为改善其性能,这类钢一般要经正火、调质或表面淬火热处理。

合金钢比碳钢具有更好的力学性能和热处理性能,但对应力集中敏感性较高,价格也较贵,所以当载荷较大并要求限制轴的外形、尺寸和质量,或轴颈的耐磨性等要求高时采用合金钢。常用的合金钢有 20Cr、40Cr、40CrNi、20CrMnTi、40MnB 等。采用合金钢必须采取相应的热处理才能充分发挥其作用。

除了上述碳钢和合金钢外，还可以采用球墨铸铁和高强度灰铸铁作为轴的材料，特别是曲轴的材料。轴类零件很多，如机床主轴、内燃机曲轴、汽车半轴等，其选材原则主要根据载荷大小、类型等决定。

1）内燃机曲轴选材

曲轴是内燃机中形状复杂而又重要的零件之一，其作用是输出内燃机功率，并驱动内燃机内其他运动机构，其结构如图 2-53 所示。曲轴在工作中由于受到弯曲、扭转、剪切、拉压、冲击等交变应力复杂力的作用，从而还可造成曲轴的扭转和弯曲振动，使之产生附加应力；因曲轴形状极不规则，所以应力分布很不均匀；另外，曲轴颈与轴承发生滑动摩擦。因此曲轴的失效形式主要是疲劳断裂和轴颈严重磨损两种。

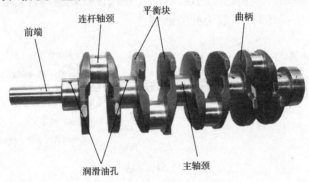

图 2-53 曲轴

根据曲轴的损坏形式，要求制造曲轴的材料必须具有高的强度，一定的冲击韧度，足够的弯曲、扭转疲劳强度和刚度，轴颈表面还应有高的硬度和耐磨性。

实际生产中，按制造工艺把曲轴分为锻钢曲轴和铸造曲轴两种。

锻钢曲轴主要由优质中碳钢和中碳合金钢制造，如 35、40、45、35Mn2、40Cr、35CrMo 钢等。

铸造曲轴主要由铸钢、球墨铸铁、珠光体可锻铸铁以及合金铸铁等制造，例如 ZG230-450、QT600-3、T700-2、KTZ450-5、KTZ500-4 等。

内燃机曲轴选材原则，主要根据内燃机的类型、功率大小、转速高低和相应轴承材料等项条件而定。同时也需考虑加工条件，生产批量和热处理工艺及制造成本等。

汽车发动机曲轴也可用 45、40Cr 钢制造。经过模锻、调质、切削加工后，在轴颈部位进行表面淬火。

2）柴油机曲轴的热处理

曲轴是内燃机中形状复杂又重要的零件之一。它在工作时，要承受周期性变化的气体压力，曲柄连杆机构的惯性力、扭转力、弯曲力以及冲击力的共同作用；在轴颈部有一定的磨损。因此对曲轴的性能要求是要有高的强度，一定的冲击韧度和弯曲扭转疲劳强度，在轴颈处还应有较高的硬度和耐磨性。

柴油机曲轴广泛地选用球墨铸铁制造，例如 QT600-3 曲轴。它的工艺性能较好，刚度和耐磨性都较好，生产工序简单，成本比锻钢低。其制造工艺路线为：

```
浇铸 → 正火、高温回火(风冷) → 机加工 ┬→ 装配
                                    └→ 高频淬火 → 装配
```

正火是为了提高抗拉强度、硬度和耐磨性;回火是为了消除正火风冷所造成的内应力;在使用高频淬火设备的情况下,通过对轴颈处的表面淬火可进一步提高硬度和耐磨性。

3)半轴

汽车半轴是驱动车轮转动的直接驱动零件,也是汽车后桥中的重要受力部件。汽车运行时,发动机输出的转矩经过变速器、减速器和差速器传递给半轴,再由半轴传给车轮,推动汽车行驶。

半轴在工作时主要承受扭转力矩和交变弯曲以及一定的冲击载荷。在通常情况下,半轴的寿命主要取决于花键齿的抗压陷和耐磨损性能,但断裂现象也不时发生。载货汽车半轴最容易损坏的部位是在轴的杆部和凸缘的连接处,花键端以及花键与杆部相连的部位,如图2-54所示。在这些部位发生损坏时,一般为疲劳断裂。

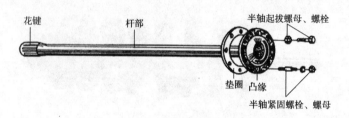

图2-54 半轴

根据半轴的工作条件,要求半轴材料具有高的抗弯强度、抗疲劳强度和较好的韧度。汽车半轴是要求综合力学性能较高的零件,通常选用调质钢制造。中、小型汽车的半轴一般用45钢、40Cr制造,而重型汽车用40MnB、40CrNi或40CrMnMo等淬透性较高的合金钢制造。半轴加工中常采用 喷丸处理及滚压凸缘根部圆角等强化方法。

4)汽车半轴的热处理

汽车半轴在工作时承受冲击、弯曲和扭转等载荷作用,有时要承受很大的转矩,要求材料有足够的抗弯强度、抗疲劳强度和较好的韧度。现在中、小型汽车的半轴材料常选用40Cr、42CrMo、40CrMnMo以及40MnB制造,其制造工艺路线为:

下料→锻造→正火→机械加工→调质处理→盘部钻孔→磨花键

锻造后正火,硬度为187~241HBS;调质处理使半轴具有较高的综合力学性能。由于凸缘和杆部要求的硬度不同,在淬火时采取整体加热后凸缘部油冷,取出给予自行回火,然后整体在水中进行冷却。回火温度选683~703℃,在水中冷却是为了防止出现回火脆性;同时水冷还可以提高其疲劳强度。

(三)汽车用弹簧选材及热处理

弹簧是一种重要的机械零件,它的基本作用是利用材料的弹性和弹簧本身的结构特点,在载荷作用下产生变形时,把机械功或动能转变为形变能;在恢复变形时,把形变能转变为动能或机械功。弹簧的种类很多,按形状划分主要有螺旋弹簧(压缩、拉伸、扭转弹簧)、板弹簧、片弹簧和蜗卷弹簧几种,如图2-55所示。

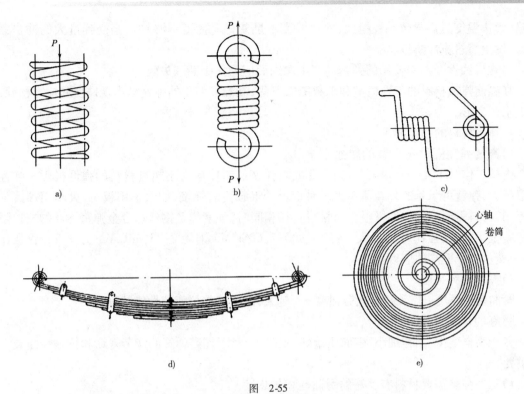

图 2-55
a)压缩螺旋弹簧;b)拉伸螺旋弹簧;c)扭转螺旋弹簧;d)板簧;e)蜗卷弹簧

1. 弹簧的用途

(1)缓冲或减振:如汽车、拖拉机、火车中使用的悬架弹簧。

(2)定位:如机床及其夹具中利用弹簧将定位销(或滚珠)压在定位孔(或槽)中。

(3)复原:外力去除后自动恢复到原来位置,如汽车发动机中的气门弹簧。

(4)储存和释放能量:如钟表、玩具中的发条弹簧。

(5)测力:如弹簧称、测力计中使用的弹簧。

2. 弹簧的工作条件

(1)弹簧在外力作用下,压缩、拉伸、扭转时,材料将承受拉伸应力、弯曲应力或扭转应力。

(2)缓冲、减振或复原用的弹簧承受交变应力和冲击载荷的作用。

(3)某些弹簧受到腐蚀介质和高温的作用。

3. 弹簧的失效形式

1)塑性变形

在外载荷作用下,材料内部产生的弯曲应力或扭转应力超过材料本身的屈服应力后,弹簧发生塑性变形。外载荷去掉后,弹簧不能恢复到原始尺寸和形状。

2)疲劳断裂

在交变应力作用下,弹簧表面缺陷(裂纹、折叠、刻痕、夹杂物)处产生疲劳源,裂纹扩展后造成断裂失效。

3)快速脆性断裂

某些弹簧存在材料缺陷(如粗大夹杂物、过多脆性相)、加工缺陷(如折叠、划痕)、热处理缺陷(淬火温度过高导致晶粒粗大,回火温度不足使材料韧度不够)等,当受到过大的冲击载荷时,发生突然脆性断裂。

4)在腐蚀性介质中使用的弹簧易产生腐蚀后应力集中断裂失效

高温使弹簧材料的弹性模量和承载能力下降,高温下使用的弹簧易出现蠕变和应力松弛,产生永久变形。

4. 弹簧材料的性能要求

1)高的弹性极限 σ_e 和高的屈强比 σ_s/σ_b

弹簧工作时不允许有永久变形,因此要求弹簧的工作应力不超过材料的弹性极限。弹性极限越大,弹簧可承受的外载荷越大。对于承受重载荷的弹簧,如汽车用板簧、火车用螺旋弹簧等,其材料需要高的弹性极限。当材料直径相同时,碳素弹簧钢丝和合金弹簧钢丝的抗拉强度相差很小,但屈强比差别较大。65钢为0.7,60Si2Mn钢为0.75,50CrVA为0.9。屈强比高,弹簧可承受更高的应力。

2)高的疲劳强度

弯曲疲劳强度 σ_{-1} 和扭转疲劳强度 τ_{-1} 越大,则弹簧的抗疲劳性能越好。

3)好的材质和表面质量

夹杂物含量少,晶粒细小,表面质量好,缺陷少,对于提高弹簧的疲劳寿命和抗脆性断裂十分重要。

4)某些弹簧需要材料有良好的耐蚀性和耐热性

良好的耐腐蚀性和耐热性可以保证在腐蚀性介质和高温条件下的使用性能。

5. 汽车弹簧的选材及热处理

弹簧钢主要用于悬架弹簧、气门弹簧、稳定杆支撑弹簧和变速器拨叉销锁止弹簧等。弹簧种类很多,载荷大小相差悬殊,使用条件和环境各不相同。制造弹簧的材料很多,金属材料、非金属材料(如塑料、橡胶)都可用来制造弹簧。由于金属材料的成形性好,容易制造,工作可靠,在实际生产中,多选用弹性极高的金属材料来制造弹簧,如碳素钢、合金弹簧钢、铜合金等。见表2-25。

主要弹簧钢的特点及用途　　　　表2-25

钢类	代表钢号	主要特点	用途举例
碳钢	65 70	经热处理或冷拔硬化后,可得到较高的强度和适当的塑性、韧性。但淬透性低,尺寸较大时,油中淬不透,水淬则变形及开裂倾向增大,只适用于较小尺寸的弹簧	调压调速弹簧,柱塞弹簧,测力弹簧,一般机器上的圆、方螺旋弹簧或拉成钢丝作小型机械的弹簧
	75 80		汽车、拖拉机和火车等机械上承受振动的螺旋弹簧
锰钢	65Mn	Mn可提高淬透性,12mm直径的钢材油中可以淬透,表面脱碳倾向比硅钢小,经热处理后的综合力学性能略优于碳钢;缺点是有过热敏感性和回火脆性	小尺寸各种扁、圆形弹簧、坐垫弹簧、弹簧发条,也适于制造弹簧环、气门弹簧、离合器簧片、制动器用弹簧等
硅锰钢	55Si2Mn 55Si2MnB 60Si2Mn 60Si2MnA 70Si3MnA	Si和Mn可提高弹性极限和屈强比,提高淬透性以及回火稳定性和抗松弛稳定性,过热敏感性也较小,但脱碳倾向较大。尤其硅与碳含量较高时,碳易于石墨化,使钢变脆	汽车、拖拉机、机车上的减振板簧和螺旋弹簧,汽缸安全弹簧,转向架弹簧,轧钢设备以及要求承受较高应力的弹簧,还可用作低于230℃条件下使用的弹簧,70Si3MnA用于承受较高振动弹簧

续上表

钢 类	代表钢号	主 要 特 点	用 途 举 例
铬钒钢	50CrVA	良好的工艺性能和力学性能,淬透性较高,加入V,使钢的晶粒细化,降低过热敏感性,提高强度和韧度	气门弹簧、喷油嘴弹簧、汽缸胀圈、安全阀弹簧、中压表弹簧元件、密封装置等,适用于210℃以上条件下工作弹簧
铬锰钢	50CrMn	较高强度、塑性和韧度,过热敏感性比锰钢低,比硅锰钢高,对回火脆性较敏感,回火后宜快冷	车辆、拖拉机和较重要用途的板簧、螺旋弹簧
硅锰钨钢	65Si2MnWA	在60Si2Mn基础上提高碳含量,加入质量分数为1%的W,提高淬透性,提高硬度,降低过热敏感性,较高温度下回火,仍保持较高强度	要求强度更大的弹簧及其他大截面用弹簧

1) 汽车板簧

板簧主要用于重型车辆的悬架。由于对轻便性、舒适性和可靠性的要求,对板簧的淬透性、工作应力和疲劳寿命都提出了新的挑战。例如,一汽的主要钢材有60Si2MnA、55CrMnA和50CrVA。汽车板簧如图2-55d)所示,用于缓冲和吸振,承受很大的交变应力和冲击载荷的作用,需要高的屈服强度和疲劳强度,一般选用65Mn、60Si2Mn钢制造。中型或重型汽车,板簧用50CrMn、55SiMnVB钢;重型载货汽车大截面板簧用55SiMnMoV、55SiMnMoVNb钢制造。其制造工艺路线为:

热轧钢带(板)冲裁下料→压力成形→淬火→中温回火→喷丸强化

淬火温度为850~860℃(60Si2Mn钢为870℃),采用油冷,淬火后组织为马氏体。回火温度为420~500℃,组织为回火屈氏体。屈服强度$\sigma_{0.2}$不低于1100MPa,硬度为42~47HRC,冲击韧度σ_k为250~300kJ/m^2。

2) 气门弹簧

内燃机气门弹簧是一种压缩螺旋弹簧,如图2-55a)所示。其用途是在凸轮、摇臂或挺杆的联合作用下,使气门打开和关闭。承受应力不是很大,可采用淬透性比较好、晶粒细小、有一定耐热性的50CrVA钢制造,其制造工艺路线为:

冷卷成形→淬火→中温回火→喷丸强化→两端磨平

将冷拔退火后的盘条校直后用自动卷簧机卷制成螺旋状,切断后两端并紧,经850~860℃加热后油淬,再经520℃回火,组织为回火屈氏体,喷丸后两端磨平。该弹簧弹性好,屈服强度和疲劳强度高,有一定的耐热性。

气门弹簧也可用冷拔后经油淬及回火后的钢丝制造,绕制后经300~350℃加热消除冷卷簧时产生的内应力。如图2-56所示。

3) 盘簧

盘簧被广泛用于轿车和越野车,要求具有良好的抗疲劳性能和抗弹性衰减性能。盘簧材料主要是硅铬系列钢,通常需要热定形。汽车盘簧材料有多种,例如60Si2MnA、50CrVA、50CrMnVA、50CrMnSiVNb和50CrMnMoVNb等。

4) 扭杆弹簧

扭杆弹簧用于一些轻型车辆的悬架系统,主要要求具有良好的抗疲劳性能。有两种热处理温度不同的材料用于扭杆弹簧,一种材料是感应淬火的45钢、40Cr钢;另一种弹簧钢需要淬火和回火,例如60Si2MnA、50CrMnVA、50CrMnMoVNb 和 45CrNiMoVA 等。

5)稳定杆

稳定杆是汽车转弯时使车身保持稳定的装置,形状通常比较复杂。稳定杆分空心和实心两种。中空的稳定杆可以减少30%~40%的杆质量,已被用于重型车辆,空心稳定杆的典型材料有30CrMoA、35CrMoA 和35Mn2等。而60Si2MnA、40CrMnVA、55CrMnA 和 55CrSiA等常见材料用于实心稳定杆。作为稳定杆和变速器的支撑弹簧,材质有油淬回火弹簧钢丝、低碳钢丝、55CrSi等。图2-57所示为稳定杆及支撑弹簧。

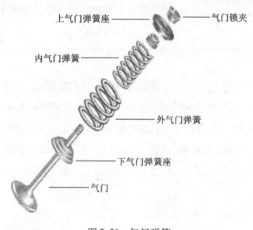

图2-56 气门弹簧

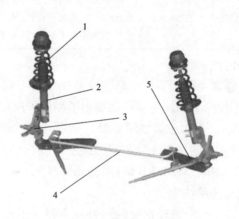

图2-57 稳定杆及支撑弹簧

1-螺旋弹簧;2-减振器;3-转向节;4-横向稳定杆;5 横摆臂

(四)汽缸体与缸盖

1. 汽缸体工作条件

汽缸体是发动机各个机构和系统的装配基体,并由它来保持发动机各运动件相互之间的准确位置关系。汽缸体工作时承受较大的机械负荷和较复杂的热负荷,汽缸体的变形会破坏各运动件间准确位置关系,导致发动机的技术状况变坏和寿命降低。

2. 汽缸体性能要求

要求汽缸体具有足够的强度和刚度,特别是要有足够的刚度,以减小变形,保证尺寸的稳定性;良好的铸造性和切削性;良好的耐热性及耐腐蚀性等;且价格低廉。

3. 汽缸体选材

缸体常用的材料有灰铸铁和铝合金两种。铝合金的密度小,但刚度差、强度低及价格贵。所以除了某些发动机为减轻质量而采用外,一般均用灰铸铁作为缸体材料,如图2-58所示。

4. 缸盖工作条件

缸盖主要用来封闭汽缸构成燃烧室。缸盖承受燃气的高温、高压作用,机械负荷(如燃气压力使缸盖承受弯曲,缸盖螺栓的预紧力等)和热负荷的作用。由于温度高、形状复杂、受热不均匀,使缸盖上的热应力很大,严重时可造成缸盖变形甚至出现裂纹。

5. 缸盖性能要求

根据上述工作条件,缸盖应用导热性好、高温机械强度高、能承受反复热应力、铸造性能良好的材料来制造。

6.缸盖选材

目前使用的缸盖材料有两种：一是灰铸铁或合金铸铁；另一种是铝合金。铸铁缸盖具有高温强度高、铸造性能好、价格低等优点；但其导热性差、质量大。铝合金缸盖的主要优点是导热性好、质量轻；但其高温强度低，使用中容易变形，成本较高。如图2-59所示。

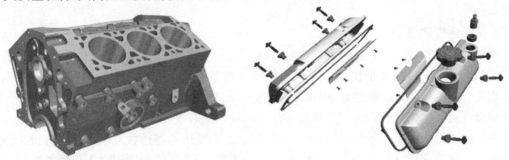

图2-58　灰铸铁汽缸体　　　　　　　　　图2-59　铝合金汽缸盖

（五）缸套

1.缸套工作条件

发动机的工作循环是在汽缸内完成的。汽缸内与活塞接触的内壁面，由于直接承受燃气的冲刷，并与活塞存在着具有一定压力的高速相对运动，使汽缸内壁受到强烈的摩擦，造成磨损。汽缸内壁的过量磨损是造成发动机大修的主要原因之一，根据汽缸内壁工作条件的这一特殊性应选用相应的材料，即缸体用普通铸铁或铝合金，而汽缸工作面则用耐磨材料，制成缸套镶入缸体的。

2.缸套选材

常用缸套材料为耐磨合金铸铁，主要有高磷铸铁、硼铸铁、合金铸铁等。为了提高缸套的耐磨性，可以用镀铬、表面淬火、喷镀金属钼或其他耐磨合金等办法对缸套进行表面处理，如图2-60所示。

闭式缸套和开式缸套：预制的铝合金部件，用于压铸在锰合金组合缸体中

图2-60　缸套

（六）活塞、活塞销和活塞环

1.活塞组工作条件

活塞、活塞销和活塞环等零件组成活塞组，与汽缸、汽缸盖配合形成一个容积变化的密闭空间，以完成内燃机的工作过程；同时，它还承受燃气作用力并通过连杆把力传给曲轴输出。活塞组在工作中受周期性变化的高温、高压燃气（温度最高可达2000℃，压力最高可达13～

15MPa)作用,并在汽缸内作高速往复运动(平均速度一般为 9~13m/s),产生很大的惯性载荷。活塞在传力给连杆时,还承受着交变的侧压力,工作条件十分苛刻,如图 2-61 所示。

2. 活塞组最常见的失效方式

活塞组最常见的失效方式有:活塞磨损和烧蚀,活塞环磨损、变形和断裂,连杆扭曲变形等。

3. 活塞组性能要求

对活塞用材料的要求是热强度高、导热性好、吸热性差、膨胀系数小、密度小、耐磨性、耐蚀性和工艺性好等。目前很难找到一种材料能完全满足上述要求。常用的活塞材料是铝硅合金。铝硅合金的特点是导热性好、密度小。硅的作用使膨胀系数减小,耐磨性、耐蚀性、硬度、刚度和强度提高。铝硅合金活塞需进行固溶处理及人工时效处理,以提高表面硬度。

由上述活塞组的工作条件可知,经活塞销传递的燃气压力高达数万牛顿,且承受的载荷是交变的。这就要求活塞销材料应有足够的刚度和强度,以及足够的承压面积和耐磨性,还要求外硬内韧,表面耐磨,同时具有较高的疲劳强度和冲击韧度,如图 2-61 所示。

4. 活塞组选材

活塞销材料一般用 20 低碳钢或 20Cr、18CrMnTi 等低碳合金钢。活塞销外表面应进行渗碳或氰化处理,以满足外表面硬而耐磨,材料内部韧而耐冲击的要求。活塞销的冷挤压成形也是提高其强度的有效手段,约可提高强度25%,且省工省料。

活塞环材料应具有耐磨性好、易磨合、韧度好(变形时不易折断)以及良好的耐热性、导热性和易加工性等特点。目前一般多用以珠光体为基材的灰铸铁或在灰铸铁基础上添加一定量的铜、铬、钼及钨等合金元素的合金铸铁,也有的采用球墨铸铁或可锻铸铁。为了改善活塞环的工作性能,活塞环应作表面处理。目前应用最广泛的是镀多孔性铬,可使环的耐久性提高2~3 倍。其他表面处理的方法还有喷钼、磷化、氧化、涂敷合成树脂等。

(七) 连杆

连杆是汽车发动机中的重要零件,它连接着活塞和曲轴,其作用是将活塞的往复运动转变为曲轴的旋转运动,并把作用在活塞上的力传给曲轴以输出功率。如图 2-62 所示。

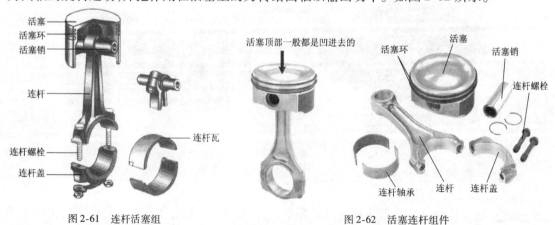

图 2-61 连杆活塞组　　　　　图 2-62 活塞连杆组件

1. 连杆工作条件

连杆在工作中,除承受燃烧室燃气产生的压力外,还要承受纵向和横向的惯性力。因此,连杆在一个很复杂的应力状态下工作。它既受交变的拉压应力、又受弯曲应力。连杆的主要损坏形式是疲劳断裂和过量变形。通常疲劳断裂的部位是在连杆上的3个高应力区域(图2-63)。连杆的工作条件要求连杆具有较高的强度和抗疲劳性能；又要求具有足够的刚性和韧度。

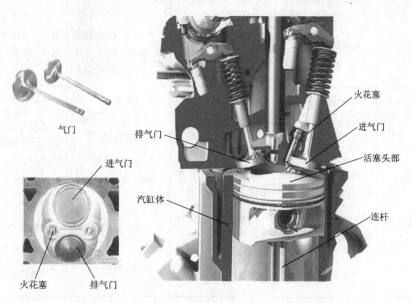

图2-63　连杆工作条件

2. 连杆选材

连杆材料一般采用45钢、40Cr或40MnB等调质钢。合金钢虽具有很高强度，但对应力集中很敏感。所以，在连杆外形、过渡圆角等方面需严格要求，还应注意表面加工质量以提高疲劳强度，否则高强度合金钢的应用并不能达到预期效果。

（八）气门

气门的主要作用是开、闭进、排气道。对气门的主要要求是保证燃烧室的气密性。

1. 气门工作条件

气门在工作时，需要承受较高的机械负荷和热负荷，尤其是排气门工作温度高达650～850℃。另外，气门头部还承受高温气体压力及落座时因惯性力而产生的相当大的冲击力。气门经常出现的故障有：气门座扭曲、气门头部变形、气门座工作面积炭时引起燃烧废气对气门座工作面强烈地烧蚀。

2. 气门选材

气门材料应选用耐热、耐蚀、耐磨的材料。进、排气门工作条件不同，材料的选择也不同。进气门一般可用40Cr、35CrMo、38CrSi、42Mn2V等合金钢制造；而排气门则要求用高铬耐热钢制造，采用4Cr10Si2Mo作为气门材料时工作温度可达550～650℃，采用4Cr14Ni14W2Mo作为气门材料时，工作温度可达650～900℃，如图2-64所示。

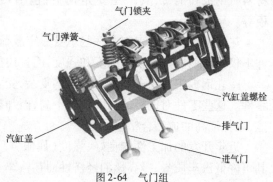

图2-64　气门组

汽车发动机零件众多,所用钢铁材料因用途不同各有差异,具体使用情况见表2-26。

钢铁材料在汽车发动机零件上的应用　　　　　　　　　　　表2-26

代表零件	材料种类及牌号	使用性能要求	主要失效形式	热处理及其他
缸体、缸盖、飞轮、正时齿轮	灰铸铁:HT200	刚度、强度、尺寸稳定性	产生裂纹、孔壁磨损、翘曲变形	不热处理或去应力退火,也可用21404铝合金制作缸体、缸盖,固溶处理及时效
缸套、排气门座等	合金铸铁	耐磨性、耐热性	过量磨损	铸造状态
曲轴等	球墨铸铁:QT600-2	刚度、强度、耐磨性	过量磨损、断裂	表面淬火、圆角滚压、渗氮,也可以用锻钢件
活塞销等	渗碳钢:20、20Cr、18CrMnTi、12Cr2Ni4	强度、冲击韧性、耐磨性	磨损、变形、断裂	渗碳、淬火、回火
连杆、连杆螺栓、曲轴等	调质钢:45、40Cr、40MnB	强度、疲劳强度、冲击韧性	过量变形、断裂	调质、探伤
各种轴承	轴承钢、轴承合金	耐磨性、疲劳强度	磨损、剥落、烧蚀破裂	不热处理(外购)
排气门	高铬耐热钢:40Cr10Si2Mo、40Cr14Ni14W2Mo	耐热性、耐磨性	起槽、变宽、氧化烧蚀	淬火、回火
气门弹簧	弹簧钢:65Mn、50CrVA	疲劳强度	变形断裂	淬火、中温回火
活塞	高硅铝合金:ZL108、ZL110	耐热强度	烧蚀、变形、断裂	固溶处理及时效
支架、盖、罩、挡板、油底壳	钢板:Q235、08、20、16Mn	刚度、强度	变形	不热处理

(九) 车身、纵梁、挡板等冷冲压零件

在汽车零件中,冷冲压零件种类繁多,占总零件数的50%~60%。汽车冷冲压零件用的材料有钢板和钢带,其中主要是钢板;包括热轧钢板和冷轧钢板,如08、20、25和16Mn钢板等。

热轧钢板主要用来制造一些承受一定载荷的结构件,如保险杠、制动盘、纵梁等。这些零件不仅要求钢板具有一定刚度和强度,而且还要具有良好的冲压成形性能。

冷轧钢板主要用来制造一些形状复杂,受力不大的机器外壳、驾驶室、轿车的车身等覆盖零件。这些零件对钢板的强度要求不高,但却要求钢板具有优良的表面质量和良好的冲压性能,以保证高的成品合格率。

近年开发的加工性能良好、强度(屈服强度和抗拉强度)高的薄钢板——高强度板,由于其可降低汽车质量、提高燃油经济性而在汽车上获得应用,如已用于制造车身外面板(包括车

顶、前脸、后围、发动机罩、车门、行李舱盖等)、车身内蒙板、保险杠、横梁、边梁、支架、发动机框架等。

钢铁材料在汽车底盘及车身零件上的应用见表2-27。

表2-27 钢铁材料在汽车底盘及车身零件上的应用

代表零件	材料种类及牌号	使用性能要求	主要失效形式	热处理及其他
纵梁、横梁、传动轴（4000r/min）、保险杠、轮辋等	钢板或轴:25、16Mn	强度、刚度、韧性	弯曲、扭曲、铆钉松动、断裂	要求用冲压工艺好的优质钢板
前桥(前轴)、转向节臂、半轴等	调质钢:45、40Cr、40MnB	强度、韧性、疲劳强度	弯曲变形、扭转变形、断裂	模锻成形、调质处理、圆角滚压、无损探伤
变速器齿轮、后桥齿轮等	渗碳钢:20CrMnTi、40MnB	强度、耐磨性、接触疲劳强度及断裂强度	麻点、剥落、齿面过量磨损、变形、断齿	渗碳(渗碳层深度为0.88mm以上)、淬火、回火，表面硬度58～62HRC
变速器壳、离合器壳	灰铸铁:HT200	刚度、尺寸稳定性、具有一定的强度	产生裂纹、轴承孔磨损	去应力退火
后桥壳等	可锻铸铁:KTH350-10 球墨铸铁:QT400-10	刚度、尺寸稳定性、具有一定的强度	弯曲、断裂	后桥还可以用优质钢板冲压后焊成或用铸钢
钢板弹簧	弹簧钢:60Si2Mn、65Mn、50CrMn、55SiMnVB	耐疲劳、冲击和腐蚀	折断、弹性减退、弯度减小	淬火、中温回火、喷丸强化
驾驶室、车厢板等	08钢板、20钢板	刚度、尺寸稳定性	变形、开裂	冲压成形
轮缸活塞、油管	铝合金、纯铜	耐磨性、强度	磨损、开裂	

(十)排气管

随着排气法规的严格化，发动机排出的气体温度越来越高，要求汽车排气系统的部件具有优良的耐热性和耐蚀性，同时还要求尽量轻量化，现在已经使用耐热铸钢和耐热钢取代过去的铸钢及普通钢部件。

钛合金排气系统的应用相对传统的排气管组件是采用不锈钢制备的，而钛具有良好的耐路盐和含硫的排放废气的性能，在现代转型汽车上已经使用。其排气系统避免了点蚀，在焊接处也不会出现锈蚀，同时质量是传统材料的60%，可提高加速能力，并具备较短的制动距离，如图2-65所示。

图2-65 钛合金排气管

五、车身高强度钢板材料

1. 高强度钢在车身轻量化中的作用

随着能源和环境问题的日益突出，以及人们对汽车安全性能关注度的持续增加，在保证安全的前提下实现车身的轻量化正成为汽车工业的主要发展方向。在降低油耗、减少排放等诸多措施中,减轻汽车质量的效果是非常明显的。目前,钢铁仍然是汽车车体的主体材料,也是性价比最高的材料,而高强度钢作为一种优秀的车用轻量化材料,其发展和应用为节能减排提供了重要途径。有资料表明,使用高强度钢板,原厚度为 1.0~1.2mm 的车身板材可减薄至 0.7~0.8mm,车身质量减小 15%~20%,驾驶节油 8%~15%。

2. 汽车上应用高强度钢板的主要目的

(1)增加构件的变形抗力。

(2)提高能量吸收能力。

(3)扩大弹性应变区。

3. 高强度钢板的定义与分类

高强度钢的定义:高强度钢是指那些在强度和韧性方面结合很好的钢种。根据国际上对超轻钢汽车的研究,将屈服强度在 210~550MPa 的钢板称为高强度钢板,屈服强度大于 550MPa 的钢板称为超高强度钢板。

根据强化机理的不同又把高强度钢板分为普通高强度钢板和先进高强度(Advanced High Strength Steel,简称 AHSS)钢板。

普通高强度钢板主要包括:高强度固溶强化钢(High Strength Steel Interstitial-free,HSSIF,简称 IF 钢)、烘烤硬化钢(Bake harden able,简称 BH)、含磷(P)钢、各向同性(Isotropic,简称 IS)钢、碳—锰(Carbon-Manganese,简称 C-Mn)钢和高强度低合金(High Strength Low Alloy,简称 HSLA)钢。

先进高强度钢板是通过适当的热处理工艺控制钢的显微组织以得到高强度、高塑性。目前应用在汽车车身上的先进高强度钢种主要有双相钢(Dual Phase,简称 DP)、复相钢(Complex Phase,简称 CP)、相变诱发塑性钢(Transformation-induced Plasticity,简称 TRIP)、贝氏体钢(Bainitic Steel,简称 BP)、马氏体钢(Martensite,简称 MART)、热冲压硼钢板(Boron Steel)等。

汽车用高强度钢板按照轧制方式又可以分为冷轧钢板、热轧钢板及以它们为基底进行表面处理的钢板。在车身制造领域,为了使它们在各自的适用部位上满足所必须的性能,不但要求其具有特定的强度特性,而且要具有优良的冲压成形性、焊接性、疲劳强度、可涂装性等各种特性的综合指标。

4. 高强度钢板在车身上的应用

汽车用钢板必须具有的性能:强度、塑性、冲压成形性能、涂装性能。

表 2-28 所示为国际钢铁协会的超轻钢车身——先进概念车(ULSAB-AVC)的用材情况和比例。由表 2-28 可以看出,97% 的材料为高强度钢,而先进的高强度钢的比例占了 80% 以上,其中双相钢的比例高达 74%。

先进概念车的用材比例　　　　表 2-28

材料类型	DP 钢	CP 钢	TRIR 钢	马氏体钢	BH 钢	HSIF 钢	HSLA 钢	其他
百分数(%)	74	1	3	4	10	4	1	3

图 2-66 所示为某汽车车身使用高强度钢板的情况。

目前,汽车车身上用到的高强度钢板主要有固溶强化型钢板、烘烤硬化型钢板、组织强化型钢板等几种,下面分别介绍。

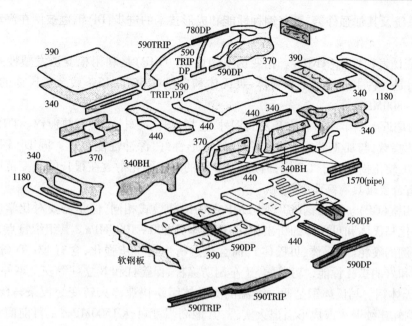

图 2-66　某汽车车身使用高强度钢板的情况

1）固溶强化型高强度钢板（IF）

固溶强化型高强度钢板为铁（Fe）混合碳（C）、硅（Si）、锰（Mn）和磷（P）的（或 Fe 混合 C 和 P）的合金，其抗拉强度为 340~440MPa，属于深拉伸型，多用于车身内外覆盖件。

一般情况下，通过添加 C、Si、Mn、P 等可使铁素体基体硬化，但用于深冲时主要是添加 P，其中添加 P 低碳钢强度高且拉伸性好，因此应用广泛，这种钢也称为回磷钢。

2）烘烤硬化型高强度钢板（BH）

烘烤硬化型高强度钢板在轧制成形时质软，而在涂漆烘烤（相当于 170℃ 保温 20min 的热处理）时硬化。这种钢板使适量固溶碳残留于钢板中，利用涂漆烘烤时的热量将压制成形时引入的固溶碳固定，以提高屈服点。由于烘烤硬化量随压制成形时的变形量而变化，且在低变形区域较大，所以烘烤硬化型钢板适宜用于四门两盖等加工强度低的车身部件。

此种钢板硬化前柔软容易冲压成形，硬化后，由于硬度增加，抵抗凹陷的能力也随之增强。

现在，有的车型已使用 440MPa 级 BH 型高强度钢板。

3）组织强化型高强度钢板

利用低温转变相的组织强化型钢，即从软质铁素体母相中分散出微细珠光体、贝氏体和马氏体等低温度变态相成为双相或多相组织，使钢板强化。根据构成微观组织的相结构不同，其特性有很大的变化，所得强度在 440~1470MPa 的较大范围内。

（1）双相钢（DP）。双相钢（DP）主要由铁素体（软相）和马氏体（硬相）构成，马氏体最多为 20%。由于在和马氏体相邻的铁素体内存在可动位错，即使在相同抗拉强度下屈服强度也低，也就是具有低的屈强比，因此加工时弹性回复量小，成形性好。

DP 钢板的商业化开发已近 30 年，包括热轧、冷轧、电镀和热镀锌产品。随着马氏体含量的增加强度线性增加，强度范围为 500~1200MPa。

DP 钢一般用于需高强度、高的抗碰撞吸能性且成形要求也较严格的汽车零件，如车轮、保险杠、悬架系统及其加强件等,随着钢种性能和成形技术的进步,DP钢也被用在汽车的内外板等零件上。

(2) 相变诱发塑性钢(TRIP)。相变诱发塑性钢(TRIP)是利用相变诱发塑性效应开发的超延性钢板,是一种主要组织是铁素体、贝氏体和含量在5%～15%残余奥氏体的钢板,强度范围为600～800MPa。

TRIP钢是近十多年才商业化开发的钢种,包括热轧、冷轧、电镀和热镀锌。TRIP钢板的n值(加工硬化指数,与加工性成正比)高,凸肚成形性好,深冲性能也优。同DP钢相比,TRIP钢的起始加工硬化指数小于DP钢,但是TRIP钢的加工硬化指数在很长的应变范围内仍保持较高,特别适合要求具有高胀型情况。

(3) 复相钢(CP)。复相钢(CP)同TRIP钢的冷却模式相同,但是需要对化学成分进行调整以形成强化马氏体和贝氏体的析出相,强度范围为800～1000MPa。其组织特点是细小的铁素体和高比例的硬相(马氏体、贝氏体),而且通过析出进一步强化,含有Nb、Ti等元素,具有高的吸能性和好的扩孔性能,特别适合于车门防撞杆、保险杠和B立柱等安全零件。

(4) 马氏体钢。马氏体钢是通过高温的奥氏体组织快速淬火转变为板条马氏体组织,可通过热轧、冷轧连续退火或成形后退火实现,其最高强度可达1500MPa,是目前商业化高强度钢板中强度级别最高的钢种。主要用于成形要求不高的车门防撞杆等零件,代替管状零件,减少制造成本。

(5) 贝氏体钢。贝氏体钢是以贝氏体为主体的热轧钢板,强度范围在440～880MPa,其特点是延伸翻边性好,这是因为该钢种的微观组织均匀。适用于对翻边条件要求苛刻的零件。

(6) 超高强度钢。为满足汽车增强部件的要求,开发了利用贝氏体或回火马氏体的强度级别为980～1470MPa级的超高强度冷轧钢板。保险杠等加强部件主要通过弯曲成形加工而成,必须确保弯曲成形性能。超高强度钢板的弯曲成形性与显微组织的均匀性有很大关系。

六、汽车安全车身结构及材料选用

1. 汽车安全车身结构

汽车安全性可分为主动安全性和被动安全性。主动安全性一般是指汽车防止事故发生的能力;被动安全性是指事故发生时,汽车保护乘员和行人的能力。坚实、稳固的被动安全,是保护乘员生命安全的最重要的系统。而安全的车身结构是所有被动安全设施的基础,也是车内乘员的最后一道防线。在车身结构所形成的高级别安全性基础上,安全气囊等其他被动安全装置才可以给人们提供更多的安全保障。

安全车身应该包括:前后碰撞变形区和高强度乘员舱。前后碰撞变形区应拥有柔软的吸能区,吸能区在正面碰撞中变形越大,对于碰撞能量的吸收就越多,产生二次碰撞的能量也就越小,可以尽可能小的避免撞击力传到乘员舱中。同时,应采用高强度乘员舱,保证碰撞后乘员舱的有效空间,避免乘员受到挤压,减少乘员受伤的危险。特别是在遭受侧面碰撞时,由于轿车侧面与外界只有一扇车门之隔,因此车门的抗冲击能力和乘员舱的框架强度成为保护乘员的根本。

对于正面碰撞时的保护,可以在以下方面对前后碰撞变形区进行改进:利用汽车前部的压溃变形吸收能量以缓解碰撞加速度，汽车前部（特别是纵梁）常设计成S形纵梁或Y形纵梁。而对于提高侧面抗撞能力可采用以下措施：增加车门强度。采取的具体办法有：增加板厚或增加防撞横梁；增加侧围物件的强度，包括：增大A立柱、B立柱、C立柱的截面形状及板厚；增加门槛梁强度，增强措施包括增大承载面积；在车身B立柱高度上安装横梁系统，在仪表板下面以及后风窗下面安装加强横梁；合理设计门锁及门铰链，有利于将车门所受的撞击力有效地传给立柱。除此之外，车身的材料对其安全性同样起的非常重要的作用。如图2-67所示为沃尔沃S40采用的安全车身结构：通过使用不同强度的钢材（分为普通、高强度、超高、特高四种），将车身的前后分为多个变形吸能区域，乘员舱用超高强度钢，保证其强度；在侧面增加了特高强度钢的加强筋，将侧面碰撞力有效地转移到车身具有保护作用的梁、柱、地板、车顶及其他部件，使撞击力被这些部件分散、吸收，从而极大限度地把可能造成的碰撞损害降低到最小程度。

图2-67　沃尔沃S40的车身结构
1-普通钢板；2-高强度钢板；3-超高强度钢板；4-极高强度钢板

安全车身通过吸能变形区的设计，让车体的前部在碰撞时吸收大部分碰撞能量，让坚固的乘员舱尽量减少变形以避免乘员受到挤压。最重要的是使以下3种情况得到保证：

（1）发生碰撞后乘员舱的变形量极小或者不变形。车身前部变形明显，发动机罩向上翘弯，翼子板也向两旁弯曲，发动机舱里的零部件则向上方及两侧移动，唯独不朝乘客舱的方向溃缩。如图2-68所示的阴影线部分就是撞车变形的理想区域。

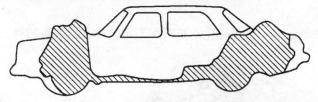

图2-68　汽车碰撞变形的理想变形区域

（2）碰撞后车门是否能顺利打开。车厢的刚性结构，在将传至乘员的冲击力减小的同时也使车厢的变形减至最小。这样能够保护乘员舱的完整性及保护乘员安全逃离。既要防止汽车发生侧面碰撞时车门自动打开；又要保证碰撞后，车门能够容易开启，以利于乘员的车外救护。

（3）能量吸收机构是否可以降低对成员造成二次碰撞的撞击力。把冲撞力切断、吸收，再经由整体式车身把冲撞力均匀分散至车身各部分骨架。现代车身的安全设计以自我牺牲的方式，当汽车在受到重撞击的瞬间,尽可能降低内部空间的变形程度,最大限度保护座舱中的驾乘者。

2. 现代轿车车身材料的选用

现代轿车车身为了提高安全性必须使车身中部实现高刚性,因此中部的相关梁、支柱及加强件必须选用高强度级别的先进高强度钢板,比如双相钢、相变诱发塑性钢等。前后保险杠的加强梁、车门防撞杆等部件为了更好的传递和分散碰撞力,也是刚性越高越好。如图 2-69 所示为某汽车车身高强度级别的钢板在车身上的应用情况。

对于轿车车身外覆盖件,钢质车身一般选用的高强度钢板主要包括高强度 IF 钢、烘烤硬化钢、各向同性钢和一些低强度级别的双相钢系列,屈服强度一般不大于 300MPa,相比较而言,烘烤硬化钢板的使用量较大。

现代轿车车身的前部和后部,作为碰撞吸能变形区,在满足使用要求的情况下,应选择吸能效果较好的材料和结构。吸能材料和结构,主要依靠在碰撞中快速地吸收撞击能量,减少乘员区的撞击加速度,最大限度地降低乘员伤害。例如现在很多轿车的前后保险杠都采用具有吸能盒的保险杠系统,如图 2-70 所示。而具有吸能盒的保险杠系统的车辆在碰撞时吸能盒的压溃变形能够吸收大部分能量,避免纵梁以及底盘部件的损坏,减少维修费用,吸能盒在保险杠系统中起着关键作用。

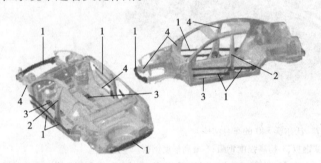
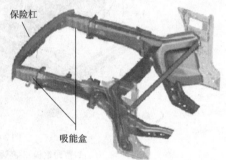

图 2-69 某汽车车身刚性要求高的部位使用高强度钢板的情况
1—1500MPa;2—980MPa;3—780MPa;4—590MPa

图 2-70 吸能盒在车体中的位置

3. 高强度钢在汽车上的应用

目前,一些先进概念车的车身钢板的 90% 已使用高强度钢板。使用高强度钢板可以在不增加成本的前提下实现车身降低质量 25%,且静态扭转刚度提高 80%,静态弯曲刚度提高 52%。如图 2-71 所示。

加入 Ti、V 和 Cr 等元素的析出强化钢板可用于车轮和其他底盘零件,如图 2-72 所示。

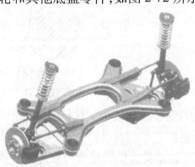

图 2-71 使用高强度钢板的先进概念车车身

图 2-72 高强度钢在悬架系统中的应用

第六节 铸　　铁

碳质量分数为 2.11% ~ 6.69% 的铁碳合金称为铸铁。铸铁具有优良的铸造性能、切削加工性能以及减振性、耐磨性，铸铁生产工艺简单、成本低，因此在机械加工中得到了广泛的应用。特别是球墨铸铁和合金铸铁的应用，提高了铸铁的力学性能，原来用碳钢和合金钢制造的某些零件，现在可用铸铁制造，形成了以铁代钢的趋势。

在汽车上有 50% ~ 70% 的金属材料为铸铁。如 CA141 汽车的心脏——发动机的主要零件汽缸体、汽缸盖、活塞环，以及变速器外壳、后桥壳和其他许多零件，所用的材料就是铸铁。在汽车的全部金属材料中，铸铁的质量约占 50%。近年来，随着科学技术的不断发展，铸铁组织进一步改善，热处理对基体的强化作用也更明显，铸铁日益成为一种物美价廉、应用更加广泛的结构材料。

一、铸铁的分类及性能

(一) 铸铁的石墨化

影响铸铁组织和性能的关键是碳在铸铁中存在的形式、形态、大小和分布。铸铁的发展主要是围绕如何改变石墨的数量、大小、形状和分布这一中心问题进行的。

铸铁中碳的存在形式有两种：

(1) 化合状态的渗碳体（Fe_3C）。如果铸铁中碳几乎全部以渗碳体形式存在，其断口呈银白色，则称为白口铸铁。其性能硬而脆（硬度达 800HB，塑性和韧度几乎等于零），很难进行切削加工。因此，工业上很少用白口铸铁来制造机械零件，主要用作可锻铸铁的毛坯。

(2) 游离状态的石墨（常用 G 来表示）。石墨很软，强度极低。如果铸铁中碳主要以石墨形式存在，则其断口呈暗灰色，俗称灰口铸铁。它是机械制造中应用最多的一种铸铁。根据石墨形态的不同，可分为灰铸铁、球墨铸铁、可锻铸铁和蠕墨铸铁等。如果铸铁中碳一部分以石墨形式存在，一部分以渗碳体形式存在，则断口呈灰白交错的麻点，称为麻口铸铁。

铸铁中碳原子析出并形成石墨的过程称为石墨化。石墨既可以从液体和奥氏体中析出，也可以通过渗碳体分解来获得。灰铸铁和球墨铸铁中的石墨主要是从液体中析出；可锻铸铁中的石墨则完全由白口铸铁经长时间退火，由渗碳体分解而得到。

(二) 铸铁的组织特征和分类

铸铁根据碳的存在形式不同，可分为以下几种。

1. 白口铸铁

白口铸铁中碳全部或大部分以化合物渗碳体的形式存在，因而其断口呈亮白色。由于白口铸铁存在着大量的渗碳体，因此性能硬而脆，很难切削加工，用来炼钢，又叫炼钢生铁。白口铸铁件经热处理变为可锻铸铁使用。铸铁要成为白口，除化学成分有要求外，还和冷却速度有关。如 EQ1092 发动机中的气门挺杆，为了得到表层的高硬度和耐磨性，常用激冷的方法使表层获得白口铸铁的组织而心部由于冷却速度较慢仍为灰铸铁组织。

2. 灰铸铁

灰铸铁中的碳绝大部分以片状石墨形式存在，因其断口呈暗灰色而称为灰铸铁。它是工业中应用最广泛的一种铸铁，有一定的力学性能和良好的切削加工性。

3. 可锻铸铁

可锻铸铁是由白口铸铁经长时间退火处理而成的。其碳以团絮状石墨形式存在。由于其塑性和韧度比灰铸铁好，也叫可锻铸铁，但这种铸铁实际上不能锻造也不可能轧制，主要用于要求韧度较好的薄壁类零件。

4. 球墨铸铁

由于其中的碳以球状石墨形态存在，故称为球墨铸铁。球墨铸铁的强度和韧度比灰铸铁、可锻铸铁高，可代替钢材制造某些重要的机械零件。

而成还有一种铸铁叫合金铸铁，它是在灰铸铁或球墨铸铁中有目的地加入一些合金元素的铸铁。它具有特殊性能，种类有耐热合金铸铁、耐酸和耐磨合金铸铁等。

(三) 铸铁的特性

铸铁组织（除白口铸铁外）基本上由与钢相似的基体组织及石墨两部分组成。石墨强度极低，相当于在金属的基体上形成了许多"微裂纹"，不仅减少了金属基体承受载荷的面积，更重要的是在其尖端引起应力集中，使得铸铁的抗拉强度、塑性和韧度远不如钢。当铸铁承受压缩载荷时，石墨的不利影响较小，具有较高的抗压强度。石墨的存在固然降低了铸铁的力学性能，但给铸铁带来了一系列良好的其他性能：

(1) 优良的铸造性能；
(2) 良好的切削加工性；
(3) 较好的耐磨性和减振性；
(4) 较低的缺口敏感性。

二、典型汽车铸铁零件选材

(一) 典型灰铸铁零件选材

1. 灰铸铁的成分、组织和性能

灰铸铁的化学成分一般控制在下列范围：$W_C = 2.8\% \sim 3.6\%$，$W_{Si} = 1.1\% \sim 2.5\%$，$W_{Mn} = 0.6\% \sim 1.2\%$，$W_S \leq 0.15\%$，$W_P \leq 0.5\%$。

普通灰铸铁的显微组织除片状石墨外，基体组织有三种：F、F+P 和 P。

铁素体基体灰铸铁的强度、硬度和耐磨性较低，而塑性较好。

珠光体基体灰铸铁的强度、硬度较高，耐磨性较好，而塑性较差。

铁素体+珠光体基体灰铸铁的性能介于以上两者之间。

片状石墨对基体有割裂作用，使灰铸铁的力学性能较低，但它却有优良的工艺性能，如良好的切削加工性、较高的耐磨性、减振性、低的缺口敏感性，且价格低廉。

灰铸铁常用于制造机床床身、机架、箱体、壳体以及承受摩擦的导轨、缸体等零件。在汽车上多用于不镶缸套的整体缸体、缸盖等零件的制造。近年来，随着发动机转速和功率的提高，为了提高缸体的耐磨性，合金铸铁的应用越来越普遍。合金铸铁是在灰铸铁的基础上，增加硅、锰、铬、镍、铜等元素的比例，严格控制硫和磷的含量，这不仅提高了缸体的耐磨性和抗拉强

度,也改善了铸造性能。灰铸铁在汽车上应用较为广泛,还可用以制造飞轮、飞轮壳、变速器壳及盖、离合器壳及压板、进排气支管、制动鼓以及液压制动主缸和轮缸的缸体等。

2. 灰铸铁的牌号、性能及用途

按国家标准的规定,灰铸铁的牌号由"HT"和一组数字组成。其中"HT"为灰铸铁的代号,代号后面的数字表示其抗拉强度值(MPa)。如HT150表示抗拉强度为150MPa的灰铸铁。灰铸铁的牌号、力学性能及用途见表2-29。

灰铸铁的牌号、力学性能及用途 表2-29

牌号	铸件壁厚(mm)		抗拉强度 σ_b(MPa)	用途举例[①]
	大于	至		
HT100	2.5	10	130	适用于载荷小,对摩擦、磨损无特殊要求的零件,如盖、外罩、油盘、手轮、支架、底板、重锤等
	10	20	100	
	20	30	90	
	30	50	80	
HT150	2.5	10	175	适用于承受中等应力的零件,如普通机床上的支柱、底座、齿轮箱、刀架、床身、轴承座、工作台、带轮等
	10	20	145	
	20	30	130	
	30	50	120	
HT200	2.5	10	220	适用于承受大载荷的重要零件,如汽车、拖拉机的汽缸体、汽缸盖、制动鼓等
	10	20	195	
	20	30	170	
	30	50	160	
HT250	2.5	10	270	适用于承受大应力和重要的零件,如联轴器盘、油缸、阀体、泵体、圆周速度12~20m/s的带轮、化工容器、泵壳及活塞等
	10	20	240	
	20	30	220	
	30	50	200	
HT300	10	20	290	适用于承受高载荷、要求高耐磨和高气密性的重要零件,如剪床、压力机等重型机床的床身、机座机架及受力较大的齿轮、凸轮、衬套、大型发动机的汽缸体、缸套、汽缸盖、油缸、泵体、阀体等
	20	30	250	
	30	50	230	
HT350	10	20	340	
	20	30	290	
	30	50	260	

注:① GB 9439—1988 中未列出用途。

3. 典型灰铸铁汽车零件

1)缸体和缸盖

缸体和缸盖是发动机中尺寸大、形状复杂、技术要求高的基础零件。缸体用于安装曲柄连杆机构,缸盖则用来封闭汽缸并构成燃烧室。由于发动机是在高温、高压和高速运转的条件下工作的,因而缸体、缸盖应具有足够的强度和刚度,良好的耐磨、耐热和耐蚀性能。因汽车轻量化要求降低发动机的单位功率质量,故缸体、缸盖在保证强度、刚度的前提下,力求减小壁厚,降低质量。为了保证发动机的使用性能和可靠性,对缸体、缸盖铸件在内在质量、材料均匀性、尺寸精度及尺寸稳定性、表面粗糙度和内腔清洁度等方面均提出严格要求。

缸体、缸盖铸件冶金上的技术要求主要是:

(1)具有足够高的结构强度和刚度。发动机工作时作用于缸体、缸盖的应力包括:汽缸中燃料燃烧的气体压力在缸壁造成的应力,曲柄连杆机构高速运转产生的机械应力,系统振动产生的附加应力,汽缸由于水套通水冷却或风冷散热冷却而引起的温差应力等。在这些反复变化的应力作用下,要求缸体、缸盖强度上能胜任,不产生裂纹,并保持足够的结构刚度。

(2)大多数的发动机是不镶缸套的,因此要求缸体的缸筒具有良好的耐磨性。缸筒的磨损决定着发动机的大修里程,而磨损特性又是由显微组织所决定的。

(3)对于柴油机缸盖来说,要求材料有较高的抗热疲劳性能。柴油机缸盖最高工作温度可达480~540℃。在机械应力和热应力的作用下,特别是发动机反复起动、停止产生的热冲击的作用下,缸盖常见的失效是在气门座之间的过桥处产生裂纹。因此,柴油机缸盖,特别是对那些通过增压或增压加中冷来提高爆发压力从而提高发动机输出功率的缸盖,要求有较高的常温强度及高温强度,较高的组织稳定性,以及尽可能高的导热性。

(4)缸体、缸盖需进行压力渗漏试验;但因铸件形状和结构复杂,补缩困难,因而要求铸铁具有良好的铸造性能,特别是尽可能小的缩孔、缩松倾向,以利于铸造出健全的铸件。

(5)有良好的可切削加工性能。铸件要求没有硬点或边角白口,硬度波动小,组织和性能均匀,尽可能延长刀具的使用寿命。

(6)内应力小,具有良好的尺寸稳定性。

灰铸铁是制造缸体、缸盖的传统材料。有人曾尝试使用铸钢和球铁,但因铸造性能差,而缸体、缸盖结构又十分复杂,铸件废品率高,生产成本高,故未得到应用。蠕墨铸铁缸体、缸盖已有成功应用的实例,但也局限于小的应用范围,主要问题还是工艺上难度较大,质量不容易保证。

关于灰铸铁缸体(图2-73)、缸盖的材质技术条件,国内外各个厂家的差别不大。小功率轻型车用的发动机缸体、缸盖的牌号多用相当于我国的HT200,中大功率的车用发动机缸体、缸盖则用HT250,随着薄壁高强度灰铸铁工艺技术的进步,HT250牌号的应用越来越多。

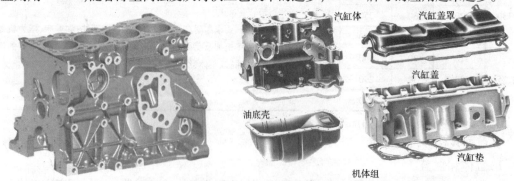

图2-73 灰铸铁缸体

关于合金元素含量,各个厂家规定的不一样。如美国某公司的柴油机缸体、缸盖技术条件中只规定常规五个元素的含量与金相组织及力学性能的要求,对合金元素未作规定,但实际铸件剖析结果却表明含有低量的铬、镍、铜、锡之类的合金元素,这些合金元素有的是铸造厂为保证金相组织和力学性能而特意加入的,有的则是由炉料的废钢带入的。大多数的技术条件对合金元素含量有明确规定,主要是为了保证缸体缸筒的金相组织和硬度,以及保证缸盖的抗热疲劳性能。表2-30为灰铸铁在汽车上的应用。

灰铸铁在汽车上的应用　　　　　　表2-30

牌　号	应用举例	
	车型	零件名称
HT150	EQ1092	进排气歧管、变速器壳体、水泵叶轮
HT200	CA1093	凸轮轴正时齿轮、飞轮壳、前后制动鼓、进排气歧管、汽缸盖、变速器壳体
	EQ1092	凸轮轴正时齿轮、飞轮壳、汽缸体、汽缸盖气门导管、前后制动鼓
HT250	CA1093	汽缸体、飞轮、曲轴带轮

2)制动鼓、制动盘(图2-74)

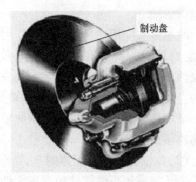

图2-74　灰口铸铁制动盘

这类零件于汽车运转中在制动力的作用下通过干摩擦把动能转变为热能,从而达到减速或制动的目的。对制动零件材质的要求是:

(1)良好的导热性能。

(2)具有抗咬合能力。

(3)良好的摩擦特性。

(4)适宜的强度。

(5)变形小,尺寸稳定性好。

(6)低的弹性模量,此而可相应地降低热应力。

与其他材料相比,灰铸铁能较好地满足上述要求。例如:钢有高的强度,但弹性模量高,抗咬合性也不好;石墨抗咬合性好,但太脆,强度太低,摩擦系数也低。灰铸铁不容易发生咬合,摩擦系数适中,有足够的强度和较低的弹性模量,因而广泛用于制造制动鼓、制动盘等制动零件。

制动零件的失效形式是磨损和由热冲击引起的表面龟裂与断裂。严重的龟裂将加速磨损甚至引起断裂。出现这种情况必须及时更换,这对于行车安全十分重要。

汽车行业实际上不用球墨铸铁作为制动鼓、制动盘材料。虽然无论是铁素体球铁或珠光体球铁,都有足够高的强度,珠光体球铁的耐磨性也很好,但因温度变化产生较大的变形,其抗咬合能力也不如灰铸铁,因此,汽车的制动鼓、制动盘几乎全都由灰铸铁来制造。

(二)典型球墨铸铁零件选材

球墨铸铁作为一种高强度又兼有良好塑韧性的金属材料已被汽车界广泛采用,汽车工业已成为球墨铸铁最大的用户之一。

随着汽车向轻量化发展,铸铁在汽车用材中的比例总的趋势在不断下降,然而作为铸铁一族的球墨铸铁却一直在迅速增长。球墨铸铁在汽车中的应用,主要是取代传统的韧性可锻铸铁生产桥壳、减速器壳、轮毂、制动件等多种底盘零件。用球墨铸铁代替韧性可锻铸铁,材料的抗拉强度提高20%以上,因而铸件设计上壁厚可减薄,质量可减轻;同时,生产中不需要长达数十小时的石墨化热处理,节约了能源,避免了热处理时产生的变形与表面氧化,简化了校正与抛丸清理工序,缩短了生产周期,经济效益十分显著。球墨铸铁的另一个重要应用领域是代替锻钢生产发动机曲轴、连杆等重要零件。从20世纪60年代起,国外汽车发动机便大量采用球墨铸铁曲轴。球墨铸铁曲轴具有良好的结构强度和优于锻钢的耐磨性,而生产成本大大低于锻钢曲轴。

球墨铸铁应用的另一个重要作用是用于取代部分锻钢生产曲轴、连杆和齿轮等重要零件。

(1)球墨铸铁材质和工艺特点:能生产形状复杂的零件并且毛坯的尺寸精度高,有良好的减振性、耐磨性和可切削加工性,其成本也较低。目前全世界的车用汽油机曲轴多数是球墨铸铁的。还在20世纪80年代,美国轿车的90%以上及英国轿车的85%以上已采用了球墨铸铁曲轴。国外柴油机汽车仍以锻钢曲轴为主,但我国因大型模锻设备较少,柴油机曲轴用球墨铸铁的也不少。

(2)球墨铸铁的选用原则:

①传统采用可锻铸铁的汽车零件,在新车型设计时原则上现在都改用了球墨铸铁。球墨铸铁中的石墨呈球状,而可锻铸铁的石墨呈团絮状,球墨铸铁石墨圆整、紧密,因而综合力学性能优于可锻铸铁。

②在球墨铸铁与可锻铸铁的选择上,要考虑这两种材料的性能特点,根据零件的不同工况和要求,结合实际的锻造、铸造的生产能力和技术水平来确定。

(3)用球墨铸铁制造汽车零件应充分发挥铸造工艺方法能制造出复杂形状的优势,进行合理设计,使零件的应力分布更加均匀,最大限度地发挥材料的承载能力,并使之具有足够的结构刚度和强度,以及良好的制造工艺性。

(4)球墨铸件的表面状态对零件的疲劳寿命有重要影响。铸件表面的缺陷如针孔、缩松、被皮、浮渣,甚至加工表面暴露出的石墨,都能引发疲劳损坏,而这些缺陷往往又难以完全避免。用喷丸表面强化处理来改善表面微观组织能提高疲劳强度,是提高球墨铸铁件可靠性的简易而有效的方法。

球墨铸铁是在灰铸铁的铁水中加入球化剂(稀土镁合金等)和孕育剂(硅铁)进行球化—孕育处理后,得到具有球状石墨的铸铁。

1. 球墨铸铁的成分、组织和性能

球墨铸铁的化学成分大致为:$W_C = 3.8\% \sim 4.0\%$,$W_{Si} = 2.0\% \sim 2.8\%$,$W_{Mn} = 0.6\% \sim 0.8\%$,$W_S \leq 0.04\%$,$W_P \leq 0.1\%$,$W_{Mg} = 0.03\% \sim 0.05\%$,$W_{RE} \leq 0.05\%$(稀土)。

球墨铸铁的基体组织决定于成分和冷却速度。一般有铁素体基体、珠光体基体和铁素体+珠光体基体三种。

由于石墨呈球状,其对基体的割裂作用较小,因此球墨铸铁的力学性能较高,在抗拉强度、屈服比(σ_s/σ_b)、疲劳强度等方面都可以与钢媲美(冲击韧度则不如钢)。同时,球墨铸铁具有灰铸铁的许多优点,如良好的减振性、耐磨性,低的缺口敏感性等,都是钢所不及的;且价格又比钢便宜,所以常用来代替部分铸钢和锻钢(以铁代钢、以铸代锻)制造曲轴、机床主轴、汽车拖拉机底盘零件以及齿轮、阀体等。

曲轴是球墨铸铁在汽车上应用最成功的典型零件。东风5t载货汽车6100汽油机采用球墨铸铁曲轴已有20多年。此外,汽车上的驱动桥壳体、发动机齿轮等重要零件也常采用球墨铸铁制造。汽车工业是球墨铸铁的主要用户,在发达的工业化国家中,球墨铸铁件产量中有20%~40%用于汽车。球墨铸铁在汽车上的应用见表2-31。

球墨铸铁在汽车上的应用 表2-31

牌 号	应 用 举 例	
	车 型	零 件 名 称
QT450-10	EQ1092	前后轮毂、转向器壳及盘、制动蹄、制动室支架、牵引钩、前支承座及弹簧衬套
	CA1093	辅助钢板弹簧支架、拖曳钩衬套
QT600-13	EQ1092	曲轴、摇臂、钢板弹簧侧垫板及滑块、后牵引钩支承座等
	CA1093	发动机摇臂

2. 球墨铸铁的牌号、力学性能及用途

球墨铸铁的牌号由"QT"和两组数字组成,其中"QT"为球墨铸铁的代号,代号后面的两组数字分别表示抗拉强度σ_b(MPa)和伸长率δ(%)。例如:QT450-10表示抗拉强度为450MPa,伸长率为10%的球墨铸铁。球墨铸铁的牌号、力学性能及用途见表2-32。

球墨铸铁的牌号、力学性能及用途 表2-32

基体类型	牌号	力学性能(不小于)				硬度(HBS)	用途举例
		σ_b (MPa)	$\sigma_{0.2}$ (MPa)	δ_5 (%)	a_k (J/cm²)		
铁素体	QT400-17	392	245	17	60	<197	汽车拖拉机的牵引框、轮毂、离合器、减速器等的壳体,高压阀门的阀体、阀盖等
	QT420-10	411	264	10	30	<207	
铁素体+珠光体	QT500-5	490	343	5	—	147~241	内燃机机油泵齿轮、水轮机的阀门体、机车车轴的轴承等
珠光体	QT600-2	588	411	2	—	229~302	柴油机和汽油机的曲轴、连杆及凸轮轴、汽缸套,空气压缩机、气压机泵的曲轴、缸体、缸套,球磨机齿轮等
	QT700-2	686	480	2	—	231~304	
	QT800-2	784	548	2	—	241~321	
下贝氏体	QT1200-1	1176	828	1	30	HRC ≥38	汽车螺旋伞齿轮,拖拉机减速齿轮,农具的犁铧、耙片等

3. 典型汽车球铁零件

1) 曲轴

曲轴是球墨铸铁在汽车上应用最成功的典型实例(图2-75)。曲轴是发动机最重要的运动件之一，它在周期性变化的气体压力和旋转运动质量的惯性力及其力矩的共同作用下，既承受转矩，又承受交变弯曲载荷。大量的统计数据表明，曲轴的失效绝大多数属于弯曲疲劳破坏。

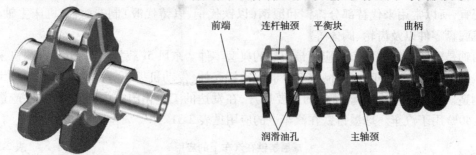

图2-75　球墨铸铁材料曲轴

传统的汽车发动机曲轴材料以调质钢为主，常用钢号有45号、35CrMo、40Cr等。自球墨铸铁问世以来，从20世纪50年代起球墨铸铁曲轴在汽车中获得应用，并且很快在汽油机汽车中占有优势；但国外球墨铸铁曲轴在汽车柴油机上应用还较少。

2) 驱动桥壳体

驱动桥壳体是汽车底盘中最大的壳体零件，如图2-76所示。通常的桥壳有两种：一是用冲压件焊接组合；一是整体铸造。整体铸造的桥壳具有强度高、刚性大的特点，因而在载货汽车上应用较多。

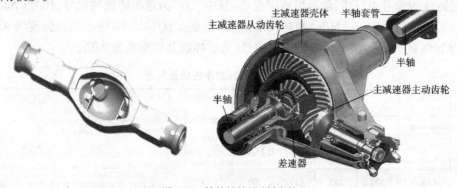

图2-76　铸铁材料驱动桥壳体

东风5t货车的后桥壳原设计系采用可锻铸铁(KT350-10)，在投产时决定改用退火铁素体球墨铸铁，以后又改用为铸态铁素体球墨铸铁，牌号为QT450-10。近30年来，已有上百万辆装有铸态铁素体球墨铸铁桥壳的汽车投入使用。曾重点跟踪考查高寒地区(黑龙江省)及地形复杂的高原地带(四川、云南山区)桥壳实际使用的可靠性，结果表明，铸态铁素体球墨铸铁桥壳能胜任各种苛刻条件下的使用，经得起汽车在高原山区砂石路面或泥泞路面的超载行驶，也经得起在零下40℃高寒地区长时间行驶。

(三) 典型可锻铸铁零件选材

可锻铸铁是由白口铸铁经长时间的高温石墨化退火而得到的一种具有团絮状石墨的高强

度铸铁。其因塑性优于灰铸铁而得名,实际上并不能进行锻造加工。

1. 可锻铸铁的成分、组织和性能

可锻铸铁的化学成分一般控制在下列范围:$w_C = 2.2\% \sim 2.8\%$,$w_{Si} = 1.2\% \sim 2.0\%$,$w_{Mn} = 0.6\% \sim 1.2\%$,$w_S \leq 0.2\%$,$w_P \leq 0.1\%$。

根据退火条件的不同,可锻铸铁又分为黑心可锻铸铁和白心可锻铸铁。黑心可锻铸铁的组织为铁素体(或珠光体)基体上加团絮状石墨;白心可锻铸铁的中心基体组织为珠光体及少量渗碳体,表面基体组织为铁素体。

可锻铸铁中的石墨呈团絮状,对基体的割裂作用比灰铸铁小,应力集中也大为减小,因此其强度、韧度和塑性比灰铸铁高。

2. 可锻铸铁的牌号、性能及用途

可锻铸铁的牌号是由"KTH"(或"KTZ"、"KTB")和两组数字组成。其中"KT"是可锻铸铁的代号,"H"表示黑心可锻铸铁,"Z"表示珠光体可锻铸铁,"B"表示白心可锻铸铁;代号后面的两组数字分别表示抗拉强度σ_b(MPa)和伸长率δ(%)。例如:KTH 370-12 表示抗拉强度为370MPa,伸长率为12%的黑心可锻铸铁。可锻铸铁的牌号、力学性能及用途见表2-33。

可锻铸铁的牌号、力学性能及用途　　　　　　　　　　表2-33

类型	牌号	力学性能			用途举例
		σ_b (MPa)	$\sigma_{0.2}$ (MPa)	δ (%)	
黑心可锻铸铁和珠光体可锻铸铁	KTH 300-06	300		6	用于承受低动载荷、要求气密性好的零件,如管道配件、中低压阀门等
	KTH 330-08	330		8	用于承受中等动载荷和静载荷的零件,如犁刀、犁柱、车轮壳、机床用扳手等
	KTH 350-10	350	200	10	用于承受较大冲击、振动及扭转载荷的零件,如汽车、拖拉机后轮壳、差速机壳、转向节壳、制动器壳等,铁道零件、冷暖器接头、船用电机壳、犁刀、犁柱等
	KTH 370-12	370		12	
	KTZ 450-06	450	270	6	可用于代替低、中碳钢、低合金钢及有色金属制作的承受较高载荷、要求耐磨和具有韧度的重要零件,如曲轴、凸轮轴、连杆、齿轮、摇臂、轴承、活塞环、犁刀、耙片、万向接头、棘轮、扳手、传动链条、矿车轮等
	KTZ 550-04	550	340	4	
	KTZ 650-02	650	430	2	
	KTZ 700-02	700	530	2	
白心可锻铸铁	KTB 350-04	350		4	在机械工业中很少使用,适宜制作厚度在15mm以下的薄壁铸件和焊接后不需进行热处理的零件
	KTB 380-12	380	200	12	
	KTB 400-05	400	220	5	
	KTB 450-07	450	260	7	

可锻铸铁主要制作一些形状复杂,强度和韧度要求较高的薄截面零件,如供排水系统和煤气管道的管件接头和阀门壳体等。汽车上的后桥壳、轮毂、制动踏板等也常用可锻铸铁制造。

这些零件如用灰铸铁制造,强度不能满足要求,用铸钢制造会因钢水流动性太差等原因使废品率较高。所以首选材料为可锻铸铁。可锻铸铁在汽车上的应用见表2-34。

可锻铸铁在汽车上的应用　　　　　　表2-34

牌号	应用举例
	零件名称
KTH350-10	后桥壳、差速器壳、减速器壳、差速器轴承盖及轴承螺母、板弹簧吊架、后轮毂等
	后桥壳、减速器壳及左右盖、差速器壳、轮毂、车轮制动蹄片、驻车制动蹄片

3. 典型可锻铸铁零件

东风汽车公司生产的5t载货汽车中有25种底盘零件原设计用KT35-10可锻铸铁生产,其中包括后桥壳、轮毂、制动蹄片、减速器壳、差速器壳、转向器壳及悬架部件的各种支架等,该车的铁素体可锻铸铁用量为每车455kg,占每车铸铁件用量的41%。

珠光体可锻铸铁连杆在美国、德国应用已有近40年的历史,工艺成熟,但因生产成本较高,已逐渐改为球墨铸铁。

(四)典型蠕墨铸铁零件选材

蠕墨铸铁是在灰铸铁的铁水中加入蠕化剂(镁钛合金等)和孕育剂(硅铁)进行蠕化—孕育处理后,得到具有蠕虫状石墨的铸铁。

1. 蠕墨铸铁的成分、组织和性能

蠕墨铸铁的化学成分与球墨铸铁大致相同,不同的是蠕墨铸铁中钛的质量分数较高,可达0.08%~0.20%,而残留镁和残留稀土的范围要求很严格。

蠕墨铸铁的化学成分大致为:$W_C=3.7\%\sim3.9\%$,$W_{Si}=2.0\%\sim2.8\%$,$W_{Mn}=0.3\%\sim0.6\%$,$W_S\leq0.025\%$,$W_P\leq0.06\%$,$W_{Ti}=0.08\%\sim0.20\%$,$W_{Mg}=0.015\%\sim0.03\%$,$W_{RE}\leq0.01\%$(稀土)。

蠕墨铸铁的基体组织也有铁素体基体、珠光体基体和铁素体+珠光体基体三种。

由于石墨呈蠕虫状,其对基体的割裂作用介于灰铸铁与球墨铸铁之间,因此,蠕墨铸铁的性能也介于灰铸铁和球墨铸铁之间。

用蠕墨铸铁制造的制动鼓的使用寿命比灰铸铁的高3倍多。6100汽油机排气管、6100柴油机缸盖也常用蠕墨铸铁制造。

2. 蠕墨铸铁的牌号、力学性能及用途

球墨铸铁的牌号由"RuT"和两组数字组成,其中"RuT"为蠕墨铸铁的代号,代号后面的一组数字表示抗拉强度σ_b(MPa)。例如:RuT300表示抗拉强度为300MPa的蠕墨铸铁。蠕墨铸铁的牌号、力学性能及用途见表2-35。

3. 典型汽车蠕墨铸铁零件

(1)汽缸体,如图2-77所示。

(2)排气歧管。排气歧管是蠕墨铸铁应用具有代表性的实例。东风5t载货汽车排气歧管长度688mm,管壁5mm;铸件质量为13.5kg。20世纪80年代中期起,排气歧管使用蠕墨铸铁生产,山区行驶里程可至10万km以上,既不开裂变形也较小,克服了HT150做排气歧管产生的开裂现象,满足了汽车的质量要求。如图2-78所示。

蠕墨铸铁的牌号、力学性能及用途(摘自 GB/T 4403—1999)　　　　表2-35

牌号	基体类型	力学性能(不小于)			硬度(HBS)	用途举例
		σ_b(MPa)	$\sigma_{0.2}$(MPa)	δ_5(%)		
RuT260	铁素体	260	195	3.0	121~197	制造活塞环、汽缸套、制动盘、制动鼓、玻璃模具、钢珠研磨盘、吸淤泵体等
RuT300	铁素体+珠光体	300	240	1.5	140~217	带导轨面的重型机床件、大型齿轮箱体、大型龙门铣横梁、盖、座、制动鼓、飞轮、玻璃模具、起重机卷筒、烧结机滑板等
RuT340		340	270	1.0	170~249	排气管、变速器壳、缸盖、纺织机械零件、液压件、小型烧结机齿条等
RuT380	珠光体	380	300	1.0	193~274	增压器废气进气壳体、汽车、拖拉机的某些底盘零件等
RuT420		420	335	1.0	200~280	

图2-77　2014款panamera,曲轴箱所用铸铁材料
1-汽缸体:蠕墨铸铁制成的均质单体,凭借厚壁的不断减少和设计优化,汽缸体的质量减轻8kg;2-梯形车架:由球墨铸铁制成的坚固梯形车架;3-油底壳上部由压铸镁制成

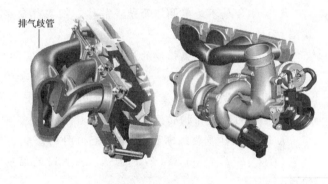

图2-78　蠕墨铸铁排气歧管

4. 合金铸铁

(1)合金铸铁成分、组织和制成性能。

在灰铸铁或球墨铸铁中地加入一定量的合金元素制成的铸铁称为合金铸铁。加入合金元素后可使铸铁具有耐热、耐酸或耐磨的特殊性能。

为了提高铸铁的耐热性,可在球墨铸铁中加入铝、硅、铬等元素,使铸铁表层形成一层致密的氧化保护膜(如 Al_2O_3、SiO_2、CrO_3),在高温时有抗氧化的能力。这类铸铁叫耐热铸铁,用于制造进、排气门座及排气管密封环等。

稀土镁球墨铸铁中加入Cu、Mo等合金元素,能提高铸铁的强度和硬度,可得到高强度合金铸铁。可制柴油机曲轴、连杆及主轴承盖等。经等温淬火后可代替18CrMnTi制造拖拉机变速器齿轮。

由于合金铸铁加工工艺较简单,成本较低,具有良好的使用性能,所以应用很广泛。但合金铸铁具有较大的脆性和较低的力学性能。随着人们对合金铸铁的不断开发和研究,它将有更好的特性为人类服务。

(2)合金铸铁在汽车上的应用。

合金铸铁在汽车上的应用见表2-36。

合金铸铁在汽车上的应用　　　　　　　表2-36

车　型	零　件　名　称
EQ1092	活塞环(钨铬钼铸铁)、汽缸套(高磷铸铁)
CA1093	活塞环(铌铬铸铁)、汽缸套(铌磷铸铁)、汽缸盖(铜钼铸铁)

本章小结

1. 金属材料都是晶体,绝大多数金属皆为体心立方、面心立方、密排六方等三种晶体结构。

2. 金属结晶的必要条件是过冷,金属的结晶过程是由形核与长大两基本过程组成。通过控制形核、长大速度及过冷度ΔT可调整晶粒大小。

3. 实际金属不是单晶体而是多晶体。在实际金属中存在着各种晶体缺陷,包括点缺陷、线缺陷、面缺陷。

4. 晶体缺陷是金属强度的影响因素,工程上实际应用的金属,其强化方法就是靠增加晶体缺陷实现的。

5. 固溶强化、细晶粒强化是强化金属材料的重要措施之一。

6. 金属的因素异构转变过程。

7. 通过学习能熟练掌握铁碳合金相图的全貌,并能画出铁碳合金相图,标出图上的特性点(G、C、E、F、P、S)线(ECF、PSK、GS、ES)的温度和成分,能填上各相区域的相和组织的组成。

8. 会利用冷却曲线分析典型成分钢的铁碳合金结晶过程。

9. 熟练掌握铁碳合金的成分、组织和性能之间的关系,即随碳质量分数的变化,其组织和性能的变化规律。

10. 了解合金的性能,组成合金的各组元之间的相互作用、结构类型和性能特点。

11. 钢的强化工艺特点及用途。

12. 钢强化的途径,为选择强化方法、正确标注技术要求、合理制定加工工艺路线奠定必要的基础。

13. 合金元素对钢的组织和性能、热处理和加工的影响。

14. 碳素钢和合金钢的分类和牌号命名方法。

15. 合金化改变微观组织对宏观性能的影响。

16. 典型汽车零件的性能要求,汽车零件的选材及热处理。

复习思考题

一、名词解释

晶体、晶格、晶胞、合金、组元、相、固溶体、间隙固溶体、置换固溶体、固溶强化、金属化合物、机械混合物、同素异构转变、过冷度、晶界。

铁素体、奥氏体、渗碳体、珠光体、莱氏体；铸铁、白口铸铁、灰铸铁、可锻铸铁、球墨铸铁。

二、填空题

1. 在体心立方和面心立方晶格中，单位晶胞内的原子数分别为_____和_____。

2. 在金属结晶过程中，细化结晶晶粒的主要方法有_____、_____。

3. 物质在固态下晶体结构随温度发生变化的现象称为_____。铁的同素异构转变为：

$$\delta-Fe \xrightleftharpoons{1394℃} (\underline{\quad\quad}) \xrightleftharpoons{912℃} (\underline{\quad\quad})。$$

4. 金属从液态转变为固态的过程称为_____，而把金属从一种晶格转变为另一种晶格的过程称为_____。

5. 金属在结晶过程中，冷却速度越大，则过冷度越_____，晶粒越_____，强度越_____，塑性越_____。

6. 结晶过程是由_____和_____这两个基本过程所组成，并且两个过程_____直至全部结晶终了。

7. 常见的金属晶格类型是：_____、_____和_____三种。

8. 具有体心立方晶格的金属元素有：_____、_____、_____、_____等，具有面心立方晶格的元素有：_____、_____、_____及_____等。

9. 当金属的_____和_____发生变化时，金属的_____也会随之发生相应的变化。

10. 合金的基本组织有：_____、_____和_____三类。

11. 提高金属的力学性能，工业生产中常用_____、_____、_____等方法来细化晶粒。

12. 碳在铁素体中的最大溶解度为_____；碳在奥氏体的溶解度最大是_____，最小是_____；铁碳合金中的基本相有_____、_____、_____；基本组织是_____、_____、_____、_____和_____五种。

13. 珠光体中的渗碳体称为_____，莱氏体中的渗碳体称为_____，从奥氏体中析出的渗碳体称为_____。铁素体的晶格类型为_____；而奥氏体的是_____。

14. 奥氏体开始析出_____的转变线是_____；开始析出_____的线是_____。

15. 状态图上的共晶线是指_____；共析线是指_____；液相线是指_____；固相线是指_____；共晶点是指_____，其碳质量分数为_____；共析点是指_____，其碳质量分数含量为_____；纯铁的同素异构转变点是_____；纯铁的熔点是_____。

16. 在平衡状态下碳含量为0.45%的铁碳合金室温时的组织是_____和_____，在740℃时组织应为_____和_____；在900℃时应为_____组织。

17. 在平衡状态下碳含量为 1.2% 的铁碳合金室温时的组织是_____和_____；在 750℃时为_____和_____；在 890℃时应为_____组织。
18. 钢的热处理是通过钢在固态下_____、_____、_____的操作来改变其_____从而获所需_____的一种工艺方法。
19. 根据热处理的目的和要求不同可分为_____和_____两大类。其中常用的普通热处理方法有_____、_____、_____、_____等。表面热处理的方法有_____及_____。
20. 调质处理就是将钢_____后_____的一种工艺方法。
21. 常用淬火冷却介质有_____、_____和_____。
22. 回火种类有_____、_____和_____等。
23. 表面淬火是快速加热钢件表面达到淬火温度，而不等热量传至中心，迅速予以冷却的方法来实现的。主要目的_____。常用的表面加热淬火方式有_____和_____。
24. 化学热处理，是一种把钢件置放于含有某些_____的炉子中，加热后使介质分解出_____渗入工件表层的工艺方法。常用的化学热处理方法有_____、_____、_____。
25. 碳素钢是指碳含量小于_____%，并含有少量 Si、Mn、S、P 杂质元素的_____合金。
26. 碳素钢依据碳质量分数的多少可分为_____、_____和_____。
27. 根据含 S、P 杂质元素的多少，碳素钢可分为_____和_____。
28. 45 钢按用途分类，它属_____钢，按钢中有害杂质 S、P 含量多少分类，它属_____钢。
29. 白口铸铁中碳主要以_____的形式存在，灰铸铁中碳主要以_____的形式存在。
30. 普通灰铸铁、可锻铸铁、球墨铸铁及蠕墨铸铁中石墨的形态分别为_____状、_____状、_____状和_____状。
31. 铸铁的基体有_____、_____、_____三种。
32. QT500-05 牌号中，QT 表示_____，数字 500 表示_____，数字 05 表示_____。
33. HT250 是_____铸铁，250 表示_____。
34. 促进石墨化的元素有_____、_____，阻碍石墨化的元素有_____、_____。
35. 铸铁的石墨化过程分为三个阶段，分别为_____、_____、_____。
36. 可锻铸铁铸件的生产方法是先_____，然后再进行_____。
37. 球墨铸铁采用_____作球化剂。
38. EQ1090 的气门挺柱，要求表面_____而中心_____高，它是用激冷铸铁制成的，激冷铸铁的表面是_____铁，而心部是_____铁。
39. 铁根据其中碳的存在形式不同可分为_____、_____、_____和_____铸铁。
40. 灰铸铁由于片状石墨对主体的割裂作用和应力集中现象，所以灰铸铁的_____低，_____很差，但石墨片对灰铸铁的_____影响不大。
41. 可锻铸铁中石墨呈_____状，大大减轻石墨对金属基体的_____作用，故可锻铸铁比灰铸铁具有较高的_____，还具有较高的_____、_____。

42.球墨铸铁中石墨呈_____状,其力学性能和_____相近,_____甚至比某些钢还高,同时具有灰铸铁的一系列优点,故广泛用来制造_____、_____、_____和_____要求高的机械零件。

43.合金钢,就是在碳钢的基础上,为了获得特定的功能,有目的地加入_____或_____元素钢。

44.合金钢按合金元素的含量多少可分为_____、_____和_____,其合金元素含量分别为_____、_____和_____。

45.15Cr是_____钢,加入铬的主要作用是_____,最终热处理是_____它可制作EQ1090和CA10B的_____。

46.40Cr是_____钢,它的最终热处理方法是_____,加入铬的作用,一方面_____,另一方面是_____,它可制作CA1091的_____。

47.合金工具钢按用途可分为_____、_____和_____,与碳素工具钢比较,它具有_____、_____和_____的优点。

48.高速钢的成分特点是含碳量较高,含有大量W、Cr、V等合金元素,当切削温度达873K时,仍保持高的_____和_____。常用的牌号有_____和_____。

三、辨认符号与图

1.试说明下列符号在Fe-Fe₃C图中所代表的意义。
①A代表_____;②P代表_____;③F代表_____;④Fe₃C代表_____;⑤Ld代表_____;⑥A_1代表_____(_____);⑦A_3代表_____;⑧A_{cm}代表_____;⑨α-Fe代表_____;⑩γ-Fe代表_____;⑪δ-Fe代表_____。

2.标明下图各点和各区域的符号、温度及碳质量分数。

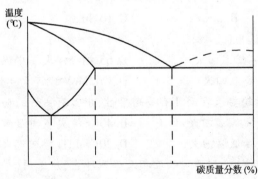

3.用符号表明碳质量分数在0~6.69%铁碳合金的组织随碳含量增加的变化过程:_____和_____。

四、选择题

1.铸造条件下,冷却速度越大,则(_____)。
  A.过冷度越大,晶粒越细   B.过冷度越大,晶粒越粗
  C.过冷度越小,晶粒越细   D.过冷度越小,晶粒越粗

2.金属在结晶时,冷却速度越快,其实际结晶温度(_____)。

A.越高　　　　　　　　B.越低　　　　　　　　C.越接近理论结晶温度

3.如果其他条件相同,下列各组铸造条件下,哪种铸锭晶粒细?(　　)
　　A.金属模铸造　　　　　　　　B.砂模铸造
　　C.高温浇注,低温浇注　　　　D.铸成薄片,铸成厚片
　　E.浇注时振动,浇注时不振动

4.两组元组成固溶体,则固溶体的结构(　　)。
　　A.与溶剂的相同　　　　　　　B.与溶质的相同
　　C.与溶剂、溶质的都不相同　　D.是两组元各自结构的混合

5.间隙固溶体与间隙化合物的(　　)。
　　A.结构相同,性能不同　　　　B.结构不同,性能相同
　　C.结构相同,性能也相同　　　D.结构和性能都不相同

6.用45钢制作的凸轮轴锻件在机加工前应采用(　　)处理。
　　A.淬火+回火　　　　B.正火　　　　C.完全退火

7.汽缸体在铸造后要进行退火,用的最普遍的是进行(　　)。
　　A.完全退火　　　　　　　　B.去应力退火

8.用40Cr钢制的缸盖螺栓,要求具有良好的综合力学性能,最终热处理是(　　)。
　　A.淬火　　　　　　　　　　B.淬火和中温回火
　　C.淬火和低温回火　　　　　D.调质处理

9.为了保证气门弹簧的性能要求,65Mn钢制的气门弹簧最终要进行(　　)处理。
　　A.淬火　　　　　　　　　　B.淬火和中温回火
　　C.淬火和低温回火　　　　　D.调质

10.下列钢种中,以球化退火作为预备热处理的钢种是(　　)。
　　A.40Cr　　　　B.20Cr　　　　C.16Mn　　　　D.GCr15

11.制造手用锯条应选用(　　)。
　　A.T12钢经淬火+低温回火　　　　B.65钢经淬火+中温回火
　　C.45钢经淬火+高温回火　　　　D.Cr12MoV经淬火+低温回火

12.汽车、拖拉机的齿轮要求表面具有高耐磨性,中心有良好的韧度,应选用(　　)。
　　A.20钢渗碳淬火+低温回火　　　B.40Cr淬火+高温回火
　　C.45钢表面淬火+低温回火　　　D.20CrMnTi渗碳淬火+低温回火

13.拖拉机和坦克履带板受到严重的磨损及强烈冲击,应选用(　　)。
　　A.20Cr渗碳淬火+低温回火　　　B.ZGMn13水韧处理
　　C.W18Cr4V淬火+低温回火　　　D.GCr15淬火+低温回火

14.钢的淬透性主要取决于(　　)。
　　A.碳含量　　　　　　　　B.冷却介质
　　C.冷却方法　　　　　　　D.合金元素

15.钢的淬硬性主要取决于(　　)。
　　A.碳含量　　　　　　　　B.冷却介质
　　C.冷却方法　　　　　　　D.合金元素

16. 采用冷冲压方法制造汽车油底壳应选用(　　)。
    A. 45 钢　　　B. T10A 钢　　　C. 08 钢　　　D. T8 钢

17. 20 钢按碳质量分数分类,它属于(　　),其平均碳质量分数为(　　),它可制造汽车的(　　)。
    A. 中碳钢　　B. 低碳钢　　C. 高碳钢　　D. 0.20%　　E. 2.0%
    F. 20%　　G. 驾驶室　　H. 风扇叶片　　I. 凸轮轴

18. 为使碳素工具钢具有高硬度和高耐磨性,所以碳素工具钢都是(　　);为提高其锻压性和避免淬火开裂,对有害杂质控制较严,所以碳素工具钢都是(　　)。
    A. 高碳钢　　B. 低碳钢　　C. 中碳钢　　D. 普通碳素钢
    E. 优质碳素钢　F. 高级优质碳素钢

19. 碳素结构钢有(　　),碳素工具钢有(　　),优质碳素结构钢有(　　)。
    A. Q235-A　　B. Q235-B　　C. 40
    D. 78　　E. T12A

20. ZG45 属于(　　),其平均碳含量为(　　),它的质量等级属于(　　),它可以制作汽车上的(　　)。
    A. 优质碳素结构钢　　B. 普通碳素结构钢　　C. 碳素工具钢
    D. 铸造碳钢　　E. 0.45%　　F. 4.5%
    G. 普通铸钢　　H. 优质铸钢　　I. 高级铸钢
    J. 汽缸　　K. 油底壳

21. 与钢相比,铸铁工艺性能的突出优点是(　　)。
    A. 可焊性好　　B. 淬透性好　　C. 铸造性好

22. 铸铁是碳含量大于(　　)的铁碳合金。
    A. 72.11%　　B. 70.77%　　C. 74.3%

23. 将下列各牌号分别填在它们所制备的汽车零件中:汽缸盖(　　);前后制动鼓(　　);后桥壳(　　);发动机摇臂(　　),曲轴(　　)。
    A. HT150　　B. HT200　　C. KTH350-10　　D. QT600-3

24. 发动机的汽缸盖和活塞环是用(　　)制造的;排气门座是由(　　)制造的。
    A. 耐热钢　　B. 耐磨铸铁　　C. 灰铸铁
    D. 耐热铸铁　　E. 可锻铸铁

25. 铸铁如果第一、第二阶段完全石墨化,其组织应为(　　)。
    A. F+G　　B. F+P+G　　C. P+G　　D. P+Fe_3C_{II}+G

26. 普通灰铸铁的力学性能主要取决于(　　)。
    A. 基体组织　　　　　　B. 石墨的大小和分布
    C. 热处理方法　　　　　D. 石墨化程度

27. 现有下列灰铸铁,请按用途选材。
    A. HT250　　B. KTH350-10　　C. QT600-02
    a)机床床身(　　);b)汽车前后轮壳(　　);c)柴油机曲轴(　　)。

28. 提高灰铸铁的耐磨性应选用(　　)。

A. 整体淬火 B. 渗碳、淬火+低温回火
C. 表面淬火 D. 等温淬火

29. 灰铸铁磨床床身薄壁处出现白口组织,造成切削加工困难。解决的办法是(   )。
A. 改用球墨铸铁 B. 正火处理 C. 软化退火 D. 等温淬火

30. 机床床身、机器底座应选用(   )。
A. 白口铸铁 B. 麻口铸铁 C. 灰铸铁 D. 球墨铸铁

31. 在下列铸铁中可采用调质、等温淬火工艺方法获得良好综合力学性能的是(   )。
A. 灰铸铁 B. 球墨铸铁 C. 可锻铸铁 D. 蠕墨铸铁

32. 现有下列钢号
A. Q235   B. W18Cr4V   C. 5CrNiMo   D. 60Si2Mn   E. ZGMn13
F. 16Mn   G. 1Cr13   H. 20CrMnTi   I. 9SiCr   J. 1Cr18Ni9Ti
K. T12   L. 40Cr   M. GCr15   N. Cr12MoV   O. 12Cr1MoV

请按用途选择钢号:
(1)制造机床齿轮应选用(   );(2)制造汽车板簧应选用(   );(3)制造滚动轴承应选用(   );(4)制造高速车刀应选用(   );(5)制造桥梁应选用(   );(6)制造大尺寸冷模具应选用(   );(7)制造耐酸容器应选用(   );(8)制造锉刀应选用(   )。

33. 合金结构钢有(   );合金工具钢有(   )。制造 EQ1090 和 EQ1091 气门弹簧用(   ),制造 CA1091 变速器二轴用(   )。
A. 40MnB   B. 15Cr   C. 65Mn   D. CrWMn   E. 9SiCr

34. 低合金结构钢有(   )。
A. 20CrMnTi   B. 16Mn   C. 65Mn   D. 9SiCr

35. 特殊性能钢有(   );碳素工具钢有(   );合金调质钢有(   );合金结构钢有(   )。
A. 1Cr13   B. 50Mn2   C. 20Mn2B   D. 4Cr9Si2   E. 9SiCr

36. 55Si2Mn 的碳含量是(   ),Si 元素的含量为(   ),它属于(   )。
A. 0.55%   B. 5.5%   C. 2%左右   D. 20%左右
E. 合金弹簧钢   F. 合金工具钢

37. 合金结构钢包括(   )、(   )、(   )、(   )和(   )。
A. 高速钢   B. 模具钢   C. 合金渗碳钢   D. 合金调质钢
E. 耐热钢   F. 合金弹簧钢   G. 滚动轴承钢   H. 低合金结构钢

38. 要使钢达到耐腐蚀的目的,钢中含铬量(   )。常用不锈钢有(   )和(   )两种。
A. 等于1.5%   B. 大于13%   C. 等于18%   D. 铬不锈钢   E. 铬镍不锈钢

五、判断题(正确的打"√",错误的打"×")

1. 因为单晶体是各向异性的,所以实际应用的金属材料在各个方向上的性能也是不同的。(   )

2. 凡是由液体凝固成固体的过程都是结晶过程。(   )

3. 纯金属结晶时,生核率随过冷度增大而不断增大。(   )

4. 纯金属的实际结晶温度与其冷却速度有关。（　　）
5. 固溶体的强度和硬度，比组成固溶体的溶剂金属的强度和硬度高。（　　）
6. 间隙固溶体和置换固溶体均可形成无限固溶体。（　　）
7. 合金中凡成分相同、结构相同，并与其他部分有界面分开的、物理化学性能均匀的组成部分叫相。（　　）
8. 钢中合金元素含量越高，其淬透性越好。（　　）
9. 调质钢的合金化主要是考虑提高其红硬性。（　　）
10. 高速钢反复锻造是为了打碎鱼骨状共晶莱氏体，使其均匀分布于基体中。（　　）
11. 40MnB 钢中 B 的作用是提高淬透性。（　　）
12. 4Cr13 钢的耐蚀性不如 1Cr13 钢。（　　）
13. 20CrMnTi 与 1Cr18Ni9Ti 中的 Ti 都是起细化晶粒的作用。（　　）
14. 石墨化是指铸铁中碳原子析出形成石墨的过程。（　　）
15. 可锻铸铁可在高温下进行锻造加工。（　　）
16. 热处理可以改变铸铁中的石墨形态。（　　）
17. 球墨铸铁可通过热处理来提高其综合力学性能。（　　）
18. 采用整体淬火的热处理方法，可以显著地提高灰铸铁的力学性能。（　　）
19. 采用热处理方法，可以使灰铸铁中的片状石墨细化，从而提高其力学性能。（　　）
20. 铸铁可以通过再结晶退火使晶粒细化，从而提高其力学性能。（　　）
21. 除含铁、碳外，还含有其他元素的钢就是合金钢。（　　）
22. 合金钢不经过热处理，其力学性能比碳钢提高不多。（　　）
23. 钢在常温时的晶粒越细小，强度和硬度越高，塑性和韧度就越低。（　　）
24. 35 钢制的汽车曲轴正时齿轮经淬火、低温回火以后硬度为 56HRC，如果再进行高温火可使材料硬度降低。（　　）
25. 钢在淬火前先进行正火可使组织细化，能减少淬火变形和开裂的倾向。（　　）
26. 低碳钢与中碳钢常用正火代替退火，改善其组织结构和切削加工性。（　　）
27. 淬透性很好的钢，淬火后硬度一定很高。（　　）
28. 硅、锰在碳素钢中是有益元素，适当增加其含量，均能提高钢的强度。（　　）
29. 硫、磷在碳素钢中是有害元素，随着含量的增加，硫会使钢韧度降低，产生冷脆性；磷会使钢的韧度降低，产生热脆性。（　　）
30. 碳素结构钢都是优质碳素钢。（　　）
31. 优质碳素结构钢根据锰含量可分为普通锰含量与较高锰含量两种。（　　）
32. 铸造一般用于形状复杂、难以进行锻造、要求有较高的强度和韧度、能承受冲击载荷零件。（　　）

六、问答题

1. 常用的淬火方法有哪几种？
2. 退火的目的是什么？
3. 淬火钢为什么必须回火？
4. 表面淬火的目的是什么？所需材料如何？

5. 表面化学热处理的目的是什么？
6. 渗碳的方法有哪些？所需的材料是什么？
7. 硫、磷元素的含量，通常在碳钢中受到严格控制，而在易切削钢中为什么要适当提高？
8. 何谓合金铸铁？根据所具备的特殊性能，合金铸铁可分为哪几种？
9. 汽车上某些零件为什么使用可锻铸铁？
10. 为什么球墨铸铁的强度和韧度要比灰铸铁、可锻铸铁高？

第三章 汽车轻量化材料

第一节 铝合金及在汽车上的应用

汽车轻量化的途径有两种：一是优化汽车框架结构；二是在车身制造上采用轻质材料。目前常用的轻质材料为铝合金，用铝合金材料实现汽车轻量化是未来汽车发展的趋势。

汽车车身质量约占汽车总质量的30%，对乘用汽车来说，约70%的油耗是用在汽车整备质量上的。因此，乘用汽车车身铝合金化对提高整车燃料经济性至关重要。

> **小资料**
>
> 奥迪汽车公司最早于1980年在奥迪80和奥迪100上采用了铝合金车门，随后不断扩大铝合金应用范围。1994年开发第一代奥迪A8全铝合金空间框架结构(ASF)，奥迪全铝合金空间框架结构是一种高强度的铝合金框架结构，全铝空间框架车身是将所有面板嵌入其中，使其具有承载功能。由于高强度铝合金框架结构与高强度铝合金面板一起使用，使铝制车身不但具有极佳的刚度，而且还有出色的防撞功能，这种高强度刚性结构不但增强了车辆的安全性和操控性能，同时还大大降低了车身质量。ASF车身超过了现代轿车钢板车身的强度和安全水平，如图3-1所示，使汽车自身质量减轻了大约40%。奥迪全铝合金空间框架结构除了具有质量更轻、车身强度更高的优点外，还能在设计过程中自由选择铸件和复杂的形状等优点，这些都是钢制面板无法企及的。驾驶员还能体验更高的安全性、更佳的操控性、更低的油耗、更方便的维修。
>
>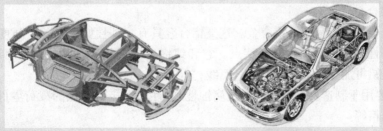
>
> 图3-1 奥迪ASF构架车身
>
> 随后于1999年诞生的奥迪A2，成为首批采用该技术的批量生产轿车。2002年，奥迪铝材及轻量化设计中心又迎来了第二代奥迪A8的诞生。铝材料制造的奥迪A8型汽车车架，比钢制车架的质量降低了35%。

一、纯铝

(1) 密度小:铝的密度仅为铜或铁的1/3,在飞机、船舶、车辆(火车或汽车)等运输机械及建筑、土木诸方面起着轻量化的作用。

(2) 耐蚀性好:铝在大气中由于表面易氧化形成致密而稳定的 Al_2O_3 氧化膜,所以耐腐蚀性好。

(3) 加工性好:由于铝的熔化温度低,流动性好,易于制造各种复杂形状的零件,成形加工性好,适合多种成形方法,可以重复回收利用。

(4) 强度高:根据铝合金的种类和材质的不同,抗拉强度可在 $68.6 \sim 588MPa$($7 \sim 60kgf/mm^2$)范围内变化,可根据用途选择合适的材料。

(5) 低温性能好:随着温度的下降,强度升高,即使在超低温的温度范围也不出现普通钢所具有的低温脆性。

(6) 容易再生:废料的再生比其他金属容易得多,废料价值高,为此起着有效利用资源,防止废料污染的作用。

纯铝因其强度低,切削加工性差,可焊性差等特点,在汽车工业中使用较少。而铝合金则是指在纯铝中加入适量的 Si、Cu、Mg、Mn 等元素后组成的合金。

二、铝合金分类及性能

铝合金按加工特点和化学成分的不同,铝合金分为形变铝合金和铸造铝合金两类。

1. 形变铝合金

形变铝合金又称压力加工铝合金,这类合金的特点是塑性好,可进行冷热状态下的压力加工。按性能及用途分为防锈铝合金、硬铝合金、超硬铝合金、锻铝合金等几种。按其能否热处理强化可分为不能热处理强化和能热处理强化两类。其中,防锈铝合金不能热处理强化。

形变铝合金的牌号分别用其特性代号加顺序号表示。

形变铝合金的特性代号如下:LF——防锈铝;LY——硬铝;LC——超硬铝;LE——锻铝;LT——特殊铝;LB——包覆铝。LQ——钎焊铝。例如:LF5 表示 5 号防锈铝合金。

常用形变铝合金种类如下。

1) 防锈铝合金

防锈铝合金包括铝锰和铝镁合金。这类铝合金具有耐蚀性好、塑性高、强度低(但高于工业纯铝)、可焊性和压力加工性好等特点。它和纯铝一样,不能热处理,只能用加工硬化来提高强度。防锈铝可加工成板、棒、型材、管、线材等产品。

应用:主要用于制造要求有良好的抗腐蚀性、塑性和焊接性能低的载荷零件和焊接件,如铆钉、油管、油箱等。

2) 硬铝合金

硬铝合金又称杜拉铝,主要是铝铜镁合金,它是可热处理强化的铝合金中应用最广的一种。硬铝合金经热处理后强度很高,还有较好的耐热性。但因其耐蚀性差,常在硬铝合金表面包一层纯铝,以改善硬铝合金的耐蚀性。

硬铝合金按其强度和耐热性可分为以下几种:

(1) 低强度硬铝合金：又称铆钉硬铝合金，有较好的塑性和足够的强度。

应用：常用作铆钉。主要牌号有 LY1 和 LY10。

(2) 中等强度硬铝合金：又称标准硬铝合金，是硬铝合金中应用最早的一种，其强度、塑性和耐蚀性中等。

应用：主要用作中等强度的结构件。主要牌号有 LY11。

(3) 高强度硬铝合金：在硬铝合金中应用最广，强度最高。

应用：主要用作高强度零件和构件。主要牌号有 LY12。

(4) 耐热硬铝合金：工作温度在 250~350℃。

应用：用作航空发动机。主要牌号有 LY2。

3) 超硬铝合金

超硬铝合金是铝锌镁铜合金，有高强度铝合金之称。经热处理后可获得比硬铝合金更高的强度，是目前室温强度最高的一种铝合金。但其高温强度和冲压性较差，耐蚀性比硬铝合金更低，生产板材时常用包纯铝的方法来提高其耐蚀性。

应用：主要用作制造飞机结构中的重要材料。常用牌号有 LC3 和 LC4。

4) 锻铝合金

锻铝合金主要包括铝镁硅合金、铝镁硅铜合金以及铝铜镁铁镍合金。在常温和较高温度（250℃以下）有较高强度，易于锻造，可用热处理强化。

应用：常用于锻造各种复杂零件，如内燃机活塞等。主要牌号有 LE2、LE5 和 LE7。

2. 铸造铝合金

铸造铝合金简称铸铝，在汽车上应用较多，铸造铝合金的系列有：铝硅系合金、铝铜系合金、铝镁系合金和铝锌系合金。

铸造铝合金牌号：用"铸铝"两字汉语拼音的字头"ZL"加三位数字表示，第一位表示铸造铝合金的类别代号（1——铝硅系、2——铝铜系、3——铝镁系、4——铝锌系列），第二、三位表示铸造铝合金的顺序号。如 ZL108 为 8 号铝硅铸造合金。顺序号不同，化学成分也不同。

(1) Al-Si 系铸造铝合金是目前应用最广泛的一种，其主加元素是硅，此外还有镁、铜、镍等。它除具有很好的铸造性能（流动性好、收缩率小、产生裂纹的倾向小）外，还具有密度小、抗蚀能力好、力学性能较好的优点，所以得到了广泛的应用。如 ZL108 是常用的铸造铝活塞的材料。它的线膨胀系数小，强度和硬度较高，耐蚀性和铸造性较好。ZL109 由于还含少量镍，热强性更好，可制重负荷活塞。ZL102 可用"变质处理"提高硬度，即在铸造铝合金浇注前加入约占合金总量为 3% 的变质剂（2/3 的氧化钠和 1/3 的氯化钠），强度可提高 30%~40%。在含硅 4%~10% 的铝合金中加入铜、镁等，可制成 ZL101、ZL104、ZL108 等复杂铝合金，它们强度高并可热处理强化。

随着高强度铸造铝合金和铸造工艺的发展，铸造铝合金在飞机结构、现代汽车及其他工业产品中应用越来越广。铸造铝合金适于砂型、金属型、压铸、熔模等各种铸造方法，生产各种形状复杂的铸件。零件的外形尺寸可由几厘米至 1m 以上，质量可由几克到几十千克，其使用温度为 -40~400℃。

铸造铝合金使用量占汽车用铝 80% 以上。主要用于制造离合器壳体、变速器壳体、后桥壳、转向器壳体、摇臂盖、正时齿轮壳体等壳体类发动机零件（图 3-2~图 3-6），以及保险杠、车轮、发动机框架、转向节、液压泵体、制动钳、油缸及制动盘等非发动机结构件。

图3-2 离合器壳体

图3-3 变速器壳体

图3-4 正时齿轮壳体

图3-5 转向器壳体

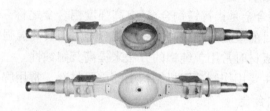
图3-6 后桥壳

（2）中等强度硬铝，又称铆钉硬铝，有较好的塑性和足够的强度，常用作铆钉。主要牌号有 LY1 和 LY10。

（3）Al-Mg 系铸造铝合金。这类铝合金最大特点是抗蚀性好，密度小（$2.55g/cm^3$），强度和韧度较高，切削加工性好，但铝合金的铸造性能差，易氧化和产生裂纹。

应用：主要用来制作受冲击载荷、耐海水腐蚀、外形不太复杂的零件，如发动机缸体、起动机架等。

（4）Al-Zn 系铸造铝合金。Al-Zn 合金具有良好的铸造性能、切削加工性、焊接性及尺寸稳定性，但耐蚀性差，密度大，热裂倾向大。

应用：常用于制作医疗器械、汽车、飞机零件等。

三、铝合金在现代汽车上的应用

汽车上零件以铝为主材料的有缸体、缸盖、变速器壳体、汽缸盖罩等，它们大约占去了汽车用铝的80%。例如日本，汽车铸件76%为铝铸件，而在美国和欧洲，保险杠、油箱也将钢板改用为铝合金，保险杠用的新铝合金也多次被开发。因此，未来汽车的材料构成比例中，欧美地区铝将成为主要材料，如在德国的试验车中，铝合金使用率已达到全体材料的30%。发动机部件用铝制造轻量化效果最为明显，一般可减重30%以上。在福特F50、别克汽车和马自达BX7中都采用了质量很轻的铝材。汽车底板、踏脚板、前罩板、车顶板、后围侧板和车架纵梁都可采用铝合金来制造。日产公司在新型的 Maxi-ma 上使用了新型的 VQ 系列 V6 铸铝缸体发动机和铝气门挺杆，由于采用高压模铸工艺，可改善浇注，增加强度，使缸体明显减薄，与原V6缸体相比，减重达50%以上。在轻量化的推动下，在近年来出现的全铝车身以及铝密集型汽车（如福特P2000）中，铝的比例高达37%。铝的应用正朝着车身零件及结构件的方向发展,如应用日益广泛的铝合金车厢盖、发动机罩、提升式后车门、前端翼子板、发动机支架及全铝车身骨架等。

1. 铝基复合材料

铝基复合材料质量轻,比强度和比模量高、抗热疲劳性能好、耐磨性好,是金属基复合材料中应用最为广泛的一种。用于铝基复合材料的增强体有连续纤维、短纤维、晶须、颗粒等多种。针对不同的增强材料和不同的应用场合,开发了多种制备铝基复合材料的方法。日本本田汽车公司开发成功了不锈钢丝增强的铝基复合材料连杆,这种材料的比强度和比模量是基体铝合金的2倍,而这种连杆比钢制连杆减轻质量30%,对1.2L的汽油机来说,改善了燃油经济性5%,同时还成功地把铝基复合材料应用到了发动机活塞环槽。先把增强体硅酸铝纤维和氧化铝纤维做成环状物置于铸模内,然后浇注铝合金并用挤压铸造的方法制造。

2. 粉末冶金铝合金

粉末冶金铝合金产品目前只在日本有少量应用,其使用部位主要有汽车空调电动机转子、发动机活塞、汽缸衬套、进气门及气门座等。目前汽车发动机连杆使用的材料中碳钢及合金钢,其强度在700～10000MPa,现已研制出的粉末冶金铝合金一般强度可达700～900MPa,因此铝合金的比强度是中碳钢的3倍,其质量只有原质量的1/30。

3. 形变铝合金

形变铝合金在汽车上主要用于制造保险杠、发动机罩、车门、行李舱及车身板、车轮的轮辐、轮毂罩、车轮外饰罩、制动器总成的保护罩、消声罩、防抱死制动系统、热交换器、车身构架、座位、车厢底板等结构件以及仪表板等装饰件。形变铝车轮的轮辋、轮辐在成形加工时会产生加工硬化,强度增加,故形变材与铸件相比强度、韧性都大为优越。

4. 锻造铝合金

锻造件由于价格昂贵,只在欧美轿车上有少量使用,且多用于形状复杂、厚薄不均匀的托架、货车的车轮和前轴等重要零件,其用量仅占所有汽车铝材总量的1.3%左右。但由于锻造铝合金具有比强度(强度/质量)高,可与合金钢相媲美,热锻时不氧化、表面光洁、机械加工余量小、无加工缺陷等优点,在汽车上的应用正在逐渐扩大。实验证明,锻铝合金产品在受到碰撞后所吸收的能量要比铸铝高出50%左右,因此它们在安全部位的使用前景十分广阔。据欧洲生产企业估计,在未来的10～15年该技术产品在汽车领域的应用范围将有明显的扩大。

5. 纤维增强型铝合金

纤维增强型铝合金具有较高的强度、弹性模量、耐热性和耐磨性等特点,各种纤维增强型铝合金的高温抗拉强度与传统材料(未复合)相比,其强度、刚度从低到高,范围很宽。如日本本田公司开发的连续铝纤维增强的铝基复合材料,用于取代铸铁缸套,不仅达到减重目的,而且能够减小汽缸变形,提高汽缸和活塞的耐磨性,这种缸体在汽油机缸体上已大量使用。

6. 泡沫铝材

泡沫铝材是一种新型的功能材料与结构材料,泡沫铝材具有一系列的优良性能:密度小,常用材料的密度为180～480kg/m³,耐高温,防火性能强,是一种不可燃的材料,同时,在受热状态下不会释放有毒的气体;抗腐蚀,耐热性强;消声性能好,热导率低,电磁屏蔽性高,电阻大,有过滤能力,被认为是一种大有前途的未来汽车与其他交通运输工具的良好材料。泡沫铝材在汽车制造中的应用多为三明治式的三夹板,即:其芯层为泡沫铝或泡沫铝合金,上下层为铝板或其他金属薄板。德国卡曼汽车公司用三明治式复合泡沫铝材制造的吉雅轻便轿车（Ghiaroadster）的顶盖板的刚度，是原来钢构件的7倍左右，而其质量却比钢件轻25%。此外，还有更高的吸收冲击能与声能的效果。

丰田轿车采用的是泡沫吸能式前保险杠，如图3-7所示。

铸造铝合金在汽车上的应用见表3-1。

表3-1 铸造铝合金在汽车上的应用

代号	应用举例	
	车型	零件名称
ZL103	CA1093	风扇、离合器壳体、前盖、主动板
ZL104	CA1093	汽缸盖罩、挺杆室盖板、离心式机油滤清器底座、转子罩、转子体、外罩及过渡凸缘
ZL108	CA1093、EQ1092	发动机活塞

四、铝及铝合金在轿车上的应用

铝具有比强度高、耐腐蚀性能优良、适合多种成形方法、较易再生利用的特点，是汽车工业应用较多的金属材料。由于能源、环境、安全等方面的原因使对汽车轻量化的要求越来越迫切，使用轻量化材料是实现汽车轻量化的重要途径，而铝是现代汽车发动机应用得比较成熟的轻量化材料，近10年来，铝在汽车上的用量和在汽车材料构成比中所占份额都有明显的增加。由铝合金制造的制件已经遍及汽车的发动机、底盘、车身等各个部分，甚至在国外已有全铝汽车面世，如图3-8所示。铸造铝合金是轻量化首选材料，在轻量化材料中起到特别重要的作用。铝作为能使车体质量实现轻量化的材料而备受瞩目。

图3-7 花冠的前保险杠泡沫

图3-8 铸造铝合金发动机

早在1996年，奥迪公司就推出了全铝结构的轿车——奥迪A8，它可使车体质量减少40%左右。随后，福特、丰田等汽车公司也先后推出了铝车身轿车，使得轿车车体呈现出向铝车身发展的趋势。如今，铝材料的应用日趋多样化，不仅使用铝铸件，而且冲压件、锻件、薄板件和铝薄膜也越来越多的得到应用，铝材已经占全车自身质量的25%左右。

1. 纯铝应用

由于纯铝具有良好导电性，其线材在轿车电器上用做导线、电缆。因纯铝具有良好的导热性，现在加热器、散热器、蒸发器、化油器、油冷却器已用铝制作。纯铝具有良好的耐蚀性，用纯铝做装饰件、铭牌，装饰件除车内使用外，还包括镀边和门窗框。

2. 形变铝合金的应用

形变铝合金在现代轿车上的应用品种有板材、型材、锻件、管材等。

车身上面板可用防锈铝或硬铝生产,诸如车门、发动机罩、行李舱盖、车盖、地板和翼子板。一些框架可采用铝合金型材。铝制保险杠也可用防锈铝或硬铝,由板材加工而成或挤压型材料加工而成,后者带有加强筋。如图3-9所示。

例如,车身外覆盖件是由铝合金板冲压加工制造,铝板的厚度比钢板要增加20%~25%,有的覆盖件的加强板也采用了挤压铝型材。覆盖件与骨架的连接是通过冲压铆钉铆接完成的,铆接的强度比点焊高30%,在所有的连接中铆接占68%,其他的连接方法有焊接、钩钳等。

车轮既可用形变铝合金,也可用铸造铝合金,形变铝合金中防锈铝、硬铝、锻铝都见采用,

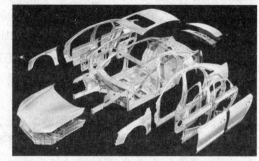

图3-9 铝合金板车身外覆盖件

整体结构的多用锻件(有的用液态模锻),两片或三片型的轮辐由板材成形。

驱动系统零件中,对强度和高温强度要求不太高的零件也有用硬铝和防锈铝制作的,但还不普遍。欧美有些汽车公司用铝较多,摇臂和一些托架、悬架采用铝锻件,活塞也有用液态模锻的。此外,由于防锈铝的性能与纯铝较为接近,所以也像纯铝那样用于热交换器、装饰件和容器。

3. 铸造铝合金的应用

轿车上应用的铝合金以铸铝为主。发动机部分汽缸体是大尺寸的铝铸件。采用铝铸件的还有曲轴箱、汽缸盖、活塞、连杆、摇臂托架、进气歧管、滤清器、发动机后盖、发动机架及泵壳等。一些覆盖件、壳体多用硬性模铸造或低压铸造,也有压铸的。

底盘上采用铝铸件的零件有离合器壳、离合器分离圆盘、变速器换挡拨叉、减速器、车架、车桥、悬架、转向器壳、转向操纵轴管、转向轮毂、制动鼓(有的镶嵌铸铁衬套)、制动器活塞和制动主缸等。车架、车桥等零件部件用铝合金,不仅可减重,还有利于减振。铸造方法有多种,包括少量压铸件。国外轿车用铝量普遍比我国多,尤其是欧、美。有的汽车公司甚至在开发全铝车身骨架和"全铝"汽车(用铝量占轿车总质量的1/3)。我国用铝较少,这与我国特种铸造设备投资价格高和铝材价格高有关。但随着轿车轻量化的进展和铝加工行业的配合,我国轿车上的用铝量也将增多。

4. 典型铝合金零件——活塞

汽车发动机的重要零件——活塞,由铝合金制造。活塞使用铝是轻量化效果最好的例子。铝基复合材料活塞性能和寿命超过了传统的铸铁环槽镶块,它是在连续的金属基体上分布着其他种金属或陶瓷等增强体的一种物质。随着增强材料的改进,使其成本降低、性能进一步改善。这种材料,综合了基体金属和增强体的性能,因而具有单一材料难以达到的优良性能。因此,复合材料活塞已大批量生产和使用。

铸造铝合金活塞:活塞顶部是发动机燃烧室的一部分,活塞的圆柱面通过塞环紧贴缸筒内壁做高速的往复运动。活塞是形成发动机动力关键的汽车铸件,其材质为铝合金,包括纤维增强复合材料铝合金。铸造方法包括金属型重力铸造、低压铸造、挤压铸造和新兴的半固态铸

造。由于比钢活塞更轻巧,具备良好制造特性,而且生产铸铝活塞成本更低廉,因此铸铝活塞在当今全球汽车市场上被广泛使用,如图3-10所示。

汽车铝合金压铸活塞,其成形方式称为挤压铸造。常用的汽车活塞是Al-Si类合金,成形为重力铸造,经热处理、加工、表面处理等工序。对于高负荷的汽车活塞,用Al-Si类合金,成形则为挤压铸造,经热处理、加工、表面处理等工序。对于更高负荷的赛车活塞,用Al-Si类合金,成形则为锻造,经热处理、加工、表面处理等工序。对于更高负荷的汽车活塞,用钢质合金,成形则为锻造,经热处理、加工、表面处理等工序。所用Al-Si类合金的种类很多,加工的方法也很多,对于环槽、销孔、外圆,加工精度要求很高。表面处理的方法有镀锡、石墨涂层、硬氧等。

现代轿车发动机活塞几乎都用铸铝,这是因为活塞作为主要的往复运动件要靠减重来减小惯性、减轻曲轴配重、提高效率,并需要材料有好的导热性、小的热膨胀系数,以及在350℃左右有较好的力学性能,而铸铝能符合这些要求,所用成分多为共晶的铝硅合金,也有不少是含16%~20%Si的过共晶铝硅合金,或者加Ti以提高铝硅合金的耐蚀性。有的铝硅合金加稀土元素以便既提高高温力学性能又降低热膨胀系数。

我国铝硅合金ZL108、ZL109和ZL111可用做活塞材料,前两种是共晶合金,ZL111是亚共晶合金,合金中的铜、镁、锰有助于提高高温力学性能,但超过300℃后力学性能明显下降。由于活塞、连杆同时采用了铸铝合金件,减轻了质量,从而减少发动机的振动,降低了噪声,使发动机的油耗下降,这也符合汽车的发展趋势,如图3-11所示。

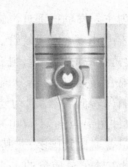

图3-10 铸造铝合金活塞　　　　　　　　　图3-11 发动机活塞

5. 典型铝合金零件—汽缸体

铸造铝合金是发动机轻量化的首选材料。

用于汽车发动机上的铝合金大体上可分为铸造铝合金、形变铝合金和铝基复合材料。机械制造业广泛用铝和铝合金制造发动机零部件,如活塞、汽缸等。这是因为铝及其合金不但密度小而且能达到所要求的强度,从而能降低在运转中的能量消耗。汽缸体和汽缸盖要求材料导热性好、耐蚀,已有不少汽车公司采用铝合金汽缸。

法国雪铁龙公司采用压铸的汽缸体已有20年的历史,日本本田公司则采用铝合金压铸件镶铸铁缸套的结构,至于所用铝合金的成分,有不少是过共晶成分的铝硅合金,以提高合金强度、增强耐磨性、降低成本。

在汽车工业发达国家,汽车用铝铸件占到各类铝铸件产量的大半。例如日本,铝铸件的

76%，压铸件的77%为汽车铸件，如在德国的试验车中，铝合金使用率已达到全体材料的30%，铝的良好导热性，是制造制冷设备、散热器、热交换器的好材料，可用铝铸造或压铸成活塞、汽缸盖、汽缸体等零件，如图3-12所示。

发动机铝合金缸体及下机体

铸铁缸体

图3-12　发动机汽缸体材料比较

【案例】　在途锐发动机上使用的等离子体涂层的铝质汽缸体。如图3-13所示。

优点：使用了等离子体涂层的铝质汽缸体可以不必再使用汽缸套。在4缸发动机上节省约1kg的质量，很大程度上改善了摩擦特性，工作面的使用寿命更长。

6．典型铝合金零件——铝合金车轮

铝制汽车轮毂优点：

（1）耗油低。平均每个铝合金轮毂比相同尺寸钢轮毂轻2kg，一台轿车用5个便节省10kg质量。根据日本试验，5座位轿车质量每减轻1kg，一年约节省20L汽油，而美国汽车工程师学会发表的研究报告指出，铝合金轮毂价格虽然比一般钢轮毂的高，但每辆汽车行走2万km，所节省的燃料费便足够抵回其增加的成本。

（2）散热好。铝合金的传导系数为钢的3倍，散热效果好，长途高速行驶时也能使轮胎保持在适当的温度，使制动鼓及轮胎不易老化，增加寿命，降低爆胎的机会。

（3）平衡性好、偏摆跳动小，真圆度好。真圆度精度高达0.05mm，运转平衡性能好，有利于消除一般车身超长时转向盘抖动现象。

（4）坚固耐用。铝合金轮毂的耐冲击力、抗张力及耐热能力较钢轮的好。

（5）美观。铝合金轮毂则有各式各样的设计，加上光泽、颜色效果好，从而提高了汽车的价值与美观。

我国上海大众、一汽大众等都配用国产的金属型低压铸造铝合金车轮。如图3-14所示。

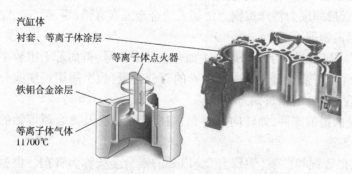

图3-13　等离子体涂层的铝质汽缸体

图3-14　铝合金车轮

第二节 铜合金及在汽车上的应用

一、纯铜

工业用纯铜,含铜量高于 99.5%,通常呈紫红色,又称紫铜。

1. 性能

纯铜具有优良的导电、导热、塑性、耐蚀和焊接性能,又有一定的强度。

2. 分类、牌号

工业上按含氧量及加工方法不同,将纯铜分为工业纯铜和无氧纯铜两大类。

工业纯铜牌号有 T1、T2、T3 和 T4 四种。序号越大,纯度越低。无氧铜含氧量低于 0.003%,牌号:有 Tu1、Tu2 等,主要用于电真空器件。

3. 应用

广泛用于导电、导热和耐蚀器件。在汽车上一般用厚度为 0.2~2mm 的纯铜板制汽缸垫、进排气管道垫和轴承垫片;用铜棒制作各种管接头;用纯铜管制作制动管、散热管、油管和电气接头等。

二、铜合金分类及性能

铜合金按加入元素,可分为黄铜、青铜和白铜。在机械生产中普遍使用的铜合金是黄铜和青铜。

1. 黄铜

由铜和锌组成的合金,含锌量一般为 35%~40%,称为黄铜。黄铜按化学成分的不同分普通黄铜和特殊黄铜,按加工工艺的不同分压力加工黄铜和铸造黄铜。

(1)普通黄铜。普通黄铜仅由铜和锌两种元素组成。

牌号:由"黄"的汉语拼音字头"H"+数字表示。数字表示铜的百分含量,其余为锌。如 H68 表示含铜 68%,锌为 32%。

性能:普通黄铜有较高的强度和冷热变形加工能力,并有良好的塑性、导热性、耐蚀性和可焊性。

应用:常用来制作汽车上的散热器、分水管、汽油滤清器芯、管接头和化油器零件等。

普通黄铜中加入其他合金元素后即成为特殊黄铜。常加入的合金元素有铅、锡、铝、硅、镍等,相应地称为铅黄铜、锡黄铜、铝黄铜等。

(2)特殊黄铜的牌号:用"黄"字汉语拼音字头"H"加主加合金元素符号,再加若干组数字表示。第一组数字表示铜的百分含量,第二组表示主加元素的百分含量,数字间用短横线分开。如 HPb59-1 表示含铜 59%,含铅 1% 的铅黄铜。

应用:特殊黄铜用在汽车上受磨损的零件,如转向节衬套、钢板弹簧衬套及离合器等轴的衬套。黄铜在汽车上的应用见表 3-2。

(3)青铜原指铜锡合金,现在把黄铜和白铜(铜镍合金)以外的铜合金统称为青铜。根据化学成分的不同分为锡青铜和无锡青铜;根据加工工艺和用途的不分分为压力加工青铜和铸造青铜。

黄铜在汽车上的应用 表3-2

分类	牌号	应用举例	
		车型	零件名称
普通黄铜	H90	CA1093	排气管热密圈外壳、散热器本体、暖风散热器的散热管、冷却管等
	H68		上、下散热器、散热器夹片、散热器本体主片、暖风散热器主片
	H62		散热器进出水管、加水口座及支承、散热器盖、暖风散热器进出水管、曲轴箱通风阀及通风管
特殊黄铜	HPb59-1	EQ1092	化油器配制针、制动阀阀座
		CA1093	化油器进气阀本体、主量孔、功率量孔、怠速量孔、曲轴箱通风座、储气筒放水阀本体及安全阀座
	HSn90-1	EQ1092	转向节衬套、行星齿轮及半轴齿轮支承垫圈

① 成分。锡青铜是以锡为主加元素的铜合金,含锡量一般小于或等于10%。

② 牌号。压力加工青铜牌号:Q + 主加元素符号和含量 + 其他加入元素含量,如 QSn4-3 表示含锡 $W_{Sn}=4\%$、含锌 $W_{Zn}=3\%$,其余为铜的锡青铜。"Q"为青字的汉语拼音字首。

铸造锡青铜牌号:按铸造有色金属合金牌号的表示方法,"ZCu"代替"Q"如 ZCuSn5Pb5Zn5、ZCuSn10Pb5、ZCuSn10Zn2 等。

③ 性能。锡青铜对大气、海水具有良好的耐蚀能力、良好的强度、硬度和铸造性,收缩率在有色金属中最低。

④ 应用。锡青铜是由冶炼厂加工成板、带、棒、线材等形式供应,常用于制造轴承、蜗轮等耐磨零件,还常用于制作铸造形状复杂、壁厚较大的零件,如大鼎、大钟和大佛等。但锡青铜的致密性差,不适于制造密封性要求高的铸件。

2. 特殊青铜

由于锡青铜价格较昂贵,力学性能不太高,因而出现了不含锡的铜基合金,叫无锡青铜。所加的元素有铝、镍、硅、锰、铍、铅等元素,相应得到的青铜叫铝青铜、镍青铜和硅青铜等。在许多场合也常用铝青铜(ZCuAl10Fe3)、铅青铜(ZCuPb30)、铍青铜(QBe2)等特殊青铜。

性能:无锡青铜具有高的强度、耐磨性及良好的耐蚀性和铸造性,有的还有很高的导热性和热强性,是锡青铜很好的代用品。

(1) 铝青铜:铝青铜具有可与钢相比的强度,高的韧度和疲劳强度,耐蚀、耐磨,受冲击时不产生火花,铸造生产的零件致密性好。

应用:常用来制造重要的齿轮、蜗轮、摩擦片、轴承套等要求耐磨耐蚀的零件。

(2) 铍青铜:铍青铜是含 1.7% ~ 2.5% Be 的铜合金。因为铍在铜中的固溶度随温度下降而急剧降低,所以铍青铜可以通过淬火加时效的方法进行强化,具有很高的强度和硬度(σ_b可达 1200 ~ 1500MPa,硬度为 300 ~ 400HBS),可以和高强度钢媲美。它的弹性极限、疲劳极限、耐磨性、抗蚀性也都很高,是具有很好的综合力学性能的一种合金。另外,它还具有导电性、导热性好,耐寒、无磁,受冲击时不产生火花等诸多优点,只是由于价格昂贵,使用受到了限制。

应用:工业上主要用于制造重要的弹性元件、耐磨件及其他重要零件,如仪表齿轮、弹簧、航海罗盘、电焊机电极以及防爆工具等。

（3）硅青铜有较高的力学性能和较低的价格，铸造性和冷热变形加工性都很好。

应用：主要用于航空工业长距离架空的电话线和输电线等。

无锡青铜的牌号和锡青铜的相似。常用青铜的牌号及在汽车上的应用见表3-3。

青铜在汽车上的应用　　　　　表3-3

牌　号	应　用　举　例
QSn4-4-2.5	活塞销衬套
	发动机摇臂衬套、活塞销衬套
ZCuSn5Pb5Zn5	离心式机油滤清器上、下轴承
QSu3-1	散热器盖出水阀弹簧、空气压缩机松压阀套、车门铰链衬套
ZCuPb30	曲轴轴瓦、曲轴止推垫圈

三、铜合金在汽车上的应用

在汽车工业所用有色金属材料中，铜合金用量仅次于铝合金。汽车上的各类热交换器、散热器、耐磨减摩零件、电器元件等选用了由有色金属加工厂提供的管、棒、板（带）、线等铜合金型材，再深加工成各种汽车零件。因此，汽车上变形铜合金的用量要大于铸造铜合金。

1. 纯铜的应用

在轿车上利用纯铜的导电性，制造导线、电缆、电气接头和电极夹等电器零件；利用纯铜的导热性，制造散热器等需要热传导的零部件。此外也用纯铜制造轿车内外装饰件、气管油管、垫片、垫块甚至密封材料。但由于其强度和硬度低，不宜制作结构件。

2. 黄铜的应用

在轿车上制作转向节衬套、钢板弹簧衬套、轴套等耐磨件，也制作散热器、冷凝器、冷却管、汽油滤清器滤芯、化油器零件、散热器和散热器盖，还制作装饰件、供水排水管、通风管、油管接头、制动三通接头、垫片和垫圈。

3. 锡青铜的应用

制作水箱盖出水阀弹簧等弹性件，也制作发动机摇臂衬套、连杆衬套等耐磨件，还制作散热器盖、齿轮、蜗轮、螺母。无锡青铜各有特点，应用也有所不同，如硅青铜可制作弹簧，铝青铜可制作轴套、齿轮、蜗轮，铅青铜可制作轴承、曲轴推力垫圈，锡青铜可制作弹性敏感元件，锰青铜可作蒸气阀门等。

4. 典型铜合金零件——汽车散热器

1）汽车散热器对材料的要求

汽车上的散热器主要包括发动机散热器、机油散热器、暖风散热器及中冷器等，其中以发动机散热器用材最具代表性，并且用量最多。散热器是水冷发动机冷却系统中的主要散热构件，发动机正常工作时冷却液的温度应在70～90℃（开式循环）与100～110℃（闭式循环）之间，散热器中热的传播是靠着传导与对流。冷却液由发动机水套进入散热器上储水室。然后流入冷却水管再到下储水室,循环水的热量通过冷却水管传给散热片,空冷则将冷却片之间的热量带走。散热器的工作条件恶劣,一般位于汽车前端迎风处,不仅要经受风吹雨淋和汽车排出的废气以及砂土、泥浆的污染,而且还要承受反复的热循环和周期性振动。另外,散热器内长期流动着冷却液,其中可能混有腐蚀性及有害的成分,对散热器有锈蚀及腐蚀作用。因此,为保证散热器可靠的发挥散热作用,对散热器材料性能有如下要求:

(1)具有良好的导热性能。
(2)具有一定的强度和较强的耐腐蚀性。
(3)良好的加工性能及钎焊性能。
(4)良好的经济性。

因此,导热性和耐蚀性好的铜及其合金就成为各类散热器传统的首选材料。

图3-15　铜质散热器

2)汽车上各类散热器选材

主要选用变形黄铜的板材和带材,质量要求较高,由于冷却水管和散热片的生产节奏较快,对材料的尺寸公差及制造工艺性能要求很严。铜质散热器(图3-15)以黄铜为主要原材料,为防止黄铜电化学腐蚀和脱锌腐蚀,常选用含铜量高的铜合金,制造冷却水管的带材选用T2、H90等合金,生产散热片的带材选用H62等合金,上、下水室和主片均采用冲压变形能力较好的H68黄铜板材。散热器所用各种黄铜板(带)材,为轧制压延产品,为防止加工而产生的内应力,使其在腐蚀介质中的开裂现象,材料必须消除内应力。

5. 典型铜合金零件——变速器同步器锥(齿)环

现代汽车变速器均设置同步器结构,以保证汽车在行驶中换挡平稳、无冲击、延长齿轮和传动系统零件的使用寿命,操纵方便敏捷,使汽车在换挡及起步时的加速性和经济性得到改善。同步器有两种结构形式,即滑块式和锁销惯性式,同步器锥(齿)环是该结构中的重要磨损件。同步器的工作原理是使锥(齿)环和锥盘的工作面上产生摩擦力矩,以克服被啮合零件的惯性力矩,使其在最短的时间内,达到同步状态,完成换挡。同步器在汽车变速器中所起的作用和工作情况,对锥(齿)环材料提出了特殊的性能要求,除耐磨性好外,对齿轮器油有较好的耐蚀性,高而稳定的摩擦系数,较高的强度,与锥盘材料相匹配的合适硬度,以及优良的制造工艺性能等。因此大多选用铜合金材料。同步器锥(齿)环结构形状较复杂,尤其是滑块式同步器,其同步齿环上设计有一整圈齿,尺寸也要求较严,同时每车的用量也较大,对零件的生产工艺提出较高要求。目前大多采用精锻、压力铸造和粉末冶金工艺生产。

同步器锥(齿)环材料暂无统一的合金系列,世界各汽车公司和生产厂的材料种类也千差万别,各有自己的材料品种,但基本上为耐磨铜合金,如高强度黄铜、锡青铜、铝青铜等,另外还有粉末冶金材料,同时锁销惯性式的锥环还有双层结构,即内钢外铜、内钢外树脂材料及内钢外喷钼等形式。应用较多的铜合金为高强度黄铜和铝青铜,其中高强度黄铜性能较好,所添加的合金元素普通易得,材料成本较低,可采用多种工艺生产,如精锻式压力铸造。高强度黄铜是在两相黄铜的基础上,添加合金元素Al、Mn、Fe、Si等,使获得β相黄铜的组织,从而提高了

图3-16 同步器锥(齿)环

合金的力学性能和耐磨性能。随添加元素含量的多少,合金的性能也各有差异,因此,可适应较广性能范围要求的产品。如图3-16所示。

我国汽车主要以引进车型为主,所以我国的同步器齿环材料主要属于复杂锰黄铜和复杂铝黄铜系列,且都是在铜锌合金中加入了少量的锰、铝、铁、硅、镍、铅等元素。根据磁环的工作情况,齿环材料应具有摩擦系数大、耐磨性好、耐热及滞后性强等特点,同时还应具有适中的机械强度和硬度,且在台架试验时同步器齿环的换挡次数次数不得少于10万次。

第三节 镁合金及在汽车上的应用

镁也是十分有前途的轻量化材料。它的超轻量特性和良好的导热性优于铝,在成本方面也比铝优越。采用镁合金制造汽车零件是轻量化的又一途径,尽管目前镁的价格较高,在汽车上的应用还较少,但一直为汽车行业所关注,并不断寻求应用途径。镁合金是汽车行业应用潜力很大的轻金属。

一、镁合金分类及性能

镁合金的密度为$1.8g/cm^3$,是铝合金的2/3,钢的1/4,是实际工程应用中最轻的金属材料。镁合金的密度低,但其比强度高于铝合金和钢,且比刚度三者基本相同,可以取代铝合金和钢部件承受一定载荷;镁合金具有良好的铸造性能和尺寸稳定性,易于加工,废品率低,从而可以降低生产成本;导热性能好、切削加工性好、电磁屏蔽能力强以及减振和阻尼性能好、易于回收等一系列独特的优势,满足了现代汽车工业对减重、节能的要求。用于制造壳体可以降低噪声,用于制造座椅、轮辋可以减小振动,从而提高汽车的安全性和舒适性。因此镁合金已经成为汽车用材料的重要发展方向,被誉为"21世纪的绿色工程材料"。

1. 镁合金的力学性能

有良好的疲劳强度,有高的比强度、比弹性模量,良好的刚性及抗电磁干扰屏蔽性,优于铝合金的可切削加工性和尺寸稳定性。镁合金铸件能承受很大的冲击载荷,而且在产生很大的永久变形后才开始破裂。在不同的应力条件下,镁的比阻尼量是铝的10~25倍,具有优于铝合金的减振性能,汽车受冲击时,使结构件能吸收更多的能量,确保汽车安全。镁对汽油、煤油、矿物油和碱类的耐蚀性能较高。镁合金的良好可切削加工性能,使切削能量的消耗比任何金属都低。因此,从减重节能效果和安全因素上看,镁合金是汽车上最有应用潜力的材料。

2. 镁合金分类

分为铸造镁合金和变形镁合金两类。铸造镁合金的牌号用"ZM"加顺序号表示,如ZM1、ZM3、ZM5等;变形镁合金的牌号用"MB"加顺序号表示,如MB1、MB5、MB7等。目前常用的镁合金主要用镁—锰系、镁—铝—锌系、镁—钍系等。

1) 镁—锰系合金

镁—锰系合金中的主要合金元素是锰,其主要作用是改善纯镁的抗蚀性。当锰的质量分数在 1.3%~2.5% 时,锰对合金的力学性能没有不利影响,但其在海水中的抗蚀性却显著提高。

单纯的镁—锰合金(如 MB1)力学性能不高,且不能通过热处理强化。如在 MB1 合金的基础上加入少量(0.15~0.35%)的铈(如 MB8),可细化晶粒,从而提高力学性能。

镁—锰系合金的抗蚀性和焊接性能优于其他镁合金,MB1 主要用于生产板材、棒材、带材半成品及锻件,供制造受力不大,而要求高塑性、焊接性及耐蚀性的飞机零件。MB8 则可制作中等负荷的零件。

2) 镁—铝—锌系合金

镁—铝—锌系合金与镁—锰系合金比较,其主要特点是强度高,可以通过热处理强化,并具有良好的铸造性能。但抗蚀性没有镁—锰系合金好,屈服强度和耐热性较低。

镁—铝—锌系合金中的铝是主要合金元素,锌和锰是辅助元素。铝在镁中有较大的固溶度,固溶强化作用显著。锌的主要作用是补充强化,并能改善合金的塑性。锰的主要作用是提高合金的抗蚀性。

铝和锌在镁中的固溶度都随温度的降低而减少,因此镁—铝—锌系合金可以进行热处理强化,但当铝的质量分数小于 8% 时,热处理强化效果不明显。

镁—铝—锌系变形镁合金 MB2、MB3 具有优良的热塑性变形能力和适中的焊接性,主要用于生产形状复杂的锻件和热挤压棒材。

镁—铝—锌系铸造镁合金 ZM5 具有较好的铸造性能和较高的力学性能,是目前广泛应用的一种镁合金,主要制造形状复杂的大型铸件和受力较大的飞机及发动机零件的制作。

3) 镁—锌—锆系合金

镁—锌—锆系合金是近期发展起来的高强度镁合金。与镁—铝—锌系合金相比,镁—锌—锆系合金形成组织疏松的倾向很小,铸造性能较好,屈服极限较高,且热塑性变形能力大。因此,镁—锌—锆系合金可用作高强度铸造合金和变形合金。常用的镁—锌—锆系合金有 ZM1、ZM2、MB15 等。

镁—锌—锆系合金中的主要合金元素是锌和锆,锌的主要作用是固溶强化及通过热处理提高合金的屈服极限,其锌的质量分数在 6% 左右为宜。锆的主要作用是细化合金组织,提高强度和屈服极限,改善合金的塑性和抗蚀性,并能提高合金的耐热性。锆的质量分数在 0.5~0.8% 时作用效果最佳。但在合金中加锆的工艺复杂,且形成偏析的倾向较大。

在镁—锌—锆系合金中,ZM1 主要用于制造航空工业中的高强度、受冲击载荷大的零件,如飞机轮毂、轮缘、支架等;ZM2 主要用于制造航空工业中的工作温度较高(200℃以下)的零件,如发动机机座、电动机壳体等;MB15 主要用于航空工业中制造受力较大的零件,如机翼长桁等。

二、镁合金零件在汽车上应用

目前,汽车上应用的镁合金零部件主要有两类共 60 多种,如离合器外壳、变速器体、发动机前盖、曲轴箱等壳体类,以及转向盘、座椅支架、仪表板框架、转向支架、车镜支架等支架类。

在材料的选择方面,用于结构件的一般以 AZ 系和 AS 系为主,而 AM 系镁合金主要用于装饰零件。

最早用镁合金生产汽车零件的是德国大众汽车公司,早在 70 多年前,就用镁合金生产轿车的变速器壳体件,一直沿用至今。目前世界轿车变速器壳体,仍多采用成本低廉的铝合金压铸件,但世界各大汽车公司,开始在轿车分动箱、离合器、变速器和机油滤清器等壳体件上使用镁合金压铸件。上汽大众的桑塔纳轿车率先在国内开始使用镁合金变速器壳体,并实现了批量生产。一汽集团公司的合资公司一汽大众公司所生产的捷达、奥迪轿车有相当数量的部件就是镁合金部件。目前在德国大众公司生产的捷达 A4、奥迪 A4、A6 轿车的变速器壳体、离合器壳体、差速器壳体等零件均为镁合金压铸件。镁合金零部件在整车上的应用如图 3-17 所示。

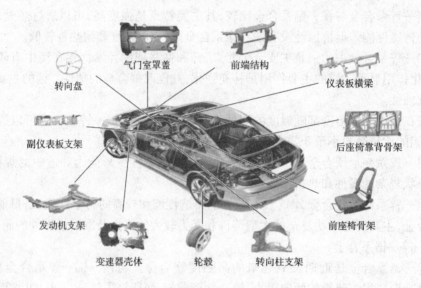

图 3-17　镁合金零部件在整车上的应用

不同镁合金材料牌号应用的零部件见表 3-4。

镁合金材料牌号在汽车上的应用　　　　　　　　　　　表 3-4

材料牌号	应用的汽车零部件	材料牌号	应用的汽车零部件
AM20	车门内板	AE44	发动机托架
AM50/60	转向盘、转向管柱支架、门框	AZ91D	轮毂、变速器壳体、转向管柱支架、离合器壳体、气门室罩盖
AM60B	仪表板骨架、座椅骨架		
AZ42	变速器壳体、汽缸盖	AZ91HP	进气歧管

镁合金应用到变速器壳体上,除能体现其密度小、抗振动、降低噪声等优势外,主要体现散热和机械加工的优势。

1. 铸造镁合金的应用

近年来,许多种轿车铸件开始采用镁合金,以适应汽车轻量化的要求。这些镁合金铸件包括:离合器外壳、变速器壳体、变速器上盖、发动机罩、转向盘、座椅支架、仪表板框架、车门内板、轮辋、转向支架、制动支架、气门支架等,甚至还有缸盖和缸体(图 3-18~图 3-21)。60 多种汽车零部件已采用或正在开发应用镁合金。

镁合金压铸件优点：质量轻，产品集成化高，例如轿车上仪表板可将原设计中 30～60 个零件集成为一片式压铸件；延伸率高，镁—铝—锰系列镁合金延伸率高，可增加零部件的抗冲击能力；降低加工费用及部件组装费用；减少振动与噪声；提高汽车零部件的刚性；提高零部件的回收性。

图 3-18　镁合金变速器壳体

图 3-19　镁合金轮辋

图 3-20　镁变速器盖
（东风公司压铸生产的镁合金典型零部件——变速器左右盖）

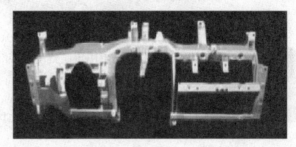

图 3-21　镁合金仪表板座
（镁铸件取代组合式钢结构来制作仪表板座）

2. 变形镁合金

变形镁合金板材具有以下优点：更高的强度和更好的综合力学性能；更好的延展性、更强的耐损伤力和均匀的变形性；性能稳定，从而简化了部件的优化模似设计；易于获得更大的薄壁（小于 1.5mm）表面和更好的表面质量。与目前同样作为外壳件应用的塑料相比，镁合金板材具有耐高温、低的热膨胀性以及易于回收利用的优点。

镁合金还用于制造仪表板、缸体、罩盖等零件，如图 3-22、图 3-23 所示。

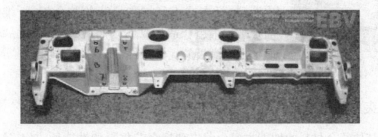

图 3-22　仪表板（宝马 Mini）镁 3.8kg

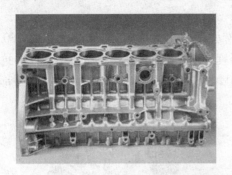 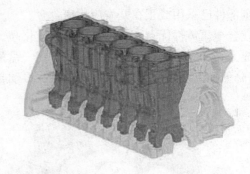

图 3-23　BMW 镁合金缸体与罩盖

在汽车工业中变形镁合金板材可用于制备车身零部件,锻件可用于制备汽车底盘承载件,德国大众(奥迪)汽车公司开发了镁合金汽车外铝的混合车门可减重 50%,与铝门相比可减重 20%。

第四节　蜂窝夹层材料

蜂窝夹层材料结构复合材料因其具有比强度高、抗冲击性能好、减振、透微波、可设计性强等优点,目前已经被广泛应用,特别是航空航天领域,蜂窝夹层结构以其优越的性能成为该领域不可缺少的结构材料之一。

目前的蜂窝夹层结构复合材料主要分为铝蜂窝夹层结构复合材料、Nomex 纸蜂窝夹层结构复合材料、玻璃钢夹层结构复合材料、棉布蜂窝夹层结构复合材料等,其中玻璃钢夹层结构复合材料已得到广泛的研究和应用。

图 3-24　蜂窝夹芯材料

蜂窝夹芯材料(图 3-24)是用浸渍过合成树脂(酚醛、聚酯等)的牛皮纸、玻璃纤维布或铝片等面板,经加工黏结成六角形空腹(蜂窝状)的整块芯材。常用的面板为浸渍过树脂的牛皮纸、玻纤布或不经树脂浸渍的胶合板、纤维板、石膏板等。面板必须采用合适的黏结剂与芯材牢固地黏结在一起,才能显示出蜂窝板的优异特性,即具有比强度大、导热性低和抗震性好等多种功能。

一、蜂窝夹层材料性能

蜂窝夹层结构复合材料的性能主要由蒙皮和蜂窝芯材料的性能所决定,这些性能主要包括蒙皮的厚度与材质,蜂窝芯材的高度、材质、密度、孔格大小以及形状等。

材料性能：强度质量比大、受力均匀、耐压力强（破坏压力为7200Pa）、导热性低、质轻、有隔声效果、经过化学胶液浸渍处理后的纸蜂窝芯不易虫蛀、抗震性好及不易变形（因蜂窝纸板内芯蜂窝结构疏密度不同，使得其弹性范围大，产生较强的抗震性）等。

这种夹芯材料的应用很广泛，例如，一级方程式赛车模仿自然蜂窝结构，使用空心六边形管相互作用增强原理制作芯材，使赛车具有较高的抗冲击强度和能量吸收能力；比赛用自行车也采用的这种蜂窝结构的夹芯材料。

二、蜂窝夹层材料在汽车上应用

1. 铝蜂窝夹层结构

铝蜂窝芯材主要由铝箔以不同的黏结方式黏结，通过拉伸而制成不同规格的蜂窝，芯材的性能主要通过铝箔的厚度和孔格大小来控制，再将铝蜂窝芯材和不同的蒙皮材料复合，形成铝蜂窝夹层结构复合材料。铝蜂窝夹层结构复合材料具有较高的力学性能，其芯材铝蜂窝的制造成本也相对较低。但铝蜂窝夹层结构复合材料在某些环境中使用时易腐蚀，在受到冲击后，铝蜂窝芯材会发生永久变形，使蜂窝芯材与蒙皮发生分离，导致材料的性能降低。

2. 乘用车蜂窝结构内饰板材

蜂窝结构复合板是两层薄面板中间夹一层轻质高强的蜂窝纸芯材料，而面板可以采用玻璃钢、塑料、铝板和钢板等材料。由于蜂窝结构复合板具有轻质、比强度和比刚度高、抗振、隔热、隔声和阻燃等特点，故在乘用车的内饰材料上获得较多应用，如备用胎隔板、顶篷板、遮阳板、行李舱板等。通过不断创新，除了赋予夹层部件质量轻、抗震性好以及刚度高的优点外，新型的结构材料还改善了此类部件的耐潮湿性能，并可为它们带来软触纹理的表面效果。例如，与传统的钢制车顶模块相比，蜂窝夹层结构的车顶模块质量可减轻25%。

乘用车蜂窝结构内饰板材，已经在德国研发和成功应用，德国的奔驰、宝马、奥迪等高档汽车已经开始批量使用，它是用低成本的蜂窝结构纸芯与玻璃纤维材料或其他天然纤维材料复合制造的轻质和环保的结构板材。它质量轻，可以减轻汽车的质量并减少燃油的消耗，降低二氧化碳的排放，不仅成本低，还可以完全再生或循环利用，是一种值得广泛推广和应用的资源节约型和环境友好型新材料。

拜耳材料科技的聚氨酯专家们日前研发出了一种拥有完美的热保温性能且极为轻量、坚硬的聚氨酯车顶。据了解，这种新一代的车顶模块每平方米的质量仅仅4.5kg，同时低导热性减少了对热能的需要。三明治的构造使该车顶模块的支撑结构提供优良的抗拉强度和稳定性。

夹芯结构的应用使汽车质量更轻，抗撞击性能更好，安全舒适性得到较好保证，是当前的发展方向之一。

3. 轻质、强韧的行李舱地板

（1）奔驰汽车公司最新在欧洲推出的一款小型省油汽车，其行李舱地板就采用了蜂窝结构部件，该部件的核心层为蜂窝纸芯，在纸蜂窝的上下两面各覆盖一层玻璃纤维毡，然后再由聚氨酯喷涂系统浸润；接着将该夹层结构放入一个加热好的模具中，并在130℃的温度下直接模压成型，由此成型的结构板材其密度不足$3kg/m^3$，这使得该部件比起用木材或金属薄板等传统材料制造的同类产品要轻80%。此外，厚度约为0.5mm的纤维增强层则赋予该部件极高的弯曲强度,其弹性模量高达13000MPa,因此,即使在高负荷下,也仅发生适度的变形。

(2)大众汽车公司最新推出了一款动力强劲且性价比较高的Tiguan汽车,其行李舱地板就是由Baypreg聚氨酯材料制成的夹层结构部件。该部件的核心层为硬纸板制成的蜂窝结构,在纸蜂窝的上下两面各覆盖一层玻璃纤维毡,然后再由拜耳材料科技的BaypregF聚氨酯喷涂系统浸润。接着将该夹层结构放入一个加热好的模具中,并在130℃的温度下直接模压成形。由此成形出的行李舱地板长80cm,宽1m,厚2cm,其密度不足3kg/m²,这使得该部件比起用木材或金属薄板等传统材料制造的同类产品要轻80%。

(3)美国GE公司的汽车采用了新型的复合材料结构保险杠,它主要由马氏体钢、RIM(反应注射成型)纤维增强聚氨酯层和聚乙烯蜂窝层(起缓冲作用,取代液体吸能器)组成,比钢制的轻8kg,能满足8km/h的撞击实验。在一次美国杯赛车赛的所有赛车的车壳,一律采用CF环氧予浸料蒙皮,Nomex芯结构,利用高性能黏结剂进行黏结的以树脂浸渍纸蜂窝芯和钢板制作的汽车地板比传统地板的室内噪声降低3dB;蜂窝车顶衬里由上下两层多孔板材夹住纸蜂窝芯,具有较好的吸声性能,实现了轻量化且比传统车的环境噪声低3dB。

4. 陶瓷蜂窝载体——尾气净化催化器

陶瓷蜂窝载体是目前汽车尾气净化催化器最常用的载体材料,但是由于其存在各种弊端,加之世界各国机动车排放法规的日趋严格,现有的陶瓷蜂窝载体已难以满足要求,而金属蜂窝被国际上认为是最具应用前景的载体材料。采用粉末增塑挤压—烧结技术制备铁基蜂窝材料具有工艺流程短、成本低、材料性能好的优点,具有很好的应用开发前景。但该工艺在我国才刚刚起步,制备工艺技术还需进一步完善,影响蜂窝载体性能的因素及蜂窝载体成分、工艺、组织和性能关系的内在机理和规律还有待深入探讨。

本章小结

1. 汽车材料轻量化材料,主要有铝、镁、合金。
2. 铝及其合金的性能、分类及在汽车上的应用。
3. 铜及其合金的性能、分类及在汽车上应用。
4. 镁和镁合金性能、分类及在汽车上应用。

复习思考题

一、名词解释

硅铝明、黄铜、青铜。

二、填空题

1. ZL110是_____合金,其组成元素为_____。
2. HSn70-1是_____合金,其含Sn量为_____%。
3. QA17是_____合金,其组成元素是_____。
4. TC4是_____型的_____合金。
5. 铝合金根据成分和加工特点,可分为_____和_____两类。其中铝硅合金属于

_____,硬铝合金属于_____。

6. 铜合金有黄铜和青铜两类,黄铜又可分为普通黄铜和_____。青铜又可分为_____和_____。普通黄铜中,含锌量为30%~32%时,_____很好,可用深冲压方法制造汽车的散热器,当含锌量为39%~42%时,_____最高。

三、选择题

1. 将下列各牌号分别填到它们所属类别中:
   普通黄铜_____、铸造铝合金_____、巴氏合金_____、硅青铜_____、特殊黄铜_____、硬铝_____。
   A. HT15-33　　B. 20　　　　　　C. T9　　　　D. H68　　　E. ZL104
   F. HSn90-1　　G. ZChSnSb11-6　　H. LY8　　　I. QSi3-1

2. 将下列各材料分别填到它们所制造的汽车零件中:
   化油器上、中、下体_____;CA1091曲轴轴承_____;EQ1090转向节衬套_____;EQ1090曲轴轴承_____。
   A. 20高锡铝轴承合金　　B. ZL108　　　C. 巴氏合金　　D. 压铸锌合金
   E. HPb59-1　　　　　　F. HSn90-1　　G. ZCnPb30

3. 铸造铝合金有_____,形变铝合金有_____;硬铝合金有_____;防锈铝合金有_____。
   A. LY12　　B. LE4　　C. LE5　　D. ZL104　　E. ZL301　　F. LL5

4. HMn58-2中含Zn量为:
   A. 0%　　　B. 2%　　　　　C. 58%　　　　D. 40%

5. LF5的有_____。
   A. 铸造性能好　　B. 强度高　　C. 耐蚀性好　　D. 时效强化效果好

四、判断题(正确的打"√",错误的打"×")

1. 铸造铝合金的铸造性能好,但塑性较差,故一般不进行压力加工,只用于铸造成型。(　　)
2. 黄铜是铜锌合金,青铜是铜锡合金。(　　)
3. 纯铜具有很高的导电性和导热性,也有优良的塑性,强度不高,不宜做承受载荷的汽车零件。(　　)
4. 所有的铝合金都可以通过热处理予以强化。(　　)
5. 铅黄铜加铅是为了提高合金的切削加工性。(　　)
6. 若铝合金的晶粒粗大,可以重新加热予以细化。(　　)

五、问答题

1. 有色金属与黑色金属相比较,具有哪些优良的性能?
2. 汽车上常用的有色金属有哪几种?

第四章 汽车用轴承合金

第一节 轴承材料的基本特性

轴承是机器上的重要零件,目前机器中使用的轴承有滚动轴承和滑动轴承两类。在滑动轴承中,用于制造轴瓦及内衬的合金材料称轴承合金。汽车发动机中,曲轴轴承、连杆轴承、凸轮轴轴承等都采用滑动轴承。轴承工作在恶劣的环境中,如连杆轴承,承受着交变载荷的作用,轴与轴承的相对滑动速度达 10m/s 以上,工作温度达 400K 以上,当发动机低速运转或急加速时,很难建立起足够厚的油膜,轴瓦最易烧毁。为了使轴的磨损减小到最小限度,保持轴的正常工作,轴承合金必须具备以下要求:

(1)有较高的挤压强度和抗疲劳强度,并有较低的摩擦系数。
(2)能很好地储存润滑油,使接触表面形成油膜。
(3)有良好的导热性,耐蚀性和较小的膨胀系数。

为此,轴承合金的理想组织应该是软基体中有硬质点或硬基体中有软质点的材料。如图 4-1 所示。

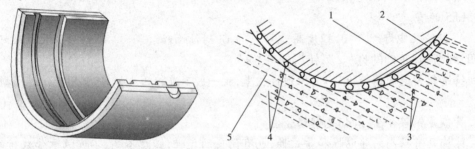

图 4-1 轴承合金的理想组织
1-轴;2-润滑油空间;3-软基体;4-硬质点;5-轴瓦

软基体硬质点的材料在工作一段时间后,基体磨损形成凹坑,可储存润滑油,起良好的润滑作用,而硬质点凸起后可支承轴的压力,一旦负载增大,硬质点被压入软基体中,从而避免了轴的擦伤。硬基体软质点的材料在工作中的作用原理基本同前,只不过是软质点磨损后储存润滑油比硬质点材料储存的少些,但由于有面积比例较大的硬基体,工作中易形成一定厚度的油膜,所以它的耐磨性好,疲劳强度高,一般用于重载、高速的发动机上。

第二节 轴承材料的成分及性能

常用的滑动轴承材料有锡基合金、铅基合金、铜基合金及铝基合金等。按用途可分为轴瓦用滑动轴承材料及衬套用滑动轴承材料。

一、锡基、铅基轴承合金

锡基及铅基合金(这两类轴承合金统称为巴氏合金)是最早应用于发动机滑动轴承的材料之一。

轴承合金(巴氏合金)分两大类:一类是以锡为基本成分,加入适量的锑(4%~14%)和铜(3%~8%)而成的,叫做锡基轴承合金,如 ChSnSb11-6;另一类是以铅为基本成分,加入适量的锡(最多达20%)和锑(10%~15%),叫做铅基轴承合金。这两类都是优良的轴瓦材料。

牌号:表示方法是"ZCh + 基本元素符号 + 主加元素符号 + 主加元素及辅加元素的百分含量",现举例说明如下:

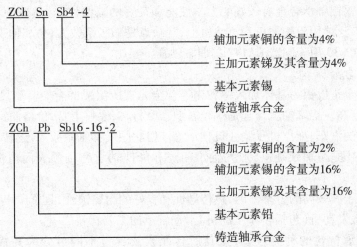

这两类轴承合金(巴氏合金)都属于软基体硬质点的材料,在汽车上应用很广。锡基轴承合金是以锡为基础,加入适当的锑(Sb)、铜(Cu)等元素组成。

性能:有较好的塑性和韧度,适中的硬度和较低的摩擦系数。但疲劳强度低,耐热性较差(正常工作温度不应超过了373K);铅基轴承合金是以铅为主,加入适量的锡、锑、铜等元素组成的合金。其强度、硬度和韧度比锡基合金较低,摩擦系数较大,但价格便宜,耐压强度较高。

应用:用于中等负载的轴承,如曲轴轴承、连杆轴承、凸轮轴轴承等。

二、铜基、铝基轴承合金

铜基、铝基轴承合金都属于硬基体软质点的轴承合金。铜基轴承合金是以铜为基础,加入适量的锡、铅、锌及磷、锰等元素组成的合金。

优点:机械强度高、承载能力大、耐热性好,在420K 左右也能正常工作。

缺点:减磨性差,常在磨损面镀一层软金属(铅锡、铅锡铜)改善其缺点;铝基轴承合金有铝镁锑合金、低锡铝合金(含锡6%左右)和高锡铝合金(含锡20%以上)。铝锑镁合金和低锡铝合金力学性能较好,负载能力强但减摩性差。一般也镀软金属层,主要用在柴油机上。如 6135Q 型柴油机即用铝镁合金。

轴承合金的牌号按国家标准(GB/T 1174—1992)规定,用"轴"字汉语拼音首字母"Z"加基本元素符号与主加元素符号及百分含量表示。例如：

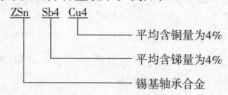

1. 铜基轴承合金

铜基轴承合金是硬的基体上均匀分布着软的质点。常用牌号有 ZQSn10-1 和 ZQPb30 两种。ZQSn10-1 是含锡量为 10%，含磷量为 1% 的铸造锡青铜，它常用于制作高速、重载荷柴油机的曲轴轴瓦。

应用：铜基合金轴承材料由于其具有较高的疲劳强度，目前乃是国外重载发动机滑动轴承的主要材料。高锡铝轴承合金有较好的力学性能和良好的减磨性、导热性等。可靠性比锡基轴承合金好，被广泛地用于柴油机和汽油机上，其缺点是膨胀系数大，易和轴咬合，装配时须留有较大间隙。ZQPb30 用于制造 CA141 的曲轴轴瓦。

2. 铝基轴承合金

铝基轴承合金是以铝为基体加入锑和锡等合金元素所组成的合金。密度小，导热性和耐蚀性好、疲劳强度高。铝基轴承合金是一种新型减磨材料，原料丰富，价格便宜，广泛应用于高速和重载下工作的汽车、拖拉机及柴油机轴承等。但它的线膨胀系数大，运转时容易与轴咬合使轴磨损，可通过提高轴颈硬度，加大轴承间隙和降低轴承和轴颈表面粗糙度值等办法来解决。

铝基合金由于其较高的力学性能、热传导性和良好的耐腐蚀性，且资源丰富、价格低廉，而成为国外中、轻载发动机（包括轿车发动机）滑动轴承的主要材料之一。

铝基滑动轴承材料的种类较多，按其所含元素及含量不同可分为高锡铝合金（$W_{Sn} \geq 20\%$）、低锡铝合金（$W_{Sn} \leq 6\%$）、中锡铝合金（$6\% < W_{Sn} < 20\%$）、铝（锌）硅合金、铝铅合金及铝锌合金等。

高锡铝基轴承合金。它是以铝为基础，加入约 20% 的锡和约 1% 的铜所组成的合金——20 高锡铝基轴承合金。它的组织是在硬基体（铝）上均匀分布着球状的软质点（锡）。

高锡铝基轴承合金具有价格较低，密度小，耐磨性好、疲劳强度较高，导热性好等性能。其可靠性比锡基轴承合金好。汽车上目前广泛应用。当汽车在较差路面上行驶时，因超载也不会发生轴承合金剥落，具有寿命较长的优点（在正常使用情况下其寿命可达 10 万多千米）。

应用：随着汽车发动机向高速、重载和增压强化方向发展，轴承的工作条件更加恶化，因此，对轴承材料提出了更高的要求。铝基轴承合金基本上具备了上述轴承合金的优点，并弥补了它们的不足之处，因此，在汽车发动机上应用日益增多。铝基合金有铝锑镁合金、铝锡合金和铝硅合金。它们的抗压强度和抗疲劳强度较高，导热性和耐蚀性好，价廉，但其摩擦相容性、嵌入性和顺应性较差，广泛用于内燃机和压缩机轴承。

第三节　汽车发动机用轴承材料

滑动轴承是汽车（特别是发动机）中非常重要的摩擦易损件，与发动机曲轴、活塞销、凸轮轴及汽车底盘上的某些轴类零件组成重要的摩擦副。滑动轴承材料的性能在一定程度上影响或决定着汽车和发动机的寿命、可靠性及某些主要经济技术指标。因此,随着汽车及发动机性能的不断提高,滑动轴承材料的发展也相当的迅速。

滑动轴承工作时,轴瓦与转轴之间要求有一层很薄的油膜起润滑作用。如果润滑不良,轴瓦与转轴之间就存在直接的摩擦,摩擦会产生很高的温度,虽然轴瓦是由特殊的耐高温合金材料制成,但发生直接摩擦产生的高温仍然足以将其烧坏。轴瓦还可能由于负荷过大、温度过高、润滑油存在杂质或黏度异常等因素造成烧瓦,烧瓦后滑动轴承就损坏了。

轴瓦是轴承上直接与轴颈接触的零件,因而是轴承的重要组成部分。由于轴颈的材料常用各种不同品种的钢材,因而轴瓦的材料,就应当选用那些与轴颈相互摩擦时,摩擦系数小和磨损少的减摩耐磨材料。

一、对轴瓦材料的主要要求

对轴瓦材料除应满足摩擦系数小和磨损少的要求外,还应满足下列要求。

1. 抗黏着性

金属材料组成的摩擦副,相对滑移时可能产生黏着磨损。轴瓦和轴颈的工作时当载荷大、转速高、轴承间隙过小、表面粗糙度不高和润滑不足时,轴承更易发生黏着现象。不同的材料相匹配时,产生黏着的可能性和程度是不同的,轴颈又一般用钢制造,因而与钢相匹配不易产生黏着的材料,就具备了轴瓦材料的重要特性——抗黏着性。

2. 适应性

轴承能适应轴的弯曲和其他几何形状误差的能力叫轴承的适应性。硬度低、塑性好和弹性系数低的材料,就具有良好的适应性。

3. 容纳异物的能力

在摩擦表面间混入异物,如尘土或金属碎屑等,应能嵌入轴瓦材料中而不外露,以使轴颈及轴瓦表面不受磨损,这就是容纳异物的能力。对金属材料来说,适应性好的材料,容纳异物的能力也就好。

4. 抗疲劳性

在轴承的载荷大小和方向经常变化之处,轴瓦表面所受的压力是不断变化的。多次重复作用的变压力可在材料表层引起裂纹和脱落。抗黏着性和适应性好的材料,一般抗疲劳性都较低。为了改善轴瓦材料的抗疲劳性,对于轴承合金来说,应当尽可能用得薄一些,减薄巴氏合金层的厚度提高轴承疲劳寿命。

5. 强度

轴瓦材料应具有足够的抗压强度、疲劳强度和承受冲击的能力。为了提高轴瓦的强度,可采用双金属或三金属的轴瓦结构。

6. 抗腐蚀性

矿物油润滑剂经长期使用后,会因氧化而生成酸性的沉积物,对轴瓦材料(如镉、铅、锌及铜合金等)有腐蚀作用。轴瓦材料中含有锡的成分时可以减轻腐蚀,采用铝合金轴瓦也有较好的抗腐蚀性。

二、滑动轴承的特点及结构形式

滑动轴承的结构形式如图 4-2 所示。

翻边轴瓦

图 4-2　滑动轴承结构

滑动轴承具有如下特点。

（1）结构简单、拆装方便、价格低廉。

（2）承受载荷的面积大、轴颈与轴瓦之间存在一层油膜，故可承受较大的冲击载荷和振动载荷。

（3）在转速极高的时候容易形成完全液体摩擦，所以可用于高转速场合。

（4）滑动轴承可制成对开式，因而装配时不像滚动轴承那样必须由轴的一端装入，可用于滚动轴承因结构限制无法应用的场合。

三、汽车常用的轴瓦材料

常用的轴瓦材料分金属材料和非金属材料两大类。

1. 铸铁

普通灰铸铁或加有镍、铬、钛等合金成分的耐磨灰铸铁，或者球墨铸铁，都可以用作轻载低速轴承的轴瓦材料。这些材料中的片状或球状石墨成分可以使材料表面上形成一层起润滑作用的石墨层，因此是选作轴瓦材料的主要原因。

2. 轴承合金（通称巴氏合金或白合金）

巴氏合金具有良好的抗咬黏性、顺应性、嵌入性、耐腐蚀性、线膨胀系数小及工艺性能好等优点，但由于其抗疲劳强度较低、合金层易出现疲劳裂纹和剥落，因此只能应用于小型、轻载的汽车发动机轴瓦或作为衬套材料使用。

锡基轴承合金的抗腐蚀能力高，边界摩擦抗黏着能力强，与钢结合得比较牢固，但由于锡的价格较贵，故其生产量正在逐渐减少并由铅基合金轴承材料来代替。而铅基轴承合金的抗腐蚀能力较差，故宜采用不引起腐蚀作用的润滑油，以免导致轴承的腐蚀。轴承合金元素的熔点大都较低，所以只适用于在 150℃ 以下工作。轴承合金强度低，且价格较贵，为了提高轴瓦强度和节约材料，一般只用来作为双金属或三金属轴瓦的表层材料。

3. 铜合金

铜合金是传统使用的轴瓦材料。常用种类有：①铸造铅青铜；②铸造锡锌铅青铜；③铸造锡磷青铜;④铸造铝青铜;⑤铸造黄铜。

4. 陶质金属

是用不同的金属粉末经压制、烧结而成的轴瓦材料。材料是多孔结构的。孔隙占体积的10%~35%。使用前先把轴瓦在热油中浸渍数小时,使孔隙中充满润滑油,因而通常把这种材料制成的轴承叫含油轴承。

它具有自润滑性。工作时,由于轴颈转动的抽吸作用及轴承发热时油的膨胀作用,油便进入摩擦表面起润滑作用;不工作时,因毛细管作用,油便被吸回到轴承内部,故在相当长时间内,即使不添加润滑油仍能很好地工作。如果定期给以供油,则使用效果更佳。但由于其韧性较小,故宜用于平稳无冲击载荷及中小速度情况下。常用的有青铜—石墨、多孔铁质和铁—石墨三种。一辆乘用车上至少有30个以上的部位装有自润滑轴承,如图4-3所示。比如:张紧轮、空调压缩机、二次空气阀、燃油泵、起动机、变速器、转向泵、转向柱、避振器、制动系统、踏板总成、座椅调节系统、门铰链、行李舱铰链、发动机罩铰链、刮水器等。

图4-3 乘用车上装自润滑轴承部位

同时,在各类商务车和货车上也广泛地采用了各种自润滑轴承,包括发动机连杆、变速器、平衡轴等部位。目前,我国已有专门制造含油轴承的工厂,需用时可根据设计手册选用。

5. 石墨

石墨是一种良好的固体润滑剂。用石墨制出的轴瓦及轴套,摩擦系数小,抗黏着性好,磨损速度很低,不氧化,但其性质很脆,受冲击载荷时易碎。石墨轴瓦的热膨胀系数小,最好用较小间隙或过渡配合压在轴瓦外套中。石墨轴瓦及轴套可以是纯石墨的,它的强度较低;也可以加入塑料、树脂、银、钢或巴氏合金等,以提高强度及改善适应性。

本 章 小 结

轴承合金要求,轴承合金的分类,铜基、铝基轴承在汽车上的应用。

复习思考题

一、名词解释

巴氏合金。

二、填空题

滑动轴承合金的理想组织,一般是由软_____和在它上面均匀分布着的_____构成。除了铸造青铜以外,常用轴承合金还有_____轴承合金、_____轴承合金和_____轴承合金三类,其中_____和_____轴承合金又叫巴氏合金。20高锡铝轴承合金的组织是在_____。

三、选择题

ZChSnSb8-4 是_____。

  A. 铸造铝合金 B. 铸造黄铜 C. 铸造青铜 D. 滑动轴承合金

四、判断题(正确的打"√",错误的打"×")

1. 轴承合金就是巴氏合金。 ( )

2. ZChSnSb8-4 是在软基体上分布硬颗粒的滑动轴承合金。 ( )

第二篇　汽车制造用非金属材料

第五章　玻璃及橡胶制品

学习目标

1. 理解汽车对玻璃的性能要求；
2. 了解汽车安全玻璃的种类及新型的玻璃材料；
3. 理解汽车对橡胶材料的性能要求；
4. 了解汽车上的橡胶制品应用状况；
5. 掌握汽车橡胶管、橡胶带、橡胶密封件的种类、用途、结构、规格及原理。

随着汽车工业的发展，现代汽车上采用了大量的玻璃，它不仅能使汽车变得更加靓丽，而且为驾驶员提供了良好的视野和舒适的驾驶环境。另外，它还使所有的乘员能够在旅途中欣赏到汽车外面的风景，消除旅途疲劳。目前，汽车玻璃已经成为购车者关注的焦点，它直接涉及驾乘人员的生命安全。

汽车制造业一直是橡胶制品的重要市场。汽车用橡胶零件不仅数量大，而且耗用的生橡胶也占橡胶制品工业的首位。汽车用橡胶制品包括轮胎、胶管、密封条、油封、传动带、减振块和防尘罩等各种各样的零件。橡胶制品用于每辆轿车的质量约187kg，中型载货汽车约325kg，重型载货汽车约400kg，占汽车总质量的10%以上，可以说，没有橡胶，就没有现代的汽车工业。

第一节　玻璃的分类

一、玻璃概述

玻璃是指由熔融物通过一定方式冷却后，因黏度增加而具有固体的力学性质与一定结构特征的非晶形物体。但是，并不是所有的熔融物在冷却时都会形成玻璃态，只有某些物质，特别是硅酸盐类物质，在冷却时才容易过冷而形成玻璃态。所以人们常常把玻璃看作硅酸盐类材料中的一种。

玻璃主要由二氧化硅（SiO_2）和各种金属氧化物组成，其化学组成为 $R_2O \cdot RO \cdot 6SiO_2$，其中 R_2O 代表一价金属氧化物、RO 代表二价金属氧化物，如 Na_2O、K_2O、CaO、MgO、Al_2O_3、B_2O_3、BaO、ZnO 和 PbO 等。

由于形成玻璃的主要金属氧化物不同，所以玻璃又分为石英玻璃（含 SiO_2 为 100%）、硅酸盐玻璃（基本结构是 SiO_2）、硼酸盐玻璃（基本结构为 B_2O_3）、磷酸盐玻璃（基本结构为 P_2O_5）及其他结构的玻璃。

二、玻璃的分类

玻璃的种类繁多，包括范围也非常广泛，分清玻璃的类别对于掌握玻璃的成分、性质和用途十分必要。通常玻璃有以下几种分类方法。

1. 按照化学成分分类

(1) 钠玻璃。钠玻璃的主要成分是 SiO_2、Na_2O 和 CaO，所以也把钠玻璃称为钠—钙—硅酸盐玻璃（简称钠钙玻璃）。钠玻璃的软化点较低，易于熔制，但由于所含杂质多，制品多带有绿色，其力学性能、热性能、光学性能及化学稳定性较差，多用于制造普通的建筑玻璃及日用玻璃制品。

(2) 钾玻璃。主要成分是 K_2O、Na_2O、CaO 和 SiO_2，又称钾—钙—硅酸盐玻璃。其特点是硬而有光泽，多用于制作化学仪器用具及高级玻璃制品。

(3) 铅玻璃。铅玻璃的主要成分是 PbO、K_2O 和 SiO_2。这类玻璃的特点是具有鲜明的色彩与美丽的光泽，质软而易加工，敲击时发出金属般的悦耳之音，对光的折射率和反射性强，化学稳定性高，主要用作光学仪器、高级器皿、装饰品和艺术品。

(4) 硼玻璃。硼玻璃的主要成分是 B_2O_3、SiO_2 和 MgO，又称为硅酸硼或硼—硅酸盐玻璃。具有较好的光泽和透明度，较高的力学性能、耐热性、绝缘性和较好的化学稳定性，用于制造化工仪器、绝缘材料和耐热玻璃。

(5) 铝镁玻璃。铝镁玻璃又称钠—钙—铝—镁硅酸盐玻璃，主要成分为 MgO、Al_2O_3、SiO_2、CaO 和 Na_2O，其软化点低，力学性质、光学性质和化学稳定性比普通玻璃有所提高，常用于制造高级建筑玻璃。

(6) 石英玻璃。石英玻璃又称水晶玻璃，为 100% 的 SiO_2，由单纯石英原料或人工合成的纯 SiO_2 作为原料熔炼而成。石英玻璃的热膨胀系数很小，具有很高的热稳定性，力学性能高，可以使红外线和紫外线透过，电绝缘性好，用以制作高级化学仪器，光学零件和耐高温、高压等特殊用途的制品。但是石英玻璃的熔制温度高，熔制方法特殊，加工困难。

(7) 高硅氧玻璃。高硅氧玻璃是指 SiO_2 含量在 95% 以上的玻璃，又称 96% SiO_2 玻璃。其性能与石英玻璃相似，但成本较低。它是硼硅玻璃中加入氧化硼（B_2O_3），再用酸进行漂白加工，去除全部氧化钠（Na_2O）而制成的。

2. 按照性质和用途分类

(1) 建筑玻璃。建筑玻璃中主要是平板玻璃，包括商用平板玻璃、镜用平板玻璃、装饰用平板玻璃（压花玻璃、磨砂玻璃、彩色玻璃等）、安全玻璃（夹层玻璃）和特种平板玻璃（如磨光玻璃、双层中空玻璃、玻璃砖等）。

(2) 技术玻璃。技术玻璃包括光学玻璃、仪器玻璃、玻璃器具及设备和特种技术玻璃如

(导电玻璃、磁性玻璃、荧光玻璃等)。

(3)日用玻璃。日用玻璃主要包括瓶罐玻璃、器皿玻璃、装饰玻璃制品等。

(4)玻璃纤维。玻璃纤维有无碱玻璃纤维(Na_2O含量小于0.7%)、低碱玻璃纤维(Na_2O含量小于2%)、中碱玻璃纤维(Na_2O含量在12%左右)和高碱玻璃纤维(Na_2O含量在15%左右)。

(5)汽车玻璃。汽车玻璃主要有前风窗玻璃、侧面玻璃和后车窗玻璃等,要根据不同部位的具体要求选用满足不同安全要求的玻璃。汽车用玻璃都是安全玻璃,包括夹层玻璃、区域钢化玻璃和钢化玻璃。安全玻璃在汽车工业中占据着十分重要的位置,它不仅是汽车的安全部件,也是装饰制品,起到防风沙、防雨雪、防碰撞冲击、保护驾乘人员健康的作用。

第二节 汽车用玻璃

一、汽车用玻璃的使用要求及发展

汽车自从生产之日起,就离不开车用玻璃。不过,最初的汽车制造商认为汽车玻璃只不过是起到抵御风寒、防止雨水、尘土的作用。随着汽车工业的发展,道路状况不断改善,车速日益提高,汽车用玻璃的重要性逐渐被汽车制造商和用户所认识,因为汽车用玻璃在汽车行驶中要给乘员提供良好的视野,在遇到突发性事故时不会伤害驾乘人员,还要求其轻量化及多功能化。

汽车玻璃经历了由平板型向曲面型、普通型向强化型、全钢化向局部钢化、钢化玻璃向夹层玻璃、三层夹层向多层夹层、功能化玻璃等发展过程。

20世纪50年代初期,当时汽车制造商大都使用普通平板玻璃和热弯玻璃作为汽车用玻璃,引起了无数次交通事故,而且在玻璃破碎时,碎片像锋利的刀一样,造成大量的人身伤亡。

50年代后期开始使用全钢化玻璃作为前风窗玻璃,可是后来发现一旦玻璃破碎,全钢化玻璃的碎片不能保证驾驶员的视野,而且小颗粒碎片造成了对眼睛的严重伤害,致使驾驶员不能有效地采取制动措施,导致二次事故的发生。

到了60年代,国外规定了前风窗玻璃破碎时要有一定的视野,不得使用全钢化玻璃作为风窗玻璃,大大减少了因玻璃而引起的人身伤亡。

在我国,有关汽车安全玻璃的标准在1980年前后已经开始公布和实施,如对汽车安全玻璃抗冲击要求、抗磨性能要求、光学性能要求、耐辐照、高温、潮湿和耐热要求,汽车用安全玻璃厚度、尺寸、弯曲度、吻合度、外观质量等标准要求。

现代汽车玻璃的发展趋势是安全、美观、多功能、轻而薄,还出现许多新技术,如减速玻璃、吸热玻璃、带印刷陶瓷层花边的玻璃、带有印制电路的防霜玻璃、带天线的玻璃等。

二、汽车用玻璃的种类、特点

现代汽车上应用玻璃的部位比过去要多。采用玻璃能够提高驾驶的可见性,同时使汽车外观更加美观。而且玻璃在今天的汽车空气动力学流线型方面起到很重要的作用。将玻璃准确地安装在金属边框上能够减少空气阻力和消除金属的不平度;同时,它还能够降低风噪,并可展示汽车圆滑整洁的车身外表。

1. 汽车用玻璃的种类

汽车用玻璃分为安全玻璃、夹层玻璃、钢化玻璃、有色玻璃、区域钢化玻璃。

(1)安全玻璃。汽车用安全玻璃是由无机材料或无机与有机复合材料所构成的产品,应用于车辆时,可以减少车祸中严重伤人的危险,对其可见性、强度和耐磨性都有规定。

(2)夹层玻璃。夹层玻璃用于制造各种风窗玻璃。这种玻璃是由两片很薄的玻璃片中间夹着一块塑料膜片或数层黏结剂黏结在一起的玻璃制品。这类玻璃破碎时,中间的塑料能够粘住碎玻璃,可防止碎玻璃引起的伤害。防割碎玻璃与传统的夹层玻璃类似,但是它由一片或多片附加的塑料层固定于乘员舱内玻璃的侧面。这种玻璃用于制造前部风窗玻璃,同时有附加的保护措施可防止在碰撞中被打碎和割伤乘员。

(3)钢化玻璃。钢化玻璃一般用于侧面和后车窗上,很少用于风窗玻璃。它仅由一片经过热处理的玻璃组成,它是将玻璃加热到软化点附近然后骤冷制成的玻璃。钢化玻璃提高了玻璃的强度和热稳定性,一旦玻璃破坏,碎片无尖锐棱角。这种玻璃碎片很小,呈颗粒状结构,比普通的具有同样厚度的玻璃抗碰撞;碎玻璃呈现一种连接的结构,减少了透明度,这是这种玻璃不能用于风窗玻璃的一个原因;另一个不能用于风窗玻璃的原因是这种玻璃并不是到处都有,而且在碰撞中能够引起比较严重的头部损伤。

(4)有色玻璃。有色玻璃是一种特殊的玻璃。夹层玻璃和钢化玻璃都有有色玻璃。有色夹层玻璃是加入了一种微绿的乙烯基材料,这种材料能够吸收大量的阳光。给玻璃着色也可以在正常的玻璃成分中加入微量的金属粉末,这样可以使玻璃具有特殊的颜色。加钴可以使玻璃具有蓝颜色;加铁可以使玻璃略带红色。玻璃上可以安装防霜加热电路或天线。防霜玻璃一般在后车窗上。在加热之前,导电金属粉末以加热导线的形式附在玻璃表面,通电加热,玻璃表面温度升高,起到防霜的效果。收音机接收天线可以安置在夹层玻璃(风窗玻璃)之间或放在玻璃的表面(后车窗)。有些车窗上天线和加热导线并排布置。

(5)区域钢化玻璃。它是分区域控制钢化程序的钢化玻璃,一旦破坏,总体上符合安全玻璃对所裂碎片的要求,即当突然受到外力作用使玻璃破碎时,有的部分碎片大,有的部分碎片小。这样一来,既保证了驾驶员和乘员的安全,同时又提供了一个不妨碍驾驶的视区,将车及时开到修理站进行修理。

汽车的前风窗玻璃分为 A 类夹层玻璃、B 类夹层玻璃或区域钢化玻璃,它们在认证标志中的产品代号分别为 LA、LB、Z;其他玻璃一般为 A 类夹层玻璃、B 类夹层玻璃和钢化玻璃(钢化玻璃的代号为 T)。其中 A 类夹层玻璃的安全性能最好。

2. 汽车用玻璃的特点

汽车用玻璃的基材,必须是质地优良的浮法玻璃,其色调大体有无色透明玻璃、过渡蓝色玻璃、过渡绿色玻璃、青铜色玻璃几类。

(1)钢化玻璃和区域钢化玻璃。钢化玻璃是采用平板玻璃或浮法玻璃经过二次加工而成的一种高强度玻璃。按照加工方法的不同,分为物理钢化玻璃和化学钢化玻璃两种类型,作为汽车玻璃的都是物理钢化玻璃。

物理钢化又称淬火钢化,是应用十分广泛的一种钢化方法,它是将平板玻璃在加热炉中加热到650℃左右,经过一段时间后,在处于软化态但尚未变形的情况下,从炉中取出,然后用多头喷嘴向两面喷吹冷空气(或者放入淬火油中),使之迅速、均匀地冷却,当冷却至室温时,就形成了高强度的钢化玻璃。由于淬火钢化的结果,玻璃外层的压应力增加,内层拉应力减小,而且玻璃的抗压强度比抗拉强度大14倍左右。同时,在玻璃内部发生了结构变化,使钢化玻璃具有比普通玻璃高得多的力学强度、耐冲击性和热稳定性,当其一旦破碎时,碎片破成无数小块,且无尖锐的棱角,不易伤人,增加了安全性。全钢化玻璃与区域钢化玻璃的区别在于在冷却时气流的强弱不同。区域钢化玻璃一般用于制作汽车的风窗玻璃,而钢化玻璃则用于其他部位。

(2)夹层安全玻璃。汽车用夹层玻璃通常由三层组成,即玻璃、中间的加强膜、玻璃。两侧的玻璃层厚度各为2.0~3.0mm,中间的加强膜通常是由聚乙烯醇缩丁醛或聚甲基丙烯酸酯制成,膜厚为0.38~0.76mm。夹层玻璃的突出特点是具有较高的强度,同时热稳定性也比较好。由于中间夹层物质的增强作用和黏结作用,使玻璃之间没有内应力,同时能抑制玻璃表面裂缝的扩展。当玻璃受到外力冲击破坏时仅会产生辐射状的裂纹而没有尖锐的棱角,不致使碎片脱落或飞溅而伤及乘员。因此,夹层安全玻璃在世界各国得到了广泛的应用。

(3)防爆、防弹玻璃。这是一种特制玻璃,具有较大的抗冲击强度及透光性好,耐热、耐寒等特点,当遇到爆炸或弹击时,轻者玻璃可以完好无损,重者即使玻璃破裂,子弹亦不易穿透玻璃,玻璃碎片不会脱落伤人,主要用于重要人物及各国首脑所乘用防弹车的玻璃。

(4)中空玻璃。是用黏结法将双层或多层平板玻璃黏结在一起,使玻璃之间形成中空的一种特殊玻璃。由于中间充以干燥空气,因而具有隔声、隔热、保温、不结霜、不产生凝结水以及吸收紫外线的功能,在高档客车的侧窗上有着十分广泛的应用。

(5)防水玻璃。近年开发了一种防水汽车玻璃,这种玻璃的表面上涂覆了一层化学耐久性优异的含氟薄膜,这种薄膜不会影响玻璃原来的颜色与光泽,有效寿命可达3~5年。在汽车行驶时,涂有这种薄膜的玻璃上落的水滴会在风压的作用下迅速滚落,车内的人像和物像不会映射到风窗玻璃上而影响驾驶员的视线。

在夹层玻璃或钢化玻璃表面涂敷一层碱性有机薄膜,可以制成防雾玻璃。因为水在这种薄膜上可以均匀展开成膜,不会结露而成雾,在寒冷地区使用的车辆使用这种玻璃十分必要。

(6)特种风窗玻璃。近年来,许多高档轿车采用热反射膜玻璃作为风窗玻璃,这种玻璃表面涂有金属氧化物层,可以防止车内的热量向车外传递,保持车内温度。

三、新型汽车用玻璃材料

在保证其安全性的前提下,不断追求多用途和外形美观的新品种,出现了印刷陶瓷电热玻璃、热线反射玻璃、着色钢化玻璃、天线夹层玻璃、除霜玻璃、调光夹层玻璃、导电膜夹层玻璃、顶篷玻璃、带耐磨塑料涂层的安全玻璃、经增强处理的无机玻璃制成的夹层玻璃、玻璃—塑料安全装配玻璃材料等。以下介绍几种新型玻璃。

1. 天线夹层玻璃

天线夹层玻璃的天线主要用于电视、AM和FM收音机以及电话和导航。

该天线采用印制电路线,即直接利用含银发热线接收信号。近来,因信息量增大和对接收质量的高要求,印制电路天线图趋于复杂化,针对这一情况和美观的需求,一种不显露网格的透明薄膜天线正在扩大其应用。薄膜天线是利用热线反射玻璃金属薄膜的导电性而实用化的。其接收性能包括灵敏度和指向性,不仅与玻璃本身的性能有关,还受天线玻璃与收音机的相对位置、与电波的角度、车身形状等的影响,因而汽车上收音机等设备与天线玻璃的组合尤为重要。

2. 调光夹层玻璃

随着汽车舒适性、居住性的提高,对风窗玻璃控制环境功能的要求也越来越高。采用一种光的透射率和散射度可变的玻璃,可达到遮挡太阳能、适当的采光、隐蔽保护等目地。典型的几种调光玻璃有镀铬玻璃(EC)、热玻璃(TC)、光致变色玻璃(PC)和液晶玻璃(LC)。其中,镀铬玻璃(EC)具有色泽鲜明、无视角依赖特性,由于与流过的电流呈正比,故浓度可控制。一旦着色后即使切断电源仍能继续保持其状态,故电力消耗少。典型的 EC 材料氧化钨玻璃,已在汽车顶窗上应用。此外,液晶(LC)夹层玻璃的响应速度不随面积而变化,能瞬时通断,透明度与电压成正比,这种玻璃已在轿车顶部采用。

3. 热线反射玻璃

夏天为了控制车室内温度的升高,减轻空调的负荷,采用热线反射玻璃是有效的对策。热线反射玻璃是用喷镀或其他方法使金属薄膜镀在玻璃表面或把喷镀了金属薄膜的聚酯薄膜夹在夹层玻璃中间的方法,使玻璃具有反射功能。出于安全性的考虑,汽车玻璃在确保规定的可见光透射率的前提下,应尽可能使近红外线得以充分的反射,为此,必须喷镀十几微米至几十微米的电介质薄膜。此外,镀膜的黏着力、表面硬度等耐久性方面的问题尚有待解决。

4. 除霜玻璃

除霜玻璃是采用网板印刷法将导电性胶印刷在玻璃上,然后在玻璃加热成型时黏附,这种印制电路可加热玻璃起到除霜作用。另外,将钨丝以正弦形粘贴在夹层玻璃的中间膜上,也可通电加热除霜;利用喷镀法把金属薄膜镀到外侧夹层玻璃的内表面上,通以电流即可使冰溶化;利用透明电导膜进行电加热的苏琅斯通耐蚀高强度铜合金已广泛用于冷冻车厢的玻璃上。

汽车玻璃的颜色也随之发生变化,欧洲原以无色透明为主,自法国为减轻驾驶员视疲劳,采用青铜色玻璃之后,其他各国也都普遍采用青铜色。日本为蓝色兼无色透明玻璃,并开始用青铜色,美国以绿色为主,澳大利亚则以无色透明为主。

为节约能源,玻璃的轻量化在不断加强。原先的 6mm 厚钢化玻璃,现在减到 3.5mm 厚甚至 3.2mm 厚;夹层玻璃由 6mm 厚减至 4.7mm 厚,也有许多国家采用 4mm 厚的夹层玻璃。总之,汽车玻璃具有安全、美观、多功能、轻而薄的特点。

第三节　橡胶特性及常用橡胶

一、橡胶的特点及结构

1. 橡胶的性能特点

橡胶是一种在使用温度下处于高弹态的高分子材料,分子量一般在几十万以上,有的甚至达到100万左右。橡胶与其他材料最基本的区别是其弹性模量低(约为10MPa)且具有很高的伸长率(100%~1000%),即具有高弹性(在较小的外力作用下,就能产生很大变形,当外力消除后又能很快恢复到原来的状态),同时具有优良的伸缩性和可贵的积储能量的能力。另外,橡胶具有高的抗拉强度和疲劳强度,并且具有良好的耐磨性、隔声性、不透水、不透气、耐酸碱和电绝缘性等性能,某些特种合成橡胶,还具有耐油、耐化学品腐蚀、耐热、耐寒、耐燃、耐老化、耐辐射等特点。未经硫化的橡胶还能与某些树脂掺和改性,与其他材料(如金属、纤维、塑料、石棉、软木等)组合成兼有两者特性的复合材料和制品。

由于橡胶具有这些可贵的性能,因此,用橡胶可制成常用的弹性材料,密封制品,减振、防振制品,如轮胎、胶管、胶板、胶条、胶垫及其他制品等。

2. 橡胶的结构

橡胶一系列特有的性能是由它本身分子结构决定的。橡胶的分子结构有线形、支链形和体形三种类型。未经硫化的生胶和乳胶是线形的或含有支链形的分子。硫化后的橡胶则是体形结构。我们常看到的大块生胶或牛奶似的胶乳,里面就是由许多细长而有很大柔顺性的线形分子链所组成。通常,这种长链的橡胶分子往往卷曲成无规则、其乱如麻的线团,并且相互缠绕;当受到外力拉伸时,分子链就伸直,外力去掉后,又恢复成卷曲状,这就是橡胶高弹性的缘由。但生橡胶由于分子中有不稳定的双键存在,也容易使橡胶老化,一般情况下,不能直接用来制造橡胶制品。例如受热发黏、遇冷变硬,只能在5~35℃范围内保持弹性;同时强度差、不耐磨,也不耐溶剂,所以生胶只有经过特殊的物理、化学处理,即所谓硫化处理之后,才具有橡胶的各种优良性能。硫化后,不同分子链之间相互连接成立体网状结构,这种立体网状结构被称之为体形结构。它使橡胶的物理、力学性能得到全面增强,从而具有实际使用价值。

3. 橡胶的组成和分类

橡胶是以生胶为基础加入适量的配合剂组成的高分子弹性体。生胶按原料来源可分为天然橡胶(从橡树或杜仲树的浆汁中制取)和合成橡胶(通过化学合成方法制造)。橡胶制品的性质主要取决于生胶的性质。

配合剂是为提高和改善橡胶制品的各种性能而加入的物质,配合剂包括硫化剂、硫化促进剂、防老剂、软化剂、填充剂、发泡剂、着色剂等多种。

橡胶有两种分类方法,按原料来源分为天然橡胶和合成橡胶;按应用分为通用橡胶和特种橡胶。

二、常用橡胶介绍

1. 天然橡胶

天然橡胶是橡树上流出的胶乳,经凝固、干燥、加压等工序制成片状生胶,其橡胶的质量分数占90%以上,是以异戊二烯为主要成分的天然高分子化合物。平均相对分子质量为70万左右。天然橡胶为线形结构,通常呈非晶态,具有很高的弹性。为使之硬化,常要进行硫化。天然橡胶具有突出的弹性、耐寒性及加工工艺性优良,广泛用来制造轮胎、胶管、胶带等制品,缺点是不耐臭氧老化、不耐油及不耐高温。

2. 合成橡胶

合成橡胶品种较多,现介绍以下常用品种。

1)丁苯橡胶

它是以丁二烯和苯乙烯为单体共聚而成的浅黄色弹性体。丁苯橡胶于1937年开始工业化生产。它是合成橡胶中规模较大,产量、品种较多的通用橡胶。丁苯橡胶种类很多。它有较好的耐磨性、耐热性、耐老化性且价格低,可与天然胶共混,以取其长补其短,使丁苯橡胶用途更加广泛;但缺点是生胶强度差、黏结性差、弹性低等。

2)顺丁橡胶

它是顺式—聚丁二烯橡胶的简称,以弹性好、耐磨而著称。其产量仅次于丁苯橡胶,位居第二,是制造轮胎的一种优良材料,比丁苯橡胶耐磨性高26%。

3)氯丁橡胶

它是氯丁二烯单体的弹性聚合物。其分子链上挂有侧基Cl,作为极性基团,增强了分子间的作用力。因此,具有耐油、耐酸、耐碱、耐热、耐氧化、耐燃烧和透气性好等性能,故有"万能橡胶"的美称。氯丁橡胶已成为橡胶工业的重要原料。

4)丁腈橡胶

它是丁二烯和丙烯腈共聚而成的高分子弹性体。属非结晶聚合物,故力学性能较低,所以需加入炭黑增强后方能使用。丁腈橡胶的耐油性和耐水性较突出,并随丙烯腈含量增加而提高,一般质量分数为15%~50%。其主要用做耐油和吸振零件。

5)硅橡胶

其结构是由硅、氧键为主链,侧链由硅和有机基团相连,其键的结合力远大于一般碳—碳键,为此具有很高的热稳定性。作为特种橡胶,其主要特性是耐高温也耐低温,使用温度范围宽,为-70~300℃,耐老化和绝缘性能优良;缺点是力学性能较低,耐油差,价格较贵。因具有多种优良性能,应用面广,发展很迅速,主要用于耐高低温的各种制品。

6)氟橡胶

它是以碳原子构成主链并含有氟原子的一种合成高分子弹性体。最突出的性能是耐腐蚀、耐油、耐多种化学药品侵蚀,耐强氯化剂腐蚀的能力都高于其他各类橡胶。耐热、耐老化性能与硅橡胶相比不分上下;但价格昂贵,目前仅在国防和尖端技术中的某些特殊场合使用。

7)丙烯酸酯橡胶

丙烯酸酯橡胶(ACM)是以丙烯酸酯为主要成分的橡胶,它的最大特点是耐热、耐油性能很好,耐天候老化性能和耐臭氧老化性能良好,可用来制造在150℃高温热油条件下使用的汽车橡胶制品。随着汽车高性能化,对橡胶材料性能的要求更加严格,有以ACM橡胶取代NBR的趋势。最近,开发出新的耐寒品级ACM,极大地提高了低温条件下的使用性能。

8)三元乙丙橡胶

三元乙丙橡胶(EPDM)是乙烯与丙烯的共聚物。其主链呈饱和状态,分子内没有极性基团,分子链比较柔顺,它的耐老化性能超群,是现有通用橡胶中最好的,可在150℃下长期使用;耐候性好,在阳光下暴晒3年不见裂纹;冲击弹性较好,回弹率可达60%;广泛使用在密封条、胶管等非耐油橡胶部件。

常用橡胶的性能和用途见表5-1。

常用橡胶的性能和用途　　　　　　　　　　　　　　　　表 5-1

名称	代号	抗拉强度（MPa）	伸长率（%）	使用温度（℃）	回弹性	耐磨性	耐浓碱性	耐油性	耐老化	用途
天然	NR	25~30	650~900	-50~120	好	中	中	差		轮胎、密封条、通用制品
丁苯	SBR	25~20	500~600	-50~140	中	好	中	差	好	轮胎、胶板、密封条、通用制品
顺丁	BR	18~25	450~800	-50~120	好	好	好	差		轮胎、耐寒运输带
丁腈	NBR	15~30	300~800	-35~175				好	中	输油管、耐油密封圈
氯丁	CR	25~27	800~1000	-35~130	中	中	好	好	好	胶管、胶带、电线包皮
丁基	IIR	15~20	650~800	-30~150	差		好	差	好	内胎、胶带、绝缘体、耐热布
聚氨酯	UR	20~35	300~800	80	中	好	差	好		胶管、密封条、耐磨制品
三元乙丙	EPDM	10~15	400~800	150			好	差	好	密封条、散热管、绝缘体
氟	FKM	20~22	100~500	-50~300	中		好	好	好	高级密封件、高真空耐蚀件
硅	MVQ	4~10	50~500	-70~275	差	差	好	差	好	耐高低温零件、绝缘体
聚硫	T	9~15	100~700	80~135	差	差	好	好	好	密封腻子、油库覆盖层

第四节　汽车橡胶制品

一辆汽车上的橡胶件少则 100 多个，多则 400 多个，使用的橡胶材料品种多达十几种。常用的橡胶品种有天然橡胶、丁苯橡胶、氯丁橡胶、丁腈橡胶、三元乙丙橡胶、丙烯酸酯橡胶、氟橡胶、硅橡胶、聚氨酯橡胶和丁基橡胶等。汽车橡胶制品主要分布在汽车车身、传动、转向、悬架、制动和电器仪表等系统内。

一、汽车轮胎

汽车轮胎是汽车上橡胶用量最大的橡胶零件。汽车轮胎按结构分为普通结构轮胎（斜交轮胎）、子午线轮胎、无内胎轮胎、活胎面轮胎等。

子午线轮胎的胎体是由数层纤维或一层钢丝帘布组成，其帘线与胎圈呈 90°角平行排列，好像地球的子午线那样分布，故称为子午线轮胎。带束斜交轮胎具有普通结构轮胎和子午线轮胎的特点。从性能和经济效果上看，它优于普通结构轮胎而次于子午线轮胎。

无内胎轮胎的外形与普通轮胎相似，但结构却不同。这种轮胎是利用轮胎内壁和胎圈的气密层保证轮胎与轮辋间良好的气密性。

轮胎的外胎部分直接承受地面的冲击和磨损，要求具有较高的弹性、强度和耐磨性能，耐疲劳和耐日光老化性能。轮胎的外胎大量使用天然橡胶、丁苯橡胶、顺丁橡胶等。

轮胎的内胎起着充气并维持轮胎具有一定压力的作用。内胎一般用气密性好的材料来制造，如丁基橡胶。

二、密封制品

汽车上使用的橡胶密封制品主要包括油封件、密封条、密封圈、皮碗、防尘罩、衬垫等。根据使用环境的不同，要求这类橡胶制品应有良好的密封性能，耐油及各种化学试剂、耐老化、耐热、耐寒、耐臭氧、耐磨及高强度和永久压缩变形小等特性。

1. 密封条

密封条在汽车上的用量很大，每辆汽车舱用十几种密封条，其数量达20多件，质量达十几千克。如车门缓冲密封条，车顶密封条，行李舱密封条，前、后风窗密封条，门玻璃密封条，门框密封条，发动机罩密封条等。此外，汽车上还使用许多密封垫片，如各种车灯密封垫片，扬声器密封垫片，管接头密封垫片等。

密封条的断面结构有实心（扁八边形、扁圆形）、中空及金属—橡胶复合形（有马槽形内植长绒，马蹄形外植长绒和椅形外背植短绒）几种，采用的胶种有CR、EPDM和NR等。我国目前以三元乙丙橡胶密封条为主。

2. 油封

油封和O形圈是汽车上用的品种和数量最多的密封件，是汽车上最重要的密封件。丁腈橡胶、硅橡胶、聚丙烯酸酯橡胶、聚氨酯橡胶、氟橡胶及聚四氟乙烯树脂是制造油封所普遍使用的材料。

（1）丁腈橡胶油封。丁腈橡胶是制造油封用量最大的胶种。目前，国内丁腈橡胶有丁腈40、丁腈26及丁腈18三个牌号。耐油性高的可用丁腈40，耐寒性高的可用丁腈18。一般的丁腈橡胶油封只能在低于100℃的条件下使用。为了提高丁腈橡胶的耐热性能，各国从配合技术的研究到新品种的开发做了大量工作。加氢丁腈橡胶、羧基丁腈橡胶等特种丁腈橡胶的耐油性进一步提高，耐热温度可由100℃提高到150℃。

（2）氟橡胶油封。氟橡胶油封的使用温度范围为-20~200℃，适用于所有的润滑油，但耐寒性不好，高温下的耐磨性、抗撕裂性较差。在氟橡胶中添加聚四氟乙烯、聚四氟氯乙烯、聚偏氯乙烯等可以改善其性能。用聚四氟乙烯和橡胶复合制作的油封，主要用于高速旋转轴密封，其线速度最高可达50m/s。

（3）硅橡胶油封。用作硅橡胶油封的主要是甲基乙烯基硅橡胶，其温度适用范围为-65~250℃，耐热性能优于氟橡胶，耐油性能大大低于氟橡胶，但其比较耐高苯胺矿油和双酯润滑油。硅橡胶在溶胀后有自润滑性，可减小轴工作时的摩擦力。另外，硅橡胶油封具有良好的随轴转动追随性，用它来制造高温、高速油封，最高转速可达50m/s。改性硅橡胶，如氰硅胶、氟硅胶大大提高了硅橡胶的耐油性，但其价格较昂贵。

（4）聚丙烯酸酯橡胶油封。聚丙烯酸酯橡胶的价格低于氟橡胶。聚丙烯酸酯橡胶的耐油性优于丁腈橡胶，缺点是常温下弹性差，但在高温下的弹性还是比较好的。虽然如此，在-30℃的条件下，还能满足使用要求。用聚丙烯酸酯橡胶制造的油封可比丁腈橡胶油封的工作温度提高20℃，目前在国内已广泛采用。

3. 皮碗

皮碗也是一种密封元件。常用在往复轴和缸的密封中，皮碗的形状有V形、U形和Y形，近年来普遍采用Y形。如制动皮碗采用丁腈、丁苯、天然、乙丙橡胶等材料制作，对蓖麻油和合成酯类制动液都适用，尤以三元乙丙橡胶为最好。

4. 防尘套

防尘套有直筒形和变截面波纹形等几种。虽然其使用条件较温和，但橡胶材料要兼备耐热、耐寒、耐油、耐介质、耐老化等性能。单纯采用天然橡胶和丁腈橡胶只能满足一般要求,而将氯丁、丁腈、三元乙丙橡胶复合并用,可以达到较高的使用寿命。

三、胶管

每辆汽车中所用的胶管有几十种,总长约30m,用胶量达到120kg以上。所用的橡胶材料有天然橡胶、丁腈橡胶、三元乙丙橡胶、氯丁橡胶、丙烯酸酯橡胶等。胶管按结构可分为纯胶管、夹布胶管和编织胶管;按其耐压性能分为低压管、高压管和真空管。其用在汽车上的燃油、制动、冷却、空调等系统中。

1. 耐油软管

耐油软管主要有汽油软管、柴油软管、机油软管等。软管一般由内层胶、增强层和外层胶组成。内层胶一般采用丁腈橡胶,外层胶则采用丁腈橡胶或耐候性好的氯丁橡胶、乙丙橡胶等,如果要求耐候、耐油性更好,还可以采用氯醇橡胶。视使用压力的不同,增强层可以采用夹布、纤维编织或加一层钢丝编织层。

2. 散热器连接软管

散热器连接软管是连接汽车散热器的进出水口的胶管。这种胶管属于一般低压软管,工作压力低于0.1MPa。应用较多的是夹布胶管。散热器软管的工作压力和温度不高,要求在100℃热水条件下能正常使用即可。胶料的抗拉强度为10MPa,伸长率为300%,以前大量用天然橡胶配合填充料、软化剂、炭黑等制造。现在已被柔韧性、耐久性、环保性好的三元乙丙橡胶所代替。

3. 制动橡胶软管

制动橡胶软管用于载货汽车上的历史较长,这种胶管属于耐高压胶管,胶管所承受的压力最高可达10MPa。一般胶管的内层胶为丁腈橡胶,外层胶为氯丁橡胶或三元乙丙橡胶,增强层采用氯磺化聚乙烯橡胶;另一种胶管采用内层胶为氢化丁腈橡胶,外层是氯磺化聚乙烯橡胶的结构。

4. 空调管

空调管分为低压管和高压管。空调管的主要特点是能有效地防止制冷剂氟利昂的渗透。一种胶管是PA作为胶内层,外层胶采用IIR。为了克服PA的缺点,现已开发出了PA为隔离层、NBR/CR为内外层胶的新型胶管。

四、胶带

车用胶带主要是V形带。通常V形带有三种,即包布V形带、切割V形带和多楔V形带,以切割V形带为多。切割V形带两侧没有包布,挠屈性好,摩擦系数大,具有受力大、线速高、散热性及耐疲劳性良好和节能等特点,常用的胶种有NBR和CR等。

五、减振块

减振块主要用在汽车发动机、底盘等部件上,用来防止和降低汽车行驶中的振动和噪声。每辆车上使用的减振块有几十种,按其材料的组合形式可分为纯胶制品、塑料—橡胶复合制品及金属—橡胶复合制品。一辆车上减振块的用量可达15kg左右,使用的材料有天然橡胶、氯丁橡胶、聚氨酯橡胶、丁腈橡胶等,从目前的使用情况看,减振材料以天然橡胶为主,并且向多元化、高功能方向发展。国外新开发的 VA-MAC 丙烯酸酯橡胶弹性体,高温下的耐热性和阻尼特性良好。为了提高减振制品的耐久性,聚氨酯橡胶材料在减振制品应用中已崭露头角,能同时满足耐磨性、耐油性和高强度的要求。

六、汽车橡胶今后的发展方向

随着汽车技术水平的不断提高,对橡胶材料性能的要求更加严格,品种日益增多。例如汽车的工作温度提高、排放污染物减少、噪声降低、功率提高,都使发动机罩内温度升高,使用的橡胶材料正由天然橡胶向乙丙橡胶方向转变,丁腈橡胶向饱和丁腈橡胶、丙烯酸酯橡胶、氟橡胶方向转变,硫化橡胶向热塑弹性体橡胶方向转变。橡胶与塑料复合并用、多种橡胶复合并用技术的发展应用,使各种车用橡胶制品的性能得到不断改善。

本章小结

1. 玻璃是非晶形物体,可以看作是硅酸盐类材料中的一种。玻璃主要由二氧化硅(SiO_2)和各种金属氧化物组成。

2. 玻璃的分类方法主要有:①按照化学成分分为:钠玻璃、钾玻璃、铅玻璃、硼玻璃、铝镁玻璃、石英玻璃、高硅氧玻璃等;②按照性质和用途分为:建筑玻璃、技术玻璃、日用玻璃、玻璃纤维、汽车玻璃等。

3. 汽车用玻璃都是安全玻璃,分为安全玻璃、夹层玻璃、钢化玻璃、区域钢化玻璃。汽车的前风窗玻璃用 A 类夹层玻璃、B 类夹层玻璃或区域钢化玻璃,其中,A 类夹层玻璃的安全性能最好。新型玻璃材料主要有:天线夹层玻璃、调光夹层玻璃、热线反射玻璃、除霜玻璃等。

4. 橡胶是一种在使用温度下处于高弹态的高分子材料,具有低的弹性模量、高的伸长率、优良的伸缩性和好的积储能量的能力,还有高的抗拉强度、疲劳强度,良好的耐磨性、隔声性、不透水、不透气、耐酸碱和电绝缘性等性能,某些特种合成橡胶,还具有耐油、耐化学品腐蚀、耐热、耐寒、耐燃、耐老化、耐辐射等特点。

5. 橡胶有两种分类方法,按原料来源分为天然橡胶和合成橡胶;按应用分为通用橡胶和特种橡胶。汽车常用的橡胶品种有天然橡胶、丁苯橡胶、氯丁橡胶、丁腈橡胶、三元乙丙橡胶、丙烯酸酯橡胶、氟橡胶、硅橡胶、聚氨酯橡胶和丁基橡胶等。

6. 汽车橡胶制品主要有汽车轮胎、密封制品(主要包括油封件、密封条、密封圈、皮碗、防尘罩、衬垫等)、胶管(如耐油软管、散热器连接软管、制动橡胶软管、空调管等)、胶带、减振块等。

一、选择题

1. 玻璃主要是由( )和其他金属氧化物组成。

A. SiO_2　　　　　　B. MgO　　　　　　C. Al_2O_3　　　　　D. CaO
2. 安全性能最好的汽车玻璃为(　　)。
　　A. 钢化玻璃　　　B. 区域钢化玻璃　　C. A类夹层玻璃　　D. B类夹层玻璃
3. 橡胶的使用状态为(　　)。
　　A. 晶态　　　　　B. 玻璃态　　　　　C. 高弹态　　　　　D. 黏流态
4. 被称为"万能橡胶"是(　　)。
　　A. 丁苯橡胶　　　B. 三元乙丙橡胶　　C. 氟橡胶　　　　　D. 氯丁橡胶

二、判断题(正确的打"√",错误的打"×")

1. 钢化玻璃一旦被破坏,碎片无尖锐棱角。　　　　　　　　　　　　　(　　)
2. 区域钢化玻璃由于没有全钢化,不能用于制作汽车的风窗玻璃。　　　(　　)
3. 三元乙丙橡胶(EPDM)耐油性能良好,常因做油封。　　　　　　　　(　　)
4. 天然橡胶是由橡胶树上流出的胶乳制成,因而不适宜做轮胎。　　　　(　　)

三、问答题

1. 汽车玻璃有哪几种?对汽车玻璃有什么要求?
2. 汽车的前风窗玻璃用全钢化玻璃是否合适?为什么?
3. 橡胶由什么组成?为什么橡胶适合做轮胎和密封制品?
4. 橡胶如何分类?常用的橡胶有哪些?
5. 轮胎、密封条、胶管、胶带、减振块都是由哪些橡胶制成的?

第六章　摩擦材料

> **学习目标**
> 理解汽车摩擦材料的性能和组成。

汽车用摩擦材料,主要用于汽车动力传递,制动减速、停车,是汽车消耗性较大的材料之一,是汽车制动系统与行车系统的重要组成部分。它主要包括汽车制动摩擦片、汽车离合器摩擦片及驻车制动摩擦片等。汽车摩擦材料对汽车的安全性、使用性及操纵稳定性起着十分重要的作用。

第一节　摩擦材料的性能

制造制动摩擦片和离合器片的摩擦材料有着严格的性能要求。这类摩擦元件的主要功能是将动能转变成热量,然后将热量吸收或散发掉,同时通过摩擦降低摩擦材料和被它贴合的部件之间的相对运动。为了达到这些目的,对汽车用摩擦材料提出以下要求。

1. 有足够高而稳定的摩擦系数

摩擦系数是摩擦材料的一个最为主要的技术指标,通常它不是一个常数,而是受温度、压力、速度或者表面状态、摩擦环境等影响而变化。理想的摩擦系数,应该是对这些因素的影响变化较小的摩擦系数。

2. 有良好的耐磨性

这是衡量摩擦材料使用寿命的一个重要指标。而且对对偶的磨损也要较小。

3. 有较好的物理、力学性能

较好的物理、力学性能,除满足摩擦材料在加工过程中的要求之外,尚要满足在使用中的强度要求,以保持良好的使用性能,对汽车离合器摩擦片还要有较好的抗回转破坏强度,同时随温度变化要小,通常包含的指标是冲击韧度、抗压强度、抗剪强度、导热系数、耐热性等。

4. 不产生过大的噪声

汽车制动噪声的产生,因素很复杂,一般就摩擦材料而言,低模量,低摩擦系数,则不易产生过重的噪声。

第二节　汽车摩擦材料的组成及应用

汽车摩擦材料,主要由增强材料、黏结材料及填充材料等所组成。

一、增强材料

增强材料是摩擦材料一个重要的组成部分,纤维的选用对摩擦材料的摩擦、磨损性能有着重要的影响,增强材料主要有以下几种。

1. 石棉

石棉作为一种天然矿物纤维,具有质轻,价廉、分散性好、摩擦磨损性能好、增强效果好等特点,使之在摩擦材料中得到了广泛的应用。从20世纪20~80年代,石棉增强摩擦材料几乎是一统天下,基本能满足当时汽车及工程机械的需要。从1972年国际肿瘤医学会确认石棉及其高温挥发物属于致癌物质后,国际上掀起了一股禁止使用石棉摩擦材料的浪潮,此外,随着汽车科技的进步及世界性的能源危机,汽车的车速更高,制动器更小及盘式制动器的出现,对摩擦材料的要求更高,使用条件也更为严酷。现今,小汽车前轮盘式制动温升可达300~500℃,而石棉在400℃左右将失去结晶水。石棉脱水后导致摩擦性能不稳定、损伤对偶及出现制动噪声,因此,石棉摩擦材料明显不能适应汽车工业和现代社会需求,将逐渐被取代。但石棉型摩擦材料在我国相当长一段时间内仍将继续使用。

2. 钢纤维

钢纤维摩擦材料为半金属摩擦材料,是以钢纤维代替石棉纤维作增强材料而制成的摩擦材料。使用低碳钢及采取超声波切削生产出的钢纤维含油量低,表面活性好、价格便宜,因此在半金属摩擦材料中得到广泛应用。钢纤维的一个显著特点就是其导热性好。钢纤维以其高导热性能使局部表面热量迅速扩散至内部,从而降低摩擦面温度,避免表面温度过高,防止树脂基体因热分解而导致材料磨损加剧,也可有效减少对偶损伤,延长制品的使用寿命。与石棉摩擦材料相比,钢纤维摩擦材料有平稳的摩擦系数,300~500℃时摩擦系数较少衰退;其高温磨损小,可压缩性低。但钢纤维相对密度较大,易锈蚀。

目前,国内许多厂家已开始批量生产钢纤维,生产的无石棉半金属基汽车制动材料在国产轿车(如奥迪、桑塔纳、夏利等多种车型)中得到了应用,用户反映良好。

3. 玻璃纤维

玻璃纤维属于无机硅酸盐纤维,其热稳定性较好。玻璃纤维发展历史较长,产品质量稳定,产量较大、价格也较便宜,因此在汽车摩擦材料中得到了一定范围的应用。

但玻璃纤维硬度高,磨损比石棉增强材料大一倍以上。工作温度高时形成玻璃珠,损伤对偶材料,摩擦系数不稳定。

降低玻璃纤维硬度及采用改性树脂基体可以改善上述缺陷。如国外采用莫氏硬度小于5的E玻璃纤维制成的离合器摩擦片,具有良好的耐磨性,使用平稳,噪声小,无振动。

4. 碳纤维

碳纤维具有比强度高、比模量高、耐热、耐磨、耐腐蚀及热膨胀系数较适宜等一系列优点。碳纤维增强碳基体的(C/C)复合摩擦材料在航空航天工业中已得到了广泛应用。但碳纤维作为汽车摩擦材料的增强纤维使用时主要存在两大障碍:一是原材料价格偏高,产量有限;二是碳纤维表面活性低,比表面积小,与基体树脂相容性差,此外,现有碳纤维一般为长纤维,难以达到适用于汽车摩擦材料的短纤维使用要求。

碳纤维增强材料比玻璃纤维增强材料有更高的摩擦系数和低的磨损率。

5. 有机纤维

有机纤维摩擦材料有芳纶（Kevlar）、聚丙烯纤维、聚乙烯醇纤维、聚酯纤维等，其本身可燃烧点高，高温热分解不明显。有机纤维单独作为增强纤维使用时，一般都须经过表面处理，通常是把天然或合成的有机纤维放在非电解的处理液中，使纤维表面镀上薄薄一层金属。进行过表面处理的有机纤维，既具有金属纤维的优点，如导热性好、耐磨等，又有非金属纤维的特点，如相对密度小、韧性好。有机纤维可以提高摩擦材料的稳定性，降低磨损量。此外，对降低制动噪声也有明显作用。有机纤维摩擦材料以芳纶（Kevlar）摩擦材料为最佳。但目前在价格和工艺上有待进一步解决。

6. 混杂纤维

采用两种或两种以上纤维进行混杂增强，不仅可以降低成本，还可充分发挥每一种纤维的优点，弥补相互的缺陷，使性能更加完善，更加优异。

采用混杂纤维为增强纤维将是摩擦材料的一个主要方向。目前，国内外已进行了碳纤维/钢纤维，玻璃纤维/有机纤维，钢纤维/芳纶混杂等的研究，都取得了良好的效果。

二、黏结剂

选择黏结剂首先要考虑热性能，包括结构强度高、模量低、贴合性好、分解温度高，分解物少，分解速度慢及分解残留物有一定的摩擦性能等。早期使用的主要是橡胶型黏结剂，橡胶因耐热性差且磨损大，已逐渐被酚醛树脂取代或与树脂共混。目前，国外大都采用改性树脂。

三、填充材料

填料是摩擦材料中不可缺少的组分，其在摩擦材料中主要起改善材料的物理与力学性能，调节摩擦性能及降低成本的作用。可分为有机、无机和金属三种材料。

目前，填料常用重晶石、硅灰石、氧化铝、铬铁矿粉、氧化铁、轮胎粉及铜、铅等粉末等。

本章小结

1. 汽车用摩擦材料，主要用于汽车传递动力、制动减速、停车制动。它主要包括汽车制动摩擦片，汽车离合器摩擦片及驻车制动摩擦片等。

2. 汽车用摩擦材料的主要性能要求：有足够高而稳定的摩擦系数；有良好的耐磨性；有较好的物理、力学性能；不产生过重的噪声等。

3. 汽车摩擦材料，主要由增强材料、黏结材料及填充材料等所组成。增强材料主要有石棉、钢纤维、玻璃纤维、碳纤维、有机纤维、混杂纤维等。石棉摩擦材料逐渐被非石棉摩擦材料所取代。黏结剂主要用酚醛树脂或其改性树脂。填料常用重晶石、硅灰石、氧化铝、铬铁矿粉、氧化铁、轮胎粉及铜、铅等粉末等。

复习思考题

1. 汽车对摩擦材料有什么性能要求？
2. 汽车摩擦材料由什么组成？为什么石棉摩擦材料逐渐被其他摩擦材料所取代？

第七章　汽车用陶瓷材料

> **学习目标**
> 1. 理解陶瓷材料的性能特点；
> 2. 了解陶瓷材料在汽车上的应用。

陶瓷是各种无机非金属材料的总称，是现代工业中很有发展前途的一类材料。今后将是陶瓷材料、高分子材料和金属材料三足鼎立的时代，构成固体材料的三大支柱。随着科学技术的发展，陶瓷在品种、制造技术、应用领域等方面都发生了很大的突破，精细陶瓷已成为许多高新技术领域中不可缺少的关键材料，并得到非常迅速的发展，在汽车上的应用亦越来越广，如耐高温、高压的火花塞，陶瓷发动机等。

第一节　陶瓷的分类及性能

一、陶瓷的分类

陶瓷是以天然矿物或人工合成的各种化合物为基本原料，经粉碎、成形和高温烧结等工序制成的一种无机非金属固体材料。

陶瓷产品的种类很多，性能各异，共同特点是硬度高、抗压强度大、耐高温、隔热性和绝缘性能优异。一些精细陶瓷具有导电、透明、导磁、超高频绝缘、红外线透过率高的特性，以及具有压电、铁电、声光等能量转换的功能。

陶瓷通常分为传统陶瓷和精细陶瓷两大类。

1. 传统陶瓷

传统陶瓷是以天然的硅酸盐矿物为原料烧制而成的，也叫硅酸盐陶瓷，主要用于日用、建筑、卫生陶瓷制品以及工业上应用的高低压电陶瓷、耐酸及过滤陶瓷等。

2. 精细陶瓷

为了与传统陶瓷相区别，人们将近代发展起来的各种陶瓷总称为精细陶瓷，也可称为新型陶瓷、高技术陶瓷或特种陶瓷。

精细陶瓷按照性能分类又可分为高强度陶瓷、高温陶瓷、耐磨陶瓷、耐酸陶瓷、压电陶瓷、电介质陶瓷、光学陶瓷、半导体陶瓷、磁性陶瓷、卫生陶瓷。

按化学组成分类，可把精细陶瓷分为氧化物（氧化铝、氧化锆、氧化镁）陶瓷；氮化物（氮化铝、氮化硅、氮化硼）陶瓷；碳化物（碳化硅、碳化硼）陶瓷；复合陶瓷（氧氮化硅铝陶瓷、镁铝尖晶石陶瓷、锆钛酸铅镧陶瓷);金属陶瓷和纤维增强陶瓷。

按用途分类可将精细陶瓷分为结构陶瓷和功能陶瓷。

二、陶瓷的性能

1. 力学性能

最突出的特点是高硬度、高耐磨性,这些性能都大大高于金属。几乎没有塑性,完全是脆性断裂,故冲击韧度和断裂韧度很低。抗拉强度低,但抗压强度较高。弹性模量高,可达金属的数倍。

2. 热性能

陶瓷的熔点很高,有很好的高温强度。高温抗蠕变能力强,1000℃以上也不会氧化,故用做耐高温材料。热膨胀系数低,导热性小,是优良的高温绝热材料,但其抗热振性差,温度剧烈变化时易破裂,不能急热骤冷。

3. 化学性能

陶瓷在室温和高温都不会氧化,对酸、碱、盐有良好抗蚀能力,可谓化学稳定性很高的材料。

4. 电性能

一般陶瓷都有较好的电绝缘性能,可直接作为传统的绝缘材料使用。有的可做半导体材料。当前也出现有各种电性能的精细陶瓷,如压电陶瓷、磁性陶瓷等,这将使陶瓷应用更加广泛。

第二节　陶瓷在汽车上的应用

陶瓷在汽车上的最早应用是制造火花塞,如图7-1所示。现代汽车中,陶瓷用于制作各种传感器,如爆震传感器、氧传感器、温度传感器等;也可以用于替代金属材料制作发动机和热交换器零件。近年来,一些特种陶瓷被用于制作发动机部件或整机、气体涡轮部件等,可以达到提高热效率、降低耗能、减轻自重的目的。

汽车上的精细陶瓷具有各种优异的特性,经常使用可以有效地降低车辆的质量,提高发动机的热效率,降低油耗,减少排气污染,提高易损件寿命,完善汽车智能性功能等。

用氮化硅陶瓷材料制成的陶瓷纤维活塞,耐磨性好,可以有效地防止铝合金活塞由于热膨胀系数大而产生的"冷敲热拉"现象。

精细陶瓷可用于制作气门、气门座、摇臂等零件,以充分发挥其耐热性、耐磨性优良的特性。日本五十铃公司研究开发的发动机用氮化硅材料制成气门,三菱公司采用陶瓷制成发动机摇臂,在使用中效果良好。

精细陶瓷耐腐蚀性强,在高温下有良好的热稳定性,被广泛地用作汽油机点火系统火花塞的基体。日本五十铃汽车公司研制的陶瓷发动机采用陶瓷制造进、排气管,可以承受800~900℃的高温,取消了隔热板,减少了发动机体积,并使排气净化效果提高2倍。

精细陶瓷主要用于汽车调控系统的敏感元件制作中,如稀空燃比燃烧传感器及传动装置传感器等。

第七章 汽车用陶瓷材料

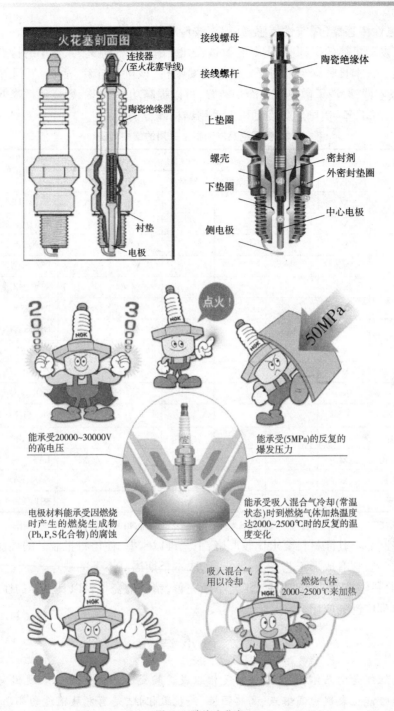

图 7-1 陶瓷火花塞

随着人们对汽车的安全性、舒适性、智能化、节能及对噪声、排放污染的限值等有更高的要求,使具有绝缘性、介电性、压电性、半导体性、导磁性等特异功能的陶瓷在汽车上作为诸多调控敏感元件的应用范围越来越广,品种和规格趋繁多,如温度传感器、废气传感器(包括浓差电池式氧化锆传感器、临界电流式氧化锆传感器、半导体型氧化锆传感器、CO 传感器等)、湿度传感器、压电性传感器(爆震性传感器、超声波传感器)、硅压力传感器等。

为了提高发动机热效率,利用陶瓷的耐热、耐磨、耐腐蚀、热膨胀系数小的特点可以制作陶瓷绝热发动机。日本日野汽车公司开发了陶瓷发动机,该机汽缸套、活塞、气门等燃烧室零件有40%为陶瓷零件,取消了散热器和冷却装置,可以提高功率10%,燃烧消耗降低30%。

表7-1列出了日本、美国绝热发动机上采用结构陶瓷的情况。

日本、美国绝热发动机上采用的结构陶瓷　　　　　　表7-1

零件名称		要求的性能						适用的陶瓷材料
		耐热	耐磨	低摩擦	轻量	耐蚀	膨胀小	
活塞		√		√	√	√	√	Si_3N_4、PSZ、TTA
活塞环		√	√					SSN、PSZ 涂层
汽缸套		√	√	√		√		Si_3N_4、PSZ 涂层
预燃烧室		√				√		PSZ、Si_3N_4
气门头		√			√	√		SSN、PSZ 复合材料
气门座		√				√		PSZ、SSN
气门挺杆				√				PSZ、Si_3N_4、SiC
气门导管		√		√				PSZ、SSN、SiC
进排气管		√						ZrO_2、Si_3O_4、Al_2O_3、TiO_2
排气口/进气口		√						ZrO_2、Si_3O_4、Al_2O_3、TiO_2
机械密封			√	√				SiC、Si_3N_4、PSZ
涡轮增压器	叶片	√			√	√	√	Si_3N_4、SiC
	涡轮壳	√				√	√	LAS
	隔热板	√			√		√	ZrO_2、LAS
	轴承	√	√	√	√	√	√	SST

注:SSN为烧结氮化硅;PSZ为部分稳定氧化锆;LAS为锂-铝-硅酸盐;TTA为改性的韧性氧化铝。

精细陶瓷制品对其原材料要求比较严格,工艺难以掌握,使得每批制品的性能难以保持同前一批一致,因此,它有成形工艺复杂,要求高,成本长期居高不下的缺点。

但是,随着科学技术的飞速发展,工艺不断完善,精细陶瓷材料以其优异的性能,一定会在汽车生产中得到广泛的应用。

本章小结

1. 陶瓷的组织是由晶体相、玻璃相和气相组成。陶瓷在力学性能上表现出突出的硬而脆的特点。在热性能上表现出高熔点、高热强性、高抗氧化性,是有发展前途的高温材料。另外,陶瓷的耐蚀性、绝缘性也都很好。

2. 常用精细陶瓷有氧化铝陶瓷、氮化硅陶瓷、碳化硅陶瓷、氮化硼陶瓷、氧化物陶瓷(包括氧化锆陶瓷、氧化铍陶瓷、氧化镁陶瓷等)。

3. 在汽车上,利用精细陶瓷特性可以制作陶瓷绝热发动机、气门、气门座、摇臂、汽油机点火系统火花塞的基体,进、排气管,活塞、活塞环、喷嘴、轴承等零件以及汽车调控系统的敏感元件等。

复习思考题

一、选择题

1. 氧化铝陶瓷可制作(　　),氮化硅陶瓷可制作(　　),碳化硅陶瓷可制作(　　),氮化硼陶瓷可制作(　　)。
   A. 汽缸　　　　B. 火花塞　　　　C. 叶片　　　　D. 高温模具

2. 传统陶瓷包括(　)、(　)、(　),而精细陶瓷主要指(　)、(　)、(　)。
   A. 水泥　　B. 氧化铝　　C. 碳化硅　　D. 日用陶瓷　　E. 玻璃　　F. 氮化硅

二、判断题(正确的打"√",错误的打"×")

1. 陶瓷材料的抗拉强度较低,而抗压强度较高。　　　　　　　　　　　　(　)
2. 陶瓷材料可以制作绝缘材料,也可以制作半导体材料。　　　　　　　　(　)
3. 陶瓷材料可以制作高温材料,也可以制作耐磨材料。　　　　　　　　　(　)
4. 陶瓷材料可以制作刃具材料,也可以制作保温材料。　　　　　　　　　(　)

三、问答题

1. 陶瓷如何分类?性能如何?
2. 常见的精细陶瓷有哪些?
3. 汽车上有哪些部件可用陶瓷制造?

第八章 工程塑料

> **学习目标**
> 1. 了解塑料的特性；
> 2. 了解塑料在汽车零部件上、内部件、外部件上的应用情况。

随着汽车向轻量化方向与科技进步,汽车采用塑料是不可逆转的趋势,它对提高汽车效能、美观及轻量化的要求扮演越来越重要的角色。利用塑料的质轻、防锈、吸振、设计自由度大的特点,可以使汽车朝着轻量、高速、安全节能、舒适、多功能、低成本、长寿命的方向发展,而各种新型塑料正是符合这种发展方向的理想材料。

目前,汽车用塑料已由普通的装饰用途,发展至制造结构性及功能性的部件,要求也不断提高,例如耐热、高强度及抗冲击性便是最常见的要求,一般处理的方法是采用复合材料或塑料合金。目前,德国制造的汽车使用塑料平均约占用材的22%,是使用塑料最多的汽车工业国,而日本汽车使用的塑料则占用材的7.5%左右。

第一节 工程塑料的分类及性能

一、塑料的定义

塑料是以合成树脂为主要成分或加有其他添加剂,经一定温度、压力塑制成型的高分子材料。按其力学状态也可以说,凡在室温下处于玻璃态的高聚物即可称为塑料。

二、塑料的特性

1. 密度小

塑料的相对密度一般只有 1.0~2.0,约为钢的 1/6,铝的 1/2。这对减轻车辆、飞机、船舶等运输工具的自重意义十分重大。

2. 电绝缘

大多数塑料具有良好的电绝缘性和较小的介电损耗,是理想的电绝缘材料。

3. 耐腐蚀

大多数塑料的化学稳定性好,对酸、碱、盐都具有良好的抗腐蚀能力。

4. 消声和隔热性好

塑料具有优良的消声隔热作用,泡沫塑料可以用作隔声保暖材料,塑料机械零件可以减少噪声,提高运转速度。

5. 耐磨和减摩性好

大部分塑料摩擦系数小,具有自润滑能力,可以在湿摩擦和干摩擦条件下有效工作。

6. 良好的工艺性能

大部分塑料都可以直接采用注塑或挤压成型工艺,无须切削,因此生产效率高,成本低。塑料的不足之处是强度低、硬度低,耐热性差、膨胀系数大,受热易变形、易老化、易蠕变等。

三、塑料的分类

1. 以塑料受热行为分类

以塑料受热行为分类可分为热塑性塑料和热固性塑料。

(1)热塑性塑料。是指在特定温度范围内能反复加热软化和冷却硬化的塑料。这类塑料一般由聚合树脂制成,受热时主要是通过物理变化而使其几何构型发生变化,当再一次受热后仍具有可塑性。如聚乙烯、聚苯乙烯、ABS、聚酰胺等。

(2)热固性塑料。指在一定温度和压力等条件下,保持一定时间而固化,固化后成为不溶性物质的塑料。一般以缩聚树脂为基础制成。受热时通过化学变化使低相对分子质量的线型分子转变为体型结构的高分子化合物。当它再次受热后不具有可塑性,如酚醛塑料、环氧塑料等。

2. 以塑料使用的特点分类

以塑料使用的特点分类可分为三类:

(1)通用塑料。系指产量大、用途广、价格低的常用塑料。包括聚乙烯、聚氯乙烯、聚丙烯、酚醛塑料等,产量占全部塑料产量的80%以上。

(2)工程塑料。指可以作为结构材料的塑料,可代替金属作为工程结构件使用。如聚碳酸酯、ABS、聚酰胺等。通用塑料经改性和增强,也可制成工程构件。这样就很难从定义上区分通用塑料和工程塑料的界限了。

(3)特种塑料。指有某一方面特殊性能的塑料。这些特殊性能包括高耐热性、高电绝缘性、高耐腐蚀性等,如氟塑料、有机硅树脂等。

第二节 工程塑料在汽车上的应用

为实现轿车轻量化,提高轿车的舒适性和安全性,近年来,各国轿车塑料制品的用量日益增多,目前每辆轿车上的塑料用量已达9%左右。最近我国相继试验成功并开始投入生产的轿车塑料制品有轿车前后保险杠、大型散热器面罩、软硬塑料仪表板、高弹性聚氨酯模塑座椅、门内护板、门立柱盖饰板、软质转向盘、冷却风扇、散热器上下水室、PA油管及塑料燃油箱和车轮装饰罩等难度较大的塑料制品。

塑料在轿车结构件和内外装件上的应用,主要是为了满足轿车轻量化、提高安全性能源消耗、降低生产成本等要求。如图8-1所示。

随着汽车工业的发展,大大促进了汽车上塑料的应用,汽车上塑料的用量占整车质量的7%左右。轿车上塑料的用量见表8-1。

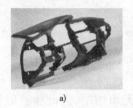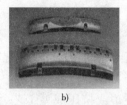

图 8-1 塑料在汽车上应用
a) 聚丙烯仪表板；b) 聚丙烯保险杠缓冲垫；c) 聚氨酯座椅垫

轿车上塑料的用量(kg/辆)　　　　　　　　　　　　　　　　　表 8-1

塑料品种	CA7220（小红旗）	上海桑塔纳	日本轿车（平均）
PVC	21.34	11.773	12.1
ABS	13.54	10.553	6.6
PP	16.86	18.785	30.8
PE	4.13	6.15	4.4
PMMA	1.8	1.892	
POM	0.16	0.22	14.3（PMMA+POM+PA+FRP）
PA	2.4	2.869	
FRP	10.56	0.336	
PF		0.353	1.1
PUR	9.7	9.98	9.9
其他	7.84	4.217	3.3
合计	88.33	67.128	82.5
占整车质量（%）	7.54	6.52	7.5

图 8-2 所示为塑料在轿车上的应用部位。

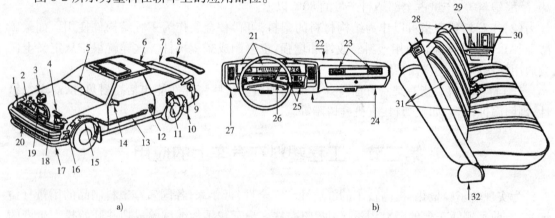

图 8-2 塑料在汽车上的应用
a) 汽车外部；b) 汽车内部

1-散热器格栅（ABS）；2-风窗玻璃洗涤罐；3-散热器备用冷却液罐（PP）；4-伸缩式前照灯装饰（PMMA）；5-安全缓冲垫（PVC/PUR）；6-驾驶室顶衬（织品，PVC）；7-后挠流板（UP）；8-后车门内饰（PP）；9-后侧围加油口（PE）；10-翼子板（TPO）；11-进油管保护架（PE）；12-室压释放阀（PP）；13-燃料管护罩（PE）；14-外后视镜（ABS/ASS）；15-翼子板内衬（PE）；16-示宽灯（ABS/PMMA）/侧转向信号灯（ABS/AS）；17-前导流板（PE）；18-前转向信号灯（PP/PMMA）；19-风扇罩（PP）；20-前保险杠面罩（PUR）；21-丙烯腈—丁二烯—苯乙烯（ADS）；22-乙烯基；23-丙烯腈—丁二烯—苯乙烯（ABS）或聚烯烃；24-聚丙烯或金属；25-镀铬丙烯腈—丁二烯—苯乙烯（ABS）；26-乙烯基；27-聚丙烯或金属；28-乙烯基；29-聚丙烯；30-乙烯基；31-乙烯基；32-聚丙烯

一、汽车内饰用塑料制品材料

为创造更舒适、更安全而豪华的车内居住空间，人们一直追求高档次、高质量的汽车内饰。汽车内饰塑料制品有仪表板、座椅、顶篷、门内板、副仪表板、扶手、地毯、行李舱内衬、发动机罩内衬以及各种吸声、降噪用的毛毡垫等。

1. 仪表板

目前汽车上使用的仪表板可分为硬质仪表板和软质仪表板。

硬质仪表板一般使用在轻、小型货车上，一次注射成形。这种仪表板尺寸很大而且没有蒙皮，表面质量要求非常高，同时要求高温耐热、刚性。材料可用改性 PPO、ABS 树脂、填充 PP 等。

软质仪表板由表皮、骨架、缓冲材料三部分构成。一般档次的轿车采用 PVC/ABS 片材真空吸塑成形仪表板表皮，如一汽捷达，上海桑塔纳轿车；中高档次轿车上采用粉末 PVC 搪塑成形仪表板表皮，如一汽奥迪、小红旗轿车。骨架材料有铁板（如奥迪和小红旗），有硬纸板（如捷达和桑塔纳），也有 ABS、改性 PP 等。

为了便于回收利用，正在发展热塑性聚烯烃表皮（TPO），改性聚丙烯骨架，聚丙烯发泡材料构成的仪表板。同时随着轿车上安全气囊的安装，软饰仪表板已失去其安全性的要求，因此只要外观质量得到解决，采用低成本的硬质仪表板完全可行。

2. 座椅

目前座椅缓冲材料基本上采用软质高弹性聚氨酯泡沫塑料，骨架采用金属材料。国外正在发展的全塑料座椅，除了缓冲垫，座椅骨架也采用长玻纤增强的聚丙烯材料或 30% 玻纤增强的 PA6，使质量减少 40% 以上，成本降低 15%。

3. 门内板

门内板的构造基本上类似于仪表板，由骨架、发泡材料和表皮构成。车门内板一般以硬质纤维板或 PP 木粉塑料板为基础材料，再层压或复合上聚氨酯内衬和 PVC 薄膜或无纺布。也有用改性 PP 或 ABS 制作车门内板骨架，再复合软饰材料成为整体门内板。

以小红旗轿车和奥迪轿车为例，门内板的骨架部分由 ABS 材料注射成形，再把衬有 PU 发泡材料的针织涤纶表皮以真空成形的方法层压在骨架上成为一体。

有些货车上甚至使用直接贴一层 PVC 人造革的门内板。

4. 顶篷

车内顶篷是在内饰制品中材料品种和花样最多的一种复合层压制品。它的作用是除装饰功能之外，还起着隔热、隔声、吸声等特殊作用。顶篷的种类可分为成形顶篷（把成形的顶篷用镶嵌黏结的方法固定）、粘贴顶篷（带表皮的泡沫垫直接粘贴到车顶内部）和吊装顶篷，其中成形顶篷占 70% 以上，货车驾驶室和面包车顶篷常使用粘贴型。

成形顶篷由基材和表皮构成。基材要求轻量、高刚性、尺寸稳定、易成形的特点，为此一般使用"热塑性"PU 发泡片材、PP 发泡片材、玻璃纤维、瓦楞纸、蜂巢状塑料带等。表皮材料可用织物、无纺布、PVC 等。我国轿车顶篷一般使用"热塑性"PU 发泡片材、玻璃纤维、无纺涤纶布材料层压成形。

5. 地毯

地毯材料必须挺括、隔声、舒适,不允许有松弛、褶皱等现象,所以大都采用带有橡胶基的合成纤维针刺毡或 PVC 低发泡体。

6. 其他

其他如门立柱盖板、杂物箱、杂物斗、空调有关的壳体和各种导管以及导风格栅,大都采用 ABS 及聚烯烃塑料。

二、汽车外装塑料制品

1. 保险杠

在汽车外装件塑料化中,保险杠是塑料化最成功的零件之一。目前汽车上使用的塑料保险杠大体上分为两大类,即 RIM 法成形的热固性 PUR 和弹性体改性聚丙烯。我国车用塑料保险杠几乎都采用弹性体共混改性 PP 材料,美国大多采用 RIM 成型法生产保险杠,而欧洲大多采用经涂装的 PP 保险杠和 PC/PBT(聚对苯二甲酸丁二醇酯)合金保险杠,日本一些高级轿车上应用 RIM。但目前保险杠大多数还是以材料成本较低的改性 PP 为主。

2. 散热器格栅

格栅是为了冷却发动机而设置的开口部件,位于车体最显眼的地方,是表现一个车风格的重要零件,因此非常重视格栅的形状设计和材料选择。散热器格栅应用的材料有 ABS、PC、PP、PET(聚对苯二甲酸乙醇酯),从电镀和涂装方面考虑,采用 ABS,以利于轿车具有光泽和立体感,也可采用 PP。目前轿车上一般采用 ABS 或 ABS/PC 注射成形、表面电镀或涂装的格栅,如小红旗轿车的格栅是 ABS/PC 表面喷漆。

格栅也采用耐候性较好的 ASA(丙烯腈—苯乙烯—丙烯酸酯共聚物)材料,注射成形后其制品表面可以不涂装,但其表面不如涂装的产品。表面没有涂装的格栅成本可降低 50%。最近出现的聚酯弹性体表面溅射金属铬的格栅备受欢迎。

3. 车轮罩

塑料车轮罩分全罩型和半罩型,近来对汽车空气动力性要求提高,全罩型车轮罩有增加的趋势,车轮罩所采用的塑料材料有 ABS、PA、PC、ABS、PPO/PA 等。

4. 翼子板衬里,发动机挡泥板

轿车翼子板衬里一般采用耐低温、高韧性的聚丙烯来制造,奥迪轿车和捷达轿车上的翼子板衬里已实现国产化。CA1092 车上发动机挡泥板原来是由 4 块钢板组成,目前改成聚丙烯塑料之后,成本、质量减少,防腐性能提高。

5. 灯类

前照灯。考虑到前照灯玻璃的透明性、耐热性、耐冲击性以及其成形性,多数车采用表面涂覆硬膜的 PC,从而进一步提高了耐擦伤性和耐候性。前照灯反射镜壳,为了满足耐热性表面处理要求,一般采用 PPS、PC/PBT。随着放电灯管的出现,可能采用耐热性较低的其他塑料。

后排组合指示灯。灯罩材料为 PMMA,灯壳为填料改性 PP,它们之间用热熔黏结剂接合。随着振动焊接技术的发展,灯壳材料开始采用耐热性 ABS 材料,这样灯壳与灯罩之间可以振动焊接,也便于材料再生利用。

6. 其他车身部件

(1) 车门把手一般使用 POM，电镀件使用 PC/ABS。

(2) 门锁一般使用刚性好的 POM。

(3) 玻璃升降器的支撑机构及手摇把材料为 POM。

(4) 刮水器机构的杆可用 PBT(聚对苯二甲酸丁二酯)，球碗可用 POM，微电动机上的小齿轮使用 POM。

三、汽车结构件、功能件塑料制品

1. 气门室罩盖

塑料罩盖质量轻、噪声低，正在逐步取代钢板冲压及铝压铸汽缸罩盖，在欧洲和日本选择玻璃纤维增强尼龙，美国倾向于热固性塑料，其他可选择的材料有 PPS(聚苯硫醚)、热固性聚酯 BMC(块状模塑料)、SMC(片状模塑料)和酚醛塑料等。

2. 冷却风扇、护风圈

由增强聚丙烯材料制成，国内大多车型上已采用塑料制品。

3. 油箱

塑料油箱与传统的金属油箱相比，成本低、质量轻、经济效益好，安全性也比较好。主要采用超高分子量聚乙烯制成。

4. 散热器水室

汽车散热器通常采用铜合金制造。近年来，铝散热器增多，但焊接困难，因此散热器水室材料向易接合的塑料转化。主要材料是玻璃纤维增强尼龙66，耐热性、耐化学药品性及尺寸稳定性能满足要求，质量减少30%。

5. 水泵、油泵壳体

发动机的水泵和油泵壳体采用铸铁件或铝件，目前采用酚醛树脂材料，在发动机高温、高负荷状态下，能保持良好的尺寸稳定性、质量轻、噪声低、成本低。

表 8-2 为汽车用塑料种类及主要应用范围。

汽车用塑料种类及主要应用范围　　　　　　　　　　　　　表 8-2

树　脂	应　用　范　围
PP	保险杠、蓄电池壳、仪表壳、挡泥板、嵌板、采暖及冷却系统制件、发动机罩
PUR	座椅、仪表板、挡泥板、车内地板、遮阳板、减振器、护板、防撞条、保险杠
ABS	收音机壳、仪表壳、制冷和采暖系统、工具箱、扶手、散热格栅
PE	内护板、地板、油箱、行李舱、挡泥板、扶手骨架
聚酯类	气门室罩、结构件、外板
PA	散热器水室、转向节衬套、各种齿轮、带轮、发动机零件、油箱
PVC	电线电缆包材、外装材料、嵌材、地板
POM	燃料油系统、电气设备系统、车身体系
PC	保险杠、前轮边防护罩、车门把手、侧盖板、挡泥板、前照灯
PMMA	后挡板、灯罩及其他装饰品
PPO	嵌板、车轮罩盖、耐冲击格栅
PF	化油器

本章小结

一、塑料是在玻璃态下使用的高分子材料。塑料的性能特点：

1. 优点：①相对密度小，比强度高；②耐蚀性好，号称塑料王的聚四氟乙烯在沸腾的王水中也不腐蚀；③绝缘性能好；④耐磨性能好；⑤有消声减振性。

2. 缺点：①刚性差；②强度低；③耐热性低；④有老化现象。

二、塑料按受热时的行为可分为热塑性（如聚乙烯、聚丙烯等）和热固性（如酚醛树脂、环氧树脂等）两种。按塑料的使用的特点分类可分为通用塑料、工程塑料和特种塑料三类。

1. 通用塑料是指聚乙烯、聚氯乙烯、酚醛塑料等，其产量大、价格低，大多用于生活用品。

2. 工程塑料是指如聚碳酸酯、ABS、聚酰胺等，可代替金属作为工程结构件使用。

3. 特种塑料是指有某一方面特殊性能（高耐热性、高电绝缘性、高耐腐蚀性等）的塑料，如氟塑料、有机硅树脂等。

三、汽车上常用塑料有PVC、ABS、PP、PE、PMMA、POM、PA、FRP、PF、PUR等。

四、汽车塑料制品主要有：

1. 内饰用塑料制品。有仪表板、座椅、门内板、顶篷、地毯以及门立柱盖板、杂物箱、杂物斗、空调有关的壳体和各种导管等。

2. 外装塑料制品。有保险杠、散热器格栅、车轮罩、翼子板衬里、发动机挡泥板、灯类、车门把手、刮水器机构的杆等。

3. 结构件、功能件。有气门室罩盖、冷却风扇、护风圈、油箱、散热器水室、水泵、油泵壳体等。

复习思考题

一、选择题

1. 塑料的使用状态为：（　　）。
   A. 晶态　　　　B. 玻璃态　　　　C. 高弹态　　　　D. 黏流态

2. 被称为"塑料王"的是（　　）。
   A. 聚氯乙烯　　B. 聚苯乙烯　　　C. 聚四氟乙烯　　D. ABS塑料

3. 与金属材料相比较，塑料的（　　）要好。
   A. 刚度　　　　B. 强度　　　　　C. 韧性　　　　　D. 比强度

二、判断题（正确的打"√"，错误的打"×"）

1. 聚四氟乙烯的摩擦系数很小，在无润滑、少润滑的工作条件下是极好的耐磨减摩材料。（　　）

2. 凡是在室温下处于玻璃态的高聚物就称为塑料。（　　）

3. 尼龙是一种塑料。（　　）

三、问答题

1. 塑料的含义是什么？塑料有哪些组成？

2. 塑料如何分类？常用塑料品种有哪些？

3. 汽车上主要应用塑料的部件有哪些？用的是哪种塑料？

第九章 复合材料

> **学习目标**
> 1. 了解复合材料的种类及性能特点；
> 2. 了解复合材料在汽车上的应用及前景展望。

复合材料用于汽车内饰、底盘系统、保险杠梁及仪表板。据2012年12月CM Magazine刊出2012美国复合材料行业状况一文统计，仅2012年美国汽车市场复合材料的需求增长约为11.8%。在赛车及高性能汽车部件上复合材料使用的增长，如底盘、发动机罩及车顶等，是汽车行业复合材料用量增加的驱动因素。汽车需求的增长由低利率、消费者信心增加及旧车更新需求所驱动，2013年BMW公司将引入MCV(Megacity Vehicle)汽车，它是一款使用碳纤维增强塑料(CFRP)制成的电池的纯电动汽车。该车的新构造使生产工艺更加简单、灵活和节能。CFRP大约比钢轻50%，比铝轻30%。材料的减重将直接影响MCV汽车的燃料效率，它比相当尺寸的电动车轻了750lb(磅)(1lb = 0.4536kg)，因此蓄电池每千瓦时可以获取更多的里程，同时在汽车工业中使用生物树脂及天然纤维的兴趣也在不断提高，以满足可持续性问题。

为各种车辆开发新的复合材料应用，复合材料供应商和部件制造商将与原始设备制造商紧密合作，2013年通用汽车、宝马、戴姆勒和大众汽车纷纷与各碳纤维供应商成立合资企业；在高压容器市场，Luxfer、Dynetek和Ragasco公司是使用碳纤维和玻璃纤维制造复合材料容器的重点制造商，未来10年天然气汽车的强劲增长将会带动压缩气瓶的使用。

第一节 复合材料的种类及性能

复合材料是由两种或两种以上不同性质的材料，通过物理或化学的方法，在宏观上组成具有新性能的材料。确切地说，复合材料首先应该是一种结构物，其次才是一种材料(例如：钢筋混凝土就是一种复合材料)。各种材料在性能上互相取长补短，产生协同效应，使复合材料的综合性能优于原组成材料而满足各种不同的需求。现代汽车中的玻璃纤维挡泥板，就是由脆性的玻璃和韧性的聚合物相复合而成的。而先进的B2隐形战略轰炸机的机身和机翼则大量使用了石墨和碳纤维复合材料。

一、复合材料分类

一般有下列三种分类方法。

1. 按性能分类

(1) 功能复合材料：处于初始研制阶段。

(2)结构复合材料:大量研制和应用。

2. 按基体分类

(1)非金属基复合材料:目前大量研究和使用的是以高聚物材料为基体。

(2)金属基复合材料。按金属或合金基体的不同,金属基复合材料可分为铝基、镁基、铜基、钛基、高温合金基、金属间化合物基以及难熔金属基复合材料等。

3. 按增强剂的种类和形状分类

(1)颗粒复合材料。

(2)层状复合材料。

(3)纤维增强复合材料。

①玻璃纤维增强复合材料。

②碳纤维增强复合材料。

③硼纤维。

④晶须等。

目前使用最多的是纤维复合材料。

二、复合材料性能特点

1. 比强度和比模量高

许多近代动力设备和结构,不但要求强度高,而且要求质量轻,这就要求使用比强度(强度/密度)和比模量(弹性模量/密度)高的材料。复合材料的比强度和比模量都很高。如碳纤维和环氧树脂组成的复合材料的比强度是钢的7倍多,比模量是钢的5倍多。这对宇航、交通运输工具,要求在保证性能的前提下,减轻自重具有重大的意义。如先进的垂直起降战机AV-8B中27%左右的结构件采用了石墨/环氧树脂复合材料,使整机减重达3t多。

2. 抗疲劳性能好

大多数金属的疲劳强度是抗拉强度的40%~50%,而碳纤维增强复合材料高达70%~80%,这是因为裂纹扩展机理不同所至。金属疲劳破坏时,裂纹沿拉应力方向迅速扩展而造成突然断裂。而复合材料中基体和增强纤维间的界面能够有效地阻止疲劳裂纹的扩展。

3. 减振能力强

许多机器和设备(如汽车、动力机械等)的振动问题十分突出,而复合材料的减振性能好。原因是纤维增强复合材料比模量大,则自振频率高,可避免产生共振而引起的早期破坏。另外纤维与界面吸振能力强,故振动阻尼性好,即便发生振动也会很快衰减。

4. 耐高温性能好

由于各种增强纤维一般在高温下仍保持高的强度,所以用它们增强的复合材料的高温强度和弹性模量均较高,特别是金属基复合材料。如400℃时一般铝合金弹性模量接近零,强度也降至室温的10倍以下。而碳纤维或硼纤维增强后,400℃强度和弹性模量与室温水平基本一致,从而提高了金属的高温性能。

5. 断裂安全性好

增强纤维的复合材料中在每平方厘米截面上有成千上万根纤维,即使有一部分纤维断裂,载荷也会由未断裂的纤维承担起来,所以断裂安全性好。

6. 化学稳定性好

能耐酸碱腐蚀。还具有一些特殊性能，如隔热性、特殊的电、磁性能等。

复合材料也有不足之处，其断裂伸长率较小；抗冲击性低；横向拉伸和层间抗剪强度较低；尤其是成本高，价格比其他工程材料高得多；工艺成形方法尚需改进等。相信随着对复合材料的研究和应用的不断发展，这些缺点必然会得到改善，反过来又将大大推动复合材料的发展和应用。

三、汽车常用复合材料

复合材料的主要组成一般分为基体和增强材料两大类，其中基体材料又分为金属和非金属两大类。大多常用金属都可以作为金属基体使用。非金属基体主要是指各种树脂等具有胶合类特点的物质。复合材料的增强材料也种类繁多，包括各种纤维、粉末等。比较常见的几种复合材料有玻璃钢（FRP）、工程塑料、先进复合材料（一般是指高档纤维）、热固性复合材料和热塑性复合材料等。复合材料工艺方法多种多样，各自有不同的优点。

纤维增强塑料（FRP）是汽车轻量化的最重要的材料。FRP 主要是由三部分组成：

（1）纤维。有玻璃纤维、碳纤维和陶瓷短纤维等；

（2）树脂。有聚丙烯塑料 PP、聚乙烯塑料 PVC、聚二烯塑料 PE、ABS 等不饱和热塑性树脂等；

（3）填充料。常用中空的玻璃微球、陶瓷微球和有机物微球。

纤维增强塑料（FRP）基体是塑料，承受载荷的主要是增强相纤维，而增强相纤维处于基体之中，彼此隔离，其表面受到基体的保护，因而不易遭受损伤；塑性和韧性较好的基体能阻止裂纹的扩展，并对纤维起到黏结作用，复合材料的强度因而得到很大的提高。

FRP 中较典型的有碳纤维增强塑料和玻璃纤维增强塑料。

1. 玻璃纤维增强塑料（GFRP）

玻璃纤维增强塑料（GFRP）是以玻璃纤维为增强剂，以树脂为黏结剂（基体）而制成的，俗称玻璃钢。以尼龙、聚烯烃类、聚苯乙烯类等热塑性树脂为黏结剂制成的热塑性玻璃钢具有较高的力学、介电、耐热和抗老化性能，工艺性能也好，与基体材料相比，强度和疲劳性能可提高 2~3 倍以上，冲击韧度提高 1~4 倍，蠕变抗力提高 2~5 倍，达到或超过了某些金属的强度。以环氧树脂、酚醛树脂、有机硅树脂、聚酯树脂等热固性树脂为黏结剂制成的热固性玻璃钢，具有密度小、强度高，介电性、耐蚀性及成形工艺性好的优点。

由于对能源消耗的限制和环保的要求，迫使各国都在寻求减少汽车能耗的途径，其中一项重要措施是采用复合材料结构以减少汽车质量。目前通过片状模塑料（SMC）模压和增强反应注射模塑（RRIM）等各种技术制造的 GFRP 结构件已在汽车制造业中得到大量应用。例如，在汽车发动机汽缸盖等部位采用了玻璃纤维强化热塑性树脂，比用铸铁制造的同样部件的质量减轻 45%；汽车底盘采用 GFRP，其质量比钢铁材料减轻 80%。

2. 碳纤维增强塑料（CFRP）

碳纤维增强塑料（CFRP）用做基体的树脂主要有热固性的酚醛树脂、环氧树脂、聚酯树脂和热塑性的聚四氟乙烯。做增强相的碳纤维是用人造纤维为原料，在隔绝空气的条件下经高温碳化而成。其弹性模量比玻璃纤维高 4~5 倍，强度也略高，密度更小，故其比模量与比强度均优于玻璃纤维。在 -65~105℃ 温度范围内，基本上无伸缩现象。这种材料静电屏蔽性好、X 射线透过性好，而且能够导电，此外，CFRP 振动衰减快、振动传递小，因此非常适合于制造汽车，可以说是最理想的汽车轻量化材料。

目前不断发展和完善的金属基复合材料以碳化硅颗粒铝合金发展最快。这种金属基复合材料的密度只有钢的 1/3，为钛合金的 2/3，与铝合金相近。它的强度比中碳钢好，与钛合金相近而又比铝合金略高。其耐磨性也比钛合金、铝合金好。目前已小批量应用于汽车活塞、制动器部件、连杆等。

例如由 CFRP 制成的驱动轴，一根可代替两根钢铁轴，使质量减轻 50%，并大幅度降低车内噪声，还可使车身前后方向振动大幅降低。CFRP 制悬架板簧的质量仅为钢制板簧的 1/4，但耐疲劳性和耐腐性优良。

CFRP 材料的缺点是由于伸长率小、纤维和树脂之间容易发生层间分离。另一个缺点是 CFRP 与金属接触点上有电化学腐蚀。

目前，利用 FRP 制作的汽车部件有：车身外板零件挡泥板、行李舱盖、散热器前装饰护栅、带加强筋的发动机罩、车顶盖、保险杠、侧密封、下盖板、车箱后围板的装饰、前照灯壳体等；发动机舱内的蓄电池槽、汽缸盖罩、配电盘、轴承盖、空气调节阀等；驾驶室内的仪表板芯、仪表罩壳等。CFRP 制件的最大优点是轻量化效果显著，见表 9-1。节能效果胜于钢和铝制件。

CFRP 在载货汽车上使用的轻量化例（单位：kg）　　　表 9-1

零件例	钢制	CFRP	减轻质量
传动轴	74	23	51
板簧	59	14	45
车架	720	135	585

四、金属基复合材料（MMC）

金属基复合材料组成：增强金属基复合材料通常是由低强度、高韧性的基体和高强度、高弹性模量的纤维组成的。金属基复合材料的基体大多采用铝、铜、铝合金、铜合金、镁合金和镍合金。增强材料一般为纤维状、颗粒状和晶须状的碳化硅、硼、氧化铝和碳纤维，要求具有高的强度和弹性模量（抵抗变形及断裂）、高抗磨性（防止表面损伤）与高化学稳定性（防止与空气和基体发生化学反应）。

金属基复合材料性能特点：在力学方面为横向及剪切强度较高，韧性及疲劳等综合力学性能较好，同时还具有导热、导电、耐磨、热膨胀系数小、阻尼性好、不吸湿、不老化和无污染等优点。例如碳纤维增强铝复合材料其比强度为 $3 \times 10^7 \sim 4 \times 10^7$ mm，比模量为 $6 \times 10^9 \sim 8 \times 10^9$ mm，又如石墨纤维增强镁不仅比模量可达 1.5×10^{10} mm，而且其热膨胀系数几乎接近零。

1. 纤维增强金属基复合材料（FRM）

是利用纤维的特性制造轻质的结构材料，FRM 有以下优点：比强度、比刚性高，要制成同等强度的零件，可使质量下降；耐热性等热学性能提高；热传导和电导性优良；耐磨性提高。因而 FRM 材料在汽车上用来制造的活塞环、连杆、汽缸体、活塞销等。

例如在铝连杆的杆部嵌入直径为 0.025mm 不锈钢纤维制成的 FRM 连杆，提高了强度和刚性,比传统的连杆减轻30%的质量。丰田汽车的活塞耐磨环采用Al_2O_3/Al的FRM,在提高比强度和比刚性的基础上,减少了热膨胀,提高了耐磨性。又如日本在Preludu四缸发动机的铝硅合金汽缸体内壁用陶瓷纤维增强铝合金取代了铸铁缸套。这样使得在没有增加发动机外形尺寸和质量的情况下,增加了汽缸排量(756mL),从而加大了输出功率,并具有良好的冷却性能。

2. 颗粒、晶须增强金属基复合材料

颗粒及晶须增强金属基复合材料是目前应用范围最广,开发前景最大的一种金属基复合材料。这类复合材料的金属基大多数是采用密度较低的铝、镁和钛合金,以便提高复合材料的比强度和比模量,其中较为成熟、应用较多的是铝基复合材料。这类复合材料所采用的增强材料为碳化硅、碳化硼、氧化铝颗粒或晶须,其中以SiC为主。颗粒、晶须增强金属基复合材料除了用于军事工业,如制造轻质装甲、导弹飞翼和直升机部件外,主要用于汽车工业,如发动机汽缸活塞、喷油嘴部件、制动装置等。

3. 纤维增强陶瓷(FRC)

陶瓷具有耐高温、抗氧化、高弹性模量和高抗压强度等优点,但由于脆性大经不起冲击和热冲击,因而限制了陶瓷的使用。而纤维增强陶瓷(FRC)则是利用纤维克服陶瓷脆性的有效方法。其功能有三点:

(1)利用纤维承受载荷可提高断裂强度。

(2)利用纤维阻止裂纹的扩展提高断裂韧性。

(3)分散裂纹的扩展使断裂面积增大和利用纤维的拉伸增大断裂性能等。FRC中的大多数纤维与基体的组合均能提高韧性,为了提高强度,采用高弹性纤维要比高强度纤维更有效。此外,利用耐热纤维可提高高温强度。

目前FRC有碳纤维系FRC、陶瓷纤维系FRC、晶须纤维系FRC。国外在汽车发动机上已有许多零件采用FRC。

4. 碳纤维复合材料(FRC)

是以各种树脂、碳、金属、陶瓷为基体材料的塑料,其根据基体材料可分为树脂基复合材料、陶瓷基复合材料(CMC)和金属基复合材料(MMC)。其中以树脂和金属为基体的复合材料在车身上的应用较为成熟,具有应用于车身制造的诸多优势。

(1)具有较高的强度。碳纤维复合材料具有目前常用材料中最高的比模量和比强度,用其制成与高强度钢具有同等强度和刚度的构件时,质量可减轻70%左右。

(2)具有良好的抗疲劳性。碳纤维复合材料的抗疲劳性能极佳。由于在疲劳载荷作用下的断裂是材料内部裂纹扩展的结果,碳纤维复合材料中碳纤维与基体间的界面能有效阻止疲劳裂纹扩展,而外加载荷由增强纤维承担,因而疲劳强度极限比金属材料和其他非金属材料高很多。

(3)碰撞吸能性好。碳纤维复合材料是汽车金属材料最理想的替代材料,在碰撞中对能量的吸收率是铝和钢的4~5倍,减轻车身质量的同时还能保证不损失强度或刚度,保持防撞性能,极大地降低了轻量化带来的汽车安全系数降低的风险。

(4)制造工艺性好。碳纤维复合材料的工艺性和可设计性好,通过调整CFRP材料的形状、排布、含量,可满足构件的强度、刚度等性能要求,能用模具制造的构件可一次成型,减少紧固件和接头数目,可以大大提高材料利用率。

　　碳纤维(CF)是纤维状的碳素材料,含碳量在90%以上,它是利用各种有机纤维在惰性气体中、高温状态下碳化而制得。具有十分优异的力学性能。特别是在2000℃以上高温惰性环境中,是唯一强度不下降的物质。碳纤维在汽车上的应用如图9-1所示。

a)　　　　　　　　　　　　b)　　　　　　　　　　　　c)

图9-1　碳纤维在汽车上的应用

a)大众碳纤维材料车身;b)日产CT－R碳纤维材料保险杠;c)碳纤维材质的后扰流板

第二节　金属基复合材料在汽车上的应用

　　目前复合材料总量中约有20%被应用在汽车领域,预计到2015年,甚至未来很长的一段时间里,复合材料在汽车领域的应用将会以每年10%的速度持续增长。

　　复合材料在汽车上的应用分为几大类:覆盖件(内外饰)、结构件(以其力学性能为主要应用)、功能件(以其某些方面特殊性能为主要应用)。当然,更多情况下都是多种性能同时应用的,只是在不同的场合中个别性能稍有突出而已。复合材料在汽车领域的第一大应用是结构件,结构件一般占到汽车总质量的20%~25%。如果把结构件中使用的钢材换成复合材料,可将结构件的总质量减轻40%~50%。复合材料在汽车领域的第二大应用是半结构件。如汽车座椅、车身面板等。这类半结构件目前也占到汽车总质量的20%~25%。如果把半结构件中的传统材料换成复合材料,又可以减少30%左右半结构件的质量。

　　铝基复合材料是由铝合金基体和增强体通过特殊的加工工艺结合为一体形成的新型复合材料,其常见的基体材料有Al－Si、Al－Cu、Al－Mg等铝合金系列;增强体材料大致分为:氧化物(如Al_2O_3、SiO_2)、碳化物(如SiC、TiC、B_4C)、氮化物(如Si_3N_4、TiN)、硼化物(如TiB_2、TiB、$ZrB2$)以及其他类型材料(如碳纳米管、超高模量石墨纤维、金刚石纤维、金刚石颗粒)。铝基复合材料由于具有高比强度、高比模量、高热导率、低热膨胀系数、良好的耐磨和耐疲劳性、低密度、良好的尺寸稳定性等优良的力学性能和物理性能,可满足汽车材料的特殊要求,受到了各国汽车制造企业的青睐,已成功应用于汽车工业领域,并取得了快速的发展和良好的经济效益。

　　目前,铝基复合材料一般采用铝硅合金。常用的填充增强剂有陶瓷纤维和微粒等。它与铝合金相比具有质量轻、比强度高和弹性模量高、耐热性和耐磨性好等优点,是汽车轻量化的理想材料。铝基复合材料在连杆、活塞、制动盘、制动钳和传动轴管等零件上的试验或使用显示出了卓越的性能,如本田公司开发成功的由不锈钢丝增强的铝基复合材料连杆比钢制连杆质量减轻30%,对1.2L的汽油发动机可提高燃料经济性5%。

1.铝基复合材料活塞

　　活塞是发动机的关键零部件之一,所处的工作环境非常恶劣:承受着交变的机械负荷和热负荷,工作温度很高(顶部高达600～700K),顶部承受气体压力很大(在汽油机中达到3～5MPa);在汽缸内往复运动的速度很高(10～14m/s)。因此,活塞材料有着苛刻的要求:质量轻、强度高、耐磨性好、尺寸稳定性高、导热性好等。

目前,应用于活塞的复合材料由低密度金属和增强陶瓷纤维组成,主要用于高性能铝活塞。近年来,国外又推出了氧化铝纤维增强活塞顶的铝活塞及氧化铝增强的镁合金制造的活塞等,进一步扩大了铝基复合材料活塞上的应用。活塞材料的性能对比见表9-2。

活塞材料的性能对比　　　　表9-2

活塞材料	优　　点	缺　　点
铸铁	热强度高,耐磨性较高,导热性较好	密度大,线膨胀系数大
铸钢	热强度高,耐磨性高,耐蚀性好	密度大,线膨胀系数较大,导热性差,加工复杂
铝合金	密度小,导热性好,线膨胀系数小	热强度不高,耐磨性差
铝基复合材料	热强度较高,密度小,耐磨性好,导热性好,线膨胀系数小	成本高,加工复杂,工艺不完善

日本本田汽车公司成功应用铝基复合材料制造了发动机活塞环槽(先把增强体硅酸铝纤维或氧化铝纤维制成环状物置于铸模内,然后浇铸铝合金制成锭,再挤压成活塞环槽),其性能和寿命均优于传统的铸铁镶块环槽。随后,该公司于2000年又推出氧化铝纤维增强活塞顶的铝活塞,进一步扩大了铝基复合材料在活塞上的应用。

2. 铝基复合材料制动盘

制动盘是汽车制动系统中的重要部件,汽车的行驶安全性关键在于其制动效果。制动盘在相对运动过程中使接触表面产生摩擦阻力,起到制动作用,在这个过程中汽车的动能转化为热能并消散至空气中。然而,当汽车发生紧急制动时,由于摩擦时间短、强度大,热量无法完全消散而被制动盘吸收,使其温度急剧升高,尤其是长时间、多次数的紧急制动,对制动盘产生的热冲击和摩擦程度极高,以致制动盘表面产生热裂纹或热磨损,最终导致制动失效,影响汽车的制动性和安全性。

铝基复合材料制成的制动盘,具有极好的导热性,摩擦面上的热量能够很快消散,且其磨损不大于铸铁制动盘,还可降低噪声。由于铝基复合材料的耐磨性、导热性好,最高工作温度可达450℃,自2005年以来,全球各大汽车公司(如奔驰、沃尔沃、菲亚特、通用、福特、丰田等)均对铝基复合材料制动系统的研发与应用做了许多工作,并取得了成功。美国FORD公司已研制出SiCP/Al复合材料制动盘,并将其批量用于高级轿车(Lincoln Town Car);Ktus公司也将铝基复合材料应用于一种低容量运动轿车(Elise)的前、后轮制动盘。德国、日本等研制的铝基复合材料高速列车制动盘,也已在火车、地铁、城郊列车等线路上得到应用。

3. 铝基复合材料汽缸套

汽缸套是镶嵌在发动机缸体内的圆筒形零部件,决定着发动机的使用性能与寿命。传统的汽缸套材料主要是灰铸铁,但随着发动机性能要求的提高,传统灰铸铁汽缸套的性能已远不能满足要求。目前所用的各种铸铁汽缸套材料,其基体组织均为珠光体,强度一般仅为210～260MPa。美国的Ghosh等采用激光在Al基(A365)汽缸套内表面熔覆Si和Mo的混合粉末,原位生成纳米级$MoSi_2$以形成第二相增强颗粒层,提高了材料表面的硬度及延展性;德国的Schneider等在Al-Si合金基体中添加Cu、Ni、Ti等合金元素,采用CPS成形工艺得到汽缸体,并对缸筒内表面进行机加工以使其光洁,然后以 Si 粉为增强体,采用激光熔覆工艺在汽缸筒内表面堆积了一层厚度约为 0.8mm 的高硅层,再经研磨处理制备的整体汽缸体已应用于高档汽车的发动机。

复合材料在国内部分轿车及 SUV 车型中的应用见表 9-3 和表 9-4。

复合材料在国内部分轿车车型中的最新应用实例　　表 9-3

汽车制造商	车 型	汽车复合材料部件实例
一汽大众	奥迪 A6	SMC 后保险杠背衬、后备胎舱、BMC 车灯反射罩以及 GMT 前端支架和前端底板衬里、发动机罩板等
	宝来系列	GMT 备胎舱
	迈腾系列	GMT 备胎舱
一汽轿车 海南马自达	红旗系列	SMC 后保险杠背衬、后备胎舱、FRP 尾翼
	马自达 6	长玻纤增强聚丙烯注射成型的前端模块和车门模块载体
	帕萨特 BS	GMT 蓄电池托架、发动机罩板、前端底板衬里以及 BMC 车灯反射罩
上海大众	桑塔纳 3000	BMC 车灯反射罩
	POLO 系列	GMT 发动机底护板
	途安系列	LFT 前端支架
上海通用	别克 GL8 系列	GMT 前保险杠及缓冲器支架
	凯悦、君悦系列	SMC 天窗板,以及 GMT 后靠背骨架总成、前保缓冲器支架
上海汽车 南汽名爵	荣威系列	SMC 底部导流板
	名爵跑车 MC7	SMC 车顶骨架
东风雪铁龙	富康两厢	SMC 上扰流板、中扰流板
	标致 206、307 系列	LFT 前端支架、翼子板
北京奔驰	300C 系列	SMC 油箱副隔热板
奇瑞汽车	东方之子	GMT 前保暖冲器支架

复合材料在国内部分 SUV 车型中的最新应用实例　　表 9-4

汽车制造商	车 型	汽车复合材料部件实例
北汽制造	勇士系列	SMC 前后保险杠、左右风窗铰链装饰板、蓄电池托架、FRP 发动机罩、左右翼子板、车顶等
北汽福田	冲浪系列	FRP 扰流板、牌照灯支架、左右护板、左右轮眉、左右后保包角等
郑州日产	锐骐系列	SMC 顶饰件总成、中隔窗、双开式后门
江铃陆风	大陆风系列	SMC 后导流板、FRP 尾翼及大包围部件等
	小陆风系列	FRP 车顶骨架
保定长城	赛弗、赛骏、赛影系列	FRP 扰流板、左右护板、左右轮眉、涉水器等
河北中兴	富奇 6500	FRP 前保险杠、发动机罩
长丰猎豹	猎豹系列	FRP 扰流板

第三节　树脂基复合材料在汽车上应用

自开始制造汽车以来，复合材料便以各种形式应用于汽车中，树脂基复合材料正式应用于汽车中始于1953年。世界上第一辆全复合材料车身的 Corvette 车由手糊工艺生产（图9-2）。复合材料具有优良的物理性能，从复合材料的内在特点而言，所有纤维增强复合材料，特别是连续纤维增强的复合材料部件，对微裂纹及轻微外伤的敏感性都非常弱。采用这种复合材料制作结构件，安全性更高，可有效降低二次伤害的可能性和程度，因此，被革新性地应用于汽车工业中，帮助实现汽车轻量化，提高能源效率。

复合材料给汽车工业带来的优势：一是自身减重；二是集成化功能，使系统减重；三是使系统的制造、安装和维修简化。而且，大部分复合材料部件具有减振降噪的效果。

在世界上享有很高商誉的名牌汽车大多已经使用玻璃纤维及其复合材料。在名牌汽车上使用玻璃纤维及其复合材料，说明它们不是消极的代用，而是汽车材料的升级换代。如美国林肯大陆使用 SMC 发动机罩、保险杠、后部行李舱盖，玻纤增强 PET 空调管、排气门；美国卡迪拉克赛威的玻纤增强 PPO 后窗下部件；美国道奇 Interpid ESX2 跑车的玻纤增强 PET 车身板；法国 Envivo 的玻璃钢天然气瓶；英国 TVRChimaera 跑车选用玻璃钢制作车身。

2009年，宝马集团与西格里集团合资，建立了西格里汽车碳纤维公司，首款产品4门宝马 i3 的碳纤维复合材料车厢采用 RTM 工艺成形。兰博基尼的 Aventador 超级跑车车厢也由碳纤维复合材料制成，如图9-7所示，该车的一大突出特色就是全车大量采用了碳纤维强化材料（CFRP）技术，尤其是全碳纤维复合材料单壳体车身。这款兰博基尼旗舰款超级跑车车舱完全以碳纤维制造而成，并配以硬壳式结构。其承载结构则为"单壳体"设计，在构造上可作为单一部件发挥作用，从而充分利用碳纤维强化材料的超强刚度。

1.轿车上的应用

复合材料在轿车上的应用以 SMC 产品为主要代表，主要应用于车顶板、车顶外延板、侧裙板、翼子板、发动机罩、保险杠、仪表板和内饰板等。应用实例如图9-3～图9-6所示。其中图9-3 富康行李舱盖为黏结结构，RTM 工艺成形。图9-4 奇瑞 A5 行李舱盖为黏结结构，其外板采用 SMC 工艺，内板采用 RTM 工艺。图9-5所示的零部件均采用 SMC 工艺成形。图9-6中的宝来喜登2002年5月在东风出产，采用 RTM 工艺全塑车身，为国内全复合材料车身产品，整车使用复合材料136.5kg，外观蓝色部件全部为复合材料制造。

图9-2　世界上第一辆全复合材料车身的 Corvette 车

图9-3　富康行李舱盖

2. 客车上的应用

复合材料在客车上的应用主要包括前后围、保险杠、顶围、行李舱门板和整个车身等(图9-9和图9-10)。

图9-4 奇瑞A5行李舱盖

图9-5 悍马2发动机罩

图9-6 我国全复合材料车身产品——宝来喜登

图9-7 碳纤维复合材料兰博基尼车厢

图9-8 碳纤维备胎舱

图9-9 复合材料前后围

碳纤维具有高韧性和高强度,且质量只有钢的1/4。轻量、高强的特性正是高性能汽车所需的。轿车前端模块,采用LFT-D在线混炼压制或LFT-D在线注塑工艺,可节省材料成本25%,如图9-8所示。备胎舱采用LFT或GMT材料,具有良好的抗冲击性和防腐性,单件减重可达45%(4kg左右),设计自由度高、可制作出较复杂的形状和结构。

3. 载货汽车上的应用

复合材料在载货汽车上的应用,主要包括车顶、面罩、保险杠、传动轴、脚踏板、板簧、侧裙板、翼子板、导风罩、导流板和导流罩等。国内自主研发 8.6m 自卸车车厢通过采用复合材料(图 9-11),车的质量从原来的 6.8t 减至 4.5t,承载 50t 以上,每年可为用户增创 7 万元左右的利润。

图 9-10　真空成形、整体复合材料车身　　　　图 9-11　复合材料自卸车车厢

4. 在其他汽车零部件上的应用

例如,发动机的气门室罩、齿轮室罩和油底壳等,都可以用复合材料制造(图 9-12、图 9-13)。复合材料在汽车上的应用日益广泛,随着技术的发展,复合材料正在向新的种类发展(图 9-14)。

图 9-12　纤维增强尼龙油底壳

图 9-13　气门室罩

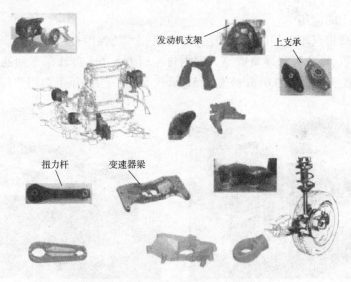

图 9-14 复合材料正在进军的零部件类型

本 章 小 结

1. 复合材料是由两种或两种以上的性质不同的材料组合起来的多相材料。一般是由一种强度低塑性好的基体材料,再加上一种强度高脆性大的增强材料所组成。具有其组成材料本身所没有的优越性能。

2. 复合材料一般有三种分类方法:
(1)按性能分类:有功能复合材料和结构复合材料;
(2)按基体分类:有非金属基复合材料和金属基复合材料;
(3)按增强剂的种类和形状分类:有颗粒复合材料、层状复合材料、纤维增强复合材料。
目前使用最多的是纤维复合材料。

3. 复合材料性能特点:
①比强度和比模量高,是最突出的优点;
②抗疲劳性能好;
③减振能力强;
④耐高温性能好;
⑤断裂安全性好;
⑥化学稳定性好。缺点:断裂伸长率较小;抗冲击性低;横向拉伸和层间抗剪强度较低;尤其是成本高。

4. 汽车常用复合材料:
(1)纤维增强塑料(FRP)。典型的有碳纤维增强塑料和玻璃纤维增强塑料。FRP制件的最大优点是轻量化效果显著,节能效果胜于钢和铝制件。
(2)金属基复合材料(MMC)。有纤维增强金属基复合材料(FRM)及颗粒、晶须增强金属基复合材料。
(3)纤维增强陶瓷(FRC)等。

第九章 复合材料

 复习思考题

一、选择题

1. 玻璃钢是玻璃纤维和( )组成的复合材料。
   A. 钢丝　　　　B. 陶瓷　　　　C. 树脂　　　　D. 石棉
2. 碳纤维增强塑料的代号为( )。
   A. CFRP　　　　B. MMC　　　　C. FRM　　　　D. FRC

二、判断题（正确的打"√"，错误的打"×"）

1. 金属、聚合物、陶瓷可以相互任意地组成复合材料，它们都既可以作基体相，也都可以作为增强相。（　　）
2. 碳纤维和环氧树脂组成的复合材料的比强度和比模量优于钢。（　　）

三、问答题

1. 举出四个你所见到的应用复合材料的例子。
2. 复合材料有哪几类？复合材料有什么性能特点？
3. 根据玻璃钢的性能特点，提出几种可能用玻璃钢制造的汽车构件。
4. 简述FRP在汽车上的应用。

第三篇　汽车运行材料

第十章　车用燃料的正确选用

学习目标

1. 了解汽油主要性能指标、牌号以及对环境的影响；
2. 了解车用柴油的主要性能指标、牌号以及对环境的影响；
3. 了解车用汽油的选择原则及使用方法；
4. 了解车用柴油的选择原则及使用方法。

汽油和柴油作为车用燃料对于汽车发动机的性能、效率、耐久性、环保效应等都有着重要的影响。随着社会和汽车工业的发展，对于车用燃料的品质不断提出了新的要求。同时，汽车产品全球化的趋势和世界范围内的汽车排放标准的协调统一的行动及取得的成果又加强了统一世界燃料标准的需要。因此，了解燃油的使用性能及对汽车使用的影响，燃油的牌号、规格、发展趋势以及环保对燃油的要求，是正确、合理地选用燃油的前提。

第一节　车用汽油的使用性能及评定指标

车用汽油是汽油机的主要燃料，是从石油提炼而得到的密度小、易挥发的液体燃料。密度一般为 $0.71 \sim 0.75 \text{g/cm}^3$，自燃点为 $415 \sim 530℃$。汽油性能的好坏，对于汽油机的动力性、经济性、可靠性及排气污染等均有很大的影响。

一、汽油的蒸发性及评价指标

1. 蒸发性

汽油由液体状态转变为气体状态的性质称为汽油的蒸发性。汽油能否在进气系统形成良好的可燃混合气，汽油的蒸发性能是主要的因素。

2. 评定指标

评定汽油的蒸发性的指标是馏程和蒸汽压力。

1) 馏程

馏程是指在石油产品馏程测定仪上对 100mL 油品蒸馏时,从初馏点到终馏点的温度范围。汽油的馏程以初馏点、10% 馏出温度、50% 馏出温度、90% 馏出温度、终馏点和残量来表示。

初馏点指对 100mL 汽油在规定条件下蒸馏时,得到第一滴汽油时的温度。

10% 馏出温度指对 100mL 汽油在规定条件下蒸馏时,得到 10% 汽油馏分的温度。

10% 馏出温度表示汽油中所含轻质馏分的多少,对汽油机冬季起动的难易程度的夏季是否发生"气阻"有很大的关系。该温度低,发动机易起动,起动时间短,耗油少,但不宜过低,过低时,在夏季易产生"气阻"。10% 馏出温度与汽油机可能起动的最低气温见表 10-1。

汽油 10% 馏出温度与汽油机可能起动的最低温度 表 10-1

可能起动的最低气温(℃)	-29	-18	-7	-5	0	5	10	15	20
10% 馏出温度(℃)	36	53	71	88	98	107	115	122	128

国家有关标准规定各牌号汽油的 10% 馏出温度不高于 70℃,但未规定汽油 10% 馏出温度的下限,而是通过饱和蒸气压来控制。一般认为,10% 馏出温度不宜低于 60~65℃。

50% 馏出温度指对 100mL 汽油在规定条件下蒸馏时,得到 50% 汽油馏分的温度。

50% 馏出温度表示汽油的平均蒸发性。此温度低,对汽油机的加速性、工作稳定性及起动后迅速升温(暖车)有利。国家标准中规定各牌号汽油 50% 馏出温度不高于 120℃。

90% 馏出温度表示汽油中含重质成分的多少。

90% 馏出温度高,表明汽油中重馏分含量多,重馏分汽油不易挥发,特别在冬季时,来不及蒸发燃烧的重馏分汽油沿汽缸壁流到下曲轴箱,冲掉汽缸壁上的润滑油膜,稀释润滑油导致汽缸、活塞环等零件及其他配合副机械磨损加剧。同时也造成混合气燃烧不完全,尾气排放污染增加,耗油量增加,电喷汽油机喷嘴易结胶。国家标准中规定各牌号汽油 90% 馏出温度不高于 190℃。

终馏点指对 100mL 汽油在规定条件下蒸馏时,蒸馏结束时的温度。它的影响与 90% 馏出温度一样,国家有关标准规定各牌号汽油的终馏点不高于 205℃。

残留量指对 100mL 汽油在规定条件下蒸馏时,所得残留物质的体积百分数。

测定馏程的标准有《石油产品常压蒸馏特性测定法》(GB/T 6536—2010)和《石油产品馏程测定法》(GB/T 255—1997),分别用于不同规格的汽油。

2) 汽油的饱和蒸气压

汽油的饱和蒸气压是指在一定的温度下,汽油的液气两相达到平衡状态时汽油蒸气所产生压强。

汽油饱和蒸气压越高,汽油含轻质馏分越多,低温下汽油机越容易起动,蒸发性越好。大气压强越低或环境温度越高,汽油饱和蒸发压也随之提高。但饱和蒸气压不能过高,过高易产生"气阻",影响汽油机正常工作,甚至中断供油。饱和蒸气压的测定按《石油产品蒸汽压测定法雷德法》(GB/T 8017—2012)或《发动机燃料饱和蒸气压测定法(雷德法)》(GB/T 257—1964)的规定进行。

汽油的蒸发性并不是越强越好。夏季时,蒸发性太强,会导致发动机油路发生"气阻"现象。汽油的饱和蒸气压和 10% 馏出温度对气阻有显著的影响。试验表明,汽油不产生气阻的饱和蒸气压与气温的关系见表10-2。由表可知,汽油使用的环境温度高的地区和季节应限制饱和蒸气压。

各种气温下不致引起气阻的汽油饱和蒸气压　　　　表10-2

气　温(℃)	10	16	22	28	33	38	44	49
最大饱和蒸气压(kPa)	93.3	84.0	76.0	69.3	56.0	48.7	41.3	36.7

二、汽油的抗爆性及评定指标

1. 抗爆性

汽油的抗爆性是指汽油在汽油机燃烧室中燃烧时防止爆震的能力。

汽油机在正常燃烧过程中是火花塞跳火,产生高能量的电火花,使其电极间的可燃混合气温度急剧升高并被点燃,形成火焰中心。火焰前锋以20～30m/s的速度迅速向燃烧室远离火花塞的各点传播,使混合气绝大部分燃烧完毕释放出热能。这样的正常燃烧过程,汽缸内的压力升高率每度曲轴转角不大于200kPa,温度上升也很均匀,汽油机工作柔和平稳,动力性能得到充分发挥。爆震则是在正常火焰前锋到达之前,由于火焰前锋的压缩和热辐射作用,温度急剧地升高而自燃着火,形成多个火焰中心,使火焰传播速度高达1000～2000m/s,燃气压力在燃烧室壁、活塞顶和汽缸壁产生金属敲击声,并引起发动机振动。

2. 评定指标

评定汽油抗爆性的指标是辛烷值和抗爆指数。

汽油的辛烷值主要由其烃类组成和各类烃分子的化学结构决定。同时也与所含烃化合物的种类、数量以及馏分组成有关。从总的概念来说,芳香烃和异构烷烃的辛烷值最高,正构烷烃最低,环烷烃和烯烃居中。

辛烷值(或抗爆指数)越高,表示汽油的抗爆性越好。辛烷值是代表汽油机燃料抗爆性的一个约定数值。在规定条件下的标准发动机试验中,通过和标准燃料进行比较来测定,用和被测定燃料具有相同抗爆性的标准燃料中异辛烷的体积百分数表示。测定方法有研究法(RON)和马达法(MON)两种;抗爆指数(AKI)等于RON和MON的平均匀值,即:

$$抗爆指数\ AKI = \frac{RON + MON}{2}$$

测定辛烷值的标准是《汽油辛烷值测定法(马达法)》(GB/T 503—1995)和《汽油辛烷值测定法(研究法)》(GB/T 5487—1995)。

我国用研究法辛烷值作为汽油抗爆性的评定指标,并以此划分汽油牌号。美国从1970年开始用抗爆指数代替研究法辛烷值作为抗爆性的评定指标。大部分国家,如日本、欧盟等国家都采用研究法辛烷值作为汽油抗爆性的评定指标。

3. 提高车用汽油辛烷值的方法

世界汽车保有量迅猛增加,汽车排出的废气给人类环境带来的危害越来越大,许多国家相继制定了汽车废气排放控制标准和环境保护法规。为了达到日趋严格的汽车废气排放标准,最有效的方法是在排气系统中加装催化转化器,使有害的CO、NO_x和HC在排出前转化为二氧化碳、水、氮和氧。但汽油中的含铅量超过一定量就会使催化转化器中的催化剂失效,达不到控制汽车有害排放物的目的。汽油含铅临界量是0.013g/L,国际间以此数据作为界定无铅汽油的标准。现行采用提高辛烷值的方法有：

（1）采用二次加工的炼制工艺（如烷基化、加氢裂化），以得到含有较高比例的异构烷烃和芳香烃，可使辛烷值大幅提高。

（2）在汽油中调入辛烷值改善组分。高辛烷值汽油调和组分——含氧化合物如甲基叔丁醚（MTBE）和叔丁醇（TBA）等。MTBE的研究法辛烷值为117，不仅抗爆性好，因含氧、燃烧性能好，使车用汽油在有较高辛烷值的同时，排放更加干净，它已成为提高汽油辛烷值的主要手段。

三、汽油的化学安定性和物理安定性及评定指标

1. 化学安定性

汽油的化学安定性是指汽油在储存、运输、加注和其他作业时，抵抗氧化生胶的能力。安定性不好的汽油在使用过程中，受到空气中的氧、环境温度和光等的作用，会发生氧化缩合而生成胶质，使汽油颜色变黄并产生黏稠沉淀。对于电控燃油喷射发动机，由于采用了微型数字化电子控制技术，对燃油的供给和点火进行精确控制，一旦喷嘴发生堵塞，就会影响发动机正常工作，尤其在各喷嘴堵塞程度不同时，造成供油不均，计算机反馈系统对这种情况又不能校正，造成各缸空燃比不同，发动机难以平稳工作，汽车运行起来出现抖动现象。因此，为了保证汽油机可靠工作，要求车用汽油具有良好的化学安定性。

2. 化学安定性的评定指标

评定汽油化学安定性的指标是实际胶质和诱导期。

3. 物理安定性

汽油的物理安定性是指汽油在使用过程中（如加注、运输、储存），保持不被蒸发损失的性能。汽油的物理安定性主要决定于汽油中所含低沸点烃类的多少。为了改善汽油机的起动性，希望汽油中含低沸点烃类多些，但这些烃类容易蒸发逸散，导致损耗增加，使汽油的物理安定性变差。

4. 物理安定性的评定指标

评定汽油物理安定性的指标是饱和蒸气压和馏程。

四、腐蚀性及评定指标

1. 腐蚀性

汽油在运输、储存、发放和使用过程中，要接触各种金属，如果汽油具有腐蚀作用，就会腐蚀运输设备、储油容器和发动机的零部件。

汽油成分中的各种烃类，都是没有腐蚀性的，而引起腐蚀的物质主要是硫、硫化物、有机酸、水溶性酸、碱等。

2. 评定指标

评定汽油腐蚀性的指标是硫含量、铜片腐蚀试验、水溶性酸或碱、酸度和博士试验。

汽油中硫含量高，使汽车排放尾气中有害物增多，污染严重，硫还会使催化转化器中的催化剂中毒，使催化剂活性下降，甚至失效。因此，先进的发动机技术需要清洁的燃料，安装了三元催化转化器的现代电喷发动机对燃料的铅和硫都有严格要求，随着国Ⅴ车用汽油标准《车

用汽油》(GB 17930—2013)发布实施,使用清洁燃料将是今后燃料发展的方向。

五、清洁性及评定指标

1. 清洁性

清洁性是指汽油中是否含有机械杂质和水分的性质。

机械杂质对发动机零件的磨损以及运转是否正常都有严重的影响,它可引起发动机的喷嘴堵塞,进入燃烧室会使燃烧室沉积物增多,加速汽缸、活塞环的磨损;水分混入汽油中,会加速汽油的氧化,并与汽油中的低分子有机酸生成酸性水溶液而腐蚀金属。低温时易结冰成为冰粒而堵塞油路。所以车用汽油中应严格控制机械杂质和水分的混入。

2. 评定指标

评定汽油清洁性的指标是机械杂质和水分。

第二节　车用汽油的标准与牌号

汽油的质量标准称为汽油的规格,各国根据各自的实际情况制定汽油的规格要求。随着汽车保有量大幅提高所带来的能源危机和环保压力,我国积极借鉴国外先进标准体系建设经验,加快了我国汽油车油耗、排放等标准法规的建立、完善步伐,并逐步与国际先进水平接轨。

国家标准化委员会2013年年底发布第五阶段车用汽油国家标准。该标准自发布之日起开始实施,过渡期截止到2017年年底。从2018年1月1日起全国范围内将供应第五阶段车用汽油。

按照第五阶段汽油标准,我国车用汽油主要指标与欧洲现行标准水平相当,达到国际最高水平。从1999年我国制定《车用无铅汽油》(GB 17930—1999)标准至2013年年底制定的《车用汽油》(GB 17930—2013)标准,14年期间,我国车用汽油标准制定和使用经历了五个阶段:

第一阶段,2003年1月1日起,汽油质量执行《车用无铅汽油》(GB 17930—1999)国家标准(国一标准),汽油中硫含量由不大于1500ppm(ppm为浓度计量单位,1ppm为百万分之一)降低至800ppm以下。

第二阶段,2005年7月1日起,执行修订版《车用无铅汽油》(GB 17930—1999)国家标准(国二标准),汽油中硫含量降低至500ppm以下。

第三阶段,2010年1月1日起,执行《车用汽油》(GB 17930—2006)国家标准(国三标准),汽油中硫含量降低至150ppm以下。

第四阶段,2011年5月12日起,执行《车用汽油》(GB 17930—2011)国家标准(国四标准),第四阶段车用汽油标准过渡期截止到2013年年底,汽油中硫含量降低至50ppm。

第五阶段,2013年12月18日起,执行《车用汽油》(GB 17930—2013)国家标准(国五标准),第五阶段车用汽油标准过渡期截止到2017年年底,从2018年1月1日起全国范围内将供应第五阶段车用汽油。

国五汽油标准中汽油牌号相对比国四标准有所降低,但与国际上发达国家及发展中国家

汽油牌号仍处于同一水平,第五阶段车用汽油国家标准主要有六方面变化:

(1)为进一步提高汽车尾气净化系统能力,减少汽车污染物排放,将硫含量指标限值由第四阶段的 50×10^{-6} 降为 10×10^{-6}。

(2)考虑到锰对人体健康不利的潜在风险和对车辆排放控制系统的不利影响,将锰含量指标限值由第四阶段的 8mg/L 降低为 2mg/L,禁止人为加入含锰添加剂。

(3)考虑到第五阶段车用汽油由于降硫、禁锰引起的辛烷值减少,以及我国高辛烷值资源不足的情况,将第五阶段车用汽油牌号由 90 号、93 号、97 号分别调整为 89 号、92 号、95 号,同时在标准附录中增加 98 号车用汽油的指标要求。

(4)为防止冬季因蒸气压过低而影响汽车发动机冷起动性能,导致燃烧不充分、排放增加,冬季蒸气压下限由第四阶段的 42kPa 提高到 45kPa。为进一步降低汽油中挥发性有机物质的排放,减少大气污染,夏季蒸气压上限由第四阶段的 68kPa 降低为 65kPa,并规定广东、广西和海南全年执行夏季蒸气压。

(5)为进一步降低汽油蒸发排放造成的光化学污染,减少汽车发动机进气系统沉积物,烯烃含量由第四阶段的 28% 降低到 24%。

(6)为进一步保证车辆燃油经济性相对稳定,首次规定了密度指标,其值为 20℃ 时 720~775kg/m³。

目前,北京、上海、江苏等部分地方已先期实施相当于第五阶段车用汽油标准。

第三节　车用汽油的选择与使用

一、汽油的选择

选择汽油主要根据汽车使用说明书的要求,以正常运行条件下发动机不发生爆震为前提,选择适当牌号的车用汽油。

选择合适的汽油牌号,应注意要使汽油的标号与发动机的压缩比相匹配,若高压缩比的发动机选择低标号的汽油,汽油发动机容易产生爆震,发动机长时间爆震,容易造成活塞烧结、活塞环断裂等故障,加速发动机部件的损坏;若低压缩比的发动机选用高标号汽油,虽能避免发动机爆震,但高标号汽油配低压缩比的发动机会改变点火时间,造成汽缸内积炭增加,长期使用会减少发动机的使用寿命。

国五标准的车用汽油,因硫含量和烯烃的降低以及禁止人为加入锰剂造成汽油辛烷值损失,将通过调整汽油牌号解决禁止加锰带来的辛烷值损失,按照国五标准,车用汽油牌号从 90 号、93 号、97 号调整为 89 号、92 号、95 号。辛烷值与汽车发动机设计的压缩比有关,汽车发动机燃烧技术专家说,只要选择的汽油辛烷值与车辆设计的辛烷值基本匹配,即使辛烷值差一二个单位,不会对油耗造成明显影响。因此,国五汽油因辛烷值降低调整汽油牌号对油耗没有明显影响。针对北京实施京五汽油标准后近 5000 用户的调查显示,60% 多认为油耗下降或不变。同时,在上海对 18 辆各类品牌车进行了对比试验,整车油耗也没有明显影响。中国汽车工业学会和中国环境保护产业协会推荐国内外汽车用油牌号(国四标准牌号)见表 10-3。

国内外汽油轿车用油标号推荐表　　　　　　　　　表 10-3

车　　型	压　缩　比	推荐汽油标号
一汽红旗明仕 1.8	9.0	93
一汽红旗世纪星 2.0/2.4	9.5	不低于 93
一汽马自达 2.3	10.6	93~97
一汽夏利 7101/7131/2000	9.3~9.5	不低于 93
一汽威姿 1.0/1.3	10.0/9.3	不低于 93
一汽-大众捷达普通/CI/CT/AT	8.5~9.0	93
一汽-大众宝来 1.6/1.8/1.8T	9.3~10.3	93~97
一汽-大众高尔夫 1.6/2.0	10.5	93~97
一汽-大众奥迪 A4/A6	10.0/10.5	93~97
上海大众桑塔纳普通/2000	9.0/9.5	不低于 93
上海大众帕萨特 1.8/1.8T	10.3/9.3	93~97
上海大众帕萨特 2.0/2.8	10.3/10.1	93~97
上海大众 POLO1.4/1.6	10.4/10.3	93~97
上海大众高尔 1.6	9.5	不低于 93
上海别克赛欧 1.6	9.4	不低于 93
上海别克君威 2.0/2.5/3.0	9.5	不低于 93
东风蓝鸟 2.0/阳光 2.0	9.5/9.8	不低于 93
东风毕加索 1.6/2.0	10.5	93~97
东风爱丽舍 1.6/爱丽舍 VTS1.6	9.6/10.5	93~97
东风塞纳 2.0	10.8	93~97
东风千里马 1.6	9.8	不低于 93(TR)
神龙富康 1.4/1.6	9.3/9.6	93
上海奇瑞 1.6	9.5	不低于 93
天津丰田威驰 1.3/1.5	9.3/9.8	不低于 93
北京吉普 2500	8.5	93
现代索娜塔 2.0/2.7	10.1/10.0	93~97
长安福特嘉年华 1.3/1.6	10.2/9.5	93~97
菲亚特西耶那 1.3 16V/1.5	10.6/10.0	不低于 93
菲亚特派力奥 1.3 16V/1.5	10.6/10.0	不低于 93
菲亚特周末风 1.3 16V/1.5	10.6/10.0	不低于 93
广州本田 98 款雅阁 2.0/2.3/3.0	9.1/8.9/9.4	93
广州本田 03 款雅阁 2.0/2.4/3.0	9.8/9.7/10.0	不低于 93
广州本田奥德赛 2.3	9.5	不低于 93
吉利美日 1.3/优利欧>1.3	9.3	93
长安铃木奥拓 0.8/羚羊 1.0/1.3	9.4/9.0/9.0	93
昌河铃木北斗星 CH6350B	9.3	93
华晨中华 2.0/2.4	9.5/9.5	不低于 93
哈飞赛马 1.3	9.5	不低于 93
海南马自达普利马/323/福美来	9.1/9.3/9.1	不低于 93
宝马 3、5、7 系列	10.8/10.8/10.5	97
大宇 王子 2.0/蓝龙 1.5	8.8/9.5	93~97
本田 思域 1.6/里程 3.5	9.4/9.6	93~97
日产 风度 2.0/3.0	9.5/10	93~97
丰田 雷克萨斯 IS200/GS300/LS430	10/10.5/10.5	97
丰田 世纪/皇冠	8.6/10.0	93~97
丰田 花冠 1.6/佳美 2.2GL/2.4	10.5/9.8	93~97

续上表

车　型	压　缩　比	推荐汽油标号
奔驰 E280/E320	10.0	97
沃尔沃 S40	9.3	不低于93
福特　WINDSTAR V6/TAURUS V6	9.0/9.3	93～97
林肯　大陆 V8/马克 V8	9.0/9.8	93～97
欧宝　1.8	10.5	97

二、汽油的使用注意事项

（1）燃油的品质直接影响整车的动力性、经济性、排放性及机件的使用寿命。因此，必须严格按车辆使用说明书上推荐的汽油标号选择汽油的牌号。

（2）油箱要经常装满油，尽量减少油箱中的空气含量，以减少胶质的生成。同时应保持油箱盖通气阀作用良好，按要求定期清洁油箱与汽油滤清器。

（3）长期存放后已变质的汽油不能使用，否则，将导致电喷发动机的喷嘴结胶堵塞。

（4）高原地区的汽油牌号应选择低一些。

第四节　车用柴油的使用性能及评定指标

柴油是应用于柴油发动机的专用燃料。柴油的外观为水白色、浅黄色或棕褐色的液体。柴油又分为轻柴油与重柴油二种。轻柴油是用于1000r/min以上的高速柴油机中的燃料，重柴油是用于1000r/min以下的中低速柴油机中的燃料。车用柴油机多数转速在1000r/min以上，应选用轻柴油作为燃料。

一、柴油的燃烧性能及评定指标

1. 燃烧性

柴油的燃烧性是指其自燃能力。

从柴油喷入燃烧室到燃烧明显开始的时间间隔称为着火延迟期。如果柴油的燃烧性能差，着火延迟期就长，喷入燃烧室的柴油积聚量多，一旦着火，就有过量的柴油着火燃烧，使汽缸内压力上升过急，产生强烈的发动机震击现象，通常把这种现象称为发动机工作粗暴。柴油机的工作粗暴与汽油机的爆震一样，会使发动机曲柄连杆机构承受过大的冲击作用，产生强烈的金属敲击声，加速零件的磨损并且使柴油机起动困难，造成柴油机功率下降，油耗增大。燃烧性能良好的柴油，其自燃点低，在着火延迟期，燃烧室的局部易于形成高密度的过氧化物，成为着火中心，着火延迟期短，整个燃烧过程发热量均匀，汽缸压力升高平缓，柴油机工作柔和。

2. 评定指标

柴油燃烧性的评定指标是十六烷值。

十六烷值是代表柴油在柴油机发动机中燃烧性的一个约定数值。在规定条件下的标准发动机试验中，通过与标准燃料进行比较来测定，采用和被测定燃料具有相同着火延迟期的标准燃料中正十六烷的体积百分数表示。标准燃料由两种碳氢化合物组成，一种是自燃点低、发火性能好的正十六烷,将其十六烷值定为100;另一种是自燃点高,发火性能差的α-甲基萘,将它的十六烷值定为0。两种化合物按不同的体积混合,就可得到需要的标准燃料十六烷值。十六烷值的测定标准是《柴油十六烷值测定法》(GB/T 386—2010)。

十六烷值高的柴油,其燃烧性能好,着火延迟期短,速燃期内压力升高率不过大,柴油机不易产生工作粗暴;反之,十六烷值低的柴油,其燃烧性能差,着火延迟期长,易产生工作粗暴。

十六烷值除了影响柴油机工作粗暴以外,对柴油机的起动性能也有一定的影响。十六烷值高的柴油,即使在较低的气温条件下也易起动。但十六烷值不易过高,否则,由于柴油十六烷值过高其分子量过大,使柴油的低温流动性、喷雾和蒸发性均受到影响,致使燃烧不完全,降低发动机功率,增加油耗。一般选用十六烷值为40~50的柴油基本可满足工作要求,《城市车用柴油技术要求》(Q/SHR 006—2000)规定轻柴油十六烷值不小于48。

二、雾化和蒸发性及评定指标

1. 雾化和蒸发性

柴油机为了保证动力性和经济性,可燃混合气燃烧过程必须在活塞位于压缩行程上止点附近迅速完成。要求喷油持续时间极为短促,只有15°~30°的曲轴转角,可燃混合气形成时间只有汽油机的1/30~1/20,在已决定的燃烧室的喷油设备条件下,柴油的雾化和蒸发性决定了柴油在燃烧室内形成混合气的质量和速度。因此,要求柴油有良好的雾化和蒸发性能。

2. 评定指标

评定柴油的雾化和蒸发性的主要指标是运动黏度、馏程、闪点的密度。

1) 运动黏度

液体受外力作用时,液体分子间所呈现的内部摩擦力称为黏度。运动黏度表示液体在重力作用下流动时内摩擦力的量度。

运动黏度不仅影响着柴油的流动性,更主要的是影响着柴油的雾化质量。现代高速发动机,柴油通过喷油器的高压喷射,使喷入燃烧室的柴油被分散成细小的油滴并在汽缸内散布开来,形成一团由无数细粒组成、外形与火炬相似的油雾。油雾雾粒的平均直径小,说明柴油被雾化得好。

实践证明,柴油黏度不可过大,也不可过小。柴油的黏度过大,分子间相互作用力大,这种作用力有阻止油柱分散的作用。因此,柴油喷入燃烧室的油滴直径大,射程远,圆锥角小,使油滴和有效蒸发表面积减小,混合气形成不良,燃烧不完全,油耗增加;柴油黏度过小,喷入燃烧室的油柱射击程短,锥角大,贯穿力小,混合气的燃烧将在喷油器喷口处进行,而不能利用燃烧室内全部的空气,使燃烧不完全,柴油机功率下降,同时黏度过小又会影响耦合件的可靠润滑,引起磨损加剧。所以在柴油的规格中,对每一种牌号的柴油,其运动黏度都规定了一个范围值。

运动黏度的测定标准是《石油产品运动黏度测定法和动力黏度计算法》(GB/T 265—1988)。

2) 馏程

测定柴油的馏程和测定汽油的馏程的方法大致相同,所不同的只是柴油馏程的测定项目有50%、90%和95%馏出温度。

50%馏出温度越低,说明柴油中的轻质馏分含量越多,蒸发速度越快,柴油机越易起动。柴油50%馏出温度与起动时间的关系见表10-4。

柴油50%馏出温度与起动时间的关系 表10-4

柴油50%馏出温度(℃)	200	225	250	275	285
柴油机的起动时间(s)	8	10	27	60	90

柴油中轻质馏分含量过多,会使喷入汽缸的柴油蒸发太快,易引起全部柴油迅速燃烧,造成压力剧增,使柴油机工作粗暴。

90%和95%馏出温度越低,说明柴油中重质馏分含量少,使混合气燃烧完全,不仅可以提高柴油机的动力性,减少机械磨损,避免发动机过热现象,而且还可以降低油耗。

柴油馏程的测定标准是《石油产品常压蒸馏特性测定法》(GB/T 6536—2010)。

3)闪点

在规定条件下,加热油品所逸出的蒸气和空气组成的混合物与火焰接触发生瞬间闪火的最低温度,称为闪点,以℃表示。

闪点根据测定方法和仪器不同,可分为开口闪点和闭口闪点两种。用规定的闭口杯闪点测定器所测得的闪点,称为闭口闪点。闭口闪点用于测定低闪点的油品,如柴油。用规定的开口杯闪点测定器所测得的闪点,称为开口闪点。开口闪点用于测定高闪点的油品,如内燃机油、车辆齿轮油。

柴油的闪点既是控制柴油蒸发性指标的指标,也是保证柴油安全性的指标。闪点低,说明柴油中轻质馏分多,蒸发性能好,但不能过低,以防轻质馏分过多,蒸发过快,造成汽缸内压力突然上升,引起柴油机工作粗暴,而且在使用中不安全。

在柴油的馏程指标中,只规定了50%馏出温度不高于300℃,以保证柴油有较强的蒸发性,但没有规定不低于多少度。为了控制柴油的蒸发性不至于过强,《城市车用柴油技术要求》(Q/SHR 006—2000)规定了各牌号柴油的闪点应不低于某一数值。这样用闭口闪点和馏程两个指标互相配合,就可控制柴油的馏分不致过重或过轻。

柴油闪点的测定标准是《石油产品闪点和燃点的测定(克利夫兰开口法)》(GB/T 3536—2008)。

4)密度

柴油的密度增大,其黏度也将增大,使雾化质量变差,不能形成质量良好的混合气,使燃烧条件变坏,排气冒黑烟。柴油的密度提高也是柴油内存在芳香烃的标志,它将导致柴油机的工作粗暴现象。

柴油密度的测定标准是《原油和液体石油产品密度实验室测定法(密度计法)》(GB/T 1184—2000)。

三、低温流动性及评定指标

1.低温流动性

柴油的低温流动性是反映柴油在低温条件下具有一定的流动状态的性能。
柴油的低温流动性能直接影响到柴油能否可靠地供给汽缸,发动机能否正常工作。

2.评定指标

评定柴油低温流动性能的指标有凝点、浊点、冷滤点。

1）凝点

凝点是将柴油装在规定的试管内,冷却到预期的温度,将试管倾斜45°,经过1min液面不移动,此时的温度,便是柴油的凝点。柴油凝点的测定标准是《石油产品凝点测定法》(GB/T 261—1983)。我国的轻柴油按凝点划分牌号。

2）浊点

浊点是柴油中开始析出石蜡晶体,柴油失去透明时的最高温度。柴油达到浊点后虽然未失去流动性,但在燃料供给系中易造成油路堵塞,使供油时减少以致逐步中断供油。浊点测定标准是《石油浊点测定法》(GB/T 6986—1986)。

3）冷滤点

冷滤点是指在规定的冷却条件下,柴油在1.96kPa压力进行抽吸试油,1min通过缝隙宽度45μm金属滤网的柴油体积少于20mL的最高温度。测定标准是《柴油和民用取暖油冷滤点测定法》(SH/T 0248—2006)。

由于冷滤点测定的条件近似于使用条件,所以冷滤点与柴油的实际使用最低温度有良好的对应关系,可作为根据气温选择柴油牌号的依据。

对于低温流动性的评定,各国所用的指标不同,我国用冷滤点和凝点。美国、欧洲使用冷滤点。

四、柴油的安定性

1. 安定性

柴油的储存安定性是指柴油在运输、储存和使用过程中保持其外观颜色、组成和使用性能不变的能力。使用安定性差的柴油,易生成胶状物质使发动机供油系统堵塞。

2. 评定指标

安定性的评定指标有:实际胶质、10%蒸余物残炭、颜色等。

五、柴油的腐蚀性

1. 腐蚀性

柴油中含有硫及硫化物、水分及酸性物质,对零件产生腐蚀作用,燃烧后的排放污染严重,而且促进柴油机沉积物的生成。所以要求柴油具有无腐蚀性。

2. 评定指标

腐蚀性可用硫含量、硫醇硫含量、酸度、铜片腐蚀试验、水溶性酸或碱等指标评定。测定标准与汽油机相同,在此只强调硫和硫醇硫含量。

1）硫含量

柴油中硫含量高,不仅会增加柴油机零部件的磨损(图10-1)、还使柴油机的沉积物增加,排气污染严重。因此,现代柴油发动机要求使用清洁柴油。

2）硫醇硫含量

硫醇硫含量用其在柴油中所占的质量百分数表示。硫醇硫含量高会增加柴油机零部件的磨损,特别是供油系统零件的磨损(图10-2),并对人造橡胶有不良影响。

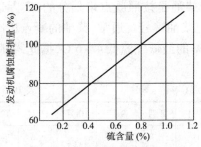

图10-1 柴油硫含量对柴油机的影响

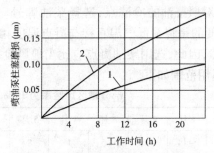

图10-2 柴油的硫醇硫含量对喷油泵柱塞副腐蚀磨损的影响

1-硫醇硫含量低的柴油;2-硫醇硫含量为0.025%的柴油

第五节　车用柴油的标准与牌号

一、我国车用柴油的国家标准

2013年6月8日,国家质检总局、国家标准委批准发布了《车用柴油(Ⅴ)》国家标准,自发布之日起实施,过渡期至2017年12月31日,2018年1月1日起强制实施。该标准规定了第五阶段车用柴油的硫含量不大于$10×10^{-6}$。

柴油中的硫含量对环境具有重要影响。多年来,国内车用柴油质量升级的主要工作之一,就是降低车用柴油中的硫含量。因为降低柴油车排放需要采用先进的发动机技术和尾气后处理装置,而这些措施的实施对燃料中的硫含量非常敏感,需要大幅度降低车用柴油中的硫含量,才能保证这些先进措施的有效实施。

为控制柴油车尾气排放,我国于2000年10月27日发布了GB 252—2000《轻柴油》国家标准(国一标准),规定的硫含量不大于$2000×10^{-6}$;2003年5月23日发布的《车用柴油》国家标准(国二标准),规定的硫含量不大于$500×10^{-6}$;2009年6月12日发布的GB 19147—2009《车用柴油》国家标准(国三标准),硫含量不大于$350×10^{-6}$,自2010年1月1日起实施;2013年2月7日实施GB 19147—2013《车用柴油(Ⅳ)》(国四标准),硫含量不大于$50×10^{-6}$;2013年6月8日实施GB 19147—2013《车用柴油(Ⅴ)》(国五标准),硫含量不大于$10×10^{-6}$。13年的时间,我国车用柴油国家标准硫含量的指标由$2000×10^{-6}$降至$10×10^{-6}$,这一指标达到了目前欧盟标准的水平。

二、我国车用柴油的牌号

车用柴油的牌号按凝固点划分。我国目前有七个牌号,分别为:10号、5号、0号、-10号、-20号、-35号、-50号。

第六节　车用柴油的选择和使用

一、车用柴油的选择

由于冷滤点能作为柴油实际使用的最低温度,因而可根据当地风险率为10%的最低气温

(表10-5),对照柴油的冷滤点,选择柴油牌号。但由于柴油是按照凝点来划分的,实际选择时,比较方便的是将最低气温直接与凝点温度相比,确定柴油牌号。通常,柴油的凝点比冷滤点低4~6℃,因此,选用柴油凝点应比当地风险率为10%的最低气温低4~6℃,据此,各牌号车用柴油适用范围如下。

部分地区风险率为10%的最低气温(单位:℃) 表10-5

	1月	2月	3月	4月	5月	6月	7月	8月	9月	10月	11月	12月
河北省	−14	−13	−5	1	8	14	19	17	9	1	−6	−12
山西省	−17	−16	−8	−1	5	11	15	13	6	−2	−9	−16
内蒙古自治区	−43	−42	−35	−21	−7	−1	1	1	−8	−19	−32	−43
黑龙江省	−44	−42	−35	−20	−6	1	7	1	−6	−20	−35	−43
吉林省	−29	−27	−17	−6	3	8	14	12	2	−6	−17	−26
辽宁省	−23	−21	−12	−1	6	12	18	15	6	2	−12	−20
山东省	−12	−12	−5	2	8	14	19	18	11	4	−4	−10
江苏省	−10	−9	−3	3	11	15	20	20	12	5	−2	−8
安徽省	−7	−7	−1	5	12	18	20	20	14	7	0	−6
浙江省	−4	−3	1	6	13	17	22	21	15	8	2	−3
江西省	−2	−2	3	9	15	20	23	23	18	12	4	0
福建省	−1	−2	3	8	14	18	21	20	15	8	1	−3
台湾省	3	0	2	8	10	16	19	19	13	10	1	2
广东省	1	2	7	12	18	21	23	23	20	13	7	2
广西壮族自治区	3	3	8	12	18	21	23	23	19	15	9	4
湖南省	−2	−2	3	9	14	18	22	21	16	10	4	−1
湖北省	−6	−4	0	6	12	17	21	20	14	8	1	−4
河南省	−10	−9	−2	4	10	15	20	18	11	4	−3	−8
四川省	−21	−17	−11	−7	−2	1	2	1	0	−7	−14	−19
贵州省	−6	−6	−1	3	7	9	12	11	8	4	−1	−4
云南省	−9	−8	−6	−3	1	5	7	7	5	−1	−5	−8
西藏自治区	−29	−25	−21	−15	−9	−3	−1	0	−6	−14	−22	−29
新疆维吾尔自治区	−40	−38	−28	−12	−5	−2	0	−2	−6	−14	−25	−34
青海省	−33	−30	−25	−18	−10	−6	−3	−4	−6	−16	−28	−33
甘肃省	−23	−23	−16	−9	−1	3	5	5	0	−8	−16	−22
陕西省	−17	−15	−6	−1	5	10	15	12	6	−1	−9	−15
宁夏回族自治区	−21	−20	−10	−4	2	6	9	8	3	−4	−12	−1

10号城市车用柴油——适用于有预热设备的柴油机。

5号城市车用柴油——适用于风险率为10%的最低气温在8℃以上的地区使用。

0号城市车用柴油——适用于风险率为10%的最低气温在4℃以上的地区使用。

-5号城市车用柴油——适用于风险率为10%的最低气温在-1℃以上的地区使用。

-10号城市车用柴油——适用于风险率为10%的最低气温在-5℃以上的地区使用。

-20号城市车用柴油——适用于风险率为10%的最低气温在-14℃以上的地区使用。

二、使用注意事项

(1)在不同的地区和不同的季节应根据环境温度选用不同牌号的车用柴油。

(2)不同牌号的柴油可掺兑使用,以降低高凝点柴油的凝点。

(3)严禁在柴油中掺入汽油,因为汽油的发火性能差,掺入汽油会导致起动困难,甚至不能起动。

(4)低温起动可以采取预热措施,也可使用低温起动液。

(5)柴油加入油箱前,要经过沉淀和过滤,沉淀时间不少于48h,以除去杂质,确保柴油的清洁。

第七节 汽车新能源

汽车的燃料大部分是石油产品。但据目前探明的石油资源测算,世界上可供开采的石油仅有数十年,石油资源将面临枯竭。毫无疑问,从长远的观点来看,寻求新能源,成为了解决石油危机和环境污染的必然选择。

汽车新能源是指不同于传统燃料汽油和柴油的能源。目前,用于汽车上的新能源有许多种,如天然气、液化石油气、甲醇燃料、乙醇燃料、电能、氢能等。

在能源和环保的压力下,新能源汽车无疑将成为未来汽车的发展方向。中国新能源汽车产业始于21世纪初,2008年成为我国"新能源汽车元年"。"十二五"期间,我国新能源汽车将正式迈入产业化发展阶段:2011~2015年开始进入产业化阶段,在全社会推广新能源城市客车、混合动力轿车、小型电动车。"十三五"期间即2016~2020年,我国将进一步普及新能源汽车、多能源混合动力车,插电式电动轿车、氢燃料电池轿车将逐步进入普通家庭。

一、天然气

天然气(英文缩写NG)主要成分是甲烷,占85%~95%,其余为乙烷、丙烷、丁烷和少量其他物质。按其存在形式分为压缩天然气(CNG)和液化天然(LNG)气两种,目前广泛用于汽车上的是压缩天然气。

天然气特点:

(1)热值高。天然气的体积和质量低热值都比汽油高,因为密度低,所以,理论混合气热值比汽油低。

(2)抗爆性能好。天然气的主要成分是甲烷,甲烷的研究法辛烷值为130。

(3)混合气发火界限高。天然气与空气混合后具有很宽的发火界限。为发动机稀燃技术提供保证,从而进一步提高燃料经济性,降低排放。

(4)着火温度高。火焰传播的速度慢,需要较高的点火能量。

使用天然气汽车在低温时的起动和运转性能较好。其缺点是其运输性能比液体燃料差、发动机的容积效率低、着火延迟较长及动力性有所降低。这类汽车多采用双燃料系统,即一个压缩天然气和一个汽油或柴油燃烧系统,能容易地从一个系统过渡到另一个系统,此种汽车主要用于城市公交汽车。

二、液化石油气

液化石油气(英文缩写LPG)是由以3~4个碳原子的烃类如丙烷(C_3H_8)、丙烯(C_3H_6)、丁烷(C_4H_{10})、丁烯(C_4H_8)为主的一种混合物。

液化石油气特点:

(1)热值高。以质量计算,热值高于汽油。

(2)抗爆性能好。液化石油气研究法辛烷值为100~110。

(3)燃烧完全、积炭少、排放污染物低。液化石油气与空气混合均匀,有利燃烧。

(4)着火温度高。火焰传播的速度慢,需要较高的点火能量。

使用液化石油气的汽车和使用天然气的汽车的性能相似,一般用于城市公交汽车。

三、醇类燃料

醇类燃料汽车是指以甲醇或乙醇为燃料的汽车。

甲醇可从天然气、煤、石脑油、重质燃料、木材和垃圾等物质中提炼。

乙醇的原料主要是含糖作物、含淀粉作物,如甘蔗、甜菜、土豆、玉米、草秆等。

1. 特点

(1)辛烷值比汽油高,可采用高压缩比提高热效率。

(2)蒸发潜热大,使得低温起动和低温运行性能恶化。

(3)常温下为液体,操作容易,储带方便。

(4)可燃界限宽,燃烧速度快,可以实现稀燃技术。

(5)与传统的发动机技术有继承性,特别是使用汽油—醇类混合燃料时,发动机结构变化不太大。

(6)热值低,甲醇的热值只有汽油的48%,乙醇的热值只有汽油的64%。

(7)沸点低,蒸气压高,容易产生气阻。

(8)甲醇有毒。

(9)腐蚀性大,醇具有较强的腐蚀性,能腐蚀锌、铝等金属。醇与汽油的混合燃料对橡胶、塑料的溶胀作用比单独的醇或汽油都强,混合20%醇时对橡胶溶胀作用最大。

(10)醇混合燃料容易发生分层,醇的吸水性强,混合燃料进入水分后易分离为两相。醇类燃料在汽车上应用主要有三种类型:掺烧、纯烧和改质。

2. 现状与前景

醇类燃料汽车发展得较早,和天然气汽车一样,都是新能源和低公害汽车。作为石油的替代能源,醇类燃料的资源比较丰富,可以从多种原料中进行提取。甲醇和乙醇在技术和成本方面已达到实用阶段。到目前为止,已有40多个国家和地区利用甲醇或乙醇作为汽车燃料,尤其在盛产甘蔗的巴西,有30%以上的汽车是乙醇汽车。

四、电能

电能是二次能源,它可以来源于如风能、水能、核能、热能、太阳能等多种方式。以电能为动力的汽车称为电动汽车。目前电动汽车上常用的蓄电池主要有铅酸电池、镉镍电池、氢镍电池、锂电池及燃料电池等。

1. 特点

(1) 直接污染及噪声小。

(2) 电能来源方式多。

(3) 结构简单。

(4) 比能低,汽车持续行驶里程短,动力性差。

(5) 成本高。

(6) 充电时间长。

2. 现状与前景

电动汽车在限定范围内应用的技术已经成熟,但电动汽车广泛应用还存在许多问题,还需要一定的时间,但有希望成为未来汽车的主体。

五、氢气

氢气主要是从水中通过裂解制取,或者来源于各种工业副产品。用氢气作为燃料的汽车称为氢气汽车。

1. 特点

(1) 热值高,热效率高。

(2) 辛烷值高。

(3) 燃烧后不产生有害气体。

(4) 氢气生产成本高。

(5) 气态氢能量密度小,储运不方便,液态氢技术难度大,成本高。

2. 现状与前景

氢气作为汽车燃料最大的问题是制取与携带。氢气制取的方式很多,但成本都非常高,目前阶段没有找到解决的办法。

目前,氢气汽车还处在研究探索阶段,真正应用的很少。但随着石油资源的减少和人类科技的不断进步,氢气汽车的前景十分光明。各发达国家都不惜财力、人力进行研究,以备未来其他能源消耗殆尽时起主导作用。

本 章 小 结

1. 汽油的使用性能好坏直接影响到汽油发动机的工作,尤其是现代电喷发动机的工作,因此要求汽油具有良好的蒸发性、抗暴性、安定性、腐蚀性和清洁性。

2. 按照国五标准,车用汽油牌号从90号、93号、97号调整为89号、92号、95号。
3. 汽油选用的原则是以不发生爆震为前提进行选择适当牌号的汽油。
4. 柴油的使用性能指标有:燃烧性、雾化蒸发性、低温流动性、安定性和腐蚀性等。
5. 车用柴油按柴油的凝点将柴油分为10号、5号、0号、-5号、-10号和20号六个牌号。
6. 柴油牌号的选择主要是根据当地当月最低气温进行选择。为保证在最低气温下柴油机能正常工作,凝点应比环境气温低4~6℃。
7. 天然气、液化石油气、甲醇燃料、乙醇燃料、电能、氢能等已成为我国汽车燃料的新能源。

复习思考题

一、填空题

1. 我国车用汽油按_____划分车用汽油牌号,目前执行的车用汽油国家标准是_____,该标准将国四车用汽油牌号由_____号、_____号、_____号分别调整为_____号、_____号、_____号,并在标准附录中增加了_____号车用汽油的指标要求。

2. 柴油是按_____划分牌号的,GB/T 19147—2003车用柴油标准将柴油分为7个牌号的城市车用柴油,它们是:_____、_____、_____、_____、_____、_____、_____。

二、判断题(正确的打"√",错误的打"×")

1. 使用安定性差的汽油,会造成电喷发动机的喷嘴结胶。（   ）
2. 选用柴油时,柴油使用的最低温度不应低于柴油牌号的数字。（   ）
3. 我国醇类燃料没有国家标准。（   ）

三、选择题

1. 引起汽油发动机三元催化转化器中毒的是因为汽油中含有:(   )。
   A. 氧   B. 铅   C. 水   D. 碳
2. 造成柴油机工作粗暴的原因是柴油的:(   )。
   A. 凝点过低 B. 黏度过大 C. 闪点过低 D. 十六烷值高

四、问答题

1. 如何合理地选用车用汽油?
2. 如何合理地选用车用柴油?

第十一章　汽车润滑剂的正确选用

> **学习目标**
> 1. 了解发动机润滑油的分类、品种、牌号；
> 2. 理解发动机润滑油的选用原则；
> 3. 了解车辆齿轮油的分类、品种、牌号；
> 4. 理解车辆齿轮油的选用原则；
> 5. 了解液力传动油的分类、品种、牌号及选用原则；
> 6. 了解车用润滑脂的分类、品种、牌号及选用原则。

汽车润滑剂主要包括发动机润滑油、汽车齿轮油和汽车润滑脂等。由于汽车可行驶的地域辽阔，各地的条件相差很大，因此，对汽车润滑剂提出了很高的要求。

在汽车润滑剂使用中，根据用油(脂)部位的工作条件，正确、合理地选用润滑剂，不仅能减少零件的磨损，延长汽车的使用寿命，而且能节约燃料。

第一节　汽车发动机润滑油

一、润滑油的组成

润滑油一般由基础油和添加剂两部分组成。基础油是润滑油的主要成分，决定着润滑油的基本性质，添加剂则可弥补和改善基础油性能方面的不足，赋予某些新的性能，是润滑油的重要组成部分。

1. 基础油

润滑油基础油主要分矿物基础油及合成基础油两大类。矿物基础油应用广泛，用量很大(95%以上)，但有些应用场合则必须使用合成基础油调配的产品，因而使合成基础油得到迅速发展。

矿物油的基础油是原油提炼过程中，在分馏出有用的轻物质(如航空用油、汽油等)之后，剩下来残留的塔底油再经提炼而成。矿物油在提炼过程中因无法将所含的杂质完全除去，因此流动点较高，不适合寒带作业使用。

合成油的基础油，来自于原油中的瓦斯气或天然气所分散出来的乙烯、丙烯，经聚合、催化等繁复的化学反应炼制成大分子组成的基础液。合成油因不含杂质，对热稳定、抗氧化反应、抗黏度变化的能力自然要比矿物油好。

2. 添加剂

添加剂是近代高级润滑油的精髓,正确选用合理加入,可改善其物理化学性能,对润滑油赋予新的特殊性能,或加强其原来具有的某种性能,满足更高的要求。根据润滑油要求的质量和性能,对添加剂精心选择,仔细平衡,进行合理调配,是保证润滑油质量的关键。一般常用的添加剂有:黏度指数改进剂、倾点下降剂、抗氧化剂、清净分散剂、摩擦缓和剂、油性剂、极压剂、抗泡沫剂、金属钝化剂、乳化剂、防腐蚀剂、防锈剂、破乳化剂。

3. 发动机润滑油的主要作用

1) 润滑作用

保证发动机各运动部件工作表面形成足够厚度的油膜,承受压力,减少磨损。

2) 清洗作用

润滑油能不断地冲洗和清除各摩擦表面磨损产生的磨屑及不完全燃烧产生的炭粒,减少摩擦表面的磨料磨损。

3) 冷却作用

润滑油在循环过程中,不断将零件所吸收的热量带走,使其处于正常工作温度。

4) 密封作用

润滑油本身具有黏性,可以附着于运动零件的表面,提高零件的密封效果。如活塞与汽缸套之间保持一层油膜,增强了活塞对燃气的密封作用。

5) 防腐作用

发动机润滑油中一般加有专用碱性添加剂,能中和燃烧产生的酸性物质,防止金属表面的腐蚀。

6) 对冲击载荷起缓冲作用

轴承和发动机零件间隙内的润滑油能够在传递载荷的过程中,对承受的冲击载荷起到缓冲作用,使发动机平稳工作并防止金属间接触,减少磨损。

二、发动机润滑油的使用性能

由于发动机润滑油在温度变化大(汽缸内最高可达300℃,曲轴箱内最低只有80~90℃)、压力高、活塞速度变化大等十分苛刻条件下工作,使发动机油容易变质,发动机零件表面难以形成理想的润滑状态而产生异常磨损和擦伤。特别是采用发动机净化装置,使发动机的工作条件进一步恶化。因此,为保证发动机油的作用,对润滑油的使用性能提出了很高的要求。

1. 润滑性

在各种条件下,发动机油降低摩擦、减缓磨损和防止金属烧结的能力,称为发动机的润滑性。润滑油的黏度和化学性质对发动机零件在不同润滑状态的润滑性有重要的影响。

1) 润滑的基本概念

根据摩擦表面油层的厚度不同,润滑可分为三种不同的状态:

(1) 液体润滑:油层厚度为 $0.4 \sim 0.6 \mu m$,此时摩擦面完全被润滑油隔开,表面几乎没有磨损,此时,润滑油的润滑性主要取决于润滑油的黏度。

(2) 边界润滑:油层厚度为 $0.3 \sim 0.4 \mu m$,此时润滑油的润滑性取决于它的油性和极压性。

油性是润滑油在零件表面上的吸附性;当高温、高压、高转速时,吸附膜脱附,油性失效,零件表面磨损加剧,并有发生表面擦伤及烧结的危险。习惯上把这种高温、高压下的边界润滑,称为极压润滑,极压性是润滑油在摩擦表面的化学反应性质。

(3)混合摩擦:包括半液体摩擦和半干摩擦。此时润滑油的黏度和油性对摩擦都发生影响。这时施加于摩擦面上的负荷大部分为油膜所承受,但仍有局部小面积的表面直接接触而造成磨损。

2)润滑性的评定方法

发动机的黏度是评定润滑性的重要指标。但是,对于边界润滑,主要是油性剂和极压剂起作用,所以发动机油的润滑性还要通过相应的发动机试验来评定。

2. 清净分散性

发动机油能抑制积炭、漆膜和油泥形成或将这些沉积物清除的性能,称为发动机油的清净分散性。

1)积炭、漆膜、油泥的形成

积炭是覆盖在汽缸盖、火花塞、喷油器、活塞顶等高温区域,厚度较大的固体碳状物。它是燃烧不完全或是发动机油窜入燃烧室在高温下分解的烟炱等物质在高温零件上的沉积而形成的。

漆膜是一种坚固的、有光泽的漆状薄膜,主要沉积在活塞环槽、裙部及连杆上。漆膜主要是烃类在高温和金属的催化作用下,经氧化、聚合生成的胶质、沥青质等高分子聚合物。

油泥是一种比较稳定的油水乳状体与多种杂质的凝聚物。主要沉积在曲轴箱油底壳和壁、机油泵集滤器网、油道、正时齿轮盖等处。城市中行驶的汽车,经常处于时开时停状态,发动机温度较低,燃烧后生成的水蒸气、CO、CO_2、NO_x、炭末以及燃料的重质馏分等落入油底壳,加速了发动机油的氧化并使之乳化,生成油泥。

从生成原理看,漆膜和积炭都属高温沉积物。影响高温沉积物生成的因素一方面是发动机的设计和操作条件;另一方面是燃料和发动机油的性质。

增压发动机或发动机冷却液和发动机油温度高,燃料的馏分重,铅含量和硫含量大,生成的积炭和漆膜较多。

发动机油的重质馏分或添加剂的金属元素含量多,也会促进积炭和漆膜的生成。

油泥属于低温沉积物。影响油泥生成的因素主要是发动机的操作条件和燃料、发动机油的性质。

由于油泥是低温下形成的,故与影响积炭、漆膜生成的因素相反,冷却液和发动机油温度越低,曲轴箱窜气量越多,越容易生成油泥。

润滑油基础油本身不具备清净分散性能。而是通过添加清净剂和分散剂而获得的。清净剂是一种具有表面活性的物质,它能吸附油中固体污染物颗粒,并把它悬浮在油的表面,以保证参加循环的油是清净的机油,减少高温沉积物和漆膜的形成;分散剂则能将低温油泥分散于油中,以便在机油循环过程中将其滤掉。机油质量的高低,主要区别在抵抗高温、低温沉积物和漆膜形成的性能上,也可以说表现在机油内清净分散添加剂的性能和加入量上,可见清净分散剂对发动机油的质量有重大的影响。

2)评定方法

发动机油的清净分散性主要通过相应的发动机试验来评定。

3. 黏温性

油品的黏度是随温度变化的。温度升高,黏度变小;温度降低,黏度增大。发动机润滑油这种由于温度升降而改变黏度的性质,称为黏温性。

1)黏度对发动机工作的影响

发动机油的黏度对发动机工作有很大的影响。黏度过小,在高温下容易自摩擦而流失,不能形成足够厚度的油膜,零件磨损加剧,密封性下降,汽缸漏气;黏度过大时,低温流动阻力变大,使发动机低温起动困难,也增大了零件的磨损。

发动机油所接触到各润滑部位的工作温度变化差别很大。因此,就要求发动机油具有良好的黏温性,在高温工作时,能保持一定的黏度,以形成足够厚的油膜,确保润滑效果;而在低温时,黏度又不至于变得过大,以维持一定的流动性,使发动机低温起动容易和减少零件的磨损。为此,在基础油中加入黏度指数改进剂来提高油品的黏温性,使油品能同时满足发动机高温、低温的使用要求,这种油称为多级油。

2)黏度指数改进剂改善油品黏温性的机理

黏度指数改进剂是油溶性的链状高分子聚合物,其分子量由几万到几百万大小不等。黏度指数改进剂溶解在润滑油中,在低温时它们以丝卷状存在,对润滑油的黏度影响不大,随着润滑油温度升高,丝卷伸张,有效容积增大,对润滑油流动阻力增大,导致润滑油的黏度相对显著增大。由于不同温度下黏度指数改进剂具有不同形态并对黏度产生不同影响,它可以增加黏度和改进黏温性能,故黏度指数改进剂主要用于提高润滑油的黏度指数、改善黏温性能、增大黏度。黏度指数改进剂可用来配制稠化机油,使配制的油品具有优良的黏温性能,使油品的低温起动性好、油耗低并具有一定的抗磨作用。

3)评定方法

评定发动机油黏温性的指标是黏度指数。黏度指数是表示黏度随温度变化这个特性的一个约定值。黏度指数越大,黏度受温度的影响越小。

4. 低温流动性

从发动机油方面保证发动机在低温条件下容易起动和可靠供油的性能,称为发动机油的低温流动性。

1)黏度与发动机低温起动的关系

发动机油黏度随气温降低而增加,使发动机低温起动时转动曲轴的阻力矩增加,曲轴转速下降,从而造成起动困难;发动机油黏度增大后,流动阻力增加,油的泵送性能变差,供油不足,造成零件磨损严重。综上所述,发动机油的低温流动性包括有利于低温起动和降低磨损两方面。

2)评定方法

评定发动机油低温流动性的指标主要是低温动力黏度、边界泵送温度和倾点等。

低温动力黏度也称为表观黏度。发动机在低温下的黏度并不具有与温度成正比例的关系,它在很大程度上与剪切速率有关,在不同的剪切速率下的黏度不是常数,即使在同一温度下,剪切速率不同,黏度也不同。低温动力黏度是划分冬用发动机油黏度级号的依据之一。

边界泵送温度是指能将发动机油连续地、充分地供给发动机机油泵入口的最低温度。它是衡量在起动阶段发动机油是否易流到机油泵入口并提供足够压力的性能。边界泵送温度也是划分冬用发动机油黏度级号的依据之一。

倾点是指油品在规定条件下冷却时,能够流动的最低温度。

5. 抗氧化性

在一定条件下,发动机油抵抗氧化变质的能力,称为发动机油的抗氧化性。

1) 发动机油的氧化

发动机油在一定的条件下便会发生化学反应,由于氧化使油品颜色变深、黏度增加、酸性增大,并析出沉积物。发动机油的氧化是发动机沉积物生成、发动机油变质的前提,则抗氧性也是发动机油的重要性质。它决定发动机油在使用中是否容易变质、对零件腐蚀和生成沉积物的倾向,是决定发动机油使用期限的重要因素。发动机油氧化过程分两个阶段:

(1) 轻度氧化。在这个阶段是烃类的化合物被氧化生成不同类别的酸性产物。

(2) 深度氧化。某些酸性产物再度缩合沉淀形成胶质和油焦质等。

2) 发动机油的氧化有两种情况

(1) 厚油层氧化。发动机油底壳的发动机油是处在厚油层、低压和低温的情况下,不具备深度氧化的条件,所以它的氧化反应属于轻度氧化,主要生成各种酸性物质。

(2) 薄油层氧化。在发动机的活塞与汽缸壁部位,发动机油处在薄油层、高温、高压和有金属催化作用的影响下,显然这种氧化属于深度氧化,生成物是胶状沉淀。

为使发动机油具有良好的抗氧性,在基础油中通常加入性能良好的抗氧添加剂。

3) 评定方法

发动机油的抗氧性通过相应的发动机试验来评定。

6. 抗腐蚀性

发动机油抵抗腐蚀性物质对金属腐蚀的能力,称为发动机油的抗腐蚀性。

1) 腐蚀的机理

发动机油在使用过程中不可避免被氧化而生成各种有机酸,在高温、高压和有水存在的条件下,将对金属起腐蚀作用。腐蚀的机理是:金属先与氧化产物作用,生成金属氧化物,金属氧化物与有机酸反应生成金属盐。特别是高速柴油机作用的铜铅、镉银和镉镍轴承,抗腐蚀性差,在发动机油中即使只有微量的酸性物质也会引起严重的腐蚀,使轴承表面出现斑点、麻坑,甚至整块金属剥落。

2) 评定方法

评定发动机油腐蚀性的指标是中和值或酸值,同时通过相应的发动机试验来评定。

7. 抗泡沫性

发动机消除泡沫的性质,称为发动机油的抗泡沫性。

1) 泡沫的产生

发动机油由于快速循环和飞溅,将空气混入油中,就会产生泡沫。如果泡沫太多或泡沫不能及时消除,将会产生气阻,导致供油不足等到故障。

2) 评定方法

评定发动机油抗泡沫性的指标是《润滑油泡沫特性测定法》(GB/T 12579—2002)。

三、车用发动机油的分类

1. 国外发动机油的分类

国际化标准组织(ISO)还没有确定发动机油的详细分类,而美国在发动机润滑油方面处于国际领先水平,对润滑油的发展趋势起主导作用,因此国际上广泛采用美国汽车工程师协会(SAE)的黏度分类和美国石油协会(API)的作用性能分类法。

1) SAE 黏度分类

1911年,美国汽车工程师协会(SAE)制定了黏度分类法,经几次修改,目前执行的是《发动机油黏度分类》(SAE J300:1987),该标准采用含字母W(冬用)和不含字母W(春秋和夏用)两组系列,黏度等级的划分,前者以最大低温黏度最高边界泵送温度和100℃时的最小运动黏度划分,后者仅以100℃时的运动黏度划分。冬用发动机油分为0W、5W、10W、15W、20W和25W六个等级。春秋和夏用发动机油分为20、30、40、50、60五个等级。发动机油SAE黏度分类见表11-1。

发动机油 SAE 黏度分类　　　　表 11-1

黏度分级	低温黏度最大值		最高边界泵送温度(℃)	最高稳定倾点(℃)	100℃运动黏度(mm^2/s)	
	黏度(cP)*	温度(℃)			最小	最大
0W	3250	−30	−35		3.8	
5W	3500	−25	−30	−35	3.8	
10W	3500	−20	−25	−30	4.1	
15W	3500	−15	−20		5.6	
20W	4500	−10	−15		5.6	
25W	6000	−5	−10		9.3	
20					5.6	<9.3
30					9.3	<12.5
40					12.5	<16.3
50					16.3	<21.9
60					21.8	<26.1

注:* 1cP = 10^{-3} Pa·s。

按 SAE 黏度分类的发动机油,还有单级油和多级油之分。仅有一个黏度级号(如5W、30等)的油为单级油,它只能满足低温或高温一种黏度级号的要求,在温差较大的地方不能冬夏通用。如果在发动机油中加入了黏度指数改进剂,既能满足低温时的黏度级号的要求,又能满足高温时黏度级号要求的发动机油,称为多级发动机油。它由低温黏度级号与高温黏度级号组合来表示,例如5W/30,其含义是:这是一种多级发动机油,这种油在低温使用时符合SAE 5W黏度级;在100℃时运动黏度符合SAE 30黏度级。

2) API 使用分类

发动机油的使用性能分类,就是根据在发动机试验评定中所表现的抗磨性、清净分散性、抗氧化性、抗腐蚀性等确定其等级。目前使用的 API 使用分类法,是美国石油协会(API)、美国汽车工程师协会(SAE)和美国材料试验协会(ASTE),共同提出了SAEJ183发动机润滑油性能和分类,将发动机润滑油分为汽油机润滑油和柴油机润滑油。该分类将汽油机定为 S 系列;柴油机定为 C 系列。在 S 系列中有 SE、SF、SG、SH、SJ、SL、SM、SN 等;在 C 系列中有 CC、CD、CE、CF、CF-4、CG-2、CG-4、CH-4、CI-4、CJ-4 等。它是按发动机强化程度和工作条件的苛刻程度来划分的,为了保证油品的使用性能,以上两个系列的各级油品,质量除应符合各自规定的理化性能要求外,还必须通过规定的发动机试验。API 使用分类法是一种开端分类法,今后将随着发动机和发动机油技术的发展,顺次增加新级别的油品。

2. 我国发动机油分类

2012 年 11 月 5 日,我国发布了《内燃机油分类》(GB/T 28772—2012)国家标准,该标准是参考美国石油协会 API 1509:2007《发动机油认证体系》及其技术公告 1(英文版)和美国汽车工程师协会(SAE) J300:1991《发动机油性能及发动机使用分类》(英文版)。该标准 2013 年 3 月 1 日实施,代替《内燃机油分类》(GB/T 7631.3—1995)。

1) 使用性能分类

《内燃机油分类》(GB/T 28772—2012)规定了车用内燃机油的代号说明和详细分类,内燃机油的详细分类是根据产品的特性、使用场合和使用对象划分的。第一个品种由两个大写字母及数字组成代号表示,当第一个字母为"S"时代表汽油机油,"GF"代表以汽油为燃料的具有燃料经济性要求的乘用车发动机油,第一个字母与第二个字母或第一个字母与第二个字母及其后的数字相结合代表质量等级。当第一个字母为"C"时代表柴油机油。其中 SA、SB、SC、SD 等四个汽油机油、CA、CB、CD-Ⅱ、CE 等四个柴油机油从 2013 年 3 月 1 日起废除,不再生产和使用。内燃机油分类见表 11-2。

我国内燃机油质量分类 表 11-2

应用范围	品种代号	特性和使用场合
汽油机油	SE	用于轿车和某些货车的汽油机以及要求使用 API SE 级的汽油机
	SF	用于轿车和某些货车的汽油机以及要求使用 API SF、SE 级油的汽油机。抗氧化性和抗耐磨性优于 SE,同时还具有控制汽油机的沉积、锈蚀和腐蚀的性能,并可代替 SE
	SG	用于轿车和货车的汽油机以及要求使用 API SG 级油的汽油机。SG 质量还包含 CC 级的性能。此油品改进了 SF 级油品控制发动机沉积物、磨损和油的氧化性能,同时还具有抗锈蚀和腐蚀的性能,并可代替 SF、SF/CD、SE 或 SE/CC
	SH、GF-1	用于轿车和货车的汽油机以及要求使用 API SH 级油的汽油机。此油品在控制发动机沉积物、油的氧化、磨损、锈蚀和腐蚀等方面性能优于 SG,并可代替 SG GF-1 与 SH 相比,增加了对燃料经济性的要求
	SJ、GF-2	用于轿车、运动型多用途汽车、货车的汽油机以及要求使用 API SJ 级油的汽油机。此油品在挥发性、过滤性、高温泡沫性和高温沉积物控制等方面优于 SH,可代替 SH,并可在 SH 以前的"S"系列等级中使用 GF-2 与 SJ 相比,增加了对燃料经济性的要求,GF-2 可代替 GF-1
	SL、GF-3	用于轿车、运动型多用途汽车、货车的汽油机以及要求使用 API SL 级油的汽油机。此油品在挥发发性、过滤性、高温泡沫性和高温沉积物控制等方面优于 SJ,可代替 SJ,并可在 SJ 以前的"S"系列等级中使用 GF-3 与 SL 相比,增加了对燃料经济性的要求,GF-3 可代替 GF-2

续上表

应用范围	品种代号	特 性 和 使 用 场 合
汽油机油	SM、GF-4	用于轿车、运动型多用途汽车、货车的汽油机以及要求使用 API SM 级油的汽油机。此油品在高温氧化和清静性能、高温磨损性能以及高温沉积物控制等方面优于 SL,可代替 SL,并可在 SL 以前的"S"系列等级中使用 GF-4 与 SM 相比,增加了对燃料经济性的要求,GF-4 可代替 GF-3
	SN、GF-5	用于轿车、运动型多用途汽车、货车的汽油机以及要求使用 API SN 级油的汽油机。此油品在高温氧化和清静性能、低温油泥以及高温沉积物控制等方面优于 SM,可代替 SM,并可在 SM 以前的"S"系列等级中使用 对于资源节约型的 SN 油品,除了具备上述性能外,强调燃料经济性,对排放系统和涡轮增压器的保护以及含乙醇最高达 85% 的燃料的兼容性能 GF-5 与 SN 相比,性能基本一致,GF-5 可代替 GF-4
柴油机油	CC	用于中负荷及重负荷下的自然吸气、涡轮增压和机械增压式柴油机以及一些重负荷汽油机。对于柴油机具有控制高温沉积物和轴瓦腐蚀的性能,对于汽油机具有控锈蚀、腐蚀和高温沉积物的性能
	CD	用于需要高效控制磨损及沉积物或使用包括高硫燃料自然吸气、涡轮增压和机械增压式柴油机以及一些重负荷汽油机以及要求使用 API CD 级油的柴油机。具有控制轴瓦腐蚀和的高温沉积物性能,并可代替 CC
	CF	用于非道路间接喷射式柴油发动机和其他柴油发动机,也可用于需有效控制活塞沉积物、磨损和含铜轴瓦腐蚀的自然吸气、涡轮增压和机械增压式柴油机。能够使用硫的质量分数大于 0.5% 的高硫柴油燃料,并可代替 CD
	CF-2	用于高效控制汽缸、环表面胶合和沉积物的二冲程柴油发动机
	CF-4	用于高速、四冲程柴油发动机以及要求使用 API CF-4 级油的柴油机。特别适用于高速公路行驶的重负荷柴油货车。此种油品在机油消耗和活塞沉积物控制等方面的性能优于 CF,并可代替 CF、CD 和 CC
	CG-4	用于可在高速公路和非道路使用的高速四冲程柴油发动机,能够使用硫的使用分数小于 0.05%~0.5%,柴油燃料。此种油品可有效控制高温活塞沉积物、磨损、腐蚀、泡沫、烟炱的积累,并可代替 CF-4、CF、CD 和 CC
	CH-4	用于高速四冲程柴油发动机。能够使用硫的质量分数不大于 0.5% 的高硫柴油燃料。即使在不利的应用场合,此种油品可凭借其在磨损控制、高温稳定性和烟炱控制方面的特性有效地保持发动机的耐久性;对于非金属的腐蚀、氧化和不溶物的增稠、泡沫性以及由于剪切所造成的黏度损失右提供最佳的保护,其性能优于 CG-4,并可代替 CG-4、CF-4、CF、CD 和 CC
	CI-4	用于高速四冲程柴油发动机。能够使用硫的质量分数不大于 0.5% 的高硫柴油燃料。此种油品在装有废气再循环装置的系统里使用可保持发动机的耐久性。对于腐蚀性和与烟炱有关的磨损倾向、活塞沉积物以及由于烟炱积累引起的黏温性变差、氧化增稠、机油消耗、泡沫性、密封材料的适应性降低和由于剪切造成的黏度损失可提供最佳的保护。其性能优于 CH-4,并可代替 CH-4、CG-4、CF-4、CF、CD 和 CC
	CJ-4	用于高速四冲程柴油发动机。能够使用硫的质量分数不大于 0.5% 的高硫柴油燃料。对于使用废气后处理系统的发动机如使用硫的质量分数大于 0.0015% 的燃料,可能会影响废气后处理系统的耐久性和/或机油的换油期。此种油品在装有微粒过滤器和其他后处理系统里使用可特别有效地保持排放控制系统的耐久性。对于催化剂中毒的控制、微粒过滤器的堵塞、发动机磨损、活塞沉积物、高低温稳定性、烟炱处理特性、氧化增稠、泡沫性和由于剪切造成的黏度损失可提供最佳的保护。其性能优于 CI-4,并可代替 C4、CH-4、CG-4、CF-4、CF、CD 和 CC

续上表

应用范围	品种代号	特 性 和 使 用 场 合
农用柴油机油	—	用于以单缸发动机为动力的三轮汽车(原三轮农用运输车),手扶变型运输机,小型拖拉机,还可用于其他以单缸发动机为动力的小型农机具,如抽水机、发电机等,具有一定抗氧、抗磨性能和清静分散性能

2) 黏度分类

每个特定的品种代号应附有按《内燃机油黏度分类》(GB/T 14906—1994)标准规定的黏度等级。GB/T 14906—1994 采用含字母 W 和不含字母 W 两组黏度等级系列。含字母 W 者以最大低温黏度、是高边界泵送温度和 100℃时的最小运动黏度划分为 0W、5W、10W、15W、20W、25W 六个级号;而不含字母 W 仅以 100℃时的运动黏度划分,级号有五个:20、30、40、50、60。我国发动机油的黏度分类见表 11-3。

我国发动机油的黏度分类(GB/T 14694—1994)　　表 11-3

黏度分级	最大低温黏度		最高边界泵送温度	100℃运动黏度(mm^2/s)	
	(MPa·s)	(℃)	(℃)	最小	最大
0W	3250	−30	−35	3.8	
5W	3500	−25	−30	3.8	
10W	3500	−20	−25	4.1	
15W	4500	−15	−20	5.6	
20W	6000	−10	−15	5.6	
25W		−5	−10	9.3	
20				5.6	<9.3
30				9.3	<12.5
40				12.5	<16.3
50				16.3	<21.9
60				21.8	<26.1

国产发动机油也有单级油和多级油之分。一个多级发动机油,其低温黏度和边界泵送温度满足黏度分类中一个 W 级的需要,并且 100℃运动黏度满足在黏度分类中的一个非 W 级分类规定的黏度范围之内,即含 W 的低温黏度级和 100℃运动黏度级,并且两个黏度级号之差至少等于 15。例如 10W/30 或 20W/40。

发动机油的命名和标记,应包括使用性能级别代号和黏度级别代号两部分。

例如:一个特定的汽油机产品可命名为 SE 30;一个特定的柴油机产品可命名为 CC10W/30;一个特定的汽油机/柴油机通用产品可命名为 SE/CC15W/40。

四、发动机油的选择

发动机油主要依据发动机的结构特点、使用条件、气候条件等选择润滑油的使用性能级别和黏度级别。

1. 使用性能级别的选择

根据发动机油工作条件的苛刻程度选择发动机油的使用性能级别。

发动机油工作条件的苛刻程度与发动机的结构及运行使用条件有关,发动机单位排量功率和活塞平均运动速度等指标可以表征发动机的结构紧凑性与强化程度。随着技术的进步,电喷发动机的结构更加紧凑,功率更加强劲,而发动机体积减小,发动机油的热负荷和机械负荷增加,即工作条件变得更为苛刻。因此,各型发动机对发动机油品种的要求差别很大,应严格按照使用说明书的规定及发动机工作条件选用合适的发动机油品种。

柴油机可按其强化程度来选用柴油机油。柴油机的强化程度,可用柴油机的强化系数来表示,强化系数越大,其热负荷和机械负荷就越大,发动机油的工作条件也就越苛刻,要求使用的柴油机油的级别也越高。

具体选择发动机油使用性能级别应注意以下几点。

1)根据发动机制造商推荐选油。

汽车制造商在汽车出厂时,都会对内发动机润滑油的使用作严格的试验,并会在出厂说明书中推荐选用的发动机油,这是发动机油选用的首要依据。尤其是汽车油发动机,因目前的车用汽油机结构紧凑、热负荷大,使早期按压缩比选择发动机油的对应关系也变得没有科学的对应关系,因此,必须按发动机制造商推荐的油品等级选用发动机油。

2)根据发动机的机械负荷和热负荷选择发动机油。

选择柴油机油的质量等级时,可按柴油机的强化系数来决定,强化系数的数值为发动机的平均有效压力、活塞平均速度及冲程系数的乘积。柴油机强化系数代表了柴油机的热负荷和机械负荷。如强化系数大于50的增压柴油机选用高质量的CD级、CF、CF-4、CG-4、CH-4、CI-4、CJ-4柴油机油。强化系数小于50的非增压柴油机选用CC级柴油机油。

2. 黏度级别的选择

确定发动机油的使用性能级别后,合理选用内燃机油的质量级别和黏度级别,对发动机的正常使用和寿命以及节省燃料极为重要。发动机油黏度的选用主要是根据车辆使用地区的环境温度、发动机的工况和发动机的技术状况选择发动机油的黏度级别。

发动机油黏度的选择原则是要保证发动机低温易于起动,而热车后又能维持足够黏度保证正常润滑。

考虑黏度:黏度过大的发动机油,会导致发动机作阻力增大、燃料消耗增加。而且还会使发动机低温起动困难;黏度过小的发动机油会引起发动机磨损增加、功率下降、燃料和润滑油消耗增加或其他润滑故障。

考虑发动机的工况:重载低速和高温下应选择黏度较大的发动机油;轻载高速应选择黏度较小的发动机油。

考虑发动机的技术状况:新发动机应选择黏度较小的发动机油;磨损严重的发动机应选择黏度较大的发动机油。

一般在寒冷地区冬季选用黏度小、倾点低的单级或多级发动机油,在寒区或严寒区为保证冬季顺利起动,应选用多级油,以保证车辆冬季顺利地冷起动,有效地供油到各润滑点。同时选用多级油品能够有效地节省燃油;夏季或全年气温高的地区选择黏度大些发动机油,以保持足够的供给机油压力。发动机油黏度级别选择可参考表11-4。

SAE 黏度级别适用的气温　　　　　　　　　　　表 11-4

黏 度 等 级	使用温度(℃)	黏 度 等 级	使用温度(℃)
5W	-30 ~ -10	5W/30	-30 ~ 30
10W	-25 ~ -5	10W/30	-25 ~ 30
20	-10 ~ 30	10W/40	-25 ~ 40
30	0 ~ 30	15W/40	-20 ~ 40
40	10 ~ 50	20W/40	-15 ~ 40

五、发动机油的使用

1. 使用注意事项

(1) 在发动机油黏度等级的选择上,许多人有偏高的倾向,错误地认为高黏度有利于保证润滑及减少磨损。实际上并不是这样,高黏度的发动机油低温起动性和泵送性差,起动后供油慢,磨损大,摩擦功率损失大,燃料消耗增加。此外,还有油的循环速度慢,冷却和洗涤作用差的弊端,因此应在保证活塞环密封良好、零件磨损正常的条件下,适当选用低黏度的发动机油。只有在发动机磨损严重,或运行条件特别恶劣的情况下,允许使用比该地区气温所要求的黏度级提高一级的发动机油。

(2) 在选择发动机油的使用性能级别时,级别低的发动机油不能用在高性能的发动机上,以防润滑不足,造成磨损加剧;级别高的发动机油可以用在稍低性能的发动机上,但不可降档过多。

(3) 保持正常油位,注意常检查。正常油位应位于油尺的满刻度标志和 1/2 刻度标志之间,不可过多或过少。

(4) 不同牌号的发动机油不可混用,同一牌号但不同生产厂家的润滑油也尽量不要混用。

(5) 保持空气滤清器和机油滤清器的清洁,并及时更换滤芯,保持发动机油的清洁。

(6) 应进行在用油的质量监测,尽可能实行按质换油。换油时一定要在热车时进行,油温高,不仅容易从放油孔流出旧油,并且油中的劣化物被悬浮、分散,易和旧发动机油一起排出发动机。加入新油后应发动数分钟,停机 3min 后,再检查油面。在无分析手段,不能实行按质换油时,可实行定期换油。

2. 定期换油

定期换油的方法是根据发动机的结构特性、运行条件和发动机油、燃料油的质量,由汽车制造厂或用户自行确定的定时间或定里程更换发动机油。

3. 按质换油

按质换油是指根据发动机油在实际使用中的质量变化,定期测定其理化指标的变化情况,然后根据标准规定的发动机油换油指标,适时地更换发动机油。

六、在用润滑油的质量监测

1. 发动机油的老化变质及影响老化变质的因素

发动机油的老化变质是指在使用过程中,由于外来杂质污染和本身发生的物理化学变化而逐步改变其原来性质的过程。发动机油的老化比车辆齿轮油和其他润滑油更为迅速。这是因为发动机油工作时,微粒的尘埃及砂粒随空气穿过空气滤清器进入燃烧室而污染发动机油;

另一方面活塞、汽缸壁薄层机油在高温下热氧化条件十分苛刻,发动机油中的烃类及添加剂都要发生深度的物理化学变化,而在低温下又会产生大量油泥沉积物;再加上摩擦零件的磨损及燃烧室未完全燃烧的重质燃料、烟、炭粒渗入,以及水蒸气的凝结,结果使发动机油中劣化物质增加,发动机油的成分及质量指标发生变化。

使用时间(里程)的长短是影响发动机油老化变质的基本因素,这是长期以来实行定期换油的依据。但是对换下的旧油分析表明,同样使用时间(里程),由于车辆技术状况的运行条件不同,质量有时相差很远,影响发动机油老化变质的主要使用因素如下。

1)发动机技术状况

技术状况变坏时,将加速发动机油老化。如活塞、活塞环和汽缸壁磨损,造成窜气严重;油电路调整不当,使燃料燃烧不完全;曲轴箱通风不畅和"三滤"过脏,会增加发动机油的污染;不正常的磨损使铁含量增加等,均加速发动机油的老化过程。

2)运行条件

运行条件苛刻,发动机油老化变质的速度加快。如长时间在大负荷下工作,发动机油温度过高而氧化;而发动机时开时停,起动频繁,负荷过轻,温度太低会产生大量油泥沉积物。汽车在不同道路(如一般公路、高速公路或城市道路等)和气候条件(气温、雨雪、风沙等)下运行,对发动机油老化变质过程有显著的影响。

2. 已用油老化后其质量指标的变化

1)黏度

一方面因热氧化生成高分子树脂状物质增多和轻馏分蒸发,使油的黏度增加;另一方面受到燃料的稀释使油的黏度变小。

2)闪点

因轻质馏分蒸发使闪点升高,受燃料稀释又使闪点降低。

3)中和值

包括酸值和碱值的变化。一般来说,因发动机油氧化使中有机酸增加,燃料燃烧产物的污染使油中无机酸增加,而导致酸值增加。但变化规律因添加剂不同而不同,如有的金属盐添加剂能与氢氧化钾起化学反应,新发动机油酸值就远远超过0.5,而使用高碱性金属盐添加剂的发动机油则具有一定的储备碱值,随着污染度增加总碱值逐渐下降。

4)不溶物

随氧化生成的树脂状物质和外来污染的杂质等劣化物增加,油中不溶于正戊烷和甲苯的物质将逐渐增加。

5)水分

蒸汽凝结使油中水分增加,冷却系统渗漏将使水分突然增加。

6)铁含量

随使用时间增长,铁含量逐渐增加,不正常磨损使铁含量增加很快。

根据这些指标的变化程度,可以评定在用发动机油的老化程度。上述指标超过一定限度即不能继续使用。现行的在用发动机油换油指标国家标准是:《汽油机油换油指标》(GB/T 8028—2010)(表11-5)和《柴油机油换油指标》(GB/T 7607—2010)(表11-6)。在用发动机油有一项指标达到换油指标时应更换新油。

第十一章 汽车润滑剂的正确选用

汽油机油换油指标　　　　　　　　　　　　　　　　　　　　　　　表 11-5

项　目		换油指标		试验方法
		SE、SF	SG、SH、SI、SJ(SJ、CF-2)、SL(SL、CF-3)	
运动黏度变化率100℃(%)	>	±25	±20	GB/T 265 或 GB/T 11137 和本标准3.2条
闪点(开口)(℃)	<	100		GB/T 261
(碱值—酸值)(以 KOH 计)(mg/g)	<	—	0.5	GB/T 0251 GB/T 7304
燃油稀释(质量分数)(%)	>	—	0.5	GB/T 0474
酸值(以 KOH 计)(mg/g)	<	2.0		GB/T 7304
正戊烷不溶物(%)	>	1.5		GB/T 8926B 法
水分(%)	>	0.2		GB/T 260
铁含量(mg/kg)	>	150	70	CB/T 17476 SH/T 0077 ASTM D6595
铜含量(mg/g)	>	—	40	GB/T 17476
铝含量(mg/g)	>	—	30	GB/T 17476
硅含量(增加值)(mg/g)	>	—	30	GB/T 17476

柴油机油换油指标　　　　　　　　　　　　　　　　　　　　　　　表 11-6

项　目		换油指标				试验方法
		CC	CD、CF/CD	CF-4	CH-4	
运动黏度变化率(100℃)(%)	超过	±25		±20		GB/T 11137 和本标准3.2条
闪点(开口)(℃)	低于	130				GB/T 261
碱值下降率(%)	大于	50[b]				SH/T 0251[c]、SH/T 0688 和本标准3.3
酸值增值(mgKOH/g)	大于	2.5				GB/T 7304
正戊烷不溶物(%)	大于	2.0				GB/T 8926B 法
水分(%)	大于	0.20				GB/T 260
铁含量(mg/g)	大于	200 100[a]	150 100[a]	150		SH/T 0077、GB/T 17476、ASTM D6595
铜含量(mg/g)	大于	—		50		GB/T 17476
铝含量(mg/g)	大于	—		30		GB/T 17476
硅含量(增加值)(mg/g)	大于	—		30		GB/T 17476

注：1. 执行本标准的柴油机技术状况和使用状况正常。
　　2. 本标准3.1中涉及的项目参见附录2。
　　a 适合固定式柴油机。
　　b 采用同一检测方法。
　　c 此方法为仲裁方法。

3. 在用发动机油质量监测的目的和意义

通过对在用发动机油质量指标变化的监测，一方面可以合理地确定换油时机，实行按质换油，避免在定期换油下难免存在的因换油过晚和过早造成的机械早期损坏和发动机油的浪费；另一方面通过对发动机油质量变化异常现象的分析，可以及早发现和消除车辆设备技术状况变化的症状的隐患，提高车辆设备运行的可靠性和尽可能延长使用寿命，提高经济效益。

汽车有着高度分散和流动性大的特点，且发动机油用量少，油样化验费用高，对汽车发动机油的质量监测存在一定的困难。随着对在用发动机油油质分析技术的进步，特别是油质快速分析方法的出现与广泛应用，使原来在用发动机油的定期换油法，倾向于同时采用简易快速在用发动机油分析法作为定期换油合理性的监测手段。

第二节 车辆齿轮油

车辆齿轮油是指用于汽车、拖拉机和工程机械等车辆的手动变速器和驱动桥齿轮传动机构的润滑油。它和其他润滑油一样，具有减摩、冷却、清洗、密封、防锈和降噪等作用，但其工作条件与发动机油不同，对车辆齿轮油性能的要求也不同。

一、车辆齿轮油的工作条件

（1）齿轮传动效率高，一般圆柱齿轮传动效率可达98%，与轴承相比，齿轮的当量曲线半径小，油楔条件差。

（2）齿轮传动齿与齿之间是线接触，因此，接触面积小，单位接触压力高。一般汽车齿轮单位接触压力可达2000~3000MPa，而准双曲面齿轮更高，可达3000~4000MPa。

（3）齿轮传动不仅有线接触，还有滑动接触，特别是准双曲面齿轮，轮齿间有较高的相对滑动速度，一般可达8m/s左右。这在高速大负荷条件下，会使油膜变薄甚至局部破裂，导致摩擦与磨损加剧，甚至引起擦伤和咬合。

（4）齿轮油的工作温度一般较发动机油低，在很大程度上随环境温度变化而变化，车辆齿轮油一般不高于100℃。现代轿车采用准双曲面齿轮，因其轴线偏置较大，转速高时会使齿轮轮面间的相对滑动速度很高，使油温达到160~180℃。

二、车辆齿轮油的使用性能

1. 润滑性和低温流动性

为了使车辆齿轮油的润滑性和低温流动性能良好，应具有适当的黏度和良好的黏温性。黏度不能过低，以保证形成油膜，实现液体润滑状态。为带走摩擦产生的热量和低温时迅速提供油，车辆齿轮油的黏度又不能过大。所以油的黏温性有重要的意义，和发动机油一样，其多级油通常要加入黏度指数改进剂，以提高其黏温性。

试验表明，齿轮油的低温表观黏度，对车辆起步时润滑可靠性有重要的影响。车辆起步后，后桥（前桥）齿轮油被溅到桥壳上部后流入动锥齿轮前轴承，若这段时间太长，轴承便有可能因缺油而被烧坏。所以，要求车辆齿轮油使用时低温表观黏度不大于150Pa·s。在这个黏度下,齿轮油能够在起步后15s内到达前轴承时保证其正常润滑,这个黏度为汽车起步的极限黏度,因此,车辆齿轮油规格中标出的表观黏度为150Pa·s时的温度,它决定齿轮油适用的最低气温,是齿轮油选用的依据之一。

评定润滑性和低温流动性的指标有:黏度指数、倾点、成沟点及表观黏度等。

2. 油性及极压性抗磨性

油性是指齿轮油能有效地使润滑油膜吸附于运动着的润滑面之间,具有降低摩擦作用的性质。抗磨性是指油品保持在运动部件之间的油膜,能有效地防止金属间直接相接触的能力。

在齿轮油中加入油性添加剂,能增加吸附膜的强度,减小摩擦系数,提高抗磨性能。汽车驱动桥中的准双曲面齿轮等高负荷齿轮,经常处于苛刻的极压润滑条件下工作,其承受的压力、滑动速度和局部温度都很高,必须在油中加入极压添加剂,它和接触的金属表面起化学反应,形成一种高熔点的无机薄膜,这层化学膜的机械强度低于基底金属,接触时容易被切断,以防止高负荷下金属表面发生齿面擦伤、咬合现象。

齿轮油的极压抗磨性,可用油的负荷承载能力来评定。

3. 热氧化安定性

车辆齿轮油抵抗高温条件下氧化作用的能力,称为热氧化安定性。

汽车主减速器使用的齿轮油温度较高,使油的氧化倾向增大,再加上齿轮箱中金属的催化作用,容易使油的使用性能变坏。因此,要求车辆齿轮油在较高的温度下不易氧化变质。

4. 抗腐性和防锈性

在车辆齿轮传动装置的工作条件下齿轮油防止齿轮、轴承腐蚀和生锈的能力,称为抗腐性和防锈性。

齿轮传动装置可能从外界渗入水分,工况变化、冷热交替也可能出现冷凝水分。油内的水分和氧化生成的酸性产物,是齿轮和轴承腐蚀、生锈的主要原因。此外,加有极压添加剂的齿轮油,因极压添加剂中含有硫化物,硫对金属极易产生腐蚀,而且极压添加剂的活性越强,腐蚀作用越大。生锈和腐蚀将加速磨损,使材料强度降低。因此,齿轮油应选择适当的极压抗磨添加剂和加入抗腐剂和防锈剂。抗腐剂能在金属表面形成保护膜,防止腐蚀性物质侵蚀金属。

三、车辆齿轮油的分类

ISO目前尚未发布车辆齿轮油的分类。但大部分国家采用美国SAE的车辆齿轮黏度分类和API的车辆齿轮油使用性能分类。

1. SAE车辆齿轮油黏度分类

美国汽车工程师协会(SAE)于2005年发布的车辆齿轮油黏度分类标准SAE J306—2005,见表11-7。该分类的黏度等级有十一种、两组。与机油分类一致,车辆齿轮油的黏度分类也是分为两组。其中一组着重说明低温性能,以"W"表示,是冬用齿轮油,而另一组则表示100℃的黏度,是夏用齿轮油,车辆齿轮油也有多级油,例如:80W/90、85W/90等。

SAE J306 车辆齿轮油黏度分级 表 11-7

黏度等级	最高温度(低温黏度为150Pa·s时)(℃)	运动黏度(100℃)(mm²/s)	
		最小	最大
70W	-55	4.1	
75W	-40	4.1	
80W	-26	7.0	
85W	-12	11.0	
80		7.0	11.0
85		11.0	13.5
90		13.5	18.5
110		18.5	24.0
140		24.0	32.5
190		32.5	41.0
250		41.0	

2. API 车辆齿轮油使用性能分类

API 车辆齿轮油使用性能等级，根据工作条件的苛刻程度划分为 GL-1、GL-2、GL-3、GL-4、GL-5 和 GL-6 六级。API 齿轮油性能分类见表 11-8。

API 齿轮油性能分类 表 11-8

API 分类	用途
GL-1	纯矿物油，无极压添加剂，用于手动换挡变速器
GL-2	温和极压，可用于涡型齿轮
GL-3	温和极压，可用于直齿轮及螺旋锥齿轮(车轴及变速器)
GL-4	中度极压，相当于美国规格 MIL-L-2105，用于中等强度准双曲面齿轮
GL-5	高度极压，相当于美国规格 MIL-L-210B/C，用于全部偏轴锥齿轮驱动轴和一些手动换挡变速器
GL-6	用于极高速小型偏心齿轮，防划伤性能优于 GL-5 规格齿轮油，但由于评价实验程序的设备和程序已废止，商业应用价值大为减小

3. 我国车辆齿轮油的分类

2012 年发布了《车辆齿轮油分类》(GB/T 28767—2012)和《汽车齿轮润滑剂黏度分类》(GB/T 17477—2012)。车辆齿轮油使用性能分为三类：即普通车辆齿轮油、中负荷车辆齿轮油和重负荷车辆齿轮油三个品种，它们与 API 使用分类的对应关系见表 11-9。

四、车辆齿轮油的规格

1. 普通车辆齿轮油

普通车辆齿轮油分为 80W/90、85W/90 和 90 号三个黏度牌号。

2. 中负荷车辆齿轮油

中负荷车辆齿轮油分为 80W/90、85W/90 和 90 三个黏度牌号。

3. 重负荷车辆齿轮油

重负荷车辆齿轮油分为 75W、80W/90、85W/90、85W/140、90 和 140 号六个黏度牌号。

我国车辆齿轮油分类与 API 对应关系　　　　　　　　　　表 11-9

我国油名	API品种	特性和使用说明	使用部位
普通车辆齿轮油	GL-3	适用于中等速度和负荷比较苛刻的手动变速器和螺旋锥齿轮的驱动桥	手动变速器、螺旋锥齿轮的驱动桥
中负荷车辆齿轮油	GL-4	适用于在低速高转矩,高速低转矩下操作的各种齿轮,特点是客车和其他各种车辆的准双曲面齿轮	手动变速器、螺旋锥齿轮和使用条件不太苛刻的准双曲面齿轮的驱动桥
重负荷车辆齿轮油	GL-5	适用于在高速冲击负荷,高速低转矩和低速高转矩下操作的各种齿轮,特别是客车和其他各种车辆的准双曲面齿轮	操作条件缓和或苛刻的准双曲面齿轮及其他各种齿轮的驱动桥,也可用于手动变速器

五、车辆齿轮油的选择与使用

选用的基础原则:根据齿轮类型和工作条件确定油品质量等级,根据最低使用环境温度和齿轮传动装置的运行最高温度来确定黏度级别(牌号)。

1. 使用性能级别的选择

车辆齿轮油使用性能级别的选择,主要根据齿面压力、滑动速度和油温等工作条件,即根据工作条件的苛刻程度来选择车辆齿轮油的使用性能级别。

工作条件的苛刻程度可用齿轮接触压力和滑动速度的乘积 Pv 值来量度。Pv 值与发热量成正比,是表示齿面烧结危险的主要标准。此外,压力和速度的变化剧烈,也使工作条件恶化,电喷发动机轿车及部分载货汽车驱动桥准双曲面齿轮,接触压力在 3000MPa 以上,滑动速度超过 10m/s,油温高达 120~130℃,工作条件苛刻,如奥迪 V6、本田雅阁、上海别克、夏利电喷轿车等必须使用重负荷车辆齿轮油;国产东风 EQ1092、北京 BJ2020 等驱动桥也采用单级准双曲面齿轮,但其齿面接触压力在 300MPa 以下,滑动速度在 1.5~8m/s,使用条件不太苛刻,中负荷车辆齿轮油可满足其使用要求;解放 CA1091 采用普通螺旋锥齿轮驱动桥,可使用普通齿轮油。但不是说所有采用螺旋锥齿轮驱动桥的车辆,都需加这种普通齿轮油,许多进口载货汽车虽然也采用螺旋锥齿轮驱动桥,但其负荷较重,要求使用中负荷齿轮油。这类车辆曾因换用普通车辆齿轮油,造成齿轮早期磨损和损坏。

为减少同一辆车有齿轮油的用油级别,在汽车各传动装置对齿轮油使用性能级别要求相差不大情况下,可按选用中使用性能级别最高级别选用同一级别的齿轮油。

2. 黏度级别的选择

车辆齿轮油黏度级别的选择,主要根据最低气温齿轮运转速度、最高工作温度,并考虑车辆齿轮油换油周期较长的因素。

一般齿轮油倾点应低于使用环境最低温度 3~5℃,运转速度越高的齿轮要求黏度越低。工作时油温越高要求润滑油黏度越大,以保证油膜有一定厚度不易破裂,但黏度过高会使齿轮咬合部位难以得到必要的润滑油量,因此选黏度要适当。

汽车齿轮油黏度应满足：

(1)在最低工作温度下的最大黏度能保证汽车不经预热可以顺利起步。

(2)在运行的一般工况下齿轮油内摩擦消耗的功率不应使传动机构的有效功率明显下降。

(3)在最高工作温度下须保证齿轮正常润滑和允许的油耗。

车辆齿轮油的黏度应保证低温下的车辆起步，又能满足油温升高后的润滑要求。车辆齿轮油的低温表观黏度达 150Pa·s 时的最高温度决定其适用的最低温度。75W、80W 和 85W 号油的最低使用温度分别为：-40℃、-26℃和-12℃。应对照当地冬季最低气温来选用。齿轮油的最高工作温度下的黏度要求不低于 $10\sim15mm^2/s$。一般区，如长江流域及其他冬季气温不低于 -10℃的广大温区，可全年使用 90 号齿轮油；只有在天气特别热或负荷特别重的车辆上，如夏季气温达 40℃的南方炎热地区，宜选用 140 号或全年使用 85W/140 的齿轮油；长城以北及其冬季气温不低于 -26℃的寒区，可全年使用 80W/90 号油；黑龙江、内蒙古、新疆等冬季最低气温在 -26℃以下的严寒地区，冬季应使用 75W 号油，夏季则换用 90 号单级油。

3. 车辆齿轮油的使用注意事项

(1)不能将使用级较低的车辆齿轮油用在要求较高的车辆上，但使用级较高的车辆齿轮油可以用在要求较低的车辆上，只是过多降级使用经济上不合算。

(2)不要误认为高黏度的车辆齿轮油润滑性能好。使用黏度级别过高的齿轮油，将使燃料消耗及磨损显著增加，特别是高速轿车影响较大，应尽可能使用合适的多级齿轮油。

(3)不同使用级别的车辆齿轮油不能混用，以免发生设备事故。

(4)加油量要适当。加油量过多会增加齿轮运转时的搅拌阻力，造成能量损失；加油量过少，会造成润滑不良，加速齿轮磨损。此外，应经常检查齿轮箱渗漏情况，保持各油封、衬垫完好。

(5)车辆齿轮油工作温度不算太高，使用寿命较长，消耗量较少，一般行驶 2 万~3 万 km 时才换油。如使用单级油，在换季维护换油时，放出的旧油如尚未达到换油指标，可在再次换油时使用，旧油应妥善保存，严防污染。

(6)齿轮油应规定的换油指标换油。无油质分析手段时，可按期换油。

第三节 液力传动油

现代轿车及重型载货汽车传动系发展趋势之一，就是越来越多地采用自动液力变速器，其工作介质就是液力传动油，又称汽车自动变速器油，简称 ATF。

一、液力传动油的使用性能

液力传动油是一种多功能液体，应具备传动能、控制、润滑和冷却等多种功能。

1. 黏度和黏温性

自动变速器的功能对液力传动油的黏度十分敏感。而组成自动变速器的各部件对液力传动油的黏度要求不同。从提高液力变矩器的传动效率、控制系统动作的灵敏性角度看，黏度低有利；为满足齿轮和轴承的润滑要求，减少液压控制系统和油泵泄漏，确保换挡正常，液力传动油的黏度不能过低。但黏度也不宜过高，过高不仅使变矩器的传动效率下降，而且会造成低温起动困难。综合考虑传动效率、低温起动性和润滑要求,液力传动油100℃时的运动黏度一般在7mm^2/s左右。液力传动油的使用温度范围很宽,一般为-40~170℃,因此要有很高的黏温性,黏度指数达170左右,这就要求液力传动油具有适当的黏度和良好的黏温性。

对液力传动油要求100℃、-23℃和-40℃时的黏度,并要求进行稳定性试验,即测定耐久性试验后的99℃时的黏度。

2. 热氧化安定性

液力传动油的热氧化安定性是使用中一个极为重要的性能,因为液力传动油的使用温度很高,如热氧化安定性不好,则会生成油泥、漆膜和沉淀物,少量沉淀物便会使自动变速器液压控制机构的管路和阀门的工作受到影响,油内氧化生成的酸或过氧化物对轴承、橡胶密封材料也有损害。因此,对液力传动油热氧化安定性要求严格。

各种规格液力传动油热氧化安定性多采用"氧化试验"来评定。

3. 抗磨性或极压抗磨性

为确保自动变速器的行星齿轮机构、轴承、垫圈和油泵等长期正常工作,要求液力传动油必须润滑良好。

液力传动油的抗磨性是通过四球机磨损试验、梯姆肯磨损试验和叶片泵试验来评定的。

4. 与橡胶材料的适应性

液力传动油不应使自动变速机构中使用的丁腈橡胶、丙烯橡胶和硅橡胶等密封材料过分膨胀、收缩和硬化,否则将会产生漏油和其他危险。

液力传动油与橡胶密封材料的适应性通过橡胶浸泡试验来评定。

5. 抗泡沫性

液力传动油在高速流动中产生气泡,由于泡沫的可压缩性导致系统压力波动和下降,甚至供油中断,将影响自动控制系统的准确性,使液力变矩器传动效率下降,破坏正常的润滑条件,造成离合器打滑、烧坏等故障,因此,要求液力传动油有良好的抗泡沫性。

液力传动油的抗泡沫性能通过下列试验评定:GM DTD 泡沫试验;ASTMD892 程序试验。

二、液力传动油的分类、牌号

1. 国外液力传动油的分类

国外液力传动油的规格多采用美国 ASTM 和 API 共同提出的 PTF(Power Transmission Fluid)使用分类,将 PTF 分为 PTF-1、PTF-2 和 PTF-3 三类,主要适用如下。

PTF-1 类油主要用于轿车、轻型货车作液力传动油。其特点是低温起动性好,对油的低温黏度及黏温性有很高的要求。典型的品种是美国通用汽车公司 GM Dexron 或 GM DexronⅡ(其前身叫 A 型油),后者低温黏度要求更严,氧化安定性及耐久试验条件也比闪点苛刻。福特公司的 F 型油,现在的产品编号是 FordM2C33E/F,F 型油静摩擦系数较大,不加油性剂。进口轿车推荐用 A 型油或 F 型油的,要区别选用。轿车、轻型货车用液力传动油的典型规格是美国通用汽车公司 GM DexronⅡ。

PTF-2 类油主要用于重负荷的液力传动系统。如重型载货汽车、大型客车、越野车和工程机械的自动变速器,其特点是适于在重负荷下工作,对极压抗磨性要求很高。现在典型的品种是通作公司的阿里森 C-3(GM Allison C-3)。

PTF-3 类油是随着全液压拖拉机的发展而产生的,主要的功能是作传动、差速器和最后驱动齿轮的润滑,以及液压转向、制动、分动箱和悬架装置的工作介质。典型的品种有约翰·狄尔(John Deere)J-20A、福特 M2c41A、玛赛—费格森(Mqssey-Ferguson)M-1135。这类油的特点是适于在中低速下运转的拖拉机及野外作业的工程机械液力传动系统的齿轮箱中使用,其极压抗磨性和负荷承载能力比 PTF-2 类油的要求更高。

2. 国产液力油和品种、牌号

目前,我国仅有液力传动油两种企业规格,按 100℃ 运动黏度分为 8 号和 6 号两种,都是采用精制的基础油加入油性剂、抗磨剂、抗氧化剂、黏度指数改进剂和抗泡沫剂等。8 号液力传动油相当于国外 PTF-1 类油中的 GM Dexron Ⅱ 规格,主要用于轿车的液力传动油。6 号液力传动油相当于国外 PTF-2 类油,主要用于内燃机车、载货汽车以及工程机械的液力传动系统。

三、液力传动油的选择与使用

1. 液力传动油的选择与使用

按车辆使用说明书的规定,选用适当品种的液力传动油。轿车和轻型货车应选用 8 号油,进口轿车要求用 GM-A 型、A-A 型或 Dexrom 型自动变速器油的均可用 8 号油代替。重型货车、工程机械的液力传动系统则应选用 6 号油。

2. 液力传动油的应用注意事项

(1) 不同厂家同级别的液力传动油品不可以混用。

(2) 储存期限不得超过一年,常温下密封保存。

(3) 按车辆使用说明书的规定更换液力传动油和过滤器,通常每行驶 1 万 km 应检查油面一次,每行驶 3 万 km 应更换油液。

第四节　汽车润滑脂

润滑脂是将稠化剂分散于液体润滑剂中所得到的一种稳定的固体或半固体产品。其中可以加入旨在改善某种特性的添加剂和填料。润滑脂在常温下可附着于垂直表面不流失,并能在敞开或密封不良的摩擦部位工作,具有其他润滑剂所不可能替代的特点。因此,在汽车和工程机械上的许多部位,都使用润滑脂作为润滑材料。

一、润滑脂的组成

润滑脂主要由基础油、稠化剂、添加剂和填料三部分组成。一般基础油为 75% ~ 90%,稠化剂为 10% ~ 20%,添加剂及填料在 5% 以下。

1. 基础油

基础油是润滑脂中起润滑作用的主要成分,它对润滑脂的使用性能有较大的影响。一般采用中等黏度及高黏度的矿物油作为基础油,也有一些为适应在苛刻条件下工作的机械润滑及密封的需要,采用合成润滑油作为基础油,如酯类油、硅油、聚 α - 烯烃油等。

2. 稠化剂

稠化剂可以决定润滑脂的某些使用性能,如抗水性和耐热性。稠化剂分散在基础油中并形成润滑脂的结构骨架,使基础油被吸附和固定在结构骨架中,是润滑脂的重要组成组分。稠化剂有两大类:皂基稠化剂(即脂肪酸金属皂)和非皂类稠化剂(烃类、无机类和有机类)。

90%的润滑脂是用脂肪或脂肪酸与碱反应制成的皂类作为稠化剂的。常用的天然脂肪和脂肪酸是牛油、猪油、棉籽油、硬脂肪酸、12羟基硬脂肪酸等。为了弥补天然脂肪的不足,也有采用氧化石蜡的合成脂肪酸,但效果不及天然脂肪酸。所用的碱类则多为碱金属和碱土金属的氢氧化物,如氢氧化钙、氢氧化钠和氢氧化锂等,它们可以分别制成钙皂、钠皂和锂皂稠化剂,再用这些稠化剂制成钙基、钠基和锂基润滑脂,而且还可以制成混合皂基的复合皂基润滑脂等。

3. 添加剂和填料

添加剂是加到润滑脂中以改进其使用性能的物质。它可以改进基础油本身固有的性质或增加其原来不具有的性质。一类添加剂是润滑脂所固有的,称为胶溶剂,它使油皂结合更加稳定,如甘油和水等。钙基润滑脂中一旦失去水,其结构就完全破坏,不能成脂;甘油在钠基润滑脂中则可以调节脂的稠度。另一类添加剂和润滑油中的一样,如抗氧剂、抗磨剂和防锈剂等,但用量一般较润滑油中的多,还可以加入石墨、二硫化钼等固体润滑剂作为填料。

二、润滑脂的使用性能指标

1. 稠度

稠度指像润滑脂一类的塑性物质,在受力作用时抵抗变形的程度。

稠度是塑性的一个特征,它仅仅是反映润滑脂对变形和流动阻力的一个笼统的概念。某些摩擦点之所以采用润滑脂,就是因为它具有一定的稠度。适当的稠度可以使润滑脂容易加注并保持在摩擦面上,以保持持久的润滑作用;稠度不同,适用的转速、负荷和环境温度等工作条件也有所不同,所以稠度是润滑脂的一个很重要的指标。

评定润滑脂的稠度指标是锥入度,润滑脂的锥入度是指在规定时间、温度条件下,规定质量的标准锥体刺入润滑脂试样的深度,以 1/10mm 表示。润滑脂锥入度测定可按《润滑脂锥入度测定法》(GB/T 269—1991)规定的方法进行。润滑脂锥入度测定的方法概要:在25℃条件下,将锥体组合件从锥入计上释放,在锥体下落 5s 时,测定其刺入试样的深度。

测定方法不同,锥入度可表示多种:

(1)不工作锥入度。将润滑脂试样在尽可能少搅动下移到润滑脂工作器脂杯中进行测定的锥入度。

(2)工作锥入度。将润滑脂试样在标准工作器脂杯中,经受往复工作60次后,立即测定的锥入度。

(3)延长工作锥入度。将润滑脂试样在标准工作器脂杯中经受往复工作超过60次后,立即测定的锥入度。

锥入度反映润滑脂在低剪切速率下变形和流动阻力的性能。锥入度越大,润滑脂越软,即稠度越小,越易变形和流动;锥入度越小,则润滑脂越硬,即稠度越大,越不易变形流动;我国用锥入度划分润滑脂的稠度牌号,是润滑脂选用的重要依据。

按《润滑脂锥入度测定法》(GB 7631—2008)的规定,我国润滑脂稠度等级和相应锥入度范围的对应关系见表11-10。

润滑脂的稠度等级和相应锥入度范围　　　　表 11-10

稠度等级	000	00	0	1	2	3	4	5	6
锥入度 (25℃, 0.1mm)	445~475	400~430	355~385	310~340	265~295	220~250	175~205	130~160	85~115

2. 高温性能

温度对于润滑脂的流动性具有很大的影响,温度升高,润滑脂变软,使润滑脂附着性能降低而易于流失。另外,在较高的温度条件下还易使润滑脂的蒸发损失增大,氧化变质与凝缩分油现象严重。润滑脂失效的主要原因,大多是由于凝胶的萎缩和基础油的蒸发损失所致,即润滑脂失效过程的快慢与其使用温度有关。高温性能好的润滑脂可以在较高的使用温度下保持其附着性能,其变质失效过程也比较缓慢。

评定润滑脂的高温性能的指标是:滴点、蒸发度和轴承漏失量等。

3. 低温性能

汽车起步时润滑脂的温度几乎和环境温度一样,汽车在寒冷地区使用时,要求润滑脂在低温条件下仍能保持良好的润滑性能。

评定低温性能的指标有:润滑脂低温条件下的相似黏度及低温转矩。

润滑脂的黏度在一定温度条件下是随着剪切速率而变化的变量,这种黏度称为相似黏度,单位为 Pa·s。相似黏度影响起动阻力和功率损失,以及润滑脂进入摩擦面间隙的难易程度,所以它是评定润滑脂低温性能的重要依据。

低温转矩是表示润滑脂在低温条件下使用时阻滞低速度滚珠轴承转动的程度。

4. 极压性与抗磨性

在相互接触的金属表面间的润滑脂所形成的脂膜,能承受来自轴向与径向的负荷,脂膜具有的承受负荷的特性就称作润滑脂的极压性。一般而言,在基础油中添加了皂基稠化剂后,润滑脂的极压性就增强了。在苛刻条件下使用的润滑脂,常添加有极压添加剂,以增强其极压性。

润滑脂通过保持在运动部件间的油膜,防止金属对金属相接触而磨损的能力称为抗磨性。润滑脂的稠化剂本身就是油性剂,具有较好的抗磨性。在苛刻条件下使用的润滑脂,添加有二硫化钼、石墨等减摩剂和极压剂,因而具有比普通润滑脂更强的抗磨性,这种润滑脂被称为极压型润滑脂。

5. 抗水性

抗水性指润滑脂遇水后抵抗结构和稠度等改变的性能。抗水性差的润滑脂,遇水后稠度下降,甚至乳化而流失。汽车在雨天和涉水行驶时,底盘各摩擦点可能与水接触,要求使用抗水性能良好的润滑脂。润滑脂的抗水性能主要取决于稠化剂的抗水性。皂基稠化剂除钠皂和钙钠皂外,其他金属皂的抗水性都较好。

6. 防蚀性

防蚀性是指润滑脂阻止与其相接触金属被锈蚀、腐蚀的能力。

润滑脂的基础油和稠化剂本身是不会腐蚀金属的,使润滑脂产生腐蚀性的原因很多,主要是由于氧化产生酸性物质所致。一般而言,过多的游离有机酸、碱、水分都会引起腐蚀。

7. 胶体安定性

胶体安定性是指润滑脂在储存和使用中避免胶体分解,防止液体析出的能力。

润滑脂发生油皂分离的倾向大则说明其胶体安定性不好,将直接导致润滑脂的稠度改变和流失。

8. 氧化安定性

氧化安定性指润滑脂在储存和使用中抵抗氧化的能力。

润滑脂中有基础油和稠化剂与空气接触,在不同程度上被氧化,使其酸值增加,易腐蚀金属,稠度变软,使用寿命缩短。作为稠化剂的金属皂有促进氧化作用,所以润滑脂的氧化安定性要比其基础油差,因此脂中普遍加入抗氧剂。

9. 机械安定性

机械安定性指润滑脂在机械工作条件下抵抗稠度变化的能力。

润滑脂在使用过程中因受到机械运转剪切作用,稠化剂的纤维结构不同程度被破坏,使稠度有所下降。如果润滑脂的机械安定性不好,则在长期工作中可能因过分软化而流失,从而缩短其使用寿命。

三、汽车常用润滑脂的品种与牌号

(1) 钙基润滑脂:是由动植物脂肪酸与石灰制成的钙皂稠化矿物润滑油,并以水作为胶溶剂制成的,它是20世纪30年代的老产品,有1、2、3、4四个稠度牌号。滴点为80~90℃,使用温度范围为-10~60℃。抗水性好。容易黏附于金属表面,胶体安定性好,但耐热性差,使用寿命短。

(2) 钠基润滑脂:是由动植物脂肪酸与氢氧化钠制成的钠皂稠化矿物润滑油,它耐高温但不耐水,有2、3两个稠度牌号,滴点可达160℃。可在120℃下长时间工作,有较好的承压抗磨性能,但抗水性差,不能用于潮湿环境或与水接触的部件。

(3) 汽车通用锂基润滑脂:是由动植物脂肪酸与氢氧化锂制成的锂皂低凝固点润滑油,并加抗氧、防锈剂制成。稠度为2号,滴点在180℃。具有良好的机械安定性、胶体安定性、防锈性、氧化安定性和抗水性,适用于30~120℃下,汽车轮毂轴承、底盘、水泵和发电机等各摩擦部位润滑,为普遍推荐使用的汽车通用润滑脂。

(4) 极压复合锂基润滑脂:它与汽车通用锂基润滑脂的区别是具有更高的极压抗磨性,可适用于-20~160℃的高负荷机械设备的齿轮和轴承润滑,有1、2、3号三个稠度牌号,部分高性能进口汽车推荐使用极压润滑脂。

(5) 石墨钙基润滑脂:由动植物脂肪酸与石灰制成钙皂稠化68号机械油,加10%的鳞状石墨制成。具有良好的抗水性和抗碾压性能,滴点为80℃适合于重负荷、低转速和粗糙机械的润滑。汽车钢板弹簧、起重机齿轮转盘及半拖挂货车的转盘等承压部位使用。

四、汽车润滑脂的选择与使用

1. 润滑脂的选择

汽车润滑脂规格的选择包括润滑脂品种(即使用性能)和稠度级号的选择。选择时应根据车辆和机械设备的使用说明书的规定,选用与用脂部位工作条件相适应的润滑脂的品种和稠度牌号。

工作条件通常包括以下几个方面。

1）工作温度

润滑部位温度的高低和温度的变化幅度对润滑脂作用和使用寿命有决定性影响，温度越高，脂的使用寿命越短。汽车轮毂轴承是汽车用脂润滑的主要部位。一般来说，轮毂轴承的工作温度为 70~90℃。但轮毂轴承温度受道路条件影响较大，在山区行驶的汽车，由于制动强度和制动次数的增加，轴承最高温度可达 130℃。同时，汽车在不平的路面上行驶时轮毂轴承的负荷比在沥青路面上高 3~4 倍。

2）运转速度

润滑脂的黏度随着剪切速率的变化而变化较大，机械运动快，润滑脂所受的剪切应力及切变速率高，脂的相似黏度下降得厉害，结果不利于润滑，又缩短了润滑脂的寿命。

3）负荷

对轴承来说，一般负荷指径向负荷和轴向负荷，负荷经常发生变化，有冲击和振动时，对润滑脂的润滑性能要求较高且对其寿命影响较大。

4）工作环境污染

工作环境污染指的是润滑脂工作部位的外界环境及条件。如气温、露天的尘埃、温度等。露天存放的车辆，冬季起动时，轴承处的温度接近气温，要求润滑脂具有良好的低温黏度。而且雨季行车时，空气的潮湿及路面上的积水难免被吸收或激溅进入轴承内的润滑脂中，因此要求润滑脂的耐水性好。

润滑脂牌号的选择与润滑油一样，应以适当为好。一般汽车使用说明书推荐使用 1 号或 2 号润滑脂，实际中多选用 2 号。

2. 润滑脂使用注意事项

（1）轮毂轴承是主要用脂部位，宜全年使用 2 号脂（南方），或冬用 1 号夏用 2 号脂（北方）。不少用户习惯上常年使用 3 号脂，该脂稠度太大，会增加轮毂轴承转动阻力，试验表明，用 2 号脂比用 3 号脂节能。3 号脂只宜在热带重负荷车辆上使用。

（2）轴承的填充量与节能关系较大，油脂填充量大，工作时搅动阻力大，轴承温度升高，燃料消耗量相应增加。一般轴承有两种润滑方法：一种是满毂润滑，就是除轴承装满润滑脂外，轮毂内腔也装满润滑脂；另一种方法是空毂润滑，即只是在轴承内装满润滑脂，轮毂内腔仅薄薄地均匀涂抹一层脂防锈。实践经验表明，满毂润滑时，新涂上脂的轴承在开始转动时，多余的脂很快被挤到滚道外面并被甩到轮毂内腔和轴承盖里，这时多余的脂被强烈搅动，由于脂的黏滞阻力，使轴承温度升高。而真正起到润滑作用的主要是留在轴承滚动面上的薄层润滑脂。因此，轮毂空腔中装满油脂只能使轴承散热困难，温度升高，甚至可能因脂流到制动蹄片上，造成制动失灵。而空毂润滑避免这一缺点，还可节省润滑脂 80% 以上。国外在 20 世纪 50 年代以后就推荐空毂润滑，有的国家在汽车说明书中规定，除为了防锈在轮毂内表面涂一薄层润滑脂外，轮毂内腔不能装润滑脂。

（3）按使用说明书规定及时向润滑点注脂。

（4）不同牌号的润滑脂不能混用。避免不同化学成分和性质的油脂混在一起降低润滑脂的使用性能和寿命。

(5)润滑脂一旦混入杂质便难以除去,在保存、分装和使用过程中,严格防止灰、砂和水分等外界杂质污染,容器和注脂工具必须干燥清洁;尽可能减少脂与空气的接触;作业场所要清洁无风砂;轴承注脂口在加脂前必须擦洗干净;作业完毕盛脂容器和加注器管口应立即加盖或封帽。

本章小结

1.发动机润滑油的使用性能有:润滑性、清净分散性、黏温性、低温流动性、抗氧化性、抗腐蚀性和抗泡沫性。油品的使用性能将直接影响发动机的性能,尤其是现代的电喷发动机性能。

2.我国发动机润滑油的黏度是等效采用美国汽车工程师协会(SAE)的黏度分类法,将发动机润滑油分为0W、5W、10W、15W、20W、25W、20、30、40、50、60 11个黏度牌号,其中带W的为冬用油,不带W的为春秋夏用油,有单级油和多级油之分;使用性能分类是等效采用美国石油协会的(API)的使用分类法,将汽油机油分为SE、SF、SG、SH、SJ、SL、SM、SN级;将柴油机油分为CC、CD、CE、CF、CF-4、CG-4、CH-4、CI-4、CJ-4等。

3.发动机润滑油的选用包括质量等级的选用和黏度等级的选用。应严格按车辆使用说明书的规定及发动机润滑油的工作条件选择合适的使用级别;根据气温、工况和发动机的技术状况选择合适的黏度级别。

4.做好发动机润滑油的质量监控工作,可从润滑油的黏度、闪点、中和值、不溶物、水分和铁含量等指标变化判断润滑油的质量状况,当其中一项指标达到换油指标时,应及时换油。无监控条件的可实行按期换油。

5.我国齿轮油是等同采用SAE车辆齿轮油黏度分类法,将齿轮油分为70W、75W、80W、85W、90、140和250 7个黏度牌号;按齿轮油的质量分为三类:即普通车辆齿轮油、中负荷齿轮油和重负荷齿轮油。按车辆使用说明书的规定和齿轮油的工作条件选用齿轮油的质量等级;根据最低气温和最高油温选用齿轮油的黏度牌号。

6.我国液力传动油分为8号和6号两种,8号液力传动油主要用于轿车的液力传动油。6号液力传动油主要用于内燃机车、载货汽车以及工程机械的液力传动系统。

7.汽车常用的润滑脂品种有:钙基润滑脂、钠基润滑脂汽车通用锂基润滑脂、极压复合锂基润滑脂和石墨钙基润滑脂。推荐使用的牌号1号和2号,实际中多用2号。

复习思考题

一、填空题

1.我国现行发动机油是按_____和_____分类的。

2.我国现行齿轮油按质量分为_____、_____、_____三种。

二、判断题(正确的打"√",错误的打"×")

1.含有胶状物质的发动机润滑油,在高温金属上易形成漆膜。   (   )

2.为减小齿轮有磨损,应选择高黏度牌号的齿轮油。   (   )

3. 润滑油内清净分散添加剂的性能和加入量可以反映出润滑油质量的高低。（　　）
4. 汽车轮毂轴承的满毂润滑润滑方式优于空毂润滑方式。（　　）

三、选择题
1. 检测在用油的黏度时发现黏度比原来的小,原因是(　　)。
　　A.油中有水　　B.受燃料稀释作用　　C.被氧化了　　D.有机械杂质
2. 当发动机使用燃料的馏分过重时,油品易在高温区形成(　　)。
　　A.气体　　B.油泥　　C.漆膜　　D.积炭

四、问答题
1. 简述发动机润滑油的使用性能及评定指标。
2. 发动机油在使用过程中,油泥是如何形成的?
3. 如何正确选用发动机油?
4. 汽油机发动机油与柴油机发动机油能否代用?
5. 在什么情况下需更换发动机油?
6. 齿轮油的使用性能及评定指标有哪些?
7. 简述齿轮油品种、牌号。
8. 如何正确选用齿轮油?
9. 如何正确选用液力传动油?
10. 简述润滑脂的使用性能?
11. 润滑脂的品种有哪些?如何正确选用车用润滑脂?

第十二章　汽车工作液的正确选用

> **学习目标**
> 1. 了解汽车制动液、减振液、防冻液、制冷剂分类、牌号；
> 2. 了解汽车制动液、减振液、防冻液、制冷剂和选择原则及使用注意事项。

汽车工作液主要包括制动液、减振液、防冻液、制冷剂等。由于每一种工作液的工作条件不同，因此，对各种工作液提出了不同的要求。

在使用中，根据使用工作液的系统不同，正确、合理地选用工作液，不仅能减少零件的磨损，延长汽车的使用寿命，而且能节约能源。

第一节　汽车制动液

汽车制动液是用于液压制动系统中传递压力以制止车轮转动的液体，其质量好坏，选择使用正确与否，直接关系到行车安全。随着汽车工业的迅猛发展，汽车高速化趋势越来越明显，对制动液的使用提出了更高要求：即在高温、严寒、高速、湿热等工况条件下保证灵活传递制动力；对制动系统的金属和非金属材料没有腐蚀性；能够有效润滑制动系统的运动部件，延长制动轮缸和皮碗的使用寿命。

一、国外汽车制动液

国外汽车制动液规格有三个系列：
(1) 美国联邦机动车辆安全标准(FMVSS No.116)。
具体是：DOT3、DOT4、DOT5。这是世界公认的通用标准。
(2) 美国汽车工程师协会标准(SAE)。
具体是 SAE J1703e、SAE J1703f 等。
(3) 国际标准化组织标准(ISO)。
具体规格是《道路车辆—非石油基制动液》(ISO 1925:1978)，它是参照 FMVSS No.116 DOT-3 制定的，100℃ 的运动黏度不小于 $1.5 mm^2/s$，平衡回流沸点不低于 205℃；湿平衡回流沸点不低于 140℃。

二、国内汽车制动液的分类、品种

过去，我国根据制动液的组成和特性，将近制动液大致分为矿油型、醇型和合成型三种。

GB 10830—1998 强调制动液应是非矿物型的,而醇型制动液因沸点低,吸湿性大易产生气阻而被国家技术监督局宣布停止使用。所以,现代汽车使用的制动液主要是合成型制动液。合成制动液是以有机溶剂中的醇、醚和脂为基础,再加入添加剂调制而成,是世界目前广泛使用的汽车制动液。

为了规范制动液市场和产业的发展,2012 年 5 月,我国实施与国际通用标准接轨的国家标准《机动车辆制动液》(GB 12981—2012),将制动液分为 HZY3、HZY4、HZY5、HZY6。分别对应国际标准 ISO 4925:2005 中 Class3、Class4、Class5.1、Class6,其中,HZY3、HZY4、HZY5 对应美国交通部制动液类型的 DOT3、DOT4、DOT5.1。

三、制动液的选择

(1)可以根据汽车使用说明书的规定选用制动液。一般情况下,微型、中低档汽车适宜选取符合 HZY3 标准的制动液,中高档汽车选择 HZY4 标准的制动液。HZY5 标准的制动液主要用于军工方面,一般在民用方面采用的较少,适用于沙漠等苛刻条件。

(2)合理选用国产制动液。使用国产制动液时,合成制动液适用于高速重负荷和制动频繁的轿车和货车;醇型制动液可用在车速较低、负荷不大的老旧式车上;矿油型制动液可在各种汽车上使用,但制动系统需换耐油橡胶件。

四、制动液使用注意事项

(1)制动液不能混用。各种制动液绝对不能混用,否则,会因分层而失去制动作用。

(2)保持清洁。加注或更换制动液时要注意清洁,制动液须经过过滤,不允许细微杂质混入制动系统。

(3)注意防潮。存放制动液的容器应当密封,防止水分混入和吸收水汽使沸点降低。

(4)定期更换。应定期更换制动液,由于醇醚类制动液有一定的吸水性,因此,在一般情况下,制动液一般两年或者 4 万 km 必须强制性更换一次,以防制动液吸湿后影响制动性能。

(5)注意制动液的温度。在山区下坡连续使用液压制动,或在高温地区长期频繁制动时,制动蹄片温度可达 350~400℃,使制动液温度随之升高达 150~170℃,已超过一般合成制动液的潮湿沸点。因此,要注意检查制动液温度,以防因气阻发生交通事故。

(6)注意对制动系统的保护。注防止矿物油混入使用醇型和合成型制动液的制动系统。使用矿物油制动液,制动系统应换用耐油橡胶件;使用醇型制动液前,应检查是否有沉淀,如有沉淀应过滤后再使用。

第二节　汽车发动机冷却液

随着汽车工业的日益发展,汽车发动机已逐渐朝着"大功率、省燃料、结构紧凑"的方向发展,其强化系数不断增大,对发动机冷却系统的要求也越来越高,对冷却液也提出了更高的要求。

冷却液是保证水冷式发动机正常工作必不可少的工作介质。若发动机过热,就会导致充气效率降低,发动机功率下降;使早燃、爆震倾向加大,过早损坏零部件;恶化运动件之间的润滑,加剧其磨损等。若发动机过冷,就会导致进入汽缸的混合气品质差,使发动机功率下降,燃料消耗增加;燃烧生成物中的酸性物质腐蚀零部件;未燃的燃料冲刷和稀释运动件表面的润滑油膜,使其磨损加剧。

一、对冷却液的要求

(1)比热容大,传热性好,以保证良好的冷却。
(2)冰点低,以保证冬季不结冰。
(3)黏度小,以保证循环系统的正常工作。
(4)沸点高,以保证发动机能够在较高温度下工作,提高热效率,并减少化学—机械磨损,延长发动机寿命,并减少自身的蒸发损失。
(5)不腐蚀冷却系统的金属及橡胶件。
(6)不易着火燃烧。
(7)不易产生泡沫,以保证不影响传热。
(8)无毒、无公害。

二、汽车冷却液的分类

由于水作为发动机冷却剂,存在着不可克服的缺点。低于0℃要结冰,会冻裂发动机。高于100℃要沸腾,则发动机无法工作。此外,水有腐蚀性较强,易结水垢等。因而以冷却液代替水已成为必然趋势。由于乙二醇型冷却液的冰点低,沸点高,其中加入防锈剂,对冷却系统常见金属腐蚀极小。对非金属材料(例如汽车涂料、橡胶等)没有侵蚀作用,是一种较为理想的冷却液,目前国、内外发动机所使用的和市场上所出售的冷却液几乎都是乙二醇型冷却液。国际上目前普遍使用乙二醇型冷却液,其基本构成是在软化水中按比例添加防冻剂乙二醇,配以适量的金属缓蚀剂、阻垢剂等添加剂进行科学调和,使发动机在冬天寒冷的时候不被冻坏,其次还有防腐、防锈、防沸、防水垢的功能。为了便于运输和储存,很多乙二醇型发动机冷却液商品制成浓缩液,乙二醇含量高达95%以上,水的含量在5%以下。

与乙二醇型冷却液比较,丙二醇冷却液在热传导、冰点防护及橡胶相容性方面的性能毫不逊色,而在抗腐蚀、毒性及生物降解方面则有着乙二醇型冷却液无法比拟的优势。丙二醇作为环保型冷却液最为引人注目的是无水型丙二醇冷却液,其冰点低达 -68℃,而沸点高达187℃,具有名副其实的抗沸、抗冻性能,具备重负荷冷却液的性能特征。

国外冷却液的标准有 ASTM D3306、SAE J1304、Mll-A-46153B 和 JIS K2234,中国于2010年发布了《乙二醇型和丙二醇型发动机冷却液》(NB/SH/T 0521—2010)标准。该标准所属产品适用于轻负荷或重负荷内燃发动机冷却系统,包括乙二醇型轻负荷和重负荷、丙二醇型轻负荷和重负荷发动机冷却液四种类型。轻负荷发动机一般用于轿车、轻型货车、有篷货车、体育运动用车和农用拖拉机、草坪维护机械;重负荷发动机一般用于道路货车和公交车、农用、土石运输车,建筑用、矿用非高速机械,高输出功率固定式发动机、牵引车和船舶。

每种类型又分为浓缩液和 -25号、-30号、-35号、-40号、-45号、-50号六个不同牌号的冷却液。产品标志为:

| 牌号 | 乙二醇型/丙二醇型 | 轻负荷/重负荷 | 发动机冷却液 |

例如：-25号乙二醇型重负荷发动机冷却液；-35号丙二醇型轻负荷发动机冷却液。乙二醇型和丙二醇型发动机冷却液与冰点的对应关系见表12-1。

乙二醇型和丙二醇型发动机冷却液与冰点的对应关系　　　表12-1

规格	浓缩液	-25号	-30号	-35号	-40号	-45号	-50号
冰点(℃) 不高于	-37	-25	-30	-35	-40	-45	-50

2013年9月18日，我国发布了《机动车发动机冷却液》(GB 29743—2013)标准，即将2014年5月1日实施。

三、汽车发动机冷却液的选择

汽车发动机冷却液产品质量的选择应以汽车制造厂家推荐为准。轿车与载货汽车、汽油车与柴油车以及不同型号的同类汽车，发动机的技术特性、热负荷性、冷却系的材料均有不同。正因为如此，目前国内外的汽车发动机冷却液配方很多，产品和性能指标和试验方法水平不一。所以，汽车发动机冷却液的选择要区别发动机的类型、性能的强化程度和冷却系材料和种类，除了保证发动机冷却液能降温、防冻外，还要考虑防沸、防腐蚀和防水垢等问题。另外，要注意区别是浓缩还是已调好的发动机冷却液，是一级品还是合格品。对铝质散热器发动机冷却液的选择，应特别注意冷却液对铝金属的防腐蚀性。

（1）根据环境温度条件选择冷却液的冰点。冷却液的冰点是冷却液最重要的指标之一，是冷却液能不能防冻的重要条件。一般情况下冷却液的冰点应选择在当地环境条件冬季最低气温5℃左右。

（2）根据车辆不同要求选择冷却液。一般情况下，进口车辆，国内引进生产车辆及高中档车辆应选用永久性冷却液(2~3年)，普通车辆则可采用直接使用型的冷却液，夏季可采用软化水。

（3）一般应选用具有防锈、防腐及除垢能力的冷却液。冷却液最重要的是防锈蚀。所以宜选用产品中加有防腐剂、缓蚀剂、防垢剂和清洗剂，产品质量有保证。

（4）选择与橡胶密封导管相匹配的冷却液。冷却液应对橡胶密封导管无溶胀和侵蚀等副作用。

（5）如果是浓缩液，应按产品说明书规定的比例加入蒸馏水或去离子水。

第三节　汽车减振器油

减振器油是专用的液压油，是车辆减振器的工作介质，主要用于各种载货汽车前轮及乘用车前后轮的减振器内。

1. 对减振器油的要求

对减振器油的要求是：有适当的黏度，较高的黏度指数，良好的氧化安定性、防腐性和抗磨性。

2. 分类及规格

减振器油的类别属于特殊润滑剂应用场合(S组)，在有的分类中列为液压油类，但目前尚无专门的分类。

目前，国内外的减振器油有两种，矿油型和硅油型。矿油型减振器油用低凝点的深度精制润滑油加增稠剂和抗磨、抗氧、防锈、抗泡沫等多种添加剂配制而成。硅油型减振器油具有优良的黏温性能、热稳定性和优异的吸振性能，但价格高。

另有一种按上海石油公司企业标准生产的减振器油，其凝点不高于 -8℃，适合在温区使用。

缺乏减振器油时，还可用50%汽轮机油HU-22和50%变压器油25号（按质量计）的混合油，也可用10号机械油代替。

使用中应注意减振器密封良好，无渗漏现象，在40000～50000km定期维护时拆检减振器，同时更换油液，油量不能过多或过少。

第四节　汽车空调制冷剂

制冷剂是一种化学物质。它是汽车空调制冷系统中完成制冷循环的工作介质，目前汽车空调制冷系统使用的制冷剂主要有R12和R134a两种。其中R是英文Refrigrant（制冷剂）的第一个字母。

一、制冷剂的品种

汽车空调制冷剂最早广泛使用的是R12。R12属于氟利昂系的制冷剂，学名二氯二氟甲烷，分子式为CF_2CL_2。其蒸发潜热大，易液化；在含水的场合，除了侵蚀镁和铝之外，不侵蚀其他金属；能溶化天然橡胶，但不侵蚀合成橡胶；对于水的溶解度极小，在循环中存在水分易结冰，需使用吸湿剂；无毒且不易燃烧，但遇火会产生有毒物质。

作为汽车空调制冷系统的制冷介质R12，具有制冷能力强、化学性质稳定、与冷冻机油相溶和安全等优点。但是，由于R12分子中含有氯原子，当其排放到大气中并升入大气同温层后，在太阳光的强烈照射下会分离出氯离子，氯离子与臭氧层（O_3）发生化学反应形成ClO和O_2，从而导致大气臭氧层的破坏。大气臭氧层可以吸收太阳紫外线，若大量的紫外线直接照射到地球表面，将会使人类和地球上其他生物造成严重的危害。

R12对大气臭氧层有破坏作用，有使全球变暖的温室效应，因此它是1987年保护臭氧层的蒙特利尔议定书中的第一批禁用的工质，蒙特利尔议定书签订以来，世界各国，特别是工业发达国家对制冷工质替代做了大量工作。经过科研人员的不断探索和实验，一致公认制冷剂R134a是汽车空调的首选替代工质。这主要是由于R134a不含氯原子，对臭氧层无破坏作用，温室效应影响小，其热力性质稳定并与R12相近。

二、制冷剂的使用

由于R134a与R12性质的差异，若将R134a直接用在原来的汽车空调系统中会出现以下问题：

(1) 原来制冷压缩机使用的润滑油与R134a几乎不相溶，因此在制冷循环过程中，从压缩机中流出的润滑油无法随制冷剂流回压缩机，将使压缩机润滑条件恶化而导致其使用寿命大大缩短。

(2) R134a 对原用的橡胶管与密封材料有极强的溶解与分离作用,必将导致制冷剂大量泄漏,使系统无法正常运转。

(3) 干燥罐内的硅胶干燥剂易被 R134a 吸附,破坏其吸湿能力。

(4) 当温度低于 17℃ 时,R134a 的饱和压力要比 R12 等略低。

因此,必须针对上述问题改进和更新原有设备和材料,方能正常有效地使用 R134a。具体措施如下:

(1) 压缩机的润滑油由原来的矿物油改为合成油,即聚烃乙二醇(PAG)。

(2) 连接系统各处的软管和用于密封作用的橡胶材料,皆由聚腈橡胶(HNBR)取代先前的丁腈橡胶,另外新型系统管件一般由特殊复合材料制成,其内壁有尼龙层,中间为聚丁腈橡胶,并进行强化处理,管件上设有 R134a 专用标记。

(3) 更新干燥剂,目前选用的是细小孔径且不吸附 R134a 的合成泡沫沸石。

(4) 膨胀阀的流量特性及制冷剂的工作压力也要相应的改变。

(5) 压缩机排气压力相应增高,负荷相应增大,因而必须强化主轴、主轴承、加强缸壁特性并改善零件润滑,进排气阀也相应改用不锈钢材料。

(6) 由于 R134a 系统排气压力与压缩比均较 R12 高,欲维持其系统效率与 R12 具有相同水平,必须相应提高换热器的效能,为此采用平流式冷凝器和层流式蒸发器,以增大换热面积。

另外,要绝对避免 R12 与 R134a 混用。在使用型制冷剂的汽车发动机和压缩机上必须以醒目的标记加以提示。制冷剂加注口采用不同规格的螺纹。

本 章 小 结

1.《机动车辆制动液》(GB 12981—2012),将制动液分为 HZY3、HZY4、HZY5、HZY6。

2. 防冻液的作用不仅仅是降低发动机冷却液的冰点,还具有提高冷却液的沸点,防止金属被腐蚀,传热效率等优点。目前广泛使用的是乙二醇型轻负荷和重负荷发动机冷却液、丙二醇型轻负荷和重负荷发动机冷却液 4 种类型。每种类型又分为浓缩液 -25 号、-30 号、-35 号、-40 号、-45 号和 -50 号六个牌号。

3. 汽车空调制冷介质有 R12 和 R134a 两种,其中 R134a 也称为环保制冷剂,是取代 R12 的理想产品。

1. 汽车制动液的品种有哪些,如何合理地选用?
2. 如何选用车用冷却液?
3. 制冷剂的品种有哪些? 使用时应注意什么事项?

第十三章 汽车轮胎的正确选用

学习目标

1. 了解汽车轮胎的基本结构、分类、标志和基本参数;
2. 了解汽车轮胎的基本选配及使用。

在公路运输中,由于道路状况的不同,轮胎的耗费占整个汽车运输成本的10%~25%,因此,掌握轮胎的特性,正确地使用和维护轮胎,可以延长轮胎的使用寿命,节约能源和降低汽车运输成本,确保汽车行驶安全行驶。

第一节 轮胎的类型与结构特点

现代汽车广泛采用充气轮胎。充气轮胎具有不同的分类方法:
(1)按轮胎组成结构不同,可分为有内胎轮胎和无内胎轮胎两种。
(2)按用途不同,可分为乘用车轮胎、载货汽车轮胎、摩托车轮胎和特种车辆及工程机械用轮胎等。
(3)按胎体中帘线排列的方向不同,可分为普通斜交轮胎、带束斜交轮胎和子午线轮胎。
(4)按胎面花纹不同,可分为普通花纹轮胎、混合花纹轮胎和越野花纹轮胎。
(5)按胎内气压大小不同,可分为高压轮胎(气压490~686kPa)、低压轮胎(气压为196~490kPa)和超低压轮胎(气压为196kPa以下)。目前,乘用车、货车几乎全部采用低压轮胎,因为低压轮胎弹性好,断面宽,与道路接触面大,壁薄而散热性能好。这些特点提高了汽车行驶的平顺性和转向操纵性。
(6)按轮胎帘线类型分为钢丝轮胎、尼龙轮胎、人造丝轮胎和聚酯轮胎等。
不同类型的轮胎有不同的结构特点和使用性能。

一、有内胎的充气轮胎

有内胎的充气轮胎主要由外胎、内胎和垫带组成,如图13-1所示。
外胎是轮胎的主体,用以保护内胎,使之不受外来损害的强度高而且富有弹性的外壳,直接与地面接触。它由胎面(包括胎冠和胎肩)、胎侧、胎体(包括缓冲层和帘布层)和胎圈组成,如图13-2所示。
胎冠亦称行驶面,它与路面接触,直接承受冲击和磨损,并使轮胎与路面间有很大的附着力,故胎冠应具有较高的弹性、弹力和耐磨性能。为增加轮胎的附着力,避免轮胎横向打滑,胎面制有各种花纹。

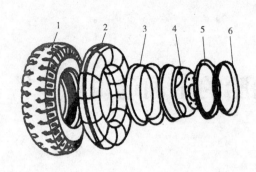 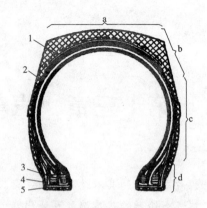

图13-1 充气轮胎的组成　　　　　　　　图13-2 外胎的结构
1-外胎;2-内胎;3-垫带;4-轮辋;5-压圈;6-压条　　1-缓冲层;2-帘布层;3-钢丝圈;4-帘布层包边;5-胎圈包边;
　　　　　　　　　　　　　　　　　　　　a-胎冠;b-胎肩;c-胎侧;d-胎圈

胎肩是较厚的胎冠与较薄的胎侧间的过渡部分,一般也制有各种花纹,以提高该部位的散热性能。

胎侧是贴在胎体帘布层侧壁的薄橡胶层。主要作用是保护胎体侧部帘布层免受损伤。

胎体是外胎的骨架,由帘布层和缓冲层组成,其作用是承受负荷,保持轮胎外缘尺寸和形状。帘布层用浸胶的棉线、人造丝、尼龙、聚酯纤维和钢丝等材料制成,在帘布层与胎面之间,还有用上述材料制成的缓冲层。

胎圈由钢丝圈、帘布层包边和胎圈包边组成。轮胎靠胎圈固装在轮辋上。

内胎是一个环形橡胶管,具有良好弹性,并能耐热和不漏气,上面有气门嘴以便充入或排出空气。

垫带是一个环形橡胶带,安装在内胎与轮辋之间,用以防止内胎被轮辋及外胎的胎圈擦伤和磨损。

目前,普通斜交轮胎和子午线轮胎在汽车上得到了广泛的应用。下面主要介绍普通斜交轮胎和子午线轮胎。

1. 普通斜交轮胎

斜交轮胎帘布层和缓冲层各相邻层帘线交叉。帘线与胎面中心线呈约35°角,由一侧胎边穿过胎面到另一侧胎边,如图13-3a)所示。

由这种斜置帘线组成的帘布层,通常有多层,它们交错叠合起来,成为胎体的基础。由于帘布层的斜交排列,给轮胎胎面和胎侧增加了强度。

2. 子午线轮胎

子午线轮胎用钢丝或纤维织物作帘布层。其帘线与胎面中心线呈90°角或接近90°角,从一侧胎边穿过胎面,到另一侧胎边。这样的分布就像地球上的子午线,故称为子午线轮胎,如图13-3b)所示。

由于子午线轮胎的帘线呈这样的环形排列,帘线的强度得到充分利用,故子午线轮胎帘布层数比斜交轮胎可减少40%~50%,胎体较柔软。帘线在圆周方向上只靠橡胶来联系,难以承担行驶时产生的切向力,所以子午线轮胎采用了若干层帘线与胎面中心线呈10°~20°、高强度、不易拉伸的周向环形的类似缓冲层的带束层,又称硬缓冲层或固紧层。

子午线轮胎与斜交轮胎相比,弹性大,耐磨性好(可提高轮胎的使用寿命),流动阻力小,附着性能好,缓冲性能好,承载能力大,不易穿刺。其缺点是:胎侧易裂口,制造技术要求高,成本高。

二、无内胎充气轮胎

近年来在乘用车和一些货车上,无内胎充气轮胎的使用日渐广泛。它没有内胎,空气直接压入外胎中,因此要求外胎和轮辋之间有很好的密封性,如图13-4所示。

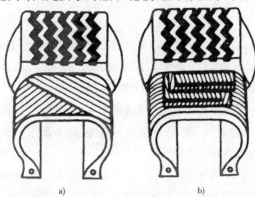
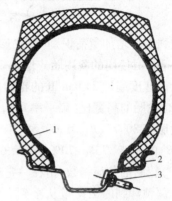

图13-3 轮胎的结构
a)普通斜交轮胎;b)子午线轮胎

图13-4 无内胎轮胎的结构
1-气密层;2-胎圈橡胶密封层;3-气门

无内胎轮胎在外观上与有内胎轮胎近似,不同的是无内胎轮胎的外胎内壁上附加一层厚为2~3mm的橡胶气密层,当轮胎被刺穿后,气密层的橡胶处于压缩状态而紧箍刺物,使得轮胎不漏气或漏气很慢,因此,这种轮胎突出的优点是安全。

由于没有内胎以及内胎与轮辋之间的衬带,消除了内外胎之间的摩擦,并使热量容易从轮辋直接散出,故无内胎轮胎行驶时的温度较普通轮胎行驶时的温度低20%~30%,有利于提高车速,且寿命比普通轮胎约长20%,并有结构简单质量小的特点。

第二节 轮胎规格

轮胎规格可用外胎直径 D、轮辋名义直径 d、断面宽度 B 和断面高度 H 的尺寸代号等表示,如图13-5所示。

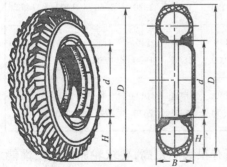

图13-5 轮胎的尺寸代号
D-轮胎直径;d-胎圈内径或轮辋名义直径;
B-轮胎断面宽度;H-轮胎断面高度

一、乘用车轮胎规格

由于轮胎断面轮廓不断演变和发展,传统标记方法已不能适应新的要求,2008年12月,我国实施了《轿车轮胎规格、尺寸、气压与负荷》(GB/T 2978—2008),代替《轿车轮胎系列》(GB/T 2978—1997)。该标准规定了轿车轮胎用术语和定义、轮胎规格的表示方法、轮胎规格对应的尺寸、气压与负荷等,本规范适用于新的轿车充气轮胎。

(1)轮胎规格的表示方法。轿车轮胎是用轮胎规格标志、使用说明进行定义和表述的。

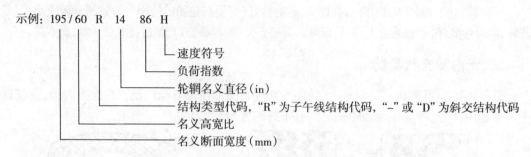

增强型应增加负荷识别标志"EXTRALOAD 或(XL)"或"REINFORCED"(或 REINF)。

T 型临时使用的备用胎应增加规格附加标志"T",例如:T135/90D16。

最高速度超过240km/h 的轮胎,结构类型代号可用"ZR"代替"R"。

(2)轮胎的高宽比(扁平率):指轮胎断面高度除以断面宽度得到的百分数。目前国产子午线轮胎有 80、75、70、65、60、55、50 和 45 八个系列,数字分别表示轮胎断面高度(H)是断面宽度(B)的 80%、75%、70%、65%、60%、55%、50% 和 45%。

(3)轮胎的负荷指数:指在一定行驶速度和相应充气压力时的最大载质量。国际标准将轮胎全部预计到的负荷量从小到大依次划分为 280 个等级负荷指数,每一个指数代表一级"轮胎负荷能力",见表 13-1。

负荷指数与负荷值对应表(摘录)　　　　表 13-1

负荷指数	…	75	76	77	78	79	80	81	82	83	84	85
负荷值(kg)	…	387	400	12	425	437	450	462	475	487	500	515
负荷指数	86	87	88	89	90	91	92	93	94	95	96	97
负荷值(kg)	530	545	560	580	600	615	630	650	670	690	710	730
负荷指数	98	99	100	101	102	103	104	105	106	107	108	109
负荷值(kg)	750	775	800	825	850	875	900	925	950	975	1000	1030
负荷指数	110	111	112	113	114	115	116	117	118	119	120	121
负荷值(kg)	1060	1090	1120	1150	1180	1215	1250	1285	1320	1360	1400	1450
负荷指数	122	123	124	125	126	127	128	129	130	131	132	133
负荷值(kg)	1500	1550	1600	1650	1700	1750	1800	1850	1900	1950	2000	2060
负荷指数	134	135	136	137	138	139	140	141	142	143	144	
负荷值(kg)	120	180	2240	2300	2360	2430	2500	575	2650	2725	2900	

(4)轮胎的速度符号:近年来,汽车和轮胎的性能都有很大的提高,要求轮胎的速度性能和汽车的最高行驶速度相匹配。为此,轮胎需标明其速度等级。国际化标准组织(ISO)制定了轮胎速度等级符号,每一个速度等级符号均有一个对应的最高行驶速度,见表 13-2。不同轮辋名义直径的乘用车轮胎最高速度见表 13-3。

第十三章 汽车轮胎的正确选用

轮胎速度等级与最高行驶速度　　　　　　　　　　　　　　　　　表 13-2

速度符号	最高速度(km/h)	速度符号	最高速度(km/h)
C	60	P	150
D	65	Q	160
E	70	R	170
F	80	S	180
G	90	T	190
J	100	H	210
K	110	V	240
L	120	W	270
N	130	Y	300
M	140	—	—

速度符号与最高行驶速度对应表　　　　　　　　　　　　　　　　表 13-3

速度符号	最高行驶速度(km/h)	速度符号	最高行驶速度(km/h)
B	50	M	130
C	60	N	140
D	65	P	150
E	70	Q	160
F	80	R	170
G	90	S	180
J	100	T	190
K	110	U	200
L	120	H	210

二、载货汽车轮胎规格

2008 年 12 月，我国实施了《轿车轮胎规格、尺寸、气压与负荷》(GB/T 2977—2008)，代替《轿车轮胎系列》(GB/T 2978—1997)。该标准规定了轿车轮胎用术语和定义、轮胎规格的表示方法、轮胎规格对应的尺寸、气压与负荷等。本规范适用于新的轿车充气轮胎。其规格表示如下。

1. 微型、轻型载货汽车轮胎

示例 1：

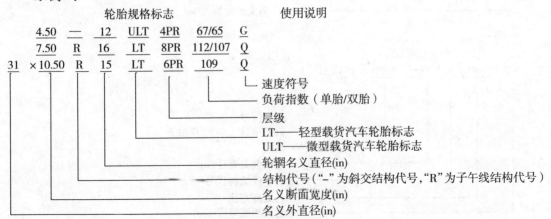

示例2：

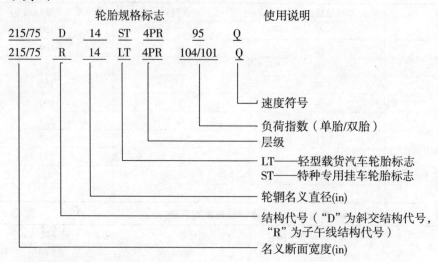

2. 重型载货汽车轮胎

示例1：

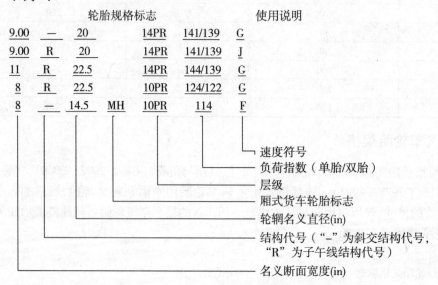

示例2：

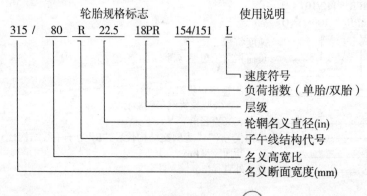

第三节　轮胎的合理使用

合理使用轮胎的目的在于:降低轮胎的磨损速度,防止不正常的磨损和损坏,延长轮胎的使用寿命,保证行车安全,降低运输成本,提高经济效益。

一、轮胎的损坏

1. 轮胎损坏的原因分析

汽车轮胎承受和传递汽车与路面的全部作用力,在各种力的作用下,产生复杂的变形。因变形发生摩擦,产生大量的热,使轮胎温度升高,强度降低。轮胎的损坏,基本上就是力和热作用的结果。汽车轮胎损坏的主要形式有胎面磨损、帘线松散、折断、帘布脱层、胎面与胎体脱胶以及由上述结果引起的胎体破裂。

胎面磨损的主要原因是轮胎与路面之间的相对滑移和摩擦。汽车行驶时,胎面除了承受来自地面的垂直反力外,还承受胎体变形及车辆行驶时产生的切向力和横向反作用力,使得轮胎与路面的接触面间存在不同程度的整体或局部的相对滑移,胎面相对于路面的滑移量越大,接触面间摩擦力越大,胎面的磨损就越大。即胎面的总磨损量与胎面和路面之间的摩擦功成正比。

帘线折断的原因是轮胎变形产生胎体内部拉伸应力、压缩应力,在多次拉压应力的作用下引起材料疲劳,强度降低,当应力超过帘线强度时,帘线就会折断。轮胎变形还使帘布层间产生剪应力,当此剪应力超过帘布与橡胶之间的吸附力时,就会出现帘线松散或局部帘布脱层。

轮胎温度对轮胎损坏有着重要的影响。轮胎快速反复变形,材料内部因摩擦生热,同时外胎与内胎之间,轮胎与轮辋之间,以及轮胎与路面之间也因摩擦生热,使轮胎聚热升温,高温将使轮胎材料的力学性能下降,从而加速胎面磨损,并容易造成帘线松散、折断和帘布脱层,甚至引起胎体爆破等。

2. 常见轮胎不正常磨损的现象及具体原因

轮胎与地面间的摩擦力会造成轮胎的磨损。正常情况下,轮胎磨损基本上是均匀的。如果出现胎冠中央磨损过甚、胎肩磨损过甚、轮胎的一边磨损过大、个别轮胎磨损过大、胎面出现锯齿状磨损等情况,就属于不正常的磨损,必须针对出现轮胎异常磨损的原因,做检查维修。

(1)胎面中央磨损过甚(轮胎胎面中央部分磨损过多)。主要原因是充气量过多,使轮胎气压过高,轮胎变形量大,与路面的接触面积减小,胎面中央部分单位面积的压力过大,形成轮胎不正常磨损;或者选用轮胎不当,在较窄轮辋上选用宽轮胎,也造成中央部分不正常磨损。如图 13-6 所示。

(2)胎肩磨损过甚(轮胎两边磨损过多)。主要原因是充气量不足,造成轮胎气压过低,或长期超负荷行驶造成。充气量不足或负荷重时,轮胎与地面的接触面大,使轮胎的胎肩与路面接触参加工作而形成不正常磨损,如图 13-7 所示。

图 13-6　胎面中央磨损过甚

图 13-7　胎肩磨损过甚

(3) 同一轮胎的一侧磨损过大。主要原因是轮胎的外倾角太大或者由于外界原因造成轮胎内倾,会造成轮胎单侧异常磨损,前者使轮胎外侧异常磨损,后者使轮胎内侧异常磨损,如图 13-8 所示。

(4) 轮胎产生"羽毛状"磨损。主要原因是前轮前束整不当或前悬架系统位置失常、球头松动等,使正常滚动的车轮发生滑动或行驶中前轮定位不断变动而形成轮胎"羽毛状"磨损,图 13-9 所示。

图 13-8　轮胎的一侧磨损过大

图 13-9　轮胎产生"羽毛状"磨损

(5) 个别轮胎磨损过大。个别车轮的悬架系统失常、支承件弯曲或个别轮胎不平衡都会造成个别轮胎出现不正常磨损,磨损部位与其他轮胎不一样,且磨损量过大。

二、轮胎的选用注意事项

轮胎是汽车行驶机构中的重要的组成元件之一,直接关系到车辆的安全性和运行经济性。如果不能正确地选择和使用轮胎,不但会降低汽车的各项性能指标,而且还会影响汽车的行驶安全性,甚至会造成不必要的人员伤亡和财产损失。轮胎的选择与使用应根据车辆的载荷、速度、道路条件、气候环境等综合考虑。

1. 轮胎的选用注意事项

一要选准轮胎型号。选购的轮胎要与自己的车型相符,最好是原厂轮胎,而且应选同一层级同一材料同一厂家的产品,以免磨损不均;选购时应注意轮胎的层数和帘线材料种类。一般轮胎层数越多散热性越差。

二要看清轮胎标志。选购时,仔细查看轮胎表面有无厂名或厂址、商标和级层、生产编号及轮胎骨架材料、标准轮辋与检查印鉴等,若以上内容标识清晰,说明是正规厂家生产的,反之有可能是翻新胎或修补胎。

三要注意轮胎的生产日期。轮胎的主要材料是橡胶,而橡胶的特性就是长时间使用或者放置就会老化,如果使用老化的轮胎轻则影响车辆的性能,重则发生爆胎事故危及生命。经科学实验得知,无论什么品牌的轮胎放置3年后,受氧化等因素影响,轮胎的物理性能会有所变化,耐磨性、强度等指标明显下降。国际上大轮胎公司都将轮胎的老化期定为3年,对3年没有出售的轮胎都进行降级或报废处理。轮胎上的生产日期标记是全世界统一的,轮胎的生产日期在靠近轮毂的地方可以找到一串4位的数字,前两位表示生产周,后两位表示生产年份,例如4013表示是2013年的第40周生产的(后面两个数字代表年份,前面两个数字代表第几周)。

四要注意避免选择翻新胎。翻新胎与品牌胎相比,最大差别在于耐磨性上。可以从四个方面进行判断。看:新轮胎胎面呈现蓝光,色泽较为自然,而翻新轮胎则显得特别亮;摸:新轮胎按压胎面,不会留下指纹,而翻新轮胎胎面则有一层蜡,摸下去会有指纹;扯:胎面上的橡胶钉和磨损标记不会很容易扯下来;划:用硬物在胎面上轻微地划过,新胎不会留下划痕。

五要符合性能规定。在城区行驶,应选直纹、阔沟、排水性能好的花纹,车辆在积水路面上不易发生"滑水"现象。轮胎速度级别选择不当容易在高速路上引发事故。比如"S"级,表示允许最高速度为180km/h;"H"级表示允许最高速度为210km/h。只要不超过规定速度,就不会出现问题。

2. 常见轮胎品牌及性能

随着汽车发展,轮胎也越来越重要,特别是随着改装的流行,进一步刺激了轮胎技术的发展。而轮胎的品牌也颇为繁多。下面对一些常见的轮胎品牌做简单的介绍。

1)米其林(Michelin)轮胎

米其林(Michelin)集团有逾百年的历史,19世纪起源于法国,是子午线轮胎的发明者。米其林轮胎属于舒适性轮胎,舒适性接近马牌轮胎,抓地耐磨一般。主要配套一些顶级品牌汽车的中端产品,如宝马5系、奔驰E级c级。同样属于舒适性轮胎的米其林轮胎比马牌轮胎更适合中国的路况一些,这也是米其林集团在中国成功的原因吧。

2)普利司通(Bridgestone)

日本普利司通(Bridgestone)公司是世界最大的轮胎及橡胶产品生产商,也是世界轮胎业三巨头之一。由于比其他厂商提前大约一年推出人造纤维帘线轮胎,普利斯通公司一下扩大了市场份额。除此之外,普利斯通公司进行了持久性能的强力轮胎开发工作,推出了尼龙帘线轮胎、钢线子午线轮胎等世界都能通用的轮胎。目前,普利斯通公司在全球24个国家拥有生产基地,销量占世界总销量的1/4。

国产普利司通轮胎和国产邓禄普轮胎类似,属于比较中性的。普利司通轮胎最近也能在高端车型中看见配套,如奥迪A8,奔驰S级等。

3)固特异轮胎(Goodyear)

美国固特异轮胎橡胶公司始建于1898年。固特异轮胎目前主要配套车型包括宝马5系、奥迪 A6L、奥迪 A4、奥迪 Q7、荣威 750 等诸多中高档、豪华车商。目前，固特异公司已经全面领先国内中高端配套市场，辐射豪华轿车、高档轿车、中高档轿车和 SUV 等市场区间，成为国内外中高端汽车品牌选择配套轮胎最多的轮胎厂商。固特异轮胎属于典型的美国货，只求抗噪，抓地仅次于倍耐力轮胎，噪声接近倍耐力轮胎，不耐磨。

4）大陆轮胎（马牌）

德国马牌轮胎也叫大陆轮胎，也是 19 世纪开始制造轮胎的。马牌轮胎和倍耐力轮胎是两个极端，以静音舒适著称，舒适静音是马牌轮胎的最大特点，不过好像也只有这一个特点，马牌轮胎不算耐磨，抓地力一般。马牌轮胎主要配套一些中级车型，如奥迪 A4、A6、奔驰 C 级 E 级、宝马 3 系；一些高档的 SUV 配套的马牌轮胎都是捷克制造的。如果你追求舒适静音，对耐磨、运动、价格方面没有要求，马牌轮胎是个不错的选择。

5）倍耐力轮胎（Pirelli）

倍耐力公司起源于 19 世纪后期，是最早的轮胎厂家之一，倍耐力轮胎属于运动型轮胎，抓地超强，非常强壮。喜欢飙车的朋友，倍耐力轮胎是首选，抓地强悍，不过倍耐力轮胎的胎噪稍微大。目前已经国产化，配套比较多，都是高档车，像宝马 7 系，奥迪 A8 等。

6）邓禄普轮胎（Dunlop）

邓禄普公司于 19 世纪后期起源于英国，邓禄普公司是世界上最先开发出充气轮胎的。国产邓禄普轮胎是属于比较中性的轮胎。静音舒适性不如米其林轮胎和马牌轮胎，抓地力不如倍耐力轮胎，主要配套奥迪 A8、奔驰 S600、宝马 5 系 X5X3、大众途锐等。国产邓禄普轮胎针对中国的情况，适当降低了部分小型号轮胎的定位，使其能够满足几乎全部车型的需求，是性价比最高的轮胎。

7）横滨轮胎（优科豪马轮胎 Yokohama）

成立于 1917 年的横滨橡胶株式会社是世界橡胶行业三大巨头之一。2001 年横滨轮胎进入中国，在杭州、山东设立生产基地，在上海设有销售公司。横滨轮胎主要的特点就是硬度较高，耐磨性好，侧壁比较厚，使得轮胎侧壁受到轻微刮蹭的时候不会轻易破损，1981 年至今一直被澳门格兰披治大赛会指定为赛事轮胎，日本所有汽车制造商以及保时捷等均使用横滨轮胎为标准轮胎。横滨轮胎价格较适中，国产轮胎根据国内路况进行了优化设计，属于大众性轮胎。

8）固铂（Cooper）轮胎

美国固铂（Cooper）轮胎是全球十大轮胎品牌之一，起源于 19 世纪初，以全方面满足高性能轿车拥有者、越野痴迷者、赛车爱好者和摩托车钟爱者等各类顾客的不同需求。固铂轮胎不仅舒适性、操控性良好，而且还耐磨，噪声小。固珀轮胎在国内没有进入整车配套，而是专心耕耘替换市场，在商用车及赛车替换轮胎领域独领风骚，但相对于国内乘用车尤其是轿车市场尚缺乏品牌知名度。

9）韩泰轮胎（Hankook）

韩泰轮胎是世界十大轮胎生产企业之一，目前向一汽奥迪、上海大众、一汽大众、上海通用、长安福特、广州本田、北京现代、东风日产等国内主流乘用车生产厂家供货，主要装配在 6 万~20 万元之间的车型。其特点是价格便宜，性价比较高。

10）锦湖轮胎（Kumho）

1960年锦湖轮胎株式会社在韩国首尔成立,1997年南京轮胎厂与韩国锦湖集团合资兴建的大型专业轮胎厂竣工投产,经过十余年的发展,锦湖轮胎已经成长为中国最大的轮胎制造企业之一。锦湖轮胎的特点是胎质比较柔软,适合路况好的地段。锦湖轮胎价格较低,性能较为均衡,属于低端车轮胎。

11)佳通轮胎(Giti Tires)

源自新加坡的佳通轮胎公司是一家拥有近半个世纪轮胎制造历史的公司,在1993年进驻中国市场,迄今为止佳通轮胎公司在中国共有5个生产基地和1个研发中心,销售网络遍布全国。日产全系列多品种轮胎高达10万条,全面迎合乘用车、商用车、越野车在长中短途和各类路况下的不同需求;佳通轮胎实施多品牌战略。其麾下囊括了佳通、佳安、路得金、兰威、银轮、桦林、长城、登特路八个知名品牌,佳通轮胎的特点是:耐超载,抗爆性能好于国际知名品牌;性价比高,同等价位的品牌轮胎,佳通轮胎的耐磨度好;低廉的价格以及高耐磨性,使得佳通轮胎在国内的商用车领域优势明显,在公交车配套领域市场占有率高达80%,相对于乘用车市场,目前还仅限于一些低端车型使用,主要是高耐磨性牺牲了舒适性及静音性。

12)百路驰轮胎(BF Goodrich)

出自美国,百路驰轮胎和固铂轮胎似乎是一个完全不相同但又能力互补的两个品牌。固铂公司出产的轮胎多数以场地速度赛车有关,而百路驰公司刚好相反,并且与自己的名字一样,百路驰公司的轮胎能在百路驰骋,是越野及SUV的好选择之一。轮胎都是以越野车型为主。其中包括Macadam T/A、Traction T/A SPEC、Long Trail T/A Tour以公路为主的SUV轮胎,还有纯越野型的All-Terrain T/A KO和Mud-Terrain T/A Km轮胎。而普通轿车的轮胎只有Sport T/A和g-Force Sport两种型号可以选择。

13)风驰通轮胎(Firestone 旧译:凡士通轮胎)

刚刚进入国内的风驰通轮胎就是很多年前被我们译作凡士通的美国著名轮胎品牌,又名火石轮胎。在美国市场主要以货车为主。风驰通公司的主打轮胎型号是火鹰(Firehawk)系列,它的多款轮胎用于多种性能车型的改装,其中Firehawk INDY 500型号能让汽车轻松跑过300km/h。而Firestone FR系列轮胎用于SUV及越野车使用。

14)东洋轮胎(Toyo Tires)

东洋轮胎公司1945年建立,东洋轮胎在国内的市场可以说不温不火,不过原厂配备东洋轮胎的车型还不在少数,如上海通用景程和林荫大道、上海大众明锐、南汽名爵、北京现代伊兰特、中华骏捷、华晨宝马、一汽奥迪等几十款车型都有使用,范围之广不亚于韩国对手韩泰轮胎。东洋轮胎不仅供应车型甚多,轮胎型号也是琳琅满目。最入门级的当属TOYO DRB,而PROXES级别都是运动车型可以选配的性能级轮胎,像PROXES R1R这样的轮胎已经达到了半公路半赛车级别,性能表现极其出色。

三、轮胎的使用注意事项

1. 保持轮胎气压正常

每辆车所匹配的轮胎都有对应的胎压,它的高低直接影响轮胎的性能,并在一定程度上影响着油耗。一般车辆在前门的内侧都会有其前后轮胎的胎压值显示,这个就是我们需要经常核实的数字。过高或过低的胎压会影响轮胎的使用寿命,但最重要的是抓地力。过高的胎压不仅会增加爆胎的危险,还会令轮胎的中部以凸出的形式接触地面,造成全车的轮胎明显抓地面积减少,在紧急制动的时候根本无法提供足够的摩擦力来制动车辆。过低的胎压同样使轮胎的两侧外沿接触地面,无法使整个胎面接触地面。在增加胎壁磨损的同时亦无法提供足够的抓地面积,危险程度不亚于高胎压行车。并且经常磨损最薄的胎壁部分会直接导致轮胎的快速报废。

因此,要保持轮胎气压正常,以保障每侧的前后轮胎面都完全接触地面,达到最佳抓地效果,同时还能减低路面振动,增加驾驶舒适感。

2. 防止轮胎超载

轮胎负荷对寿命有重大影响。轮胎超载时,轮胎损坏特点与气压低时类似,胎侧弯曲变形大。但轮胎超载时受力和变形状态比气压低时更恶化,因此轮胎的损坏就更加严重。超载的轮胎若碰撞障碍物时,易造成轮胎爆破。

因此,必须按车辆标定的容载量装货载客,不得超载。注意货物装载平衡,防止在车辆行驶时发生货物移动及倾斜。

3. 遵循合理搭配,正确拆装原则

(1) 轮胎必须装配在规定规格的轮辋上。

(2) 同一车轴应装配相同规格、花纹和层级的轮胎。

(3) 普通斜交轮胎与子午线轮胎在同车上不能混用。

(4) 轮胎花纹应根据道路条件选择,装配有方向花纹轮胎时,花纹"人"字尖端的指向要与汽车前进时轮胎旋转方向一致。

(5) 换装新胎时,应尽量做到整车或同轴同换。

(6) 为确保行车安全,翻新轮胎不能装在转向轮上。

(7) 汽车所使用的轮胎应与最大设计车速相适应。

4. 精心驾驶车辆

节胎的操作要领是:起步平稳,加速均匀,中速行驶,选择路面,减速转向,少用制动。此外,夏季行车应增加停歇次数,以防轮胎过热和内压过高。严禁放气降压和泼冷水。

5. 做好日常维护

日常维护工作包括出车前、行车中和收车后的检视。主要检视轮胎气压是否符合规定;检查轮胎螺母有无松动;清理轮胎夹石和有无不正常的磨损和损伤,并及时消除不正常磨损和损伤因素。

6. 保持汽车技术状况良好

从延长轮胎的使用寿命的角度出发,汽车维护中要特别注意下列事项:

(1) 前轮前束和外倾角应符合标准。

(2) 行车制动器调整良好,不拖滞。

(3) 轮毂轴承的间隙调整适当。

(4) 轮胎螺母紧固,车轮应平衡。

(5) 钢板弹簧的挠度应尽量一致,前后轴平行。

(6) 轮毂油封的液压制动轮缸无漏油现象。

(7) 车轮总成的横向摆动量和径向圆跳动量应符合《机动车运行安全技术条件》

（GB 7258—2012）的要求。

7. 强制维护、及时翻修

对轮胎的维护应与整车维护一样，贯彻预防为主，强制维护的原则。轮胎的维护分日常维护、一级维护和二级维护，轮胎维护的分级和周期与车辆维护相同。

由于负荷、驱动形式和道路的影响，汽车各轮胎磨损部位和磨损程度不同，为使全车轮胎磨损均匀，一般应按照规定的周期进行轮胎换位。

轮胎换位的基本方法有循环换位法和交叉换位法两种（图13-10）。一次更换轮胎的位置，不能使所有轮胎从轮胎的一侧换到另一侧的换位方法，称为循环换位法。仅一次更换轮胎的位置，便可实现所有轮胎从汽车的一侧完全换到另一侧的换位方法，称为交叉换位法。

子午线轮胎采用单边换位法，如图13-11所示。

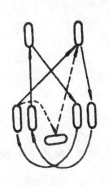
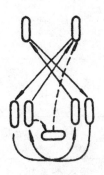

图13-10　六轮二桥轮胎换位的基本方法

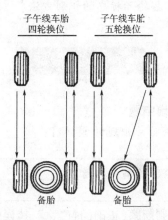

图13-11　四轮二桥子午线轮胎单边换位法

进行轮胎换位应注意：第一，轮胎换位方法选定后，不再变动；第二，对有方向性花纹轮胎，换位后不能改变轮胎旋转的方向；第三，轮胎换位后，应按规定重新调整轮胎气压。

轮胎在使用时，应注意掌握轮胎的磨损极限。轮胎花纹沟所剩深度约1.6mm位置设计有磨损指示标志，通常都在磨损标志对应的胎肩处标出"TWI"或者"△"等标志。轮胎磨损至此标志时，轮胎就要一定更换。使用超过磨损指示标志的轮胎在湿地行驶的时候是很危险的，因为排水性已经大大降低，从而严重影响湿地抓地力。

轮胎翻新是对胎面花纹磨耗达到极限尺寸，胎体尚好的轮胎进行翻新。载货汽车轮胎花纹深度磨损剩2~3mm时，应停止使用，进行翻新或报废。我国《载重汽车翻新轮胎》（GB 7037—2007）对轮胎翻新质量作了规定。

8. 正确装运，妥善保管

装运轮胎时，不得与油类、易燃物、化学腐蚀品等混装，并用篷布遮盖，以免阳光照射或雨淋。长途运输必须竖立放置，内胎如无包装，需放在外胎内，并适量充气。

本章小结

1. 子午线轮胎和无内胎轮胎由于具有良好的使用性能而被广泛应用在载货汽车和轿车上。

2. 轮胎的规格由轮胎名义断面宽度、轮胎扁平率、轮胎结构代号、轮辋名义直径、负荷能力和速度标志表示。轮胎损坏的原因主要是轮胎在各种力的作用下产生变形,因变形发生摩擦产生热,使轮胎温度升高、强度降低而造成损坏。因此,在使用时避免轮胎温度过高是降低轮胎损坏的重要因素。

3.选购的轮胎应与汽车生产厂家规定的规格型号相一致,并且装配在规定的车型和轮辋上。

实 训

各类轮胎结构认识和标志的认识,试验目的:
1.掌握子午线轮胎的结构;
2.掌握轮胎标志的识别方法。

复习思考题

一、填空题

1.轮胎常出现的损坏有:_____、_____、_____、_____。

2.轮胎的扁平率指_____,目前,国产子午线轮胎有_____等八个系列。

二、判断题(正确的打"√",错误的打"×")

1.子午线轮胎换位一般采用单边换位法。( )

2.在炎热的地区行车时,轮胎气压出现过高状况,为避免爆胎事故,可采用放气的方法降低胎压。( )

三、选择题

1.轮胎 185/70 R 13 86T 中的 R 表示( )。
　　A.负荷能力　　B.速度标志　　C.子午线轮胎　　D.无内胎轮胎

2.使用子午线轮胎的轿车,在进行轮胎换位时,可采用( )。
　　A.循环换位　　B.单边换位　　C.交叉换位

四、问答题

1.轮胎类型有哪些?
2.如何表示轮胎的规格?
3.怎样正确选用汽车轮胎?
4.轮胎的损坏形式有哪些?是什么原因导致轮胎的损坏?
5.如何做到合理地使用轮胎?

第四篇　汽车美容养护材料

第十四章　汽车养护用品材料

学习目标

1. 能识别汽车美容养护用品的种类;
2. 了解汽车美容养护材料的性能和作用;
3. 具备正确选择、使用汽车美容养护材料的能力。

汽车美容养护材料是针对汽车各部位不同材质所需的维护要求,采用不同性质的汽车美容护理产品及施工工艺,对汽车进行全新养护。了解养护用品的性能,合理地选用养护产品,是汽车美容重要的环节。

第一节　汽车清洁用品材料

一、汽车清洗养护用品

1. 不脱蜡洗车液

不脱蜡洗车液是水系清洁剂,具有操作简便、挥发慢等特点而备受客户的欢迎。其配方基本不含碱性盐类,主要成分是类型不一的表面活性剂,其中非离子活性剂使用的比较多,是车身日常清洁的首选洗车液。

2. 脱蜡洗车液

脱蜡洗车液是有机溶剂系的清洗剂。其含量较高,对于去除油脂、油污及其他杂质具有很好的效果,这也是常说的溶剂除油。这类溶剂一般应具有分解力强、不易燃烧、毒性小、便于操作、挥发快、对工件无腐蚀、价廉等特点。主要用于大型美容护理前的车身清洁。

3. 增光洗车液

增光洗车液是一种集清洁、增光、保护于一身的超浓缩洗车液,能够产生丰富的泡沫。使用后能在车漆表面形成一层高透明的蜡质保护膜,令漆面光洁亮丽,给人一种焕然一新的感觉。

二、清洁剂

1. 万用清洁剂

可除去各种玻璃、漆面及金属制品的污垢,不伤害漆面、塑胶及橡胶。该清洁剂为泡沫清洁剂,无滴流的困扰。

2. 制动清洁剂

能迅速清除污垢,避免产生辗轧的噪声;不含有毒物质,不会造成环境污染。

3. 车内仪表清洁剂

可保持车内人造皮革及真皮革的光泽,使灰尘无法黏污;不会破坏漆面;有柠檬香味,不含硅力康。

4. 发动机外表清洁剂

能除去较重的油污;呈碱性,含有缓蚀剂成分;能快速乳化分解去油污,且不腐蚀机体及其上部件;水溶性好,可以完全生物溶解,易用水冲洗,不留残留物。

5. 发动机清洗剂

能除去油脂污垢、废油及无用的酸性合成物。

6. 气门及化油器清洁剂

可除去积存在化油器、气门、气门座的积炭及污垢,增进发动机进气的畅顺,避免无谓功率消耗,恢复汽缸原有压缩比;降低 CO 的产生。

7. 散热器除锈剂

能除去积垢、锈渍、泥巴的沉积,达到除锈、清洁的效果;一罐 250mL 除锈剂可稀释 12L 水。

8. 轮毂清洁剂

能有效除去轮毂上的油渍、氧化色斑,并清洁上光;本剂呈弱酸性,但对于轮毂及轮胎无腐蚀作用。

9. 多功能清洁柔顺剂

能对汽车内室及行李舱各部位进行清洗翻新;去污力强,尤其对丝绒及地毯表面可起到清洁、柔顺、还原着色、杀菌等功效。低泡清洗剂适用于喷抽机使用,也可手工使用。

10. 全能泡沫清洗剂

本泡沫清洗剂泡沫丰富,去污力强,能迅速分解油污,快速清除油渍污物。

11. 重油清洗剂

重油清洗剂是一种强力的、可乳化的溶剂型清洗剂,所含的特别成分能使污垢蜷缩成胶束,胶束颗粒以快速分离的形式很容易用水冲洗干净,有效地去除汽车发动机和底盘零部件上的重油污。

三、汽车护理香波

1. 汽车清洁香波

pH 值为 7.0,呈中性,能清洗车身漆面,去油污,去静电,不腐蚀漆面,不脱蜡,伴有柠檬香味。

2. 汽车清洁上蜡香波

汽车清洁上蜡香波也称清洁上蜡二合一,性质温和,呈中性,不伤漆面,不脱蜡,同时具备去油污去静电及给车身涂一层蜡膜护理上光的功用,伴有芳香味。

3. 电脑洗车机用高泡香波

pH 值为中性的超浓缩高泡沫清洗剂。具备强有力的清洗功能。丰富的泡沫起到较好的润滑作用,可有效地延长设备寿命。

4. 电脑洗车机用上蜡香波

作为电脑洗车的最后工序,它通过将汽车表面除水提高干燥过程,并且清洗后无任何斑点,在汽车表面留下一层光亮蜡膜,起到护理作用。

第二节　汽车漆面护理材料

汽车打蜡的目的主要是为了保持车身漆面亮丽整洁,保护车漆。现代轿车越来越广泛地采用金属漆,金属漆的涂装系统是色漆(基漆)加清漆,日久天长,基漆的颜色将会产生蜕变,进而影响汽车外观,同时会使全车产生色差。现代车蜡已具有防氧化、抗腐蚀、填补细小划痕、抛光、增光等一系列功能。车蜡可将部分入射光反射回去,能减缓基漆的颜色蜕变。在清漆的这一功能将随其变黄、变混而逐渐失去之前,如果能及时给汽车打蜡,在车蜡及清漆的共同作用下,您的爱车将青春永驻,艳丽如新。

一、车蜡的主要功用

车蜡是车身表面最外层的保护,打蜡除了能增加漆面的光洁度外,其在车表形成的蜡膜还能有效地防止产生静电、防止紫外线的照射,起到抗高温、防氧化、防水、防划伤及研磨抛光等作用。车蜡的主要功用可归纳为以下方面:

(1)防水作用。车蜡能使车身漆面上的水滴附着减少 60%～90%,高档车蜡还可使残留在漆面上的水滴进一步平展,呈扁平状,最大限度地减少水滴对阳光的聚焦,使车身免受侵蚀和破坏。因为打上去的蜡,所产生的效果是使水滴近似于球状,不易产生透镜效应,可以有效地抑制因太阳光而造成的水痕。

(2)抗高温作用。车蜡抗高温作用是对来自不同方向的入射光产生有效反射,防止入射光线穿透清漆,导致底色漆老化变色,从而延长漆面的使用寿命。

(3)防止产生静电。车身漆面通过打蜡可以形成蜡膜,防止空气、尘埃等与车身漆面的直接摩擦,不但可有效防止车表静电的产生,还可大大降低带电尘埃对车身表面的附着。

(4)防紫外线作用。日光中的紫外光较易折射进入漆面,防紫外线车蜡充分地考虑了紫外线的产品性能最大限度地降低对车表的侵害。

(5)上光作用。上光是车蜡的最基本作用之一,经过打蜡的车辆,都能不同程度地改善其漆面的光洁程度,使车身恢复亮丽本色。

(6)研磨抛光作用。当漆面出现浅划痕时,可使用研磨抛光车蜡。如划痕不很严重,抛光和打蜡作业可一次完成。

(7)防划伤作用。车身表面打蜡后,形成的蜡膜都有一定的硬度和厚度,可以防止细小的划伤。

(8)防氧化作用。打蜡后车身表面形成一层蜡膜,可以较好地防止漆面油分的损失,不容易形成氧化层。

车蜡除了具有上述功用外,还具有防酸雨、防雾等功能,选用时可根据需要灵活把握,使打蜡事半功倍。如车身褪色及出现细小划痕,经打蜡后可恢复新车一样的色彩和光泽。

二、车蜡的主要成分和分类

1. 主要成分

车蜡的主要成分是聚乙烯乳液或硅酮类高分子化合物,并含有油脂和添加剂成分。

2. 分类

由于车蜡中所含的添加成分不同,使其物理形态性能上有所区别,因此划分为如下种类:

(1)按其物理状态的不同可分为固体蜡和液体蜡。在日常作业中,液体蜡应用相对较广泛,如龟牌蜡、即时抛等。

(2)按其功能不同可分为上光蜡和抛光研磨蜡。国产上光蜡的主要添加成分为蜂蜡、松节油等,其外观多为白色或乳白色,主要用于喷漆作业中表面上光。国产抛光研磨蜡主要添加成分为地蜡、硅藻土、氧化铝、矿物油及乳化剂等,颜色有浅灰色、灰色、乳黄色及黄褐色等多种,主要用于浅划痕处理及漆膜的磨平作业,以清除浅划痕、橘纹、填平细小针孔等。

(3)按其生产国别不同可分为国产蜡和进口蜡。目前国内汽车美容行业中使用的车蜡,中高档车蜡,绝大部分为进口蜡,有进口蜡垄断之势,低档蜡中国产蜡占有较大的份额。常见进口车蜡多来自美国、英国、日本、荷兰等,例如美国龟博士系列车蜡,英国特使系列车蜡,美国的普乐系列车蜡等。国产车蜡最常用的如即时抛等。

(4)按其作用不同分类。车蜡按其作用不同,可分为防水蜡、防高温蜡、防静电蜡及防紫外线蜡多种。

3. 我国汽车美容车蜡种类

(1)天然棕榈蜡。这种车蜡的主要成分含有天然巴西棕榈蜡,使用后能增加车漆表面的光泽度和透明度,是美容产品中的极品,适合高档豪华轿车。

(2)研磨蜡。这种车蜡的主要成分为研磨剂、地蜡、矿物油及乳化剂等,主要用于汽车漆面浅划痕处理及漆膜的磨平作业,能够清除划痕、橘纹及填平细小针孔等。

(3)硅蜡。这种车蜡的主要添加成分为硅酮类高分子化合物、润滑剂等,能够渗透、密封因氧化引起的毛细孔、裂纹等,使汽车表面凹凸处变得平滑,形成非常均匀持久的蜡膜。

(4)特氟隆蜡。这种车蜡的主要添加成分为特氟隆的聚合物,使用后能防氧化、防酸雨、防腐蚀,效果牢固、持久,可深入漆的表层。

(5)含釉成分蜡。这种车蜡又称太空釉,内含多种聚合物,使用后能使氧化严重的车漆表面焕然一新,起到防氧化、抗腐蚀、增加光亮度的作用。

(6)色蜡。这种蜡主要按车身漆面的颜色来分别使用,目前主要有12种。这种蜡含有棕榈蜡、油分添加剂、增色剂等,使用后能在漆面形成三层蜡膜,能有效地抵制有害物质对漆面的损伤。

三、车蜡的正确选用

目前,汽车美容护理用品市场车蜡种类繁多,由于各种车蜡的性能不同,其作用与效果也不一样,所以在选用时必须慎重,选择不当不仅不能保护车体,反而使车漆变色。一般情况下,应根据车蜡的性能、车辆的新旧程度、车漆颜色及行驶环境及使用季节等因素综合考虑。

(1)根据车蜡的性能来选择。由于车辆的运行环境千差万别,在车蜡的选择上对汽车漆面的保护应该有所侧重。例如,沿海地区宜选用防盐雾功能较强的车蜡;而化学工业区宜选用防酸雨功能较强的车蜡;多雨地区宜选用防水性能优良的车蜡;光照好的地区宜选用防紫外线、抗高温性能优良的车蜡。

(2)根据漆面的质量来选择。对于中高档轿车,其漆面的质量较好,宜选用高档车蜡;对普通轿车或其他车辆,可选用一般车蜡。

(3)根据漆面的新旧来选择。新车或新喷漆的车辆,应选用上光蜡,以保持车身的光泽和颜色;对旧车或漆面有漫射光痕的车辆,可选用研磨蜡对其进行抛光处理后,再用上光蜡上光。

(4)根据季节不同来选择。夏季一般光照较强,宜选用防高温、防紫外线能力强的车蜡。

(5)根据车辆行驶环境来选择。如果汽车经常行驶在泥泞、尘土、砾石等恶劣道路环境中,应选用保护功能较强的硅酮树脂蜡。

(6)选用车蜡时还必须考虑与车漆颜色相适应,一般深色车漆选用黑色、红色、绿色系列的车蜡,浅色车漆选用银色、白色、珍珠色系列车蜡。

(7)一般保护蜡与高级美容蜡的区别。一般保护性车蜡是由蜡、硅、油脂等成分混合而成的,属于油性物质,它可在漆面形成一层油膜而散发光泽。但由于油膜与漆面的结合力差,保护时间较短,这种蜡常常因下雨或冲洗等因素流失,有时甚至附着在风窗玻璃上,而形成油垢。另外,存留在车蜡上的水滴一般呈半球状,会产生透镜作用,聚焦太阳光以至灼伤漆面。

高级美容蜡含有特殊材料成分,不论用水冲洗多少次,一般都不会流失,也不用担心光泽在较短时间失去;施工后车蜡表面水滴呈扁平状,透镜作用不明显,有效地保护了漆面。高级美容蜡外观效果非常好,但价格有些高,特别是水晶蜡、钻石蜡等。因为这类车蜡除了具有一般维护蜡功能外,它还含有一种活性非常强的渗透剂,能使车蜡迅速渗透于漆层内,它特殊的分子结构,可以和漆面之间产生牢固的结合力,上蜡后的漆面看起来浑然一体,效果颇佳。高级美容蜡一般要经过许多道复杂的前处理工序,即使是新车上水晶蜡,也要经过清洗、风干、蓝黏土处理等多道工序,所以,技术含量高,效果一流,持久耐用。

对于中高档轿车,其漆面的质量较好,宜选用高档车蜡;对普通轿车或其他车辆,可选用一般车蜡。对于新车或新喷漆的车辆,应选用上光蜡,以保持车身的光泽和颜色;对旧车或漆面有漫射光痕的车辆,可选用研磨蜡对其进行抛光处理后,再用上光蜡上光。

四、车蜡的选用

1. 去污蜡

具有去污、除锈、防垢、保持光亮的功能。恢复漆面及金属面的鲜艳色泽。

2. 亮光蜡

光亮持久,品质稳定。在漆面形成保护膜,防止氧化、酸蚀、雨水之侵蚀,使漆面不粘灰尘;

内含色彩鲜艳剂。如漆面粘有污垢,请用"去污腊"除垢后,再涂抹本品。

3. 保护蜡

以蜡为基础,除去油污、沥青,防止生锈,产生稳定、防水的保护膜。

4. 汽车底盘保护蜡

适用于漆面、橡胶、塑胶及 PVC 烤漆。可长久防止底蚀及碎石的碰击。可预防表面颜色的改变,达到隔声、防锈的效果。

5. 黄金镜面蜡

本品是一种高性能的护理型天然蜡,含有巴西棕榈和聚碳酸酯,对渗透力极强,光泽如镜,保持长久,能有效护理汽车漆面。

6. 抗静电蜡

本品是一种喷雾型上光护理蜡,能防止漆面静电的产生,最大限度地减少静电对灰尘、油污的吸附。

7. 彩色蜡

分为红、蓝、绿、灰、黑等五种颜色,即打即抛,省时省力。不同颜色的汽车使用相应颜色的蜡,对漆面起到修饰作用,可掩盖轻微细小划痕。

第三节　汽车专业保护用品材料

专业保护剂属于较新的汽车美容用品,也是发展最快的汽车美容用品。专业保护剂是一种用于皮革、塑料、橡胶等清洁、上光、保护的用品。

一、皮革类专业保护剂

1. 水性真皮清洁柔顺剂

产品性能:该剂呈乳白色,液体,是一种性质温和的水溶剂。

适用范围:用于清洁真皮、人造革、仪表台等表面各种污垢,去污能力强,不损伤皮革,用后皮革不褪色,延缓老化且具柔顺保护功能,配合真皮保护上光剂使用效果更佳。

2. 油性真皮上光保护剂

产品性能:该剂呈乳状,液体,有宜人的皮革味,为天然液体蜡。该剂具有快速清洁、还原、增色功能,能擦亮皮革、塑胶、木制家具等表面,并能形成一层平滑光亮的保护膜,延长使用寿命。特别是在用品中加上抗老化剂、防水剂、防静电剂等,能有效地保护皮革表面,避免皮革表面干裂褪色,防止有害物体的污染和损坏。

适用范围:汽车真皮座椅、家具(包括木制家具)、沙发、塑胶制品的上光保护。

使用方法:将该剂摇匀后喷于被整饰表面,用干净不起毛的软布或猪鬃软刷擦拭,即可得到光亮持久的保护层。

注意事项:该剂应存放在通风处,并远离火源。

3. 硬质皮革清洗剂

产品性能:该剂采用现代喷雾剂包装,泡沫丰富,可迅速清洁、护理精制皮革、乙烯树脂等制品。

使用方法:将该剂摇匀,喷在物体表面,然后用布或软毛刷清洗干净。对于软羔皮、麂皮及在皮子发热时适宜作用该剂。不得挤压该剂,且储藏温度不得高于45℃。

二、化纤、丝绒类专业保护剂

1. 化纤保护剂

产品性能:该剂主要用于汽车内饰的化纤饰品的清洁、保护。它含有硅酮树脂,在清洗的同时这种聚合物附着在纤维上,具防紫外线、防老化、防腐蚀功能,而且再次脏了后也比较易清洗。该剂因含硅酮成分,价位较一般化纤清洗剂要高。

2. 绒毛深度清洁香波(超浓缩液)

产品性能:该香波为液体,有柠檬香味,由表面活性剂、柔顺剂、着色剂、杀菌剂等成分组合而成。具有气味芳香、清洁去污、增色、柔顺、杀菌等功能。该香波去污力强,用后色彩艳丽,干燥时间短,使用方便。该香波适用于绒毛座椅表面、皮革座椅表面、顶篷、车门内饰及车内地毯等,也可用于宾馆、酒店、干洗房及家庭干洗地毯与毛料服装。

3. 化纤皮革清洁保护剂

产品性能:该保护剂适用于各种纤维织物、皮革和乙烯树脂装饰物。该剂能清除座椅尘垢,防止脏物侵入。它泡沫丰富,去污力强,洗后留有硅酮保护膜。

使用方法:轻轻摇晃该剂使其均匀,然后大面积喷在所需清洁的表面或喷在干净布上擦拭,用洁净干布将泡沫擦净。污渍明显处反复喷涂擦拭即可。在使用前应先找一小块试用,效果不好时勿用。如油脂过厚,应先用钝器刮除再使用。

三、塑胶类专业保护剂

1. 塑胶护理上光剂

产品性能:该剂为黏稠的乳状液体,有宜人的皮革味,半透明,是一种不含硅的多功能塑胶护理剂,用于修整和翻新汽车外部保险杠等,使用简便,易于恢复已褪色部分的颜色。轻轻擦拭即可获得光亮如新的保护层,防止风化、减缓老化、延长使用寿命。适用于汽车外部保险杠、塑胶装饰条、车内部的仪表台、塑胶装饰物的清洁及上光保护。

使用方法:使用前将该剂充分摇匀,用不起毛的软布蘸少量该剂擦拭被整饰的表面,便可以在其表面留下一层光滑的保护膜。

注意事项:该剂勿涂于风窗玻璃上。应密封存放于阴凉干燥处,且应远离儿童与火源。

2. 皮塑防护剂

产品性能:该剂含特殊的光亮胶质,广泛用于塑料、皮革、轮胎、橡胶、保险杠、门窗的清洗和保护,可使残旧的物体表面焕然一新。

使用方法:先清洗表面后,将该剂摇匀,喷于干燥表面,并保留一段时间,最后用软布擦拭。

注意事项:使用该剂时应远离儿童,并且注意保护眼睛。

3. 塑件橡胶润光剂

产品性能:塑件橡胶润光剂含天然润光剂,不含溶剂,可用于汽车塑胶、橡胶、合成革、桃木配件表面,它能使之焕然新。

适用范围:该剂能清洁驾驶台、转向盘、变速杆手把、桃木饰条、车门手把、保险杠、后视镜架、车身边条、轮胎上的打蜡残质,恢复其表面亮丽的本色。该剂还具有防静电粉尘与防止紫外线的功能,使塑胶不至于龟裂、变色。

四、电镀件专业保护剂

1. 电镀件除锈保护剂

产品性能:该剂能有效除锈、除氧化,能对电镀件表层起到防止氧化的作用。

适用范围:金属厨具、餐具以及博物馆里的铜、银、金属的翻新。

2. 汽车镀铬抛光剂

产品性能:该剂能使锈蚀发暗的镀铬表面恢复原有的光泽,并延缓日后的腐蚀。

适用范围:高级轿车镀铬件及铝制件(包括轮辋、镀铬保险杠、轮毂盖等)的抛光与翻新。

使用方法:将该剂置少许于纯棉抛光布上,对需要抛光的部位反复擦拭,直至光亮满意为止。对于锈垢严重的表面应先进行除锈,然后再使用该剂。

五、玻璃专业保护剂

1. 玻璃清洁防雾剂

产品性能:该剂为强力配方,能迅速清除风窗玻璃或其他硬质面上干死的飞虫、交通膜、油污。该剂还具有防雾功能,可使汽车玻璃光洁明亮,可防止汽车储水器结冰。

适用范围:玻璃、镜子、不锈钢、瓷器等表面的清洁。

使用方法:按比例(按用品说明)加入汽车储水器内或直接喷在被整饰表面。

2. 玻璃抛光剂

产品性能:该剂呈黏稠的乳状体,有清淡香味。它含有细度研磨剂、增光剂、去污剂,可以有效去除风窗玻璃上沾染的污斑、昆虫及不易用一般清洁剂清除的污垢,能改善刮水器产生的擦痕,使玻璃晶莹透亮。该剂干燥时间短,对已发乌的旧玻璃有很好的还原能力。

适用范围:该剂适用于风窗玻璃、反光镜及玻璃门窗的清洁、上光。

使用方法:将该剂用软布或海绵均匀涂满被整饰表面,稍等片刻,再用干净的软布作直线擦拭,直到擦亮为止。对已发乌陈旧的玻璃可重复抛光。该剂不适宜抛光防霜栅格,且不要使用在已贴膜的玻璃上。

注意事项:该剂应密封存放于阴凉通风处,且应远离火源和儿童。

六、其他专业保护剂

1. 焦油、沥青去除剂

产品性能:该剂能有效地去除渗透于塑胶或漆面中的焦油、沥青等酸性、碱性物质。

适用范围:塑料制品以及漆面的整饰与翻新。

使用方法:将该剂喷于被处理表面,自然干燥后擦净即可。

2. 昆虫、焦油清除剂

产品性能:该剂为全新改良配方,增加了多种清洁剂和上光剂,能清除漆面和镀铬表面上的昆虫污渍、焦油、沥青、树汁、污垢、颜料斑点及顽固污渍。

使用方法:轻轻摇晃该剂使其均匀,倒入柔软干布少许,反复擦拭污渍处直到清除干净,然后再用干净软布擦净即可。

注意事项:该剂禁止入口,并应远离儿童。

3. 车裙装潢泡沫清洗剂

产品性能:该剂采用聚合物溶剂、泡沫活性剂能使被整饰表面形成保护膜。该剂使用方便,清洁、上光、保护一次完成,并可延长被整饰车身的使用寿命。

适用范围:前后保险杠及车裙装饰。

使用方法:将物体表面污渍清除干净,轻轻摇晃该剂使其均匀,然后直接喷在物体表面,稍候用洁布擦拭。

注意事项:该剂勿压、勿倒置,防振,并应远离儿童,勿入眼内。

4. 异味消除剂(超浓缩液)

产品性能:该剂是一种强力除臭剂,用于消除难闻气味,使空气清新。

适用范围:汽车驾驶室内使空气清新,亦可作为抽湿机的添加剂,还可用于废储存箱的除臭,消除漏斗排水管道等易产生恶臭地方的异味。该剂的香型有11种,即草莓香型、柠檬香型、薄荷香型、乳香香型、新车香型、樱桃香型、灌木香型、乡野香型、茉莉香型、椰奶香型、绅士香型。

使用方法:将异味消除剂按1:50~1:100的比例与水稀释成水溶液,喷雾清新空气,对废储藏箱、废品处理站及废机器用量需多一些。

注意事项:该剂应密封直立存放,温度应保持在0～40℃,若有溢出物,要用大量水将溢出物冲净。该剂若溅入眼内,应马上用大量清水冲洗,并寻求医疗;若溅到皮肤上,要用清水冲洗。禁止该剂进入口中。

5. 多功能防锈剂

产品性能:该剂具有除锈、防锈、抗潮、润滑和渗透松动等多项功能。

适用范围:主要用于去除发动机、底盘表面的锈渍并进行防锈处理,也可用于电器进水受潮后的排水处理和螺栓及车门润滑,用途十分广泛。

使用方法:将该剂喷、浸或涂刷于物体表面,并短时间放置以使化学成分渗入,然后用手工工具擦掉即可。若锈迹严重,可再涂1次。

注意事项:该剂易燃,因此储藏容器应盖严,并远离火源,使用时不能吸烟,不要倒入排水管道中,应于通风处保存。

6. 万能除锈剂

产品性能:该剂为铁和大多数不含铁的金属(包括不锈钢等)去除锈、水垢、灰尘、水泥和氧化层,也用于工作间、车库、无水垢开水器和冷凝器管等的除锈。

使用方法:根据锈迹的轻重可稀释至1:15比例的水溶液,然后将被洗物浸于其水溶液中,直至锈迹消融,再用清水彻底清洗。

注意事项:该剂会灼伤皮肤,应远离儿童。使用时应穿戴手套、护目镜、靴子等防护用品,避免接触皮肤和眼睛。不能与漂白剂、强碱、氧化剂等混合。

7. 增强型发动机超级保护剂

产品性能:该产品为高效摩擦改进剂,能显著降低摩擦阻力,节省燃油,提高动力性。能防止润滑油在高温重负荷下氧化,提高油的品质,并延长换油周期。能中和酸性物质,防止发动机部件腐蚀。能极大降低噪声,使发动机运行平稳。具有极佳的清洁分散能力,可有效地清除发动机内部的油污和其他沉积物,保持活塞环、液压挺杆和发动机其他部件的清洁。能降低润滑油消耗,减少尾气排放。定期使用该产品可保持发动机的最佳性能,防止"拉缸"、"烧瓦",可延长发动机寿命2倍以上。

适用范围: 汽油发动机、柴油发动机均适用。

使用方法:

(1) 每次更换润滑油时,将该产品按每罐325mL兑4～5L润滑油的比例加入到发动机的曲轴箱内,确保油面处于正常位置。

(2) 新汽车、大修后的汽车和正常使用的汽车,应定期使用该产品,对发动机进行维护。

注意事项:

(1) 行驶3万km以上的发动机,在首次使用该产品前,应先用清洗剂清洗发动机。

(2) 首次使用该产品时,应按汽车维护手册要求正常更换润滑油;可延长换油期1倍以上。

8. 燃油系统强力清洗保护剂

产品性能:

(1) 该产品用于清洗燃油系统积炭效果显著,能在汽车正常运行过程中自动清洗油路、化油器、进气歧管、喷油嘴等部位,保证燃油正常雾化,消除发动机的喘抖、爆震和功率损失等故障,迅速恢复发动机的动力性和驾驶性能。

(2) 消除进气门、燃烧室、活塞顶、活塞环等处的积炭,恢复正常的压缩比,解决发动机工作粗暴、敲缸等问题,使汽车运行更加平顺。

(3) 可节省燃油7%～15%,降低排放,减少空气污染。

(4) 保护燃油系统各部件防锈、防蚀。

(5) 对尾气净化装置和各传感器无损害。

适用范围: 适用于汽车、摩托车、船舶、工业内燃机等燃油系统的清洗保护。

使用方法:

(1) 已行驶2万km以上,或燃油系统性能降低的车辆,可以使用该产品。

(2) 按每罐325mL兑60～90L的比例直接加入到燃油箱中,清洗后,定期使用BG202或BG203(发动机燃烧促进剂或积炭清洗维护剂)进行维护。

(3) 每隔2万km清洗一次,积炭严重的车辆,应连续使用强力清洗保护剂。

注意事项:

(1) 清洗完毕之后,要调整好汽车的点火正时和怠速。

(2) 不得使该产品接触油漆表面。

(3) 不得使该产品接触眼睛和皮肤。

9. 发动机漆膜保护剂

产品性能: 该产品是特殊透明性保护漆。能防止金属漆膜老化及玷污油垢等。能保持发动机外观清洁。使用温度为-20～80℃。

适用范围: 用于发动机及配件表面防护。

使用方法: 先用发动机清洗剂彻底清洗发动机表面并干燥。将该产品均匀地喷涂在发动机表面上,约20min干燥后再喷涂一次,再等20min后,即完成对发动机表面的保护。

注意事项: 不可用于以桐油为基料的油漆表面保护。该产品为易燃品,按易燃品要求使用保存。

10. 汽车底盘高级保护剂

产品性能：该产品为超级服贴性、附着性材料，其防锈、防潮、耐湿等性能特佳。该产品具有耐酸碱、耐磨，具有弹性、防撞性、防振性、隔声性特佳。

适用范围：适用于车辆底盘的保护。

使用方法：先将底盘冲洗干净吹干，作为喷涂前的预处理。按该产品使用要求，将其均匀地喷涂在底盘表面上，然后风干或吹干。

11. 电路干燥喷雾剂

产品性能：该产品能迅速恢复分电器、火花塞、点火线圈等电路系统所需的干燥状态，使受潮湿的车辆快速起动，并提供持续的保护。

使用方法：使用前，先将该产品摇动均匀使之无沉淀，然后直接喷涂在待处理的表面上即可。

12. S-616 橡胶密封喷雾剂

产品性能：该产品能在车身接合处及车身表面形成一层弹性的、密封性极佳的橡胶保护膜，可以起到防水、防锈、防摩擦、防灰尘碎石作用，还可隔声保暖，特别适用于经常出入工地及其他环境严重污染地点的车辆长期使用。

使用方法：先将该产品摇动均匀使之无沉淀，然后直接喷涂于待处理的表面上。开启后应倒置，清洁喷口后保存。

13. S-625 传动带防滑喷雾剂

产品性能：该产品适用于各类传动带的光洁和修复，可有效地防止传动带干燥、开裂和氧化，消除传动带在使用过程中发出的噪声，提高传动效率，可以使汽车空调、风扇的工作能力得到明显提高。

使用方法：可直接将该产品喷涂在传动带的上下表面上，发动机可不必停止运转。

14. S-540 快速起动喷雾剂

产品性能：该产品可在全天候下帮助发动机快速起动，尤其是发动机处于低温状态下的快速起动，其效果显著。因此，是驾驶员冬季行车的必备用品。

使用方法：

(1) 打开空气滤清器上盖。

(2) 将该产品喷入化油器或喷油嘴上，2～3s后可迅速起动发动机。

(3) 该产品切勿置于高于48℃的环境中存放。

本章小结

汽车养护用品有：汽车清洁用品、清洁剂、护理香波、车蜡、保护漆和保护剂、抛光剂、除锈防锈剂和护理剂等。

复习思考题

1. 汽车常用清洁保护用品有哪些？
2. 如何选用汽车清洁保护用品？
3. 汽车车蜡的选用方法是什么？

第十五章 汽车涂装涂料

学习目标

1. 了解汽车用涂料的品种、型号、组成、性能指标；
2. 了解涂料在汽车上的应用及注意事项；
3. 理解汽车对涂装的要求。

汽车涂装涂料一般系指涂装和修补轿车、载货汽车、客车、摩托车和其他变型车及零部件所用的涂料及辅助材料（如漆前表面处理材料及漆后处理材料等）。

随着汽车技术的发展，为满足汽车用涂料在其耐候性、耐石击性、外观装饰性、高艺术观赏性等方面的要求，汽车工业对涂装涂料的性能提出了更高的要求，因此，了解汽车涂装涂料的品种、特性，合理地选用汽车涂装涂料，显得十分必要的。

第一节 汽车涂料的性能要求及分类

一、汽车涂装涂料的性能要求

（1）极好的耐候性和耐腐蚀性，要求适用于各种气候条件，涂层的使用寿命接近汽车的使用寿命，要求在苛刻的日晒、风雨侵蚀的情况下保光、保色性好，不开裂、不脱落、不粉化、不起泡、无锈蚀现象。

（2）极好的施工性和配套性，要求能适应汽车工业高速度流水线作业。例如能适应于自动喷漆、大槽浸漆、静电喷漆和电泳涂漆等高效涂装方法。而且要求干燥迅速，涂层的烘干时间以不超过 30min 为宜，能适应"湿碰湿"的烘干工艺，要求涂层间结合力优良，不引起咬底、渗色、开裂等漆膜弊病。

（3）极高的装饰性，要求涂层色泽鲜艳和多种多样，要求外观丰满，鲜映性好，使人看上去舒适，这点对轿车用漆尤为重要。

（4）极好的机械强度，适应汽车行驶中的振动和石击，要求漆膜坚韧、耐磨、耐崩裂性和抗划伤性好。

（5）由于汽车用漆的用量大，故要求货源广，价格低廉，并要求逐步实现低公害化和无公害化，便于进行三废处理。

（6）要求能耐汽油、机油和公路用沥青等的作用，在上述介质中浸泡一定时间后不产生软化、变色、失光、溶解或产生斑印等现象，要求能耐肥皂、清洗剂、鸟或昆虫的排泄物和酸雨等，与这些物质接触后不留有痕迹。

由于汽车涂层大部分是属于多层涂装,再加上它们在汽车上的使用部位不同,因此对于汽车用漆的某一品种来说,并非都要求具备上述特点。

二、汽车用涂料的分类

在汽车行业上使用的涂料,有制造厂使用的原厂涂料和修理企业使用的修补涂料之分,它们的区别在于:汽车原厂涂料是指汽车制造厂在汽车出厂前统一涂装所使用的涂料,汽车修补涂料是指对汽车原厂涂膜进行修补时所使用的涂料。

汽车制造厂对整车金属进行喷涂时,因车身没有其他塑料附件,加上喷涂作业在涂装生产线上控温环境下进行,故一般选用高温烘漆。而汽车修补是对车身表面因事故损伤或因使用多年涂层老化(如开裂、变色、失光、粉化等)进行的恢复性涂装,被涂装的车型、形状、颜色等都各不相同,基本都是手工作业,为保护车身塑料附件不受破坏,一般应选用自干型涂料,若需烘干,其烘烤温度最高不得超过60℃。

(1)根据《汽车油漆涂层》(JB/Z111—1986)标准,汽车涂装用材料可分为以下几种。

①汽车车身用漆(即TQ1、TQ2组)。是汽车用漆的主要代表,所以从狭义上来讲,所谓汽车用漆主要系指车身用涂料。车身涂层一般是由底涂层、中间涂层和面漆涂层等三层或底涂层和面漆涂层二层构成,它们基本上要兼备上述汽车用漆的六条。

②车厢用漆(即TQ3组)。其质量要求较前者低,一般为底涂层、面漆涂层两层涂层。

③车轮、车架等部件用的耐腐蚀涂料(TQ4组)。它的主要技术指标是要求耐腐蚀性能(耐盐雾、耐水性)好;要求漆膜坚韧耐磨;具有一定的耐机油性。

④发动机部件用漆(TQ5组)。因发动机不能高温烘烤,故要求本涂料具备低温快干性能;要求涂膜的耐汽油、耐机油和耐热性较好。

⑤底盘用漆(TQ6组)。因车桥、传动轴等底盘件不能高温下烘烤,也要求具备低温快干性能。因在车下使用条件苛刻,经常与泥水接触,故要求其耐腐蚀性优良,具备较好的耐机油性。

⑥铸锻件、毛坯和冲压件半成品用漆(TQ7组)。这里涂漆的目的是防锈和打底。所用涂料一般属于防锈底漆和一般防腐蚀涂料,要求具备较好的防锈性能、机械强度和附着性。

⑦特种用漆(TQ8组)。本组包括蓄电池固定架用耐酸涂料,汽油箱内表面用耐汽油涂料,汽车消声器、排气管和汽缸垫片用耐热涂料,车身底板下表面用耐磨防声涂料,车身焊缝用密封涂料等。

⑧散热器用漆(TQ9组)。指散热器、钢板弹簧等用漆。主要指标为涂料耐水性要好。

⑨车内装饰件用漆(TQ10组)。系指轿车和大客车车内装饰件用涂料。其主要性能要求极高的装饰性。

(2)按在涂装工艺及涂层中所起的功能,汽车涂装用材料可分为以下几种。

①漆前表面处理材料,主要包括脱脂、磷化及钝化材料。

②汽车用底漆。

③汽车用中间涂料。

④汽车用面漆。

⑤汽车用特种涂料。包括 PVC 密封、车底涂料、粉末涂料、塑料件用涂料等。
⑥汽车涂装用辅助材料。包括打磨、擦净材料,抛光材料,防声、绝热材料等。

第二节　汽车涂装涂料的特性

汽车涂装经验证明,汽车的防腐蚀性能主要取决于前处理(磷化)和底漆(如阴极电泳底漆)的选择;中间涂料的选用,对涂膜的抗石击性能和丰满度起较大的作用;而涂层的耐候性、装饰性、抗擦伤性等,主要取决于汽车面漆(或罩光漆)品种的选择。需要根据产品的使用要求和汽车产品的档次正确地选用配套的上述几种涂装材料,才能获得满足产品涂层质量要求的涂层。

一、涂装前表面处理材料

涂装前表面处理分为物理处理和化学处理。对于不同的材质,表面处理的工艺和方法也不同。对于汽车涂装完整的涂装前表面处理工艺应包括脱脂、表调、磷化和钝化,其相应的涂装前表面处理材料应包括脱脂剂、表调剂、磷化液和钝化剂。

1. 脱脂剂

脱脂剂包括碱性脱脂剂和有机溶剂脱脂剂。

1)碱性脱脂剂

碱性脱脂剂是以碱的化学作用为主的清洗剂。碱性物质一般包括氢氧化钠(NaOH)、硅酸钠(Na_2SiO_3)、磷酸钠(Na_3PO_4、Na_2HPO_4、$Na_4P_3O_7$)、碳酸钠(Na_2CO_3)等。脱脂的机理主要基于皂化、乳化、化学溶解和机械作用相结合完成。其中 NaOH 的皂化能力强,硅酸钠、磷酸钠的乳化能力较强。

在汽车涂装中,经常使用的有强碱性脱脂剂和弱碱性脱脂剂。对含锌、铝及镀锌钢板等的零件的脱脂一般采用 pH 值小于 10 的弱碱性脱脂剂。强碱性脱脂剂对黑色金属具有钝化作用,使随后磷化过程的反应难以进行。因此,采用强碱性脱脂剂后,必须配合使用表面活化的表面调整处理。

2)有机溶剂脱脂剂

借助于有机溶剂对各种油污的溶解能力进行除油的方法称为有机溶剂清洗法。

常用的有机溶剂为白醇(200 号溶剂汽油)、二甲苯和各种含氯溶剂,如三氯乙烯。含氯溶剂清洗法一般是靠其蒸气进行除油清洗。

2. 表面调整剂

市售的表面调整剂是以钛的磷酸盐为主体。

3. 磷化处理材料

金属表面在脱脂以后,在一定的条件下与腐蚀性的溶液接触,通过化学反应在金属表面上生成一层难溶于水的磷酸盐膜的处理过程称为磷化处理,属化学处理的一种。

在汽车涂装中,使用的磷化液是以锌系磷化液为主,低温或中温处理。

二、汽车用底漆

底漆是直接涂饰在经过表面处理的工件表面上的第一道漆,它是整个涂层的基础。它的作用有：一是防止金属表面的氧化腐蚀；二是增强金属表面与腻子（或面漆）、腻子与面漆之间的附着力。因此对底漆的要求是：防锈能力和附着力强；另外作为两层涂层之间的媒介层，要使两者紧密的结合而不发生"咬底"、"揭皮"现象，底漆还应有合理的配套；后二道底漆还应具有微填充作用。

目前，汽车生产中有90%汽车制造厂采用阴极电泳涂料（CED）作为底漆；而汽车修涂装作业中常用的修补底漆有四大类：醇酸类底漆、硝基类底漆、环氧类底漆、丙烯酸类底漆。

1. 阴极电泳涂料

有优异的渗透性，可均匀覆盖工件凹陷部位，并有极强的防腐性能，耐盐雾可达1200h。在汽车涂装中，适用的阴极电泳涂料按腐蚀性能分为三级，即优质防腐级、良好防腐级和一般防腐级。优质防腐级一般用以涂装轿车底盘件和车轮及一些防腐性能要求高的零部件，使用材料为厚膜阴极电泳涂料；良好防腐级一般用以涂装轿车、载货汽车、面包车、轻型车车身及防腐性能要求较高的载货汽车、轻型车的零部件，使用材料一般为薄膜阴极电泳涂料；一般防腐级通常适用于涂装载货汽车的车厢、车架及一些车下黑漆件，使用材料为一般的阴极电泳涂料。

2. 醇酸类底漆

具有良好的附着力和防锈能力，在国内汽车涂装作业中仍在使用，但国外基本被淘汰使用。

3. 硝基类底漆

具有干燥快、漆膜硬等特点，但这类底漆的固体含量低，漆膜薄，常用于汽车耐汽油和耐润滑油部件打底。

4. 环氧类底漆

具有漆膜坚硬耐久，对基材附着力强，漆膜可烘干也可自干，耐化学腐蚀等优点。主要用于轿车基层表面打底防锈，借此来提高涂层质量。

5. 丙烯酸类底漆

该类底漆干燥速度快，仅次于硝基底漆，且漆中固体含量高于硝基底漆，因此漆膜厚度优于硝基底漆。该漆的特点是附着能力强，耐热、耐锈、防霉、防腐。常用于轿车豪华客车的金属制品打底防锈。

三、汽车用中间涂料

所谓中间层涂料是作为介于底漆和面漆层之间的涂层所用的涂料。它包括以下四种功能不同的涂料。

（1）通用底漆，又称为底二道浆。
（2）中涂，又称为二道浆或喷用腻子。
（3）腻子，俗称填密。
（4）密封漆。

这些中间层涂层的主要功用是改善被涂工件表面和底漆涂层的平整度，为面漆层创造良好的基底，以提高面漆涂层的鲜映性和丰满度，提高整个涂层的装饰性和抗石击性。对于表面平整度较好、装饰性要求又不太高的载货汽车和乘用车，在大量流水生产的场合，有时不采用中间涂层。对于装饰性要求高的中、高级轿车，一般都采用中间层涂料。

为达到上述功能，中间层涂料应具有以下特性。

(1)应与底漆、面漆配套良好,涂层间的结合力强,硬度配套适中,不被面漆的溶剂所咬起。

(2)应具有填平性,能消除被涂漆表面的划纹等微小缺陷。

(3)打磨性能良好,在湿打磨后能得到平整光滑的表面。

(4)具有良好的抗石击性能。

中间层涂料所选用的漆基与底漆和面漆所用漆基相仿,并逐步由底向面过渡,这样保证涂层间的结合力和配套性,主要采用环氧酯、氨基醇树脂、聚氨酯树脂和聚酯。这些树脂所制成的中间涂料属于热固性,所得涂膜硬度较高,耐溶剂性好,适宜与各种漆配套使用。

通用底漆。可直接涂饰在金属表面上,具有底漆的功能,又具有一定的填平能力。在电泳涂装法未投产之前,在国外汽车工业中用得较普遍,现已被中涂所代替。

腻子。它是一种专供填平表面用的含颜料较多的涂料,刮涂在底漆层上。刮腻子只能提高工件表面的平整度和装饰性,而对整个涂层害多利少,腻子涂层易老化、开裂、脱落,再加上手工涂刮的打磨的劳动强度大,国外汽车工业和国内大型汽车厂早就通过加工技术和管理水平来确保零件表面的平整度,大量流水线生产的新车已不用刮腻子,市售腻子主要供汽车修补,在汽车外壳修补中,常用腻子填平凹凸表面。

中涂。它的功用介于底漆和腻子之间,对被涂工件表面的微小缺陷有一定的填平能力,颜料和填料含量比底漆多,比腻子少,颜色一般为灰色。

封底漆。它是漆面漆前最后一道中间涂料,它的漆基含量介于底漆和面漆之间,漆膜呈光亮或半光亮,它的漆基一般由底面漆所用的树脂配成。

封底漆一般仅用于装饰性要求较高的汽车修补,有时用喷一道面漆来代替封底漆的作用,有时用同一体系的底漆和面漆,按一定比例调配后作为封底漆的代用品。

四、汽车用面漆

汽车用面漆是汽车多层涂装中最后涂层用的涂料,它直接影响汽车的装饰性、耐候性和外观等。汽车金属不但要有底漆保护,用来防腐、防锈,更重要的是用面漆来涂装,提高对金属的保护。因此对面漆的要求更为重要。它不但要有优良的装饰性,漆膜色彩鲜艳、光亮丰满,而且具有良好的保护性,漆膜须有耐候性、耐水、耐油、耐磨、耐化学腐蚀性。

1.汽车用面漆的分类

汽车用面漆按漆基分主要有以下几大类:

(1)三聚氰胺醇酸树脂机漆。

(2)丙烯酸树脂系面漆(又可分为热塑、热固性两种)。

(3)聚氨基甲酸酯磁漆。

(4)醇酸树脂面漆。

(5)硝基面漆(俗称汽车喷漆)。

(6)过氯乙烯树脂面漆。

2.汽车用面漆的性质和功用

1)氨基醇酸树脂磁漆

氨基醇酸树脂磁漆属高装饰性面漆。汽车用氨基面漆均为三聚氰胺醇酸树脂体系,根据氨基树脂和醇酸树脂的比例,可将氨基醇酸树脂面漆分为三档:高氨基树脂涂料;中氨基树脂涂料;低氨基树脂涂料;氨基面漆属于热固性涂料。

2)丙烯氨树脂磁漆

丙烯氨树脂磁漆属高装饰面漆。丙烯酸树脂已广泛地用来制造汽车面漆,因它具有下列特性。

(1)耐候性优良,保光、保色性好,在紫外线的照射下不易发生断链、分解或氧化等化学变化。因此漆膜不变黄,其颜色及光泽可以长期保持恒定。

(2)树脂是无色透明,所制得的清漆漆膜也完全透明无色,制造浅色漆时色泽鲜艳,能制得纯白色漆膜。

(3)可制成中性涂料,与铝粉、铜粉等颜料无反应性,因而能制成色泽非常鲜艳的金属闪光色面漆,且耐候性特别优异,显著地优于金属闪光色三聚氰胺醇酸漆。

(4)耐化学药品性好,可耐一般的酸、碱,耐醇、油脂、汽油、机油,并对公路沥青等的作用性良好。

(5)耐热性、耐寒性和耐温变性优良,热塑性丙酸漆一般可在180℃以下使用,而热固性的丙烯酸漆的上述性能更好。

(6)优良的力学性能和附着力,漆膜坚硬。

(7)具有优良的抛光性能,能制成平整光滑、物象清晰、光亮如镜的漆膜外观。因此丙烯酸树脂漆是一种优良的装饰性涂料。

汽车用丙烯酸树脂面漆可分为热塑性和热固性两大类,前者随溶剂的挥发而干燥,而后者要靠热、触媒或两者结合的作用才能固化成膜。

热固型丙烯酸漆的优点是:膜光泽高,清晰透彻,尤其适于罩光清漆用;保色保光性好,色浅,不泛黄,易于制造高装饰浅色漆;耐候性优良;容易重涂,一般可以不打磨。美国和法国部分汽车使用热固型丙烯酸漆。

热塑型丙烯酸漆也因其修补性能良好而成为汽车修补涂料的主导产品。与氨基醇酸漆比,丙烯酸漆的耐污染性显得十分突出,对于轿车漆有其优越性。

3)聚氨基甲酸酯磁漆

聚氨基甲酸酯磁漆属高装饰性面漆,具有良好的耐化学药品性、耐水性、物理力学性能和耐热性等,漆膜光泽高,耐候性好,可在常温固化,烘干温度较同类型氨基漆和丙烯酸树脂漆低。一般采用脂肪族聚氨酯涂料,因其保光、保色性好,而芳香族聚氨酯涂料的保光保色性差,漆膜长期曝露于日光下,很快失光、粉化、泛黄,因而后者不宜作为户外涂料。

因资源缺乏,价格较高,在汽车用面漆中占的比重不大,据了解,德国"奔驰"、"大众"等部分汽车采用聚氨基甲酸酯和丙烯酸树脂组成的热固性磁漆及双组分聚氨酯罩光漆。

4)醇酸树脂磁漆

醇酸树脂磁漆属一般装饰性面漆。它是20世纪40年代和50年代初期汽车用面漆的主要品种,其耐候性、机械强度和附着力等显著地优于硝基漆,因而形成了取代硝基漆的趋势。但由于其装饰性较差,耐水性差,在湿热的气候条件下易起泡,施工性能较差等原因现已被氨基醇酸树脂漆所取代,仅在重型汽车和在无烘干条件时才用醇酸磁漆。

5)硝基磁漆

硝基磁漆属一般装饰性面漆。它是20世纪30年代汽车用面漆的主要品种,当时的硝基漆主要用于汽车工业,仅适用于喷涂故称汽车喷漆。硝基磁漆的主要特点是快干、能抛光、装饰性好、易施工和补修,缺点是耐候性(保光保色性)和耐温变性差,施工时固体含量低,溶剂耗量大,成膜薄和火灾危险性大,已有被合成树脂漆代替之势。

6)过氯乙烯树脂磁漆

过氯乙烯树脂磁漆属一般装饰性面漆。作为汽车喷漆代用品而出现,其耐候性略优于硝基磁漆,耐潮湿性优于醇酸磁漆,也具有快干的特点,但较硝基漆干得稍慢。

过氯乙烯树脂磁漆的耐化学药品性、防延燃性、耐寒性等也优于硝基磁漆,其缺点是附着力较差,溶剂释放性差、固体含量也低。

五、汽车用特种涂料

1. PVC涂料(焊缝密封和车底涂料)

PVC(Poly Vinyl Chloride)胶也称为聚氯乙烯涂料,由于它具有良好的耐腐蚀性、耐磨损性、密封、黏结性、隔声性等性能,因而在汽车制造业得到了广泛的应用。

为提高汽车的舒适性和车身缝隙的耐腐蚀性,PVC涂料被广泛地运用到各种车身上,以提高汽车车身的密封性(不漏水、不漏气)、降噪隔热性能、耐腐蚀性和抗石击性能。

PVC涂料主要分为两种:焊缝密封胶和车底密封抗石击涂料。两者的主要成分是相同的,但焊缝PVC涂料要求涂层的硬度、伸长率、抗剪强度和抗拉强度要比较好,而车底密封抗石击涂料要求抗石击性好,易于高压喷涂,且施工黏度低。在热烘烤下,PVC塑溶胶变成不可逆转的一种弹性物质,即胶化。具体过程是:塑溶胶变稠(塑溶胶黏度增加)→增塑剂开始进入PVC粒料→使之膨胀(胶黏度上升、液相消失)→胶化过程继续直至固化。

根据两种涂料的产品特性和涂覆位置的不同,焊缝密封胶和车底密封抗石击涂料在施工方式上存在有明显的区别。

(1)焊缝PVC胶主要用于密封发动机罩、行李舱盖、后尾灯周围部位以及4个车门的折边焊缝(总装装配后属可见部位)等。这些部位具有平直、整齐、美观等要求,同时还必须保证厚度和宽度的规格要求,因此,这些部位的密封需要用能够精确涂布的工具才能实现。

(2)汽车轮罩和底板表面的车底抗石击涂料主要采用喷胶枪进行作业,车舱内焊缝的密封主要通过挤涂和喷涂两种施工方法进行。

挤涂方式比较灵活,对操作技能和工具的要求不高,质量也比较容易控制。但涂过胶后要用胶刷将胶刷平、刷严,否则会产生堆积、密封不严的缺陷。

2. 粉末涂料

粉末涂料是固态粉末状的新型涂料,开发并获得工业应用起始于20世纪50~60年代。随着化学工业的进步,粉末涂料的品种不断被开发出来,由热塑性的粉末涂料(如聚乙烯、聚酰胺即尼龙、氯化聚醚、聚丙烯、聚氯乙烯、聚四氟乙烯等粉末涂料)发展到热固性粉末涂料(如环氧、聚酯、丙烯酸等纯的或相互改性的粉末涂料)。

热塑性粉末涂料靠物理性熔融塑化成膜,其膜有遇热软化的特性,它是由高分子塑料粉末制成,故其涂层一般具有较好耐化学试剂、耐腐蚀性、耐磨性和机械强度。适用于化工设备、管道、板材、线材、家电零件、机械零件、水利部件和食品行业等方面,作为防腐蚀涂层、耐磨涂层和无毒涂层。热塑性粉末涂料涂膜外观(光泽和流平性)较差,与金属附着力较差,多数品种需预涂底漆方能使用。热塑性粉末涂料在汽车涂装领域应用较少。据介绍有些汽车轴类零件涂尼龙粉末涂料,可以提高其耐磨润滑性能。蓄电池固定框架也可选用耐酸性好的热塑性粉末涂料。

热固性粉末涂料的涂膜性能(外观装饰性、附着力、机械强度等)显著地优于热塑性粉末涂膜,热固性环氧粉末的耐腐蚀性、机械强度和附着力好,适用于汽车零部件涂装。聚酯、丙烯酸热固性粉末涂料具有突出的保光性和户外耐候性,适用于汽车外表装饰涂装。

为适应环保要求,消除汽车涂装车间挥发性有机物(VOC)的公害排放问题,国外已成功开发流平性好的粉末中涂和外观装饰性优良、耐候性好的罩光粉末涂料。从环保角度考虑,车身涂装的最后一道罩光采用粉末涂料替代传统的溶剂型清漆和水性清漆,预测是21世纪的发展趋向。

3. 汽车塑料件用涂料

随着化学工业的发展,塑料品种增多,性能不断提高,采用工程塑料代替各种金属材料是一种技术进步的趋势。塑料的耐腐蚀性能好,密度低,有些工程塑料的力学性能不亚于金属材料。汽车要省油,就要轻量化,因此塑料在汽车上的应用在全世界呈增长的趋势。塑料不仅应用于内饰件,还发展到汽车的外饰件及车身的外表件(如前后保险杠、挡泥板、车轮罩、车门、仪表板、散热器面罩等),塑料件在轿车上的用量已占总量的15%以上,达140kg/辆以上。

汽车塑料件涂装的目的是提高外表装饰性(如车身外表装饰件的外观装饰性和耐候性要与车身涂层相同),消除表面缺陷和改善表面性能(提高耐候性、耐药品试剂性等)。但因塑料品种、材质和软硬不一,除SMC、PA、PBT等品种外,一般不耐高温等,增加了塑料涂装的难点;另一难点是聚合系列塑料的表面能低,表面极性小,涂料的湿润性差,往往造成涂膜附着差。

针对上述塑料涂装上的难点和各工业部门对塑料件涂装要求,涂料公司开发出塑料用漆系列,已成为塑料专用涂料。

4. 减振消声涂料

减振消声涂料是轿车车身涂装不可缺少的一种材料,其主要作用是抗振及隔热。目前,汽车涂料行业中常用的减振消声涂料的种类、特点及使用见表15-1。

常用国产减振消声涂料　　　　　表15-1

序号	种类	基本组成	特点	应用
1	54-11 丙烯酸减振消声涂料	热固性丙烯酸树脂、环氧树脂、填料、发泡剂、防火剂等	黑色、减振消声、耐水性好、可刷涂也可喷涂、烘干	轿车的车门、翼子板、发动机罩、顶盖及底板
2	54-12 减振消声阻尼涂料	热固性丙烯酸树脂、环氧树脂、发泡剂、防火剂等	黑色浆状、附着力优良、抗冲击性较好、耐水性好	轿车车身涂装
3	80-1 减振消声阻尼涂料	丙烯酸酯共聚体、环氧树脂、填料、发泡剂、防火剂等	附着力强、抗冲击、耐水性好、烘干	轿车车身涂装

六、汽车涂装用辅助材料

1. 抛光材料

在喷完面漆后,为了消除漆膜表面缺陷,如颗粒、"虚烟"、橘皮等,要用抛光材料进行局部的抛光修饰。

抛光材料有下列几种。
(1)抛光浆(分粗、细两种)。
(2)抛光水(供擦净被抛光表面用)。
(3)抛光蜡(保护漆膜用)。
(4)去污增光剂(是美国的一种专利产品,其维护漆膜的性能优于抛光蜡,能增光,提高鲜映性)。

抛光适用于丙烯酸树脂漆、氨基树脂漆、双组分聚氨酯漆及硝基面漆,不适用于漆膜硬度较低的油性漆及醇酸漆。

抛光一般仅在装饰性要求较高的轿车车身涂装中采用,低档车一般不采用这道工序。

2. 防锈蜡及漆膜保护蜡

为提高汽车车身的空腔结构的防腐蚀性能,汽车车身在喷完面漆并经检查合格后,送内饰装配前,在所有空腔结构部分均喷或灌入防锈蜡。

为防止整车(商品车)在储运过程中漆膜受损,确保汽车到用户手中时漆膜完好如新,无锈蚀痕迹,汽车总装的最后一道工序是在检查合格后,对整车进行喷蜡封存处理,对车身下表面及底盘件喷涂防锈保护蜡,对车身外表面喷涂漆膜保护蜡。储存期短的,国内使用的一般不喷漆膜保护蜡;库存期长的和出口汽车(尤其需经海运的)都应喷涂漆膜保护蜡,车底下的防锈蜡在用前不去除,漆膜保护蜡在汽车使用前(或销售之前),用汽油擦净。

为适应环保要求,减少VOD排放量,在欧美汽车厂已采用水性防锈保护蜡。

3. 打磨、擦净材料

1)磨材料

打磨材料一般用耐水砂纸,耐水砂纸号码代表所用磨料的粒度,号码越大,粒度越细。在汽车涂装工艺中,底涂层、腻子用砂纸较粗,中涂层及面漆用砂纸较细。

2)擦净材料

常用的擦净材料是浸有不干性树脂的擦布(称黏性布)。由于擦布的黏性可将表面灰尘粘住,不会重新掉落在被擦净的工件表面上。

本章小结

1. 车用涂料有原厂涂料和修补涂料,应根据涂装场合使用不同使用性质的涂料。

2. 每一层涂层都有其各自的作用和特点,因此使用的涂料也不相同。按涂层起的作用不同,涂料可分为涂装前表面处理材料、底漆、中间涂料、面漆、特种材料和辅助材料等。

3. 汽车制造厂与汽车修理厂采用的底漆是不同的。目前,阴极电泳涂料已成为制造厂用底漆的主流;而醇酸类底漆、硝基类底漆、环氧类底漆和丙烯类底漆则是汽车修理行业用的底漆。

4. 中间涂料主要用于改善被涂工件表面和底漆涂层的平整度为漆面创造良好的基底,提高涂层的抗石击性和装饰性。具体有四种不同功能的涂料:通用底漆、腻子、中涂、封底漆。其中腻子是汽车修补涂装中不可缺少的重要材料。

5. 汽车面漆直接影响汽车的装饰性、耐候性和外观等。高级装饰性的面漆有:氨基醇酸树脂磁漆、丙烯酸树脂磁漆和聚氨基甲酸酯磁漆等,适用于中、高级轿车车身和同等要求的轿车零部件的面漆;一般装饰性面漆有:醇酸树脂面漆、硝基磁漆和过氯乙烯树脂磁漆等,适用于一般轿车、轻型车、中型载货汽车及厢式乘用车车身的面漆。

6. PVC涂料是为了提高车身的密封性及使用寿命而采用。

复习思考题

一、填空题

1. 按汽车涂料在涂层中起的作用不同,汽车涂料可分为_____、_____、_____、_____、_____、_____六种。

2. 通常,汽车制造厂使用的底漆是_____,而汽车修理厂使用的底漆是_____、_____、_____。

二、判断题(正确的打"√",错误的打"×")

1. 汽车车身的防腐蚀性能好坏取决于涂装前处理和底漆的选择。（　　）
2. 在汽车制造中,中、高级轿车一般不需要采用中间涂料的。（　　）

三、选择题

1. 汽车车身涂层对抗石击能力起主要作用的是:（　　）。
   A. 面漆　　　　B. 底漆　　　　C. 中间涂料　　　D. 特种涂料
2. 应用在汽车制造业的丙烯酸树脂磁漆属于:（　　）。
   A. 热固性磁漆　　B. 热塑性磁漆　　C. 高装饰性面漆　　D. 一般装饰性面漆

四、问答题

1. 汽车面漆的热固性和热塑性是指什么?
2. 汽车的原厂涂料与修补涂料有什么区别?

第十六章　汽车用密封材料和黏合剂

> **学习目标**
>
> 1. 了解汽车密封材料和黏合剂的种类及性能特点；
> 2. 了解密封材料和黏合剂在汽车上的应用及发展。

随着我国汽车工业的快速发展，汽车专用胶应用越来越广泛，汽车用黏合剂是指汽车生产过程中用到的各种黏合剂和密封胶，包括汽车焊装、涂装、总装发动机、底盘零部件和制造工艺用到的五大类胶种。汽车胶不仅在密封、防腐蚀、防渗漏、减振阻尼、隔声隔热、外观改进等方面具有独特的作用，而且在车身部分已发展到以结构黏结代替焊接，以局部黏结补强材料减轻车身结构质量，消除应力集中，有助于降低成本，减少能耗和延长汽车使用寿命。

第一节　汽车用密封材料和黏合剂概述

随着汽车制造技术的不断提高，汽车黏合剂品种日益增多。汽车胶将向环保、高性能、多功能方向发展，水基胶、热熔胶、低密度速溶胶、高强度结构胶将会得到更多应用。汽车要求驾驶室环境越来越严格，因此对黏合剂质量标准要求会更高。同时，不仅仅是汽车产量的提高使车用胶的需求量上升，由于汽车生产商越来越倾向于使用如塑料等轻质材料来减轻汽车质量，减少燃油消耗、提高汽车性能，也促使汽车制造业大量采用黏合剂。参照国外先进工业国家不同车型单车用量进行估算，即轿车每车用胶20kg、中型车用胶16kg、重型车用胶22kg，2005年我国汽车工业黏合剂密封胶需求量将达到6.1万~7.6万t，各类胶带约为5000万m。目前我国汽车工业用黏结密封材料年消耗量达3万t，而且每年以15%~30%的速度增长。黏结密封技术属于边缘科学，是高分子材料科学发展之后，在航空、汽车工业的带动下逐渐发展起来的。

在现代汽车结构和修理中，密封材料和黏合剂起到越来越重要的作用（图16-1）。车身板连接部位和焊接部位需要特殊的密封保护，因为这些区域很容易受到碰撞和冲击。接缝的焊接处是金属对碰撞的敏感区域。水、雪、灰尘和路面上的沙子都很容易在连接处集聚。作为惯例，在所有的连接处必须采用密封剂，以消除材料和车身板表面的缝隙，同时它还起到

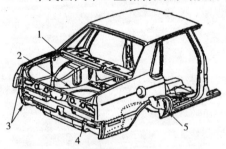

图16-1　各种类型的黏合剂及在汽车上的应用部位
1-在焊点上刷上黏合剂；2-稠黏合剂填充焊缝；3-稀薄黏合剂填充狭小焊缝；4-固体密封件压入宽的连接缝；5-在内部不可见部分刷上涂刷黏合剂

碰撞保护的作用。

黏合剂还可以帮助缓减传遍车身的振动和噪声。黏合剂必须有良好的可涂性,并且能够较好地黏着于裸露、干净的金属上。黏合剂必须能够承受住各种各样的操作产生的力。这在承载式车身结构中尤其重要。图 16-2 为发动机、变速器和传动轴的密封材料。

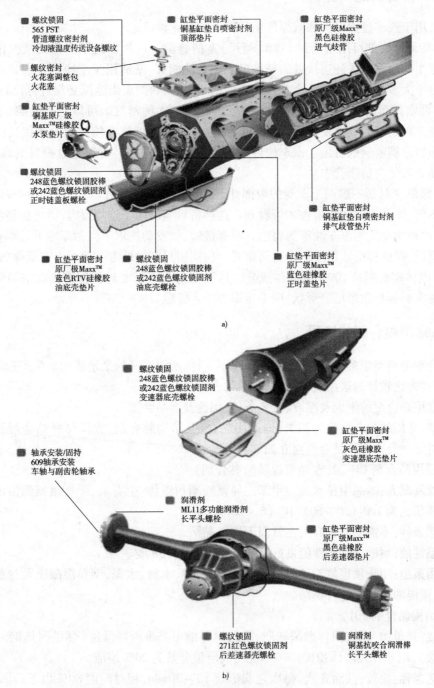

图 16-2 发动机、变速器和传动轴的密封材料

第二节 密封材料和黏合剂的种类

一、密封材料的种类

通常用于汽车碰撞保护和减振作用的密封剂有4种。

(1) 稀薄密封剂可用于密封1/8ft(英尺)宽的缝隙。这种密封剂在保持减振作用的同时会产生微小的收缩以保证连接处的精确度。黏合性能好,既适用于干净的金属又适应裸露的金属。由于大多数缝隙都在一个垂直的表面,为防止密封剂流出缝隙必须进行控制。

(2) 稠密封剂适用于密封1/8~1/4ft宽的缝隙。这种密封剂可以遮盖缝隙,还可以珠状形式存在。密封剂的收缩量应当减到最小,以具有很好的抵抗收缩的能力和优良的柔性以防止发生断裂。稠密封剂可用于汽车构件连接处和重叠缝隙处。可以通过密封剂罐进行涂抹。这种产品一般装在挤压管中。

(3) 涂刷密封剂一般用于车身的内部外表并不很重要的地方。这些车内的密封部位顾客一般看不到,除非他们仔细检查才可看到。这种密封剂可用于隐藏擦痕,防止盐类物质及像汽油、齿轮油和制动液等汽车油液的腐蚀。所有接缝,如发动机罩下面和车厢下面都有可能被汽车油液腐蚀,因此都应该用涂刷密封剂密封。应用密封剂的地方一般会有重叠的缝隙。

(4) 固体密封剂是100%的固体成分。这种密封剂用于密封板件连接和空洞处的巨大缝隙。这种密封剂是条形堵缝形状,用手指即可压入缝隙。

二、常用黏合剂的选用

黏合剂的种类很多,性能和使用条件都不一样,所以选择的余地较大。为了选好更适合的黏合剂,现将比较好的选用实例介绍如下,见表16-1。

1. 常用黏合剂的组成及配方、工艺条件、用途及产品性能

目前,常用的黏合剂分为四类:即通用黏合剂、结构黏合剂、软质材料黏合剂和特种黏合剂。现将每一类举一种黏合剂简介如下。

1) 通用黏合剂CH-20(改性聚亚胺酯黏合剂)

组成及配方:本品由蓖麻油—甲苯二异氰酸酯预聚体、生石灰、弹性聚氨酯溶液和甘油组成。其体积比为100:(20~60):10:(6~12)。

工艺条件:不需加温、加压,在常温下进行黏结。

产品性能:耐酸、碱、水性能良好,耐辐照性能优于88胶。

应用范围:用于软聚氯乙烯与软聚氯乙烯、钢材、木材、水泥、钢筋混凝土及橡胶与金属间在干燥、潮湿的条件下进行黏结。

2) 结构黏合剂201

组成:是单组分胶,由锌酚醛树脂、聚乙烯醇缩甲醛聚丙烯酸酯(黏结耐热钢时改用N-苯基乙萘胺),用苯:乙醇(体积比)=6:4配制成质量分数为20%溶液。

工艺条件:涂胶,共涂3次,每次之间凉置15~30min,相对湿度80%以下。固化条件:压力为0.1MPa,160℃,2~3h。

黏合剂的选用实例　　　　　　　　　　　　　　　　表 16-1

被黏结材料	选用黏合剂	被黏结材料	选用黏合剂
合金钢	203、204、J-08、J-03	ABS 塑料	301
不锈钢	202、PBI、J-09、705	尼龙	JX-6
耐热钢	201、202、301	聚苯乙烯	301
碳钢	502、PBI、新 KH-501	聚四氟乙烯	F-4G、F-3(B)、F-1、F-2
软钢	乌利当	硬聚氯乙烯	203、301、乌利当、JQ-2
铝合金	203、301、GXA-2、聚酰亚胺	软聚氯乙烯	G98-1、JQ-2
镁合金	204、J-01、J-08	聚酯薄膜	乌利当、聚酯胶
钛合金	204、J-08、J-09、聚酰亚胺	聚乙烯薄膜	乌利当
黄铜	201、202、203、PBI	电木	201、202、203
纯铜	203	环氧玻璃钢	202、J-08
有机玻璃	BS-1、301、乌利当	酚醛玻璃钢	J-01、J-08
聚碳酸酯	301、乌利当、HY-914-Ⅱ	聚酯玻璃钢	J-01、J-08
聚甲醛	乌利当	泡沫塑料	J-08、JQ-2、乌利当
金属蜂窝	熊猫 202	赛璐珞	XY403、XY503
非金属窝	204、J-01、J-03、J-08	玻璃	J-02
天然橡胶	204、J-08	陶瓷	乌利当、新 KH-501
氯丁橡胶	JQ-1、XY103	木材	乌利当、502
丁腈橡胶	XY401、XY402、JQ-1	皮革	皮胶、骨胶、酪胶粉、乌利当
硅橡胶	XY501、XY502、XY503、JQ-1	人造革	乌利当
氯磺化聚	GPS-1、GPS-2	棉布	乌利当
天然橡胶布	IX-11	帆布	JSF-6、聚氨酯胶膜
氯丁橡胶布	XY101、XY102、XY103、XY403	玻璃纤维制品	XY-6XY-504、JX-6

产品性能：使用温度为 -70 ~ 150℃，可作 150℃ 以下长期使用的结构胶。具有高强度、耐老化、耐水、耐油、性能稳定等性能。

应用范围：可用于钢、铝合金、玻璃布层压板、陶瓷、玻璃和胶木等材料的黏结。

3）软质材料黏合剂 J-38

组成及配方：为双组分胶。甲：JQ-1 胶；乙：亚硝基-NN、二甲基苯胺（试剂），使用时配比为（体积比）：甲：乙 = 100:100。

工艺条件：

（1）配胶。二组分互溶 15min 后可使用。

（2）涂胶。涂胶二次，每次凉置 10min。

（3）固化。压力 0.2MPa，常温 48h；或 60℃，5h 即可固化。

4）特种黏合剂 H-006 低温环氧胶

组成：三组分。甲：均苯三酸三缩水甘油酯；乙：液体丁橡胶-40；丙：4-二氨基二苯甲烷。

甲:乙:丙(体积比) = 100:10:28.50。

工艺条件:

(1)配胶。先将组分甲和乙在60℃混匀,再于100℃加热10min,然后加入丙组分。

(2)固化。80℃,5h。

产品性能: 具有固化温度低、耐辐射、耐高低温交变性能。缺点是黏度大、成本高。

用途: 使用温度为 -196 ~ 150℃,用于铝、不锈钢及钛合金等黏结。

通过以上所述可知,黏合剂种类很多。选用时,应根据被黏结的材质,选择工艺条件简便、符合使用要求、黏结效果最好的黏合剂进行黏结,这也是选择黏合剂的基本原则。

2. 进口黏合剂产品简介

1) 玻璃胶(BETASEAL)

性能及用途: 该产品强度高,富有弹性,安装后玻璃同车身结构能完全黏结成一体,不仅密封性能相当好,起到了防水密封层的作用,而且还能防止玻璃振颤及抗压的作用。正是由于这种玻璃胶的应用,可使汽车玻璃的安装方便而且容易。

2) 密封胶(BETAGVARD)的性能及用途

产品性能: 是以聚氯乙烯为基质的汽车涂料,具有防腐蚀、隔绝噪声、美化车身的作用。上色密封胶可应用于低温和高温烤漆工序中密封缝隙,而它本身不会被玷污,也不会污染已干的面漆。

应用范围: 用于整车密封,可防止和隔绝外部的潮气、灰尘、烟雾,同时也有一定的隔热效果。非上色的密封胶,可用于填补汽车车体内部的缝隙,或者涂刷于车身底盘底部作为防腐蚀用。

3) 加强胶(BETABRACE)的性能及用途

产品性能: 主要产品性能是胶体经加热后会凝结变硬,从而产生了很好的增强补强作用。补强后的材料强度可增加数倍至数十倍。该加强胶分为高温及中温凝结两种配方,还有一种可膨胀的产品。这种产品的聚合黏合物在其凝结之时可以产生膨胀作用。

应用范围: 主要用于黏结金属板件和热固性塑料板件,如用于汽车构件的结合部、车缝、车门、车内地板以及行李舱等处,以防止变形和弯曲。另外,它还有缓冲颤动的作用,故多用于车内室的装饰材料。由于这种加强胶能和各种不同的基材的物体牢固地结合在一起,增加强度显著。所以,在新车型设计时,使用这种黏结结构可为车的轻量化作出贡献。

4) 结构胶(BETAMATE)的性能及用途

这种胶早已广泛被汽车厂家使用,用来取代或减少焊接工作量和机械零部件结构的质量,其黏结对象包括塑料、复合材料及金属材料等的制件。而且还具有密封功能。这是传统的铆接和焊接工艺所不及的。

5) 聚氨酯泡沫(BETACORENVH)的性能及用途

这种产品的最大产品性能是可以流动充填发泡,特别是对汽车上的中空结构件,在汽车的运行时易引起空气共鸣,从而产生噪声,影响车内的宁静和舒适。采用这种聚氨酯发泡产品,经施工可填补车上的中空构件。使用时,将其液体混合物注入中空构件型腔后便会迅速膨胀,膨胀后的体积可达到初始体积的40倍,最后便形成了一层固化的泡沫层填满了中空腔体,所有这些仅在短短的15min内完成。而高密度的泡沫,则被用在车身重要结构件上,作为梁、柱的补强之用。使用时,将经特殊配方具有缓速膨胀产品性能的聚氨酯混合液注入中空型腔后,即可流经并填满中空的型腔,膨胀之后的体积为原来的10倍左右,经过30min后,就会完全固化。这在一定程度上,起到了结构胶的作用,使结构中的空隙被填满、加强成为一个整体结构。

6)特殊用途的车体封胶的性能及用途

产品性能: 它具有容易操作,用途广泛,30min后就可喷涂,而且弹性佳,不会收缩,喷涂后便可进入烤房烘烤。可用于车身防振或车门横焊等修补。大面积施工时不会产生龟裂。可当刷胶使用。可耐 -32~82℃温度。

应用范围: 按主要产品的产品性能,作为装饰或维修用于车身上。

(1)需要非常快干时,使用 PN08300(黄褐色)快干封胶。

(2)需要砂磨时,使用 PN08505(灰褐色)砂磨封胶。

(3)需要易清除不污染的涂胶时,可选用水溶性易清除的 PN08500 白色水性封胶。

(4)车身是白色或其他浅色时,应选用 PN8551 透明封胶。

(5)需要填缝、隔声、减振时,可选用 PN08458 发泡胶,发泡胶的胶体可增加10倍。作为填缝使用时,可选用 PN8457 填缝用封胶。

(6)对于浅色车体用胶时,可选用最近似车身颜色的车体胶。例如白色车身,可选用 PN08360 白色车体胶;灰色车身,可选用 PN08361 灰色车体胶。

7)重要的车体封胶性能及用途

产品性能:

(1)操作容易,不粘手,未干时一擦就掉。

(2)用途广泛,可做成不同形状,也可作为刷胶使用。

(3)涂胶之后,可以马上喷漆。

(4)储存时间特长。

(5)挤压操作比其他胶(如 PU 胶)容易和轻松。

(6)耐酒精、溶剂性强。

(7)喷漆后不会开裂或剥落。

(8)在低温或低湿度条件下也能快干,可耐温 -34~93℃。

应用范围: 可用于车顶、车门、车体防振、防漏、隔声、填缝等使用。

主要车体封胶: 如白色的产品号为 PN08369;灰色的产品号为 PN08370;黑色的产品号为 PN08375。车体封胶可配合 PN08398 封胶枪使用效果好。

8)双组分超强快干胶的性能及用途

产品性能:

(1)符合美国联邦汽车安全标准 FMVSS212(前挡撞击测试)及 FMVSS216(车顶击压测试)。

(2)双组分聚氨酯化学反应固化,可迅速达到玻璃胶强度。

(3)超强快干,10~20min 工作时间,1h 可交车,提高生产率。

(4)100% 固体含量,施工简易、快速。

(5)产品号为 051135-08533;051135-08534;051135-08535。

应用范围: 用于汽车玻璃安装。

9) 双组分侧窗玻璃黏合剂的性能及用途：

产品性能：

(1) 确保玻璃与玻璃脱槽之间黏结强度，并能防颤、防振。

(2) 4～5min 工作时间，15min 后便可满足必要的强度，1h 后全干。

(3) 配合双组分挤胶枪 08191 及双组分挤胶管使用，施工简便，效果好。

应用范围： 用于安装汽车侧窗玻璃。产品号为：051135-08641。

10) 结构黏合剂的性能及用途

产品性能： 混合容易，延展平滑，黏结高强度。

应用范围：

(1) 双组分通用结构黏合剂，适用于金属、玻璃及塑料黏结。

(2) 可用于玻璃钢件及弹性件的修复。

产品型号： 051135-08101。

11) 透明车体封胶的性能及用途

产品性能：

(1) 柔软适中，色泽清晰透明。

(2) 不透水，即能防水。

(3) 不易脆裂。

(4) 干后平滑，不产生气泡。

应用范围： 用于密封堵漏。如风窗玻璃、后视镜、灯壳、车体装饰、尾灯、车体接缝、车门等处的密封堵漏。

12) 通用型喷胶的性能及用途

产品性能： 具有良好的耐热性和抗水性。

应用范围： 用于地毯、顶篷、各种面板表面、塑料件等的黏结。

13) 防水条黑色快干胶的性能及用途

产品性能： 该产品为黑色快干黏合剂，易施工，且能保持弹性。

应用范围： 用于黏结密封防水条等。

产品型号： 051135-08011。

14) 强力型喷胶的性能及用途

产品性能： 强度高，耐热性佳。

应用范围： 适用于隔声垫、发动机垫等的强力黏结。

产品型号： 051135-08090。

第三节　汽车发动机密封材料

发动机的循环运转包括空气吸纳、压缩、高温发功、废气排放等过程。与此同时，发动机密封垫材料还应具有耐润滑油、燃料油、冷却液、防冻液介质等和耐高温废气等性能。还应具有耐高温、高压、高爆发力、高功率的特性。现代发动机的设计不断向着质量轻、体积小、功率大、环保、资源节约型的方向发展。导致密封面更加狭小、异型，螺栓压紧力和密封面面压不能加大,给密封技术和密封材料提出了更高要求,传统的密封材料和密封技术已经满足不了当代发动机的设计和使用要求。

要解决整个发动机的密封技术问题,必须要全面了解发动机部件密封面的不平整度、硬度、螺栓的拧紧力矩、密封面的形状、面压分布状况以及介质的温度、压力等因素,才能够合理计算出密封材料的压缩回弹性、抗拉强度、耐高低温性能、耐老化性和应力松弛性能。同时还要考虑发动机用各种介质的特性与密封材料自身化学成分相互影响的问题。

汽车密封材料是汽车发动机的关键材料,也是要求最苛刻的材料,发动机的密封性能是评价汽车质量的一个重要指标。汽车运行中发动机工作介质的漏泄,会影响发动机容积效率,直接影响汽车发动机的工况,从而使汽车整体性能下降。由于密封不良,环境中的尘、泥、水浸入发动机,也会使其零件过早磨损而报废。

发动机的不同部位和不同面压所要求的材料性能也有很大差别。如发动机的油底壳和气门室罩盖密封垫等零件往往采用铝和金属薄板冷冲压成形工艺制成。由于这些材料刚性低,造成凸缘面压力不足,密封面也无法平整。在这种情况下,密封材料必须是低密度、高压缩、高回弹的材料才有效。特殊情况下,还要采用遇油能适度膨胀的自密封材料才会更可靠。再如缸体与齿轮箱结合部位的密封,因曲轴与传动齿轮连接,有巨大的动力和振动产生。该连接处的密封垫片必须具有厚度薄、密度高、抗压紧强度好、压缩回弹率高、耐油性和耐温性相对较好等性能,才能满足发动机整体紧凑性的要求。而用于机油冷却器的密封垫片则要求同时具备耐水、油、防冻液等介质和抗一定内压力、压缩率高、耐低温性好等性能,才能满足复杂工况的要求。

目前用于汽车发动机上的密封材料大致分为:无石棉乳胶抄取密封板、辊压法无石棉耐油橡胶板、金属涂胶密封板、合成橡胶密封垫圈、金属骨架橡塑复合密封材料等。

1. 耐油石棉橡胶板

耐油石棉橡胶板是利用辊压法,以石棉纤维为主体,以丁腈、丁苯、天然橡胶等为黏合剂,经搅拌、辊压、成张、硫化而成,是一种较为广泛应用的密封材料。优点是致密性好、密度大、压缩率低、回弹率高、抗拉强度较高,能适用较为复杂的高温、高压和螺栓拧紧力特别大的化工管道凸缘、阀门、泵连接处的密封。缺点是压缩率小、密度大,在发动机螺栓拧紧力低、面压小、密封面精度不足的部位无法均匀压紧,存在漏油的可能性较大,材料的本身密度大,成本相应增加。另外,石棉中的大量氯、镁离子和不耐酸的缺陷,会对发动机机体有侵蚀,垫片切口的石棉毛刺,经油冲刷掉渣,导致润滑件磨损,而且石棉是公认致癌物,已被大多数发动机厂家限制使用。

2. 无石棉乳胶抄取密封材料

无石棉纤维乳胶抄取板是一种环保型高性能密封材料,是以经过改性的植物纤维、无机纤维、硅酸盐矿物填料为主体,以合成乳胶为弹性黏合剂,经打浆、抄取、干燥、加压、硫化而取得。主要优点是抗拉强度高,达到和超过300号耐油石棉橡胶板的抗拉指标,密度低、压缩率大、回弹率高,经胶种调节,可分为膨胀型、耐油型、耐水型几个品种,产品可以用有机硅材料浸渍、表涂、丝印等处理,使其性能更可靠、成本适中、无污染环境问题。缺点是耐温度不高,只能在250℃范围内使用,耐气密性差,不适用于无液体介质处的密封。该种材料具有成本低、性能优良和环保无污染的优点,在国外已经大量的用在汽车密封件上。

3. 辊压法无石棉耐油橡胶密封板

由石棉纤维橡胶密封板材演绎而来。是环保型、高性能密封材料。其优点是消除了石棉在生产、加工、使用和废弃过程中对环境和安全的危害,产品密度适中、有较好的抗拉强度和回弹率,垫片的致密性和气密性较好,耐腐蚀、耐水和油等液体的性能大大优于石棉橡胶板和无石棉抄取板等材料。

4. 金属涂胶密封板或金属橡胶发泡密封板

是由金属汽缸垫密封材料引申出来的一种新材料,一般是在各类金属薄板表面涂覆 0.04~0.40mm 的合成橡胶,经模压凸肋成型密封线,有良好的可缩性和耐老化性,耐液体性极佳。垫片蠕变量极小、密封面紧凑性好,可耐较高温度、密封性能优良。用于排气系统高温部位的密封垫片则不必进行表面涂覆橡胶处理,一般采用弹性不锈钢薄板经模压凸肋成型密封线解决耐高温、高压的密封问题,使用寿命与发动机要求基本一致。缺点是对密封面有一定要求、材料成本和模具制造费用相对较高。

5. 金属—橡塑复合密封材料

是最新发展的技术。采用尼龙加无机纤维注塑成型的骨架或采用铝镁合金等冲压成形的骨架再注压合成耐油橡胶密封线的密封垫片,其主要特点是适用性好、密封性能可靠。与无石棉密封材料相比,生产过程中减少了有毒、有害溶剂的使用和垫片制造过程中的边角料损耗,成本相对较低,并符合安全环保要求。

本章小结

1. 在现代汽车结构和修理中,密封材料和黏合剂起到越来越重要的作用。

2. 密封剂还可以帮助缓减传遍车身的振动和噪声。密封剂必须有良好的可涂性,并且能够较好地黏着于裸露、干净的金属上。密封剂必须能够承受住各种各样的操作产生的力。

3. 目前常用的黏合剂分为四类:即通用黏合剂、结构黏合剂、软质材料黏合剂和特种黏合剂。常用黏合剂的组成及配方、工艺条件、用途及产品性能。

4. 汽车密封材料是汽车发动机的关键材料,也是要求最苛刻的材料,发动机的密封性能是评价汽车质量的一个重要指标。

5. 发动机各种密封垫片采用的材料要满足发动机的不同部位和不同面压的要求。

1. 通常用于汽车碰撞保护和减振作用的密封剂有哪些?
2. 密封材料和黏合剂在汽车发动机使用中的作用?
3. 发动机各种密封垫片采用的材料要满足要求?
4. 评价汽车发动机质量的一个重要指标?

参 考 文 献

[1] 中华人民共和国国家标准.石油和石油产品试验方法[S].北京:中国标准出版社,1990.

[2] 中华人民共和国交通行业标准.汽车节油产品使用技术条件(JT/T 306—2007)[S].北京:人民交通出版社,2007.

[3] 中华人民共和国国家标准.内燃机油分类(GB 7631.3—1995)[S].北京:中国标准出版社,1996.

[4] 中华人民共和国国家标准.汽油机油(GB 11121—2006)[S].北京:中国标准出版社,2007.

[5] 中华人民共和国国家标准.柴油机油(GB 11122—2006)[S].北京:中国标准出版社,2007.

[6] 马伯文.清洁燃料生产技术[M].北京:中国石化出版社,2001.

[7] 交通部汽车节能中心,蔡凤田,谢素华,等.汽车节能与环保实用技术.北京[M]:人民交通出版社,1999.

[8] 陈中一.汽车运行材料[M].北京:人民交通出版社,1998.

[9] 孙凤英,臧杰.汽车运行材料[M].北京:人民交通出版社,1999.

[10] 中华人民共和国国家标准.充气轮胎用车轮和轮辋的术语、规格代号和标志(GB/T 2933—1995)[S].北京:中国标准出版社,1995.

[11] 中华人民共和国国家标准.轿车轮胎规格、尺寸、气压与负荷(GB/T 2978—2008)[S].北京:中国标准出版社,2008.

[12] 中华人民共和国国家标准.载重汽车轮胎规格、尺寸、气压与负荷(GB/T 2977—2008)[S].北京:中国标准出版社,2008.

[13] 韩敏.汽车与工程机械用油常识[M].北京:人民交通出版社,1997.

[14] 杨江河.汽车美容[M].北京:机械工业出版社,2001.

[15] 林鸣玉.汽车涂装技术[M].北京:北京理工大学出版社,1998.

[16] 王宏雁,陈君毅.汽车车身轻量化结构与轻质材料[M].北京:北京大学出版社,2009.

[17] 向晓峰,魏丽霞,马鸣图.汽车轻量化技术的应用[J].汽车工程师,2012(5).

[18] 杨忠敏.谈现代汽车的材料及其轻量化技术[J].材料与工艺,2003(6).

[19] 徐乔,龚永融.汽车安全车身结构概述[J].汽车与配件,2006(22).

[20] 柳艳杰.汽车低速碰撞吸能部件的抗撞性能研究[D].哈尔滨:哈尔滨工程大学.2012.

[21] 凌静,王庆明.复合材料部件在汽车轻量化中的应用[J].现代零部件,2013.

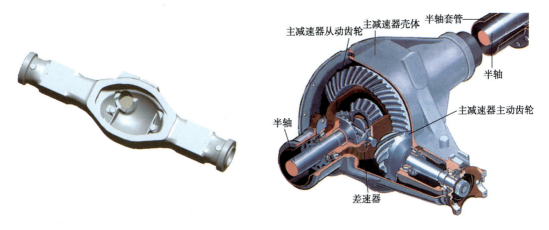

图 2-76　铸铁材料驱动桥壳体

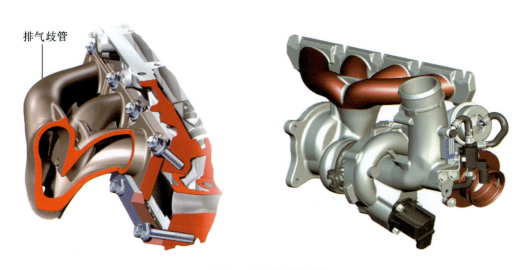

图 2-78　蠕墨铸铁排气歧管

图 3-1　奥迪 ASF 技术构架车身

图 3-2　离合器壳体　　　　图 3-3　变速箱壳体　　　　图 3-4　正时齿轮壳体

 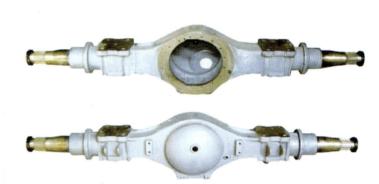

图 3-5　转向器壳体　　　　　　　　图 3-6　后桥壳

图 3-7　花冠的前保险杠泡沫

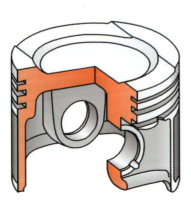 

图 3-10　铸造铝合金活塞

图 3-11　发动机活塞

发动机铝合金缸体及下机体　　　　　　　铸铁缸体

图 3-12　发动机汽缸体材料比较

图 3-15　铜质散热器　　　　　　　图 3-16　同步器锥(齿)环

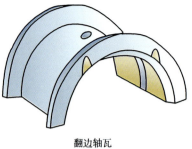

翻边轴瓦

图 4-2　滑动轴承结构

空调压缩机

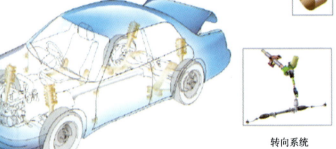

张紧轮　　　　　　　　　　　　　　　　　　　转向系统

悬挂系统　　　座椅调节系统　　　变速器　　　铰链系统

图 4-3　乘用车上装自润滑轴承部位